本书由
韩山师范学院博士启动项目（QD20181031）
嘉应学院出版经费
资助出版

小丝大业

近代中国柞蚕丝业研究

Trivial Silk, Great Business:
Tussah Silk Industry in Modern China

丁德超 —— 著

中国社会科学出版社

图书在版编目(CIP)数据

小丝大业：近代中国柞蚕丝业研究/丁德超著 .—北京：中国社会科学出版社，2020.6
ISBN 978-7-5203-2422-9

Ⅰ.①小… Ⅱ.①丁… Ⅲ.①蚕业—历史—研究—中国—近代 Ⅳ.①F326.39

中国版本图书馆 CIP 数据核字（2018）第 085124 号

出 版 人	赵剑英	
责任编辑	耿晓明	
责任校对	王佳玉	
责任印制	李寡寡	

出　　版	中国社会科学出版社	
社　　址	北京鼓楼西大街甲 158 号	
邮　　编	100720	
网　　址	http://www.csspw.cn	
发 行 部	010-84083685	
门 市 部	010-84029450	
经　　销	新华书店及其他书店	

印　　刷	北京明恒达印务有限公司	
装　　订	廊坊市广阳区广增装订厂	
版　　次	2020 年 6 月第 1 版	
印　　次	2020 年 6 月第 1 次印刷	

开　　本	710×1000　1/16	
印　　张	22.75	
字　　数	360 千字	
定　　价	98.00 元	

凡购买中国社会科学出版社图书，如有质量问题请与本社营销中心联系调换
电话：010-84083683
版权所有　侵权必究

目　录

导　言 ……………………………………………………………… (1)
  一　历史悠久的柞蚕丝业 ………………………………………… (1)
  二　学术回顾 ……………………………………………………… (5)
  三　研究思路 ……………………………………………………… (21)
  四　研究资料 ……………………………………………………… (23)

第一章　历史起点：近代柞蚕业的起源与分布 ………………… (26)
  第一节　柞蚕业的起源与放养 …………………………………… (26)
    一　从"野蚕成茧"说起 ………………………………………… (26)
    二　明清柞蚕放养技术的成熟 …………………………………… (31)
  第二节　柞蚕业的传播与分布 …………………………………… (40)
    一　清代柞蚕的传播历程 ………………………………………… (40)
    二　近代柞蚕业的分布 …………………………………………… (49)
  小　结 ……………………………………………………………… (62)

第二章　发展历程：近代柞蚕丝业的兴盛与衰落 ……………… (64)
  第一节　1860—1894年柞蚕丝业的快速兴起 …………………… (64)
    一　市场需求与开埠通商 ………………………………………… (64)
    二　生产和出口的迅速增加 ……………………………………… (69)
  第二节　1895—1931年柞蚕丝业的短暂繁荣 …………………… (73)
    一　比较优势与实业救国 ………………………………………… (73)
    二　生产与出口达到最高峰 ……………………………………… (85)
  第三节　1932—1949年柞蚕丝业的急剧衰退 …………………… (90)

一　外国侵略、经济危机和人造丝的冲击 …………………… （90）
　　二　生产与出口的迅速下滑 …………………………………… （97）
　小　结 ……………………………………………………………… （107）

第三章　缫丝改良：近代柞蚕缫丝业的变化与兴衰 ………… （108）
　第一节　生产组织形式的改变 …………………………………… （109）
　　一　分散的家庭手工缫丝业 …………………………………… （109）
　　二　集中的手工工场缫丝业 …………………………………… （117）
　第二节　机器生产方式的兴衰 …………………………………… （129）
　　一　机器缫丝业的兴起 ………………………………………… （129）
　　二　机器缫丝业的衰落 ………………………………………… （139）
　小　结 ……………………………………………………………… （148）

第四章　茧丝贸易：近代柞蚕茧、丝的生产与集散 …………… （149）
　第一节　柞蚕茧生产与集散 ……………………………………… （149）
　　一　柞蚕茧之生产 ……………………………………………… （149）
　　二　柞蚕茧之集散 ……………………………………………… （163）
　第二节　柞蚕丝生产与销售 ……………………………………… （169）
　　一　柞蚕丝之概况 ……………………………………………… （169）
　　二　柞蚕丝之生产和交易 ……………………………………… （178）
　　三　柞蚕丝之集散 ……………………………………………… （185）
　　四　柞蚕丝之销售 ……………………………………………… （197）
　小　结 ……………………………………………………………… （215）

第五章　织绸销售：近代柞丝绸业的生产与销售 ……………… （217）
　第一节　柞丝绸之概况 …………………………………………… （217）
　　一　柞丝绸种类及比较优势 …………………………………… （217）
　　二　柞丝绸产区及产量 ………………………………………… （225）
　　三　柞丝绸价格及地位 ………………………………………… （233）
　第二节　柞丝绸业生产技术的缓慢变化 ………………………… （238）
　　一　土法织绸为主 ……………………………………………… （238）

二　机械织绸为辅 …………………………………………… (245)
　第三节　柞丝绸业生产经营方式的突破 ………………………… (250)
　　一　包买制下的柞丝绸生产方式 …………………………… (250)
　　二　工场手工业下的资本主义生产方式 …………………… (256)
　第四节　柞丝绸业的集散和销售分析 …………………………… (260)
　　一　柞丝绸业之集散 ………………………………………… (260)
　　二　柞丝绸业之销售 ………………………………………… (267)
　小　结 ………………………………………………………………… (284)

第六章　余论 ………………………………………………………… (285)
　第一节　近代柞蚕丝业的发展特征 ……………………………… (285)
　　一　柞蚕生产的不稳定性 …………………………………… (285)
　　二　区域发展的不平衡性 …………………………………… (290)
　　三　生产和管理的落后性 …………………………………… (296)
　　四　对外贸易的过度依赖性 ………………………………… (302)
　第二节　近代柞蚕丝业的地位和作用 …………………………… (305)
　　一　在农家经济中的地位 …………………………………… (306)
　　二　在地方城镇近代化历程中的推动作用 ………………… (312)
　　三　在近代蚕丝业史上占有举足轻重的地位 ……………… (320)
　第三节　近代柞蚕丝业兴衰的原因与启示 ……………………… (323)
　　一　近代柞蚕丝业兴盛的原因 ……………………………… (324)
　　二　近代柞蚕丝业衰落的原因 ……………………………… (333)
　　三　近代柞蚕丝业兴衰的历史启示 ………………………… (339)
　小　结 ………………………………………………………………… (341)

参考文献 ……………………………………………………………… (342)

导　言

一　历史悠久的柞蚕丝业[①]

1. 研究近代中国柞蚕丝业的重要性

秦汉至宋元，丝绸一直是中国对外贸易的主要商品。明清时期，闭关锁国政策阻碍了丝绸的对外贸易。开埠通商之后，国际市场对丝绸需求日益旺盛，刺激了中国蚕丝业的发展和丝绸的出口。19世纪末至20世纪20年代末，丝绸超过茶叶跃居中国出口商品总值的首位。[②] 近代丝绸对外贸易不仅包括桑丝绸而且还包括柞丝绸。柞蚕丝和柞丝绸是中国特产的重要商品，比较优势十分明显。近代以来，在桑丝绸日益受到日本等国桑丝绸竞争压力的背景之下，柞丝绸日益成为中国丝绸对外贸易的一个亮点。

中国农民利用野生柞蚕的历史十分悠久。但由于各种原因，野生柞蚕的生产和销售一直没有起色。明朝后期，随着商品经济的发展，柞蚕丝业出现了重大的历史变革，从采集野生蚕茧逐步过渡到人工放养阶段。有清一代，柞蚕丝业由山东逐渐传播到其他省份。清末民初，柞蚕丝业在国际市场需求刺激下得到迅速发展。柞蚕丝和柞丝绸出口数值不断增加，不仅是换取外汇收入的重要途径，而且成为与外国商战的重要角色。1895年，康有为在《公车上书》中曾言："山东制野蚕茧以成丝，江北改土棉而纺纱，南方广蔗园而制糖，皆与洋货比较，

[①] 本书所指柞蚕丝业包括饲养柞蚕、加工柞蚕丝等一系列相关行业。
[②] 全汉升：《序》，陈慈玉《近代中国的机械缫丝工业（1860—1945）》，"中研院"近代史研究所专刊1989年版。

精妙华彩，务溢其上。"①

近代以来，桑蚕丝业面临日本等国的激烈竞争，比较优势不再突出。相比之下，柞蚕是中国的特产，年产茧量约占世界总产量的90%，"世界野蚕丝的需要，几乎全部仰给于我国"。②

柞蚕丝在许多纤维品种中具有明显的比较优势。柞蚕丝丝粗约为桑蚕丝的两倍，不仅比桑蚕丝强度、弹性均大，而且比羊毛的强度也稍大。同时，柞蚕丝不仅具有显著的耐水性、吸湿性、保温性、收缩性、耐热性的优点，而且具有良好的抗拉性、耐酸性、耐碱性、绝缘性等特性。因此，柞蚕丝不仅可以用作各种织物的原料，而且在近代化学和国防工业上用途也非常广泛。例如火药囊、降落伞、耐酸碱的工作服、电工服、电线皮复线、轮胎布等都离不开柞蚕丝。

鸦片战争以后，北方沿海口岸开埠通商，加快了柞蚕丝业进入国际市场的步伐。近代时期，柞蚕丝生产和出口数额均呈现不断增加的趋势。

据海关资料统计显示：1840年前后，中国柞蚕丝的总产量估计不超过4000公担，1871年增长了大约1倍，为8265公担，到1894年翻了一番多，为18895公担，1912年又翻了一番，为38000公担，至1926年达到历史的最高峰，为48000公担。③ 如果从柞蚕丝出口额在丝绸类商品中所占的比重来看，柞蚕丝的比重也是处于不断攀升态势。据海关统计资料显示：在1859年柞蚕丝出口额为4.03万海关两，在丝绸类商品出口额中仅占0.19%，到1869年则上升为45.18万海关两，占2.32%，到1889年继续上升至195.16万海关两，占5.36%，到1909年又上升至984.63万海关两，占10.94%，到1921年又迅速攀升至1848.88万海关两，占到12.11%。相比较而言，桑蚕丝出口额在丝绸类商品中所占的比重则呈现逐渐降低的趋势。1859年桑蚕丝出口额为

---

① （清）康有为撰，姜义华、张荣华编校：《康有为全集》第二集，中国人民大学出版社2007年版，第40页。

② 实业部国家贸易局编：《中国实业志（山东省）》第五编，第11章（戊），1934年版，第222页。

③ 徐新吾主编：《中国近代缫丝工业史》，附录（18），上海人民出版社1990年版，第662—667页。

1857.51万海关两,在丝绸类商品出口值中占89.81%,到1879年桑蚕丝出口额为2259.65万海关两,占78.95%,到1889年桑蚕丝出口额为2284.97万海关两,占62.77%,到1932年桑蚕丝出口额为2996.32万海关两,占54.44%。① 由此可知,近代柞蚕丝生产和出口增长的幅度和发展的速度,都要超过同时期的桑蚕丝。

近代时期,中国柞蚕丝业销售呈现以出口为主、内销为辅的格局,出口市场主要是欧美等资本主义国家。其中,内销的柞蚕丝大部分也是制成茧绸之后再外销国外的。1890年,中国柞丝绸出口尚不过775公担,5年后即翻了一番,达到1585公担。② 近代中国柞蚕丝出口旺盛的现象也引起了时人的关注和思考。1919年,山东人孙钟萱在《山蚕辑略》中曾言:

> 丝、茶二种,固为出口之大宗,发明者代有其人;而北方之山茧,从未闻焉。烟埠近数年来,出口丝绸,岁值甚巨,则山茧发达之原因,不当于此重加意乎?③

然而,近代柞蚕丝业的发展也不是一帆风顺的。20世纪30年代之后,在内忧外患的背景之下,柞蚕丝业迅速走向衰落。

因此,考察近代柞蚕丝业的兴起、发展和演变过程,探讨近代柞蚕丝业兴衰的原因和表现,总结近代柞蚕丝业的成功经验和失败教训,论述柞蚕丝业在近代蚕丝业史上的地位和作用就显得十分必要。同时,对近代柞蚕丝业的研究不仅有助于拓展近代中国蚕丝业的研究,而且将会进一步深化近代中国经济史的研究。

2. 鲁、豫、辽三省成为柞蚕丝业中心的历史背景

近代中国柞蚕丝业的生产格局表现出鲜明的区域特征,这是长期自然选择和社会选择的结果。近代中国柞蚕丝业最早在山东兴起,随后逐

---

① 徐新吾主编:《中国近代缫丝工业史》,附录(19)《全国丝绸类总出口值统计(1859—1938)》,上海人民出版社1990年版,第668—673页。
② 徐新吾主编:《中国近代缫丝工业史》,上海人民出版社1990年版,第493页。
③ 孙钟萱:《山蚕辑略》,杨洪江、华德公校注《柞蚕三书》,农业出版社1983年版,第54页。

渐传播到西北、东北、西南等地。由于"东北、鲁豫一带之柞蚕，产丝量丰，得天独厚"①，最终柞蚕丝业主要分布在山东、辽宁和河南三个地区。这三个地区柞蚕丝的生产和输出占到全国总量的九成以上。

> 柞蚕丝产……东北占二分之一以上，山东次之，河南又次之，川黔再次之，其他各省产量不多。②

明代之前，山东曾是中国桑蚕业的重要地区。有明一代，随着棉花种植的普及，山东桑蚕业逐渐退居次要地位。而近代山东蚕丝业的复兴，主要得益于柞蚕丝和柞丝绸在国际市场的畅销。近代山东柞蚕生产主要集中于山东中部和胶东半岛一带，尤其以"胶济铁路沿线为中心，其中益都、临朐、淄川、桓台、博山、莱芜、新泰、蒙阴、滕县、莒县、菏泽、栖霞、单县、牟平、寿光、广饶、乳山、文登、费县、诸城等县最盛"③。

东北是近代柞蚕丝业发展最为迅速的地区。清代中叶，山东柞蚕放养通过海路和陆路两条路线传入辽东，再由辽东半岛向北扩展，遍及东北各地。④ 1884年后，东北地区逐渐超过山东地区，占全国总产量的十分之六七，山东地区仅占十分之二三。⑤ 20世纪20年代日本人在《满蒙经济大观》曾言："安东附近之柞蚕事业，已经驰名于世界了，其产额似有中国全产额之七成以上。"⑥

近代河南柞蚕丝业以伏牛山区汝州府的鲁山和南阳府的镇平、南召、舞阳、方城等县为最。清末民初，河南省平均年产柞蚕茧约15亿粒，仅次于辽宁和山东，居全国第三位。⑦ 20世纪二三十年代是河南柞

---

① 朱斯煌编:《民国经济史》，文海出版社1988年版，第309页。
② 同上书，第312页。
③ 实业部国家贸易局编:《中国实业志（山东省）》第五编，第十一章（戊），1934年版，第222页。
④ 章楷主编:《蚕业史话》，中华书局1979年版，第33页。
⑤ 实业部国家贸易局编:《中国实业志（山东省）》第五编，第十一章（戊），1934年版，第222页。
⑥ [日] 藤冈启:《满蒙经济大观》，吴自强译，民智书局1929年版，第93页。
⑦ 章楷:《中国近代柞蚕丝业发展史探析》，《蚕业科学》1991年第4期。

蚕丝业发展的鼎盛时期,"1920年至1931年间,河南年产茧约达三十亿粒,产丝二百余万斤,产绸二十五万匹,经上海输出,价值白银年达五百余万两,占全国柞蚕丝的65%"[①]。

中华人民共和国成立后,虽然柞蚕放养区域不断扩大,但是全国柞蚕产区以山东、辽宁和河南三省为主的分布格局并没有发生改变。直到20世纪80年代,这三个地区柞蚕茧生产量仍占全国柞蚕茧总产量的70%—80%[②]。因此而言,对近代鲁豫辽三省柞蚕丝业的研究,基本可以反映出近代中国柞蚕丝业的历史面貌。

二 学术回顾

近代中国蚕丝业主要包括桑蚕丝业和柞蚕丝业两部分。桑蚕丝业因其历史悠久,分布广泛,产值高而被世人广为关注,学术界亦不例外。柞蚕丝业是近代兴起的一个新兴行业,学术界对此研究相对薄弱。"在家蚕丝方面,国内的专门人才多而集中,可是在柞蚕丝方面简直是寥寥无几。"[③]

1. 近代桑蚕丝业研究

中国古代社会以"农桑并重""男耕女织"为主要特征,桑蚕丝业是古代农业结构的重要组成部分。近代伊始,桑蚕丝业不仅是农村重要的副业,而且也是社会经济的支柱产业。因此,近代桑蚕丝业在中国近代经济史研究中占有十分重要的地位。

迄今为止,学术界对近代桑蚕丝业的关注颇多。首先,以通商口岸开埠为契机,中国的桑蚕丝业被迫纳入世界资本主义市场体系,桑蚕丝业的对外输出逐渐增多,推动了近代桑蚕丝业的生产和发展。

代表性的论著有:曾同春在《中国丝业》中认为近代世界对蚕丝的消费刺激了中国蚕丝业的贸易和改良。[④] 乐嗣炳在《中国蚕丝》中简要

---

① 任醇修:《河南柞蚕事业的过去》,《河南文史资料》1979年第2辑。
② 全国蚕业区划研究协作组编:《中国蚕业区划》,四川科学技术出版社1988年版,第5页。
③ 方柏容:《我国柞蚕丝业的回顾》,《纺织建设》1948年第1卷第3期。
④ 曾同春:《中国丝业》,商务印书馆1933年版。

阐述了家蚕业和柞蚕业的生产和分布状况。① 缪毓辉在《中国蚕丝问题》中重点论述了生丝缫丝和贸易问题，生丝出口的消长关系蚕丝业的生产和发展。② 美国学者李明珠在《中国近代蚕丝业及外销（1842—1937）》中认为1870—1930年中国蚕丝制品出口的稳步增长刺激了蚕丝业的发展，活跃了养蚕地区的农村经济。③ 周匡明在《中国近代蚕业史概论》中指出甲午战后，由于西方国家对中国廉价蚕丝原料掠夺的加强，刺激了近代中国蚕丝业的畸形繁荣。④

代表性的论文有：徐新吾、韦特孚对中日两国桑蚕茧的商品化、桑蚕丝生产的专业化，缫丝业出现的资本主义萌芽进行了比较分析。⑤ 李国环指出五口通商以后，生丝外销数量大增，刺激了桑蚕丝业的迅速发展，加深了江南地区的商品化进程，促进了江南地区自然经济的瓦解。⑥ 徐秀丽强调近代国内外市场对生丝的需求促进了湖州地区蚕丝业的迅速发展，使其一度成为当地农村生活的主要经济来源。⑦ 黄慰愿认为广东近代蚕业的畸形发展排挤了其他行业的生产和发展。⑧ 章楷强调19世纪中叶，市场旺盛的需求刺激了江浙地区养蚕业的兴盛。⑨ 李平生指出近代中国生丝出口贸易促进了山东周村蚕桑丝绸业的加快发展，使其成为山东乃至长江以北重要的丝绸贸易中心。⑩ 汪敬虞从中国近代生丝贸易的变迁入手，评述了缫丝业中资本主义的产生与发展问题。⑪ 张

---

① 乐嗣炳：《中国蚕丝》，世界书局1935年版。
② 缪毓辉：《中国蚕丝问题》，商务印书馆1937年版。
③ ［美］李明珠：《中国近代蚕丝业及外销（1842—1937）》，徐秀丽译，上海社会科学院出版社1996年版。
④ 周匡明：《中国近代蚕业史概论》，《蚕业史论文选》，中国文史出版社2006年版。
⑤ 徐新吾、韦特孚：《中日两国缫丝手工业资本主义萌芽比较研究》，《历史研究》1983年第6期。
⑥ 李国环：《论五口通商以后江南地区蚕桑业的发展及其影响》，《浙江学刊》1984年第3期。
⑦ 徐秀丽：《试论近代湖州地区蚕丝业生产的发展及其局限》，《近代史研究》1989年第2期。
⑧ 黄慰愿：《广东近代蚕业畸形发展的技术考察》，《中国农史》1989年第4期。
⑨ 章楷：《江浙近代养蚕的经济收益和蚕业兴衰》，《中国经济史研究》1995年第2期。
⑩ 李平生：《近代周村蚕桑丝绸业》，《文史哲》1995年第2期。
⑪ 汪敬虞：《从中国生丝对外贸易的变迁看缫丝业中资本主义的产生和发展》，《中国经济史研究》2001年第2期。

丽运用计量史学的研究方法，指出鸦片战争后中国生丝出口增加了20多倍，一定程度推动了桑蚕丝业生产的大规模扩张。① 苑朋欣认为清末官方的提倡和改良，蚕丝国际贸易和缫丝工业的发展共同推动了山东蚕桑业的发展。②

其次，桑蚕丝业是近代中国较早从传统手工业向近代机器工业转型的典型行业。近代以来，受到西方资本主义国家"引丝扼绸"政策的影响，中国桑蚕丝业的机器化生产主要体现在缫丝工业领域，丝织工业的机器化生产相对滞后。

代表性的研究论著主要有：台湾学者陈慈玉撰写的《近代中国的机械缫丝工业（1860—1945）》按区域对近代中国的上海、无锡、广东和四川等地的机械缫丝工业进行了集中的论述和研究。③ 徐新吾主编的《近代中国缫丝工业史》以大量的史料分析和阐述近代中国缫丝工业的发展与衰落过程，也是目前学术界对近代中国缫丝工业研究的集大成者。④ 近代丝织工业的研究主要有：施敏雄在《清代丝织工业的发展》一书中以技术变革为中心，叙述有清一代丝织工业的产销关系及经营形态，并试图说明清代丝织业未能成为其后工业化的领导部门，以带动经济整体的发展的原因。⑤ 朱新予主编的《中国丝绸史（通论）》以大量文献和出土资料，纵向勾勒从原始社会到清代末期各个历史阶段丝绸生产的面貌。⑥ 范金民等的《江南丝绸史研究》以朝代为主线对江南地区丝绸业进行了系统性的论述和研究。⑦ 王庄穆主编的《民国丝绸史》围绕民国初期、抗战时期和抗战之后三个阶段丝绸工业生产和发展的状况进行分析和论述。⑧ 王翔主编的《中国丝绸史研究》一书中收集有关丝

---

① 张丽：《鸦片战争前的全国生丝产量和近代生丝出口增加对中国近代蚕桑业扩张的影响》，《中国农史》2008年第4期。
② 苑朋欣：《清末山东蚕桑业的推广和改良》，《山东大学学报》（哲学社会科学版）2008年第5期。
③ 陈慈玉：《近代中国的机械缫丝工业（1860—1945）》，"中研院"近代史研究所专刊1988年刊。
④ 徐新吾主编：《近代中国缫丝工业史》，上海人民出版社1990年版。
⑤ 施敏雄：《清代丝织工业的发展》，台湾中国学术著作奖助委员会1968年版。
⑥ 朱新予主编：《中国丝绸史（通论）》，纺织工业出版社1992年版。
⑦ 范金民等：《江南丝绸史研究》，农业出版社1993年版。
⑧ 王庄穆主编：《民国丝绸史》，中国纺织出版社1995年版。

绸业论文21篇，比较系统地阐述了中国丝绸业从传统到近代的嬗变，包括技术的改良、经营组织的变迁、对外贸易的变化，等等。①

代表性的研究人员和论文有：王翔是近代丝绸业研究的重要代表。他不仅从近代化的角度论述了中国传统丝织业的发展过程，而且认真比较了中日两国在19世纪丝绸业近代化的发展历程。他不仅强调了近代丝绸业与江南社会变迁的互动关系，而且指出了对外贸易的发展对丝绸业近代化进程的促进作用。同时，王翔还认为近代中国丝绸业的机械化生产程度远比不上缫丝业，这种行业内部的不平衡性也是近代中国经济发展不平衡的一个缩影。②张国辉研究指出甲午战后40年间，中国近代缫丝工业虽然出现了较大的发展，但是不可避免地暴露出过分依赖国际市场等问题。③

江南地区是近代中国缫丝业和丝绸业的生产中心，学术界对此关注颇多。严学熙论述了蚕桑生产与无锡近代农村经济的关系，肯定了蚕桑业的重要地位与作用。④姚玉明深入挖掘了近代浙江丝织业生产的演变及其特点。⑤徐新吾、张守愚对江南地区丝绸业的地区分布、发展阶段等方面进行了阐述。⑥陈光对20世纪二三十年代上海缫丝业中的劳资关系进行了初步研究，认为当时缫丝业劳资关系一直趋紧。⑦杨敬从缫丝业性别分工入手，对近代江南地区缫丝业女工的生产生活状况进行了详细的阐述。⑧肖爱丽等从社会原因和缫丝业内部原因视角出发，对近代

---

① 王翔主编：《中国丝绸史研究》，团结出版社1990年版。
② 王翔：《中国传统丝织业走向近代化的历史历程》，《中国经济史研究》1989年第3期；《十九世纪中日丝绸业近代化比较研究》，《中国社会科学》1995年第6期；《近代丝绸生产发展与江南社会变迁》，《近代史研究》1992年第4期；《对外贸易与中国丝绸业的近代化》，《安徽师大学报》1992年第1期；《近代中国丝绸业的结构与功能》，《历史研究》1990年第4期。
③ 张国辉：《甲午战后四十年间中国现代缫丝工业的发展和不发展》，《中国经济史研究》1989年第1期。
④ 严学熙：《蚕桑生产与无锡近代农村经济》，《近代史研究》1986年第4期。
⑤ 姚玉明：《略论近代浙江丝织业生产的演变及其特点》，《中国社会经济史研究》1987年第4期。
⑥ 徐新吾、张守愚：《江南丝绸业历史综述》，《中国经济史研究》1991年第4期。
⑦ 陈光：《1926—1931年上海缫丝业劳资关系述评》，《探索与争鸣》2003年第12期。
⑧ 杨敬：《近代江南地区缫丝业女工研究》，硕士学位论文，华中师范大学，2006年。

上海缫丝工业的兴衰历程进行了简要论述。① 梁加龙研究指出近代日本蚕丝技术的传入是推动近代中国丝绸业近代化的一个关键因素。② 魏文想通过工商同业公会的视角分析了民国时期苏州丝绸业在行业组织上的突破和转型。③

珠江三角洲是近代缫丝工业的另一个中心,学术界论述亦多。曲从规研究认为陈启源创办的继昌隆缫丝厂是近代广东乃至全国机器缫丝业的开端,标志着近代中国缫丝业进入了一个新的历史时期。④ 彭雨新研究指出辛亥革命前后,珠江三角洲地区缫丝业是近代广东乡镇工业发展史上的一个典型。⑤ 吴振兴研究强调近代珠江三角洲机器缫丝工业的发展带动了其他经济部门的成长,推动了社会经济的演变。⑥ 王新生通过中国广东和日本长野在机械缫丝业的比较研究,指出中日两国在缫丝业的经营形态和政府扶植等方面存在较大差异,最终导致不同的结局。⑦

最后,关于近代桑蚕丝业衰落的原因,主要有内部和外部两大部分。内部原因在于国内蚕丝业生产技术和管理制度落后、产品质量不精,最终在世界市场逐渐失去竞争力。外部原因在于外国资本主义国家对于中国的侵略,世界性经济危机的爆发,蚕丝替代品的出现以及日本等新兴蚕丝生产国家的激烈竞争等。

关于桑蚕丝业衰落的内部原因,学术界认为主要在于蚕丝生产技术和制度的落后。如徐新吾研究认为近代缫丝工业由于其行业自身生产经营和市场结构的落后性最终导致其走向全面破产的道路。⑧ 陈万

---

① 肖爱丽、杨小明:《上海近代缫丝业兴衰研究》,《科学技术哲学研究》2011年第5期。

② 梁加龙:《日本与近代蚕丝技术输入中国》,《浙江丝绸工学院学报》1993年第3期。

③ 魏文想:《试论民国时期苏州丝绸业同业公会》,《华中师范大学学报》(人文社会科学版)2000年第5期。

④ 曲从规:《陈启源与中国近代机器缫丝业》,《史学月刊》1985年第3期。

⑤ 彭雨新:《辛亥革命前后珠江三角洲乡镇缫丝工业的发展及其典型意义》,《中国社会经济史研究》1989年第1期。

⑥ 吴振兴:《近代珠江三角洲机器缫丝业的发展及其对社会经济的影响》,《广东社会科学》1991年第5期。

⑦ 王新生:《广东与长野器械缫丝业比较研究——兼论两地的原始工业化》,《历史研究》1993年第3期。

⑧ 徐新吾:《中国近代缫丝工业的有限发展与全面破产》,《上海社会科学院学术季刊》1986年第1期。

明、王希贤研究指出近代中国蚕丝业在技术上因循守旧、生产成本高、质量低以及政府苛捐杂税繁多等弊端是蚕丝业走向衰败的重要原因。①

针对桑蚕丝业衰落的外部原因,不少学者强调经济危机,外国资本主义的经济渗透和侵略,人造丝的出现和替代效应等均是导致近代桑蚕丝业衰退的重要原因。如樊百川研究认为资本主义的入侵阻碍了中国发展资本主义的道路,蚕丝业亦是如此。② 李平生研究指出 1929—1933 年世界性的经济大危机对中国蚕丝业的生产造成了严重影响。③ 张晓辉探讨了广东近代蚕丝业的兴衰及其原因。④ 王翔研究认为日本发动的侵华战争对中国丝绸业的发展造成了沉重的打击,阻遏了近代中国丝绸工业的近代化历程。⑤ 孙燕谋研究强调我国近代丝绸业的衰落是世界性经济危机,侵略战争和日丝的竞争等多种因素的结果。⑥ 徐宏英研究指出近代山东地区蚕丝业衰退的主要原因是外国资本主义的经济侵略。⑦ 彭南生研究认为日本侵华战争与近代缫丝和丝织工业的衰落密切相关。⑧ 关于人造丝对近代蚕丝业的影响,周德华研究认为近代人造丝传入中国是一把双刃剑,虽然对传统丝绸业是一种冲击,但是也一定程度上促进了丝绸行业的变革。⑨

也有学者认为近代日本蚕丝业生产和竞争是导致中国蚕丝业衰落的重要原因。如沈文纬研究强调中国蚕丝业的衰落是因为受到日本蚕丝业竞争的影响,尤其是近代日本在缫丝工业领域的发达程度是当时国内所

---

① 陈万明、王希贤:《中国近代生丝出口贸易兴衰探略》,《南京农业大学学报》1986 年第 2 期。

② 樊百川:《中国手工业在外国资本主义侵入后的遭遇和命运》,《历史研究》1962 年第 3 期。

③ 李平生:《世界经济大危机与中国蚕丝业》,《中国经济史研究》1989 年第 4 期。

④ 张晓辉:《广东近代蚕丝业的兴衰及其原因》,《暨南学报》1989 年第 3 期。

⑤ 王翔:《日本侵华战争对中国丝绸业的摧残》,《抗日战争研究》1993 年第 4 期。

⑥ 孙燕谋:《我国近代丝绸业的兴衰》,《丝绸》1997 年第 12 期。

⑦ 徐宏英:《山东近代蚕丝业的兴衰及其原因》,《青岛大学师范学院学报》2003 年第 1 期。

⑧ 彭南生:《日本侵华战争与近代乡村手工业发展进程的中断——以近代乡村织布业、缫丝—丝织业为讨论中心》,《江汉论坛》2007 年第 9 期。

⑨ 周德华:《人造丝与中国近代丝绸》,《丝绸》2004 年第 6 期。

不能及的。① 日本学者古田和子通过中国湖州和日本上州再缫丝②业生产经营方式的比较研究，指出二者差别较大，最终导致日本再缫丝业逐渐取代中国的局面。③ 荒木干雄研究认为近代日本蚕丝业的发展使其在国际市场上逐步占据主导地位，日本生丝输出从1859年始到1909年位居世界生丝出口的首位，沉重打击了中国的蚕丝业生产。④

2. 近代柞蚕丝业研究

柞蚕丝业是近代时期迅速兴起的经济现象。相对桑蚕丝业而言，学术界对此关注较晚。笔者在爬疏相关文献资料的基础之上，认为前人对于柞蚕丝业的研究可以划分为清朝时期、民国时期和中华人民共和国成立后三个研究阶段。

首先，清朝时期对柞蚕丝业的研究基本处于起步阶段。在此期间，对柞蚕丝业的研究主要体现在总结前人养蚕、缫丝、织绸以及防治病虫害等经验方面。

康乾时期，陕西人杨屾对农桑事业十分热心，曾寻访各地栽桑养蚕的经验，并亲身实践，撰写出一部蚕桑专书《豳风广义》。该书被后人编入《中国古农书丛刊——蚕桑之部》，全书分为上中下三卷，大部分是记述栽桑养桑蚕的方法，但是作者也对柞蚕（当时称为槲蚕）放养的方法和缫丝的技术进行了总结。⑤ 乾隆三十二年（1767）成书的《养蚕成法》是我国现存最早的关于柞蚕的专著，作者是山东人韩梦周，书中对柞蚕制种、饲育以及捻线织绸等方法，均作了通俗简要的叙述。道光十七年（1837）成书的《樗茧谱》是继《养蚕成法》之后的重要柞蚕著作，该书作者是贵州人郑珍，全书详细地记载了养蚕的方法及其技术经验，反映了19世纪初叶我国柞蚕丝业的技术水平。1906年，夏与

---

① 沈文纬：《中国蚕丝业与社会化经营》，生活书店1937年版。

② 再缫丝：近代中日两国为了适应西方丝市对生丝的要求，将手工土法缫制的生丝重新加工制成西方丝商需要的再缫丝，在中国习惯称为丝经。

③ ［日］古田和子：《技术转变和地区适应——近代中日再缫丝业比较》，《丝绸》1993年第1期。

④ ［日］荒木干雄：《近代日本养蚕农家经营的发展》，《国外农学（蚕业）》1994年第2期。

⑤ （清）杨屾：《豳风广义》，选自《中国古农书丛刊——蚕桑之部》，农业出版社1962年版。

赓编著的《山蚕图说》（光绪丙午年刻本，合江农务局）是一部用图示来宣传和推广柞蚕放养和柞蚕缫丝的入门读物。1902 年，山东人王元綎辑录的《野蚕录》是目前所知较早介绍清代柞蚕生产技术的著述。书中对中国柞蚕的种类、发展，柞蚕的放养、缫丝和织绸的方法等均做了详细的叙述。① 1910 年，董元亮编撰的《柞蚕汇志》汇集了有关柞树培植法、春蚕饲育法、秋蚕饲育法、护茧法和缫丝法等方面的经验知识。② 晚清时期报刊中关于柞蚕丝业传播和推广的记载主要集中在鲁、豫、辽、川、黔以及江浙一带。

其次，民国时期对柞蚕丝业的研究大致处于发展阶段。在此期间，对近代柞蚕丝业的研究主要体现在对柞蚕丝业各个生产过程的调查和分析等方面。

民国初年陈扬编辑的《筹豫近言》对河南柞蚕放养和推广、柞树种植、柞蚕缫丝等方面进行了简要的阐述。③ 陈重民编纂的《今世中国贸易通志》从出口的角度对柞蚕丝产品也有简单的描述。④ 尹良莹编著的《中国蚕业史》改变了中国蚕业一向没有专门史书的局面，这是我国第一部较有系统的蚕业专门史。全书叙述了中国蚕业的起源、历代的发展、蚕业政策和制度、蚕业教育以及蚕业的传播等。⑤ 周志骅所著的《中国重要商品》在蚕丝和丝织物两个章节也有对柞蚕丝生产和贸易等方面的简要阐述。⑥ 曾同春在其所著《中国丝业》中主要论述桑蚕丝的生产、贸易和改良等方面的状况，不过在文中也简单叙述了柞蚕丝的生产和贸易情况。⑦ 龚俊编写的《中国新工业发展史大纲》对柞蚕缫丝工业的生产和分布状况和柞丝绸工业的发展进行了一定的叙述。⑧ 乐嗣炳所著《中国蚕丝》不仅阐述了家蚕业的生产、分布和销售状况，而且相对其他著作而言，用了更多笔墨对柞蚕业的生

---

① （清）王元綎辑，郑辟疆校：《野蚕录》，农业出版社 1962 年版。
② （清）董元亮编撰：《柞蚕汇志》，商务印书馆宣统二年刻本。
③ 陈扬编：《筹豫近言》，成文出版社 1968 年版，据民国三年石印本影印。
④ 陈重民纂：《今世中国贸易通志》，商务印书馆 1924 年版。
⑤ 尹良莹：《中国蚕业史》，国立中央大学蚕桑学会 1931 年版。
⑥ 周志骅：《中国重要商品》，华通书局 1931 年版。
⑦ 曾同春：《中国丝业》，商务印书馆 1933 年版。
⑧ 龚俊编：《中国新工业发展史大纲》，商务印书馆 1933 年版。

产、分布、价格以及柞树的种植等方面进行了详细的分析。① 钱天达所著《中国蚕丝问题》重点论述了蚕丝分类、生产、改良和失败等问题,其中也涉及柞蚕丝和柞丝绸的阐述。② 顾青虹所著的《黔省柞蚕问题》对贵州地区的柞蚕丝业发展过程中出现的若干问题进行了认真的分析和探讨。③ 蒋根尧编著的《柞蚕饲养法》对柞蚕的解剖、生理、敌害、饲育和采种等方法进行了详细的介绍。④ 民国时期报刊中关于柞蚕丝业的记载逐渐增多,显然是与柞蚕丝业在此期间的迅速发展密不可分。

最后,中华人民共和国成立后对柞蚕丝业的研究处于成熟阶段。中华人民共和国成立后,由于党和政府对柞蚕丝业的高度重视,柞蚕丝业迎来了快速发展的时期。在此期间,学术界对柞蚕丝业的研究成果虽然不断增多,但是主要集中在对当代柞蚕丝业的研究和论述。对近代柞蚕丝业的研究仍局限于资料汇编或者是零散的论述之中,专门性针对近代柞蚕丝业的研究论著相对欠缺。

第一,中华人民共和国成立后学术界对于柞蚕丝业的相关研究性论著主要有:

1951年,辽东人民政府农林厅编著的《东北柞蚕概论》是中华人民共和国第一部介绍东北地区柞蚕丝业状况的专著,该书简要回顾了近代东北柞蚕丝业发展的状况。⑤ 1957年,孙敬之主编的《华北经济地理》对于华北地区的柞蚕丝业生产的区域分布情况做了简要的描述。⑥ 1958年,姚沃编著的《柞蚕的饲育制种》对柞蚕和柞树在生物学上的特性,柞蚕饲育林的经营和管理,柞蚕的放养、制种以及柞蚕和柞树的病虫害防治等内容进行了阐述。⑦ 同年,孙沸等人编写的《山东柞蚕放养技术》总结了山东人民柞岚(牟平"柞树在山坡地大面积成林,主

---

① 乐嗣炳:《中国蚕丝》,世界书局1935年版。
② 钱天达:《中国蚕丝问题》,黎明书局1936年版。
③ 顾青虹:《黔省柞蚕问题》,文通书局1942年版。
④ 蒋根尧:《柞蚕饲养法》,商务印书馆1948年版。
⑤ 辽东人民政府农林厅编:《东北柞蚕概论》,辽东人民出版社1951年版。
⑥ 孙敬之主编:《华北经济地理》,科学出版社1957年版。
⑦ 姚沃编:《柞蚕的饲育制种》,陕西人民出版社1958年版。

要分布在胶东丘陵地带,当地人称之为'柞岚'"。)① 的培植和管理,种茧的选择和保护,柞蚕的制种和放养等生产经验。② 1959 年,河南省商业厅土产局编写的《发展柞蚕生产的有效措施》对春、夏、秋季柞蚕增产的关键技术和方法进行了详尽的描述。③ 1961 年,辽宁省凤城蚕业学校主编的《柞蚕》以教科书的形式详细介绍了柞蚕的形态、放养、品种繁育和病虫害的防治等方面的常识。④ 1962 年,吴忠恕编著的《柞蚕放养技术》对辽宁柞蚕的品种、保种、制种、放养以及柞蚕生产的设备和工具进行了说明。⑤ 章楷主编的《蚕业史话》对柞蚕丝业的放养方法和传播进行了介绍。⑥ 中国农业科学院柞蚕研究所等编著的《柞蚕生产技术》对柞蚕的放养,柞蚕病虫害及防治等方面进行了论述。⑦ 河南省南召蚕业试验场编著的《河南柞蚕》是一本关于柞蚕生产技术的书籍,对柞蚕的制种、放养、繁育、病害以及蚕场管理等方面进行了一一阐述。⑧ 周匡明编著的《蚕业史话》对古文献中的"野蚕成茧"说进行了阐述。⑨ 1983 年,杨洪江和华德公将《养蚕成法》一书与《樗茧谱》《山蚕辑略》加以校注,以《柞蚕三书》为名,由农业出版社重新刊印出版。1987 年出版的《柞蚕丝绸染整技术》对柞丝绸的煮炼、漂白、染色、印花、整理等方面进行了详细的叙述。⑩ 次年出版的《中国蚕业区划》是一部从宏观角度对全国各省蚕业生产的历史和现状、蚕业资源和蚕业区划等方面进行综合性研究的著作。⑪ 徐新吾主编的《中国近代缫丝工业史》虽然全书主体是论述中国近代桑蚕缫丝业的发展演变过程,但是作者对于近代柞蚕缫丝业的改良也进行了一定程度的分析,尤其是全书附录根据近代海关统计资料收录的关于柞蚕丝业的数据为后人

---

① 宋宪章主修:《牟平县志》,民国二十五年铅印本,第 690—692 页。
② 孙沸等编:《山东柞蚕放养技术》,山东人民出版社 1958 年版。
③ 河南省商业厅土产局编:《发展柞蚕生产的有效措施》,河南人民出版社 1959 年版。
④ 辽宁省凤城蚕业学校主编:《柞蚕》,农业出版社 1961 年版。
⑤ 吴忠恕编:《柞蚕放养技术》,辽宁人民出版社 1962 年版。
⑥ 章楷主编:《蚕业史话》,中华书局 1963 年版。
⑦ 中国农业科学院柞蚕研究所等编:《柞蚕生产技术》,农业出版社 1964 年版。
⑧ 河南省南召蚕业试验场编:《河南柞蚕》,河南人民出版社 1965 年版。
⑨ 周匡明编:《蚕业史话》,上海科学技术出版社 1983 年版。
⑩ 《柞蚕丝绸染整技术》编写组编:《柞蚕丝绸染整技术》,纺织工业出版社 1987 年版。
⑪ 全国蚕业区划研究协作组编:《中国蚕业区划》,四川科学技术出版社 1988 年版。

研究提供了便利。① 王庄穆主编的《民国丝绸史》尽管全书是对民国期间桑蚕缫丝业和织绸业的系统研究，但作者也从柞蚕的地区分布和放养，行政和科教机构，缫丝业织绸业，柞丝绸贸易等方面对民国时期的柞丝绸业进行了粗略的勾勒。② 从翰香主编的《近代冀鲁豫乡村》对柞丝绸业工场手工业生产进行了简要的论述。③ 美国学者李明珠撰写的《中国近代蚕丝业及外销1842—1937》是一部详细论述近代桑蚕丝业出口贸易的论著，但文中也少量涉及柞蚕丝业销售和贸易的情况。④ 许檀在《明清时期山东商品经济的发展》一书中也有一些涉及山东柞蚕业发展的描述，值得后学参考。⑤ 张国德、姜德富编著的《中国柞蚕》是目前对中国当代柞蚕研究的最为全面的一部专著。全书结合大量图片，全面地介绍了柞蚕的饲料、制种、繁育、放养、病害及其防治等。⑥ 秦利、姜德富主编的《柞蚕蚕种学》总结了柞蚕品种在遗传、选育、杂种优势等方面的成就。⑦

第二，中华人民共和国成立后柞蚕丝业的地位大大提高，不少学者开始关注对近代柞蚕丝业起源和发展的研究，这些研究大多见于学报、期刊和学位论文之中。

周匡明是研究中国蚕业史和柞蚕业的著名学者，虽然他的研究对象集中在桑蚕业，但是也关注到柞蚕业的发展状况。周匡明、钱大元的《柞蚕》对柞蚕的生活习性、饲养、生物学特性等方面进行了简要的论述。⑧ 周匡明在《中国蚕学会第二届年会》中对柞蚕的病虫害防治和柞蚕的化性的研究发展进行了认真的总结。⑨

章楷是研究蚕业史的著名专家。他研究指出柞蚕虽然是起源于中

---

① 徐新吾主编：《中国近代缫丝工业史》，上海人民出版社1990年版。
② 王庄穆主编：《民国丝绸史》，中国纺织出版社1995年版。
③ 从翰香主编：《近代冀鲁豫乡村》，中国社会科学出版社1995年版。
④ ［美］李明珠：《中国近代蚕丝业及外销（1842—1937）》，徐秀丽译，上海社会科学院出版社1996年版。
⑤ 许檀：《明清时期山东商品经济的发展》，中国社会科学出版社1998年版。
⑥ 张国德、姜德富主编：《中国柞蚕》，辽宁科学技术出版社2003年版。
⑦ 秦利、姜德富主编：《柞蚕蚕种学》，北京师范大学出版社2011年版。
⑧ 周匡明、钱大元：《柞蚕》，《生物学通讯》1957年第4期。
⑨ 周匡明：《中国蚕学会第二届年会》，《科学通报》1964年第7期。

国的一种吐丝昆虫，但是柞蚕人工放养的历史只有四五百年，而且最早出现在山东。① 他还对有清一代刊发的关于柞蚕的书籍进行了介绍和评析。② 他不赞同学术界认为乾隆三十二年的《养蚕成法》是最早的柞蚕专著，而认为应该是乾隆九年的《养山蚕成法》，《养蚕成法》是在《养山蚕成法》基础上加工而成的。③ 同时指出明末清初，柞蚕人工放养技术逐渐成熟，随后逐渐传播至豫、辽、川、黔等地区，并认为近代柞蚕业发展出现了兴衰起伏的变化。④

华德公是研究柞蚕业的著名学者。他与王志瑚共同提出柞蚕业已经有两千多年的历史，可以分为发现、提倡和发展三个时期，⑤ 并对山东柞蚕业的成就进行了简要的叙述，同时指出山东中南山区是柞蚕人工放养最早的地区。华德公还强调《野蚕录》等柞蚕书籍的出现标志着清代柞蚕饲育技术的成熟。清初山东人孙廷铨的《南征纪略》中的"山蚕说"是目前最早记述柞蚕饲育和缫丝方法的文字。⑥

萧正洪和李令福是研究历史农业地理的著名学者，也涉及对柞蚕丝业的研究。如萧正洪强调明末清初秦巴山区已经开始利用柞蚕，清代中期是秦巴山区柞蚕放养业最兴盛的时期，得益于流民对山区的开发，市场条件的改善和技术的推广等方面的因素，清代后期秦巴山区柞蚕业走向衰落。⑦ 李令福研究指出清代东北蚕业主要指柞蚕的放养，桑蚕的地位相对低下，清代东北柞蚕生产区域呈现一种从南向北扩展的趋势，同时还认为明末山东柞蚕业主要分布在鲁东南地区，清代山东柞蚕业生产分布区域呈现逐渐扩大的趋势。⑧

---

① 章楷：《我国放养柞蚕的起源和传播考略》，《蚕业科学》1982 年第 2 期。
② 章楷：《我国的古蚕书》，《中国农史》1982 年第 2 期。
③ 章楷：《最早的柞蚕专书是〈养山蚕成法〉》，《蚕业科学》1984 年第 3 期。
④ 章楷：《我国近代柞蚕业发展史探析》，《蚕业科学》1991 年第 4 期。
⑤ 王志瑚、华德公：《我国柞蚕业起源问题的探讨》，《蚕业科学》1981 年第 4 期。
⑥ 华德公：《山东蚕业概况》，《蚕桑通报》1982 年第 3 期；《人工放养柞蚕以鲁中南山区为早》，《蚕业科学》1987 年第 3 期；《从〈野蚕录〉等书看清代柞蚕饲育技术》，《蚕业科学》1984 年第 1 期；《孙廷铨其人与山蚕说》，《中国蚕业》1997 年第 4 期。
⑦ 萧正洪：《清代秦巴山区的柞蚕放养》，《中国农史》1992 年第 4 期。
⑧ 李令福：《清代东北地区经济作物与蚕丝生产的区域特征》，《中国历史地理论丛》1992 年第 3 期；《明清山东省柞蚕业发展的时空特征》，《山东师范大学学报》（社会科学版）1995 年第 2 期。

古开弼也是研究柞蚕丝业的出名学者之一。他不仅对我国柞树树名进行了考辨，而且对我国柞树分布的历史变迁进行了论述。同时，他还对我国历史文献中关于柞蚕的起源和利用，柞蚕的放养，柞蚕生产的风俗民情，柞蚕保护的政策，柞蚕茧丝的贸易以及柞蚕业的发展趋势等方面进行了阐述。①

也有学者认为有清一代，封建王朝的倡导和鼓励政策对柞蚕丝业的发展起到了很大的促进作用。如王宪明指出有清一代，皇帝特别是乾隆皇帝对柞蚕业的提倡和推广促进了柞蚕业在清代的长足发展。② 苑朋欣强调了清末新政时期，地方官员对柞蚕业的鼓励和提倡，推动了柞蚕丝业的快速发展。③

就研究区域而言，对山东地区柞蚕丝业的研究成果主要有：陈真光对历史时期山东地区的柞丝绸生产进行了简单的阐述。④ 烟台市丝绸公司介绍了烟台丝绸公司成立后着重对丝绸工业进行的技术调整，产品开发和质量提升，为烟台发展丝绸工业做出了贡献。⑤ 陈冬生对清代山东地区柞蚕业的生产、发展和传播推广进行了考察，认为清代山东柞蚕业的传播促进了我国近代蚕丝业的发展。⑥ 孙海东、赵文山介绍了山东绸的生产工艺和独特品质，同时还指出山东绸的发展历程经过抽绪捻线、纩丝重绸和缫丝轻绸三个阶段。⑦

对河南地区柞蚕丝业的研究成果主要有：毛明灿、郭书印对河南柞蚕发展潜力过程中遇到的问题进行了阐述。⑧ 马雪芹研究指出在清代中叶河南桑蚕丝业衰落的同时，柞蚕丝业却迅速兴起，成为晚清河南蚕业的重点。⑨ 宋宽永、郑作运对河南柞蚕生产的优势和前景，柞蚕生产存

---

① 古开弼：《我国柞树资源历史分布考略》，《古今农业》1994年第2期；《我国柞蚕业发展史考略》，《农业考古》1995年第3期。
② 王宪明：《清代帝王与柞蚕产业》，《古今农业》2002年第3期。
③ 苑朋欣：《清末新政时期柞蚕业的发展及其原因》，《中国社会经济史研究》2011年第1期。
④ 陈真光：《山东柞绸》，《丝绸》1982年第10期。
⑤ 烟台市丝绸公司：《开拓前进的烟台丝绸》，《丝绸》1989年第10期。
⑥ 陈冬生：《清代山东柞蚕的生产发展与传播推广》，《古今农业》1994年第1期。
⑦ 孙海东、赵文山：《传统的山东绸》，《丝绸》2002年第2期。
⑧ 毛明灿、郭书印：《河南柞蚕生产潜力初探》，《蚕业科学》1991年第4期。
⑨ 马雪芹：《明清河南桑麻业的兴衰》，《中国农史》2000年第3期。

在的问题等方面提出了建议。①梁振忠对河南省发展柞蚕业的历史进程进行了粗略的考察和描述。②丁德超对近代河南伏牛山区柞蚕业生产的分布，市场的形成等方面进行了分析和研究。③张香萍对河南柞蚕生产销售情况以及蚕坡管理提出了几点建议。④毕书定研究认为从19世纪末到20世纪初，蚕丝业在豫西南的农村家庭副业中长期占据主导地位，并且出现了农、工、贸一体化的生产模式。⑤

对东北地区柞蚕丝业的研究成果主要有：潘景隆等人研究认为光绪宣统时期，吉林地区在兴办蚕业方面，采取了适当的措施，获得了一定程度的发展。⑥张伟研究指出清代初期是辽宁柞蚕缫丝业的初步发展时期，清代中期是辽宁柞蚕缫丝业的持续发展时期，晚清时期是辽宁柞蚕缫丝业的大发展时期。他还对辽宁丹东地区的柞蚕缫丝业发展历史进行了简要的回顾。⑦詹娜以辽东民间的柞蚕放养习俗田野调查为例，强调柞蚕放养不仅是当地民众为了生存发展而做出的适应生态环境的文化选择，也是民众创造性地适应生态环境的结果。⑧朱香玲对东北地区柞蚕丝业兴起原因，发展模式和贸易情况进行了粗略的勾勒。⑨

对贵州地区柞蚕丝业的研究成果主要有：谢彬如从蚕业的引进、推广和发展、丝织和贸易三个方面论述了清代贵州蚕丝业的发展变化，其中柞蚕丝业是清代贵州蚕丝业的主要组成部分。⑩詹永发、田应书研究指出，乾隆年间，贵州柞蚕饲养由山东传入，以黔北为主要产区，柞蚕业在清代贵州蚕业史中占据主导地位。⑪谢东莉、裴恒涛探讨了遵义蚕

---

① 宋宽永、郑作运：《发挥资源优势、构筑柞蚕支柱产业——对河南柞蚕生产的调查与思考》，《北方蚕业》2005年第2期。
② 梁振忠：《河南省柞蚕业发展史初探》，《中国蚕业》2008年第1期。
③ 丁德超：《近代伏牛山区柞蚕业初探》，《中国社会经济史研究》2010年第4期。
④ 张香萍：《对河南柞蚕在销售和柞坡管理上的思考》，《河南农业》2011年第1期。
⑤ 毕书定：《二十世纪前期豫西南蚕丝业》，硕士学位论文，河南大学，2008年。
⑥ 潘景隆等：《光宣年间吉林蚕业的兴衰》，《历史档案》1985年第1期。
⑦ 张伟：《清代辽宁的柞蚕缫丝业》，《辽宁师范大学学报》（社会科学版）1990年第2期；《丹东柞蚕缫丝业史略》，《丹东师专学报》1995年第4期。
⑧ 詹娜：《辽东放养柞蚕习俗调查》，《民间文化论坛》2004年第5期。
⑨ 朱香玲：《清代民国时期东北土特产经济述略》，硕士学位论文，吉林大学，2008年。
⑩ 谢彬如：《清代贵州的蚕丝业》，《贵州文史丛刊》1981年第4期。
⑪ 詹永发、田应书：《贵州柞蚕业发展的回顾与思考》，《北方蚕业》2000年第3期。

丝业的兴衰史，指出乾隆年间遵义开始引进蚕丝业，在地方官员的大力倡导和当地适宜条件下，此后一百多年间曾获得了很大的发展。但到清代后期及民国时期，由于各种不利因素，遵义的蚕丝业走向了衰落。①

清末民初，日本对中国各地政治、经济和文化等情况先后进行了详细的调查和研究，②其中也涉及柞蚕丝业的调查论述。1907年正式运营的南"满洲"铁道株式会社，在运营之初即开始了对东北地区及中国其他地区的调查，后来汇编成册，其中关于柞蚕丝业的资料有《南"满洲"经济调查资料》七册。如《南"满洲"经济调查资料》③包含对辽宁南部柞蚕丝业的调查报告，《大连、安东两港背后地的柞蚕业》④对辽宁地区柞蚕丝业的生产和输出也进行了详细的记载。此外，还有东亚同文书院的调查资料汇编，东亚同文书院是以研究中国现状为专务的学校，更加重视对中国的调查。东亚同文会编辑的《支那经济全书》即是东亚同文书院的早期调查集成，于1907年出版。《支那经济全书》分作四辑，每辑又分若干编，也包含对柞蚕丝业的调查。同时，1917—1920年东亚同文会编纂的《支那省别全志》陆续出版，其中也包含对中国山东、河南、贵州等柞蚕丝业的调查情况。

19世纪后期以来，中国柞蚕放养方法开始传到朝鲜、日本和苏联等国。⑤中国人工放养柞蚕方法传入朝鲜是在19世纪后期，不久又传到日本。1927年，中国的柞蚕第一次传到苏联并试养成功，以后又陆续传入乌克兰、印度、捷克斯洛伐克、匈牙利、保加利亚、罗马尼亚和阿尔巴尼亚等国家。

中华人民共和国成立后，学术界也对国外柞蚕丝业进行尝试性的研究，主要集中在印度柞蚕丝业的分析和论述。如廖琼香介绍了印度蚕业的领导机构、科研机构，蚕业生产现状以及发展趋势，认为印度具备发

---

① 谢东莉、裴恒涛：《清代至民国遵义蚕桑业的兴衰刍议》，《遵义师范学院学报》2010年第1期。
② 陈锋：《清末民国年间日本对华调查报告中的财政与经济资料》，《近代史研究》2004年第3期。
③ 辽宁省档案馆编：《满铁调查报告》第三辑（1），广西师范大学出版社2008年版。
④ 辽宁省档案馆编：《满铁调查报告》第三辑（9），广西师范大学出版社2008年版。
⑤ 许道夫编：《中国近代农业生产及贸易统计资料》，上海人民出版社1983年版，第266页。

展蚕业的许多有利条件。① 吴冬秀研究认为印度野蚕包括印度柞蚕、琥珀蚕、普利柞蚕、蓖麻蚕等多个品种。② 高玉章等人研究指出，世界野蚕业主要有印度柞蚕、中国柞蚕、天蚕、琥珀蚕、波洛丽蚕、蓖麻蚕、栗蚕、樟蚕、樗蚕、柳蚕、阿纳菲蚕、乌桕蚕等。其中中国是世界最大的野蚕丝生产国，印度第二，朝鲜第三，日本第四。由于桑蚕丝增长潜力不大，因此野蚕业具有广阔的发展前途。③ 郭军研究强调在印度饲养柞蚕不仅是一项产业，更是一种传统，主要分布在印度中北部山区，现在不仅是地方产业的重要组成部分，而且成为改造国内乡村经济的媒介。④ 王凤成等人研究指出通过印度柞蚕种的引进，不仅可以提高柞蚕的抗病性和适应性，而且丰富了中国柞蚕的品种资源。⑤ 邹涛研究指出在印度，柞蚕的培育在不同地区有不同的措施。有在室内饲养的，也有在户外的灌木丛中放养的。⑥

通过上述学术梳理，可知学术界对近代柞蚕丝业的论述虽然具备了一定的研究基础，但是在许多方面仍有进一步拓展的空间，具体讲来主要包括以下几个方面：

第一，在前人的研究成果中，多数研究只是就事论事，针对某一点或者某种现象进行阐述，缺乏对近代中国柞蚕丝业的系统性分析和整体性研究。

第二，以往研究缺乏对近代柞蚕丝业发展过程阶段性特征的论述。前人较多关注柞蚕业起源和传播的研究，对近代中国柞蚕丝业发展演变的阶段性特征没有厘清。

第三，学术界对近代柞蚕丝业在缫丝和织绸方面的研究和论述欠缺。近代中国柞蚕缫丝业和柞蚕丝绸业发生了哪些变化，表现在哪些方面？与近代桑丝绸业相比较，有何差异之处？

---

① 廖琼香：《印度蚕业》，《广东蚕丝通讯》1987年第1期。
② 吴冬秀：《印度的野蚕》，《国外农学——蚕业》1990年第2期。
③ 高玉章等：《世界野蚕业现状和今后发展的趋势》，《沈阳农业大学学报》1992年第4期。
④ 郭军：《印度的柞蚕丝业》，《中国蚕业》1998年第1期。
⑤ 王凤成等：《印度柞蚕研究初报》，《辽宁农业科学》2002年第2期。
⑥ 邹涛：《印度柞蚕的放养》，《辽宁丝绸》2003年第1期。

第四，前人对近代柞蚕丝和柞丝绸生产和销售的研究不足。近代柞蚕丝业的生产和销售有何表现？产销格局有何特点？

第五，前人对柞蚕丝业的研究方法较为单一。在上述研究成果中，多数学者运用的是纯历史学的研究方法，定性描述较多，定量分析较少。柞蚕丝业作为近代蚕丝业史的一个重要研究领域，不但需要采用历史学的研究方法，而且更有必要借鉴经济史学中的定量分析方法，在文字描述的同时，结合相关数据绘制成的图表进行研究。

第六，前人对柞蚕丝业研究的史料来源较为单一，大多局限于地方志等资料，没有充分吸收海关史料和近代期刊中的调查资料。

总之，我们只有通过对前人研究状况的分析和思考，并且发现前人研究成果的优点和不足之处，才能为进一步加深对近代柞蚕丝业的研究找准方向和道路。

三　研究思路

明末清初，柞蚕人工放养开始在山东兴起。随后，逐渐传播到西北、东北和西南等地。晚清时期，柞蚕业集中分布在山东、辽宁和河南三个地区，这三个地区柞蚕茧和柞丝绸的生产和输出量均占到全国总量的九成以上。清末民初，在国际市场需求的刺激之下，柞蚕丝业发展达到历史时期的最高峰。20世纪30年代，在日本侵略和经济危机的双重打击之下，柞蚕丝业迅速走向衰落的边缘。因此而言，近代柞蚕丝业的兴衰实际上是近代中国经济的一个风向标，对柞蚕丝业的研究不失为研究近代中国经济的一个重要窗口。

本书主要围绕以下几个问题进行分析和探讨。近代柞蚕业起源于什么时候，什么地区？近代柞蚕业传播和发展的情况如何？中国柞蚕丝业为什么能够垄断世界柞蚕丝业市场？柞蚕丝业与桑蚕丝业相比有何比较优势？近代中国柞蚕丝业的发展有没有引进外国先进的机器生产方式，效果如何？近代柞蚕丝业发展状况大体可分为几个阶段，各个阶段发展情况怎么样，有何特点？近代柞丝绸业的生产和销售情况又是如何？近代柞蚕丝业的发展对近代社会转型有何影响？这些问题将是本书所要解决的主要问题，也是本书研究的基本思路。全书共分六章进行论述。

第一章主要介绍中国柞蚕业的起源和分布情况。具体围绕如下要点进行阐述：第一，明清之前关于"野蚕成茧"记载史实的分析。第二，明清之际柞蚕人工放养技术成熟的探讨。第三，有清一代，柞蚕业的传播历程，包括官方的倡导和民间的传播。第四，近代以来，柞蚕业的具体分布特点。

第二章主要分析近代中国柞蚕丝业的兴盛与衰落。具体来说，近代中国柞蚕丝业的发展情况可以划分为三个阶段：第一阶段，在1860—1894年。北方港口开埠通商和国际市场的旺盛需求，刺激了柞蚕丝业的快速发展。第二阶段，1895—1931年。由于柞蚕丝制品的优越品质，资本国主义国家加大规模收购，柞蚕丝业出口数额达到历史最高峰，出口的旺盛进一步刺激了柞蚕丝生产的扩张，民族缫丝工业和织绸工业均有了很大程度的发展。第三阶段，在1932—1949年。九一八事变后，日本垄断了东北的柞蚕丝资源，导致柞蚕茧产区和柞蚕丝产区的严重分离，沉重打击了中国柞蚕丝业的整体发展。同时，世界性经济危机和人造丝的冲击，更使柞蚕丝业雪上加霜，生产和出口数额均出现迅速衰落的趋势。

第三章主要探讨近代中国柞蚕缫丝业的变化与兴衰。近代以来，国际市场对柞蚕丝品质的高规格要求，促使中国柞蚕缫丝业不仅在生产技术层面进行改良，而且也要在生产组织层面进行变革。在此情况之下，柞蚕缫丝业不仅引入了先进的机器生产方式，而且生产组织形式也由家庭手工作坊生产过渡至工场手工业生产阶段。

第四章主要论述了近代中国柞蚕茧丝的生产与集散。近代柞蚕茧和柞蚕丝的商品化和市场化趋势十分明显，首先，柞蚕茧的商品化特征表现为生产和销售数量的不断增加，柞蚕茧集散市场的出现等方面。其次，柞蚕丝的市场化特点不仅表现为生产和出口数量的迅速扩大，而且在柞蚕丝交易方式和市场组织体系上也有不同程度的体现。

第五章主要研究了近代中国柞丝绸业的生产与销售。首先，对近代中国柞丝绸业生产技术的缓慢进步进行分析，其次，对近代中国柞丝绸业生产经营方式进行探讨，最后，对近代中国柞丝绸业的集散和销售状况进行论述。

第六章为余论。通过以上各章的分析和论述，我们可以发现：一方面，近代柞蚕丝业发展有其不平衡性和落后性，另一方面，近代柞蚕丝业的勃兴不仅增加了农民的收入，活跃了农村市场，而且也加快了城镇的近代化步伐。总之，近代柞蚕丝业在近代中国蚕丝业史上占有举足轻重的地位。近代柞蚕丝业的兴衰对当今柞蚕丝业的复兴也具有重要的历史启示和借鉴意义。

四 研究资料

史料是研究历史的重要素材，史料的收集和整理对于历史研究是不可缺少的一个重要步骤。本书总体的史料来源大致有以下几个组成部分。

第一，海关统计资料。美国学者费正清认为海关是中国第一个现代化的机构。近代中国海关自1859年起在上海出版定期的贸易统计资料，到1948年为止，包括各种贸易统计资料、贸易季报、十年报告等成为研究中国近代经济史重要的资料来源。[1] 因此，中国柞蚕丝的产销较可征信的材料为《海关关册》中的统计数字。例如上海通商海关造册处译的《中华民国海关华洋贸易总册1902—1935》（"国史馆"史料处，1982年），是目前所见最为完整的海关史料统计数据，其中包含许多有关柞蚕丝业的重要史料。交通部烟台港务管理局编的《近代山东沿海通商口岸贸易统计资料1859—1949》（对外贸易教育出版社1986年版），是有关山东地区最为重要的近代海关统计资料，书中也有许多记载柞蚕的史料。同时，刘辉主编的《五十年各埠海关报告》（中国海关出版社2009年版）也是值得参考的重要海关统计资料。

第二，调查资料。调查资料是第一手资料，可信度很高。近代以来，外国资本主义国家为了掠夺中国的资源和财富，十分重视对中国各地的调查和统计。例如20世纪初，日本在上海成立东亚同文书院，先后派遣多批学生对中国内地进行地毯式调查和统计，后来整理出版了一系列有关近代中国的调查资料，对于今天研究而言，史料价值弥足珍

---

[1] ［美］托马斯·莱昂斯：《中国海关与贸易统计（1859—1948）》，毛立坤等译，浙江大学出版社2009年版，第36页。

贵。例如《支那经济全书》12 卷（1907—1908 年出版），《支那省别全志》18 卷（东亚同文会，1917—1920 年出版），后来又增修出版《新修支那省别全志》19 卷（1941—1946 年出版）。除此之外，日本对东北地区的调查和回忆资料也十分丰富，例如日本满史会编著的《满洲开发四十年史（上、下卷）》（新华出版社 1987 年中译本）。还有黑龙江省档案馆编的《满铁调查报告》（广西师范大学出版社 2005 年版），辽宁省档案馆编辑的《满铁调查报告》（广西师范大学出版社 2008—2010 年版），等等。同时，国民政府铁道部等所属机构也对当时全国铁路沿线的经济状况进行了详细的调查，是研究民国经济史的第一手资料。例如胶济铁路管理委员会编辑的《胶济铁路经济调查报告汇编》（青岛文印出版社 1934 年版）和殷梦霞、李强选编的《民国铁路沿线经济调查报告汇编》（国家图书馆 2009 年版）等等。

第三，地方志资料。地方志具有区域性、广泛性、连续性、可靠性等特征，是研究区域史不可缺少的资料来源。明清以来，地方志编纂的数量和质量日渐提高，尤其是其中的经济资料，为后人研究当时经济情况提供了珍贵史料。[①] 本书主要运用明清以来鲁、豫、辽等省的地方志资料，如白眉初编纂的《中华民国省区全志》，林传甲编纂的《大中华地理志》，等等。

第四，史料汇编。中华人民共和国成立后，党和政府十分重视对历史资料的统计和整理，先后整理出版了一系列具有重要价值的史料。如南开大学历史系编辑的《清实录经济资料辑要》（中华书局 1959 年版），李文治编辑的《中国近代农业史资料（1840—1911）》（生活·读书·新知三联书店 1957 年版），章有义编辑的《中国近代农业史资料（1912—1927、1927—1937）》（生活·读书·新知三联书店 1957 年版），彭泽益编辑的《中国近代手工业史资料（1840—1949）》（中华书局 1962 年版），陈真等编辑的《中国近代工业史资料》（生活·读书·新知三联书店 1957、1958、1961 年版），中国近代经济史丛书编委会编辑的《中国近代经济史研究资料》（上海社会科学院出版社 1982—1990

---

① 董志凯：《中国经济史研究的宝贵资料源泉——读〈中国地方志经济资料汇编〉》，《社会科学管理与评论》2010 年第 3 期。

年版),许道夫编辑的《中国近代农业生产及贸易统计资料》(上海人民出版社1993年版),张研和孙燕京主编的《民国史料丛刊》(大象出版社2009年版)①,等等。

第五,文史资料。文史资料是根据作者亲身经历和见闻回忆所写的第一手资料,可以从多种角度反映历史的不同层面,为中国近现代史的研究提供了重要的史料来源。② 例如:刘梦颜供稿、陈道键整理的《嵩南柞蚕》(《嵩县文史资料》第2辑);《柳疃丝绸专辑》(《昌邑文史资料》第4辑);高文鹤整理的《南阳解放前的柞蚕丝绸》(《南阳文史资料》第5辑);刘占杰的《漫忆栾川柞蚕生产》(《栾川文史资料》第8辑),等等。

第六,民国期刊。民国时期出版了一些关于蚕丝业生产和贸易的期刊,为研究近代蚕丝业的发展演变提供了第一手的研究资料,弥足珍贵。例如:天君《东省的蚕桑事业》(《东省经济月刊》1928年第4卷第1期);《野蚕丝之产销及其贸易状况》(《工商半月刊》1930年第2卷第20期);巴又愚编的《胶东之柞蚕》(《中国蚕丝》1935年第1卷第1期);刘温克编的《柞蚕》(《中国蚕丝》1936年第1卷第9期);《河南省柞蚕丝绸工业考察报告》[《中蚕通讯》1948年第2卷第1—2期(合刊)]等等。

---

① 孙燕京:《史料与史学研究——〈民国史料丛刊〉的价值及其应用》,《北京师范大学学报》(社会科学版)2009年第6期。
② 王丽、李俊恒:《文史资料——中国近现代史研究的重要文献》,《山东图书馆季刊》2007年第3期。

第一章 历史起点：近代柞蚕业的起源与分布

柞蚕起源于中国，其饲养利用历史悠久。近代以来，柞蚕业的传播情况是什么样的，分布情况呈现什么样的格局，有何特点等问题，前人对此论述也比较薄弱。鉴于此，本章拟对上述问题进行回答。

第一节 柞蚕业的起源与放养

一 从"野蚕成茧"说起[①]

柞蚕是中国的特产昆虫。柞蚕的饲养利用为中国首创，历史悠久。[②] 柞蚕，又称野蚕、山蚕、金星子。柞蚕以柞树、槲树、栎树等树的叶子为主要食物来源。

> 柞叶普通不如桑叶之肥嫩，但野蚕则非此不食，是与家蚕最不同之一点也[③]。

野蚕始于何时，无从考证。先秦之际，古人不知道如何放养野蚕，听任其在山林中自生自灭。"汉唐而后，以为瑞应，至宋元而缫织之利始兴。"[④] 汉魏以后，野蚕成茧逐渐成为祥瑞之兆，对其记录的史书开

[①] 关于"野蚕成茧"的研究，可参阅周匡明《古文献中的"野蚕成茧"说》，载《蚕业史话》，上海科学技术出版社1983年版，第135页。
[②] 中山大学生物系：《柞蚕研究》，《中山大学学报》1966年第1期。
[③] 余微：《东三省蚕业概况》，《东省经济月刊》1931年（六周年纪念）专刊。
[④] （清）王元綖辑，郑辟疆校：《野蚕录》，农业出版社1962年版，第6页。

始出现。宋元时期，人民开始利用野蚕成茧进行缫丝织绸，逐渐获得野蚕成茧之利。明代中期以前，官修史书和私家修史著述关于"野蚕成茧"的记载层出不穷，如"野蚕成茧，人君有道，其国昌大"①。由于野生柞蚕分散于山野树林之中，受自然灾害和鸟兽虫的危害比较大，能够发育成茧十分不易，所以这些"野蚕成茧"的记载大多被列入历代史书中的"祥瑞或灾异"之列。

山蚕即柞蚕，又名野蚕，自"莱夷作牧，厥篚檿丝"。见诸《禹贡》以来，野蚕记载，史不绝书。惟往昔未假人力，自然生长，故佥以为瑞。②

笔者依据清末学者王元綎辑录的《野蚕录》中关于"野蚕成茧"的记载，摘录如下所示：

公元前40年，《古今注》曰："元帝永光四年，东莱郡东牟山，有野蚕为茧，茧生蛾，蛾生卵，卵著石，收得万余石，民以为蚕絮。"
……《后汉书·光武帝记》载："野谷旅生，麻菽尤盛，野蚕成茧，被于山阜，人收其利焉。"
《魏略》载："文帝欲受禅，野茧成丝。"
三国吴黄龙三年（231），《三国志·吴大帝本纪》载："夏，有野蚕成茧，大如卵。"
宋元嘉十六年（439），《宋书·符瑞志》载："宣城宛陵县，野蚕成茧，大如雉卵，弥漫林谷，年年转盛。"
宋大明三年（459），《宋书·符瑞志》载："五月癸巳，宣城宛陵县石亭山，生野蚕三百余里，太守张辩以闻。"
梁天监十一年（512），《梁书·武帝本纪》载："二月戊辰，

---

① （宋）李昉等编纂：《太平御览》卷八二五《资产部五·蚕》，中华书局1960年版，第3675页。
② 杨洪江、华德公校注：《柞蚕三书》，农业出版社1983年版，第51页。

新昌、济阳二郡，野蚕成茧。"

《隋书·礼仪志》载："赤雀、苍乌、野蚕、天豆。"

唐武德五年（622），《新唐书·高祖本纪》载："四月，梁州野蚕成茧。"

唐贞观十二年（638），《册府元龟》载："滁州言，野蚕成茧，遍于山阜；九月楚州言，野蚕成茧，遍于山谷；濠州、庐州献野茧。"

唐贞观十三年（639），《新唐书·太宗本纪》载："滁州野蚕成茧。"

唐贞观十四年（640），《旧唐书·太宗本纪》载："乙未，滁州野蚕成茧，凡收八千三百硕。"

唐开元二十七年（739），光绪《山西通志》卷162《列女录》载："九月，文水县野蚕成茧。"

唐长庆四年（824），《文献通考》载："五月，登州、蓬莱山谷间约四十里，野蚕成茧，其丝可织。"

后唐末帝清泰三年（936），《册府元龟》载："六月，洺州献野茧二十斤。"

北宋乾德四年（966），《宋史·太祖本纪》载："八月辛亥，幸玉津园宴射，京兆府贡野蚕茧。"

北宋开宝七年（974），《宋史·太祖本纪》载："正月庚申，齐州野蚕成茧。"

北宋嘉祐五年（1060），《宋史·五行志》载："冬，十月乙酉，深州言：野蚕成茧，被于原野。"

北宋元符元年（1098），《宋史·五行志》载："七月，藁城县野蚕成茧；八月，行唐县野蚕成茧；九月，深泽县野蚕成茧，织纤成万匹。"

北宋元符二年（1099），《宋史·五行志》载："六月，房陵县野蚕成茧。"

北宋政和元年（1111），《宋史·五行志》载："九月，河南府野蚕成茧。"

北宋政和四年（1114），《宋史·五行志》载："相州野蚕成茧。"

北宋政和五年（1115），《宋史·五行志》载："南京野蚕成茧，织䌷五匹，緜四十两，圣茧十五两。"

金天会三年（1125），《金史·五行志》载："七月己卯，南京帅以锦州野蚕成茧，奉其丝、緜来献，命赏其长史。"

南宋绍兴二十二年（公元1152年），《宋史·高宗本纪》载："容州野蚕成茧。"

金明昌四年（1193），《金史·章宗本纪》载："邢、洺、深、冀及河北西路十六谋克之地，野蚕成茧。"

南宋嘉泰二年（1202），《宋史·宁宗本纪》载："九月庚午，临安府野蚕成茧。"

元至元二十五年（1288），《元史·世祖本纪》载："秋，七月乙巳，保定路唐县，野蚕成茧，丝可为帛。"

元元贞二年（1296），《元史·五行志》载："五月，随州野蚕成茧，亘数百里，民取为纩。"

明洪武二十八年（1395），《明太祖宝训》载："七月戊戌，河南汝宁府确山县，野蚕成茧，群臣表贺。太祖曰：人君以天下为家，使野蚕成茧，足衣被天下之人，朕当受贺。一邑之内，偶然有之，何用贺为。"

明永乐元年（1403），雍正《河南通志》卷五载："五月汝宁山中野蚕成茧。"

明永乐二年（1404），《大政记》载："七月辛酉，礼部尚书李至刚奏：山东郡县，野蚕成茧，缲丝来进，请率百官贺。命止之。上曰：野蚕成茧，亦常事，不足贺，使山东之地，野蚕尽茧，足以被其一方而未遍天下，朕之心，犹未安也，朕为天下父母，一饮一食，未尝忘之，若天下之民皆饱暖，而无饥寒，此可为朕贺矣！乃止。"

明永乐十一年（1413），《明史·成祖本纪》载："十一月戊寅，以野蚕茧为衾，命皇太子荐太庙。"

明正统十年（1445），《名山藏》载："十二月，真定府所属州县，野蚕成茧，知府王，以丝来献，制幔褥于太庙之神位。"

明成化二十三年（1487），《广东通志》载："文昌县野蚕成茧。"①

根据上述历史记载可见：我国野蚕分布在中东部地区。需要说明的是，尽管古代文献中提到的野蚕不一定都是柞蚕，但主要是指柞蚕。②据学者研究：从西汉永光四年（公元前40年）到乾隆十一年（1746）的1786年间，我国文献记载的野蚕成茧有55次，其中发生在河南野蚕成茧的记载有15次，河北有9次，山东有7次，安徽有7次，辽宁3次，浙江3次，陕西2次，湖北2次，江苏2次，广东2次，广西1次，四川1次，湖南1次。③

相比桑蚕而言，我国有关野生柞蚕的历史文献记载比较少。正如清末王元綎所言："中国蚕桑之利，冠于五洲，以故家有撰述，言蚕之书几充栋，而言野蚕者独鲜"。"特古人不知饲养，听其自生自育，故记载亦绝少……故凡言野蚕者，柞蚕也。"④

柞蚕记载最早可见于晋朝崔豹撰写的《古今注》，东汉建武二年（261），史书记载："野蚕成茧，被于山阜，人收其利焉。"⑤东汉应劭在其所著《风俗通》中也曾记载："旅谷弥望，野茧被山。"曹魏时人王朗也曾在《魏受禅碑》中云："甘露零于丰草，野蚕茧于茂树。"⑥

而柞蚕之名最早来源于晋朝郭义恭的《广志》⑦，云："有柞蚕，食柞叶，可以作绵。"⑧南北朝时期，文学家庾信也曾撰文曰："人共官园，家同野茧。"⑨根据上述文献记载来看，汉晋时期我国农民已经发现并利用山林中野蚕结茧的史实应该是毫无疑问的。

---

① （清）王元綎辑，郑辟疆校：《野蚕录》，农业出版社1962年版，第1—4页。
② 章楷：《我国放养柞蚕的起源和传播考略》，《蚕业科学》1982年第2期。
③ 赵魁编纂：《南阳蚕业志》，中州古籍出版社1990年版，第276—280页。
④ （清）王元綎辑，郑辟疆校：《野蚕录》，农业出版社1962年版，自叙第1、6页。
⑤ （宋）范晔：《后汉书·光武帝纪》，鼎文书局1981年新校本，第32页。
⑥ （清）王元綎辑，郑辟疆校：《野蚕录》，农业出版社1962年版，第5页。
⑦ 据《隋书》卷三十四《经籍志》："《广志》二卷，郭义恭撰。"一般说郭义恭是晋朝人，但也有人认为是北魏时人。
⑧ （宋）李坊等编《太平御览》卷八二五《资产部五·蚕》，中华书局1960年版，第3675页。
⑨ （清）王元綎辑，郑辟疆校：《野蚕录》，农业出版社1962年版，第5页。

唐宋以来，随着商品经济的发展，北方农民逐渐认识到利用野蚕茧可以获利。于是关于野蚕结茧进行缫织的记载不断增多，连当时诗词中也有很多关于"野蚕成茧"的记载。

例如唐代诗人王建在其《田家行》中载："野蚕作茧人不取，叶间扑扑秋蛾生。"① 宋初王禹偁作诗云："野茧自成蚕，缫络为山䌷，此物产何许，莱夷负海州。"② 苏轼有诗曰："安居三十年，古衲磨山茧。"③ 刘子翚在《径山寄生子作道服三首》亦云："旋裁山茧作山衣。"④ 范成大在其《打灰堆词》言："野茧可缫麦两歧，短衲换着长衫衣。"⑤ 元代文学家马祖常有诗曰："水牛砺角嫌耕浅，野茧抽丝喜价低。" 明朝嘉靖年间，登州物产"檿（柞桑）丝：出栖霞，青、莱亦有之……茧生山桑，不浴不饲，居民取之，制为䌷，久而不敝"⑥。万历时翰林学士张士范在其《殷家汇即事》中言："青郊市縠连村唤，绿树山蚕抱叶眠。"⑦ 清初诗人吴伟业在其《夜宿蒙阴》中也曾谈到野蚕成茧的例子："野蚕养就都成茧，村酒沽来不费钱。"⑧ 袁枚也有关于野蚕成茧的诗句，如其《沭阳杂兴》云："丝抽野蛹都名茧，土作荒城又当山。"⑨

总之，通过上述这些文献诗词的记载，不难看出：唐宋至明清，野蚕成茧的现象常为北方山区农民所利用，柞蚕的人工放养技术也逐渐被农民所掌握。

二 明清柞蚕放养技术的成熟

柞蚕的饲养利用为中国首创，历史悠久。⑩ 众所周知，家蚕主要在

---

① （清）王元綎辑，郑辟疆校：《野蚕录》，农业出版社1962年版，第5页。
② 同上书，第26页。
③ （宋）王十朋注，《集注分类东坡先生诗》卷五《明日南禅和诗不到故重赋数珠篇以督之二首》，艺文印书馆1975年影印。
④ （宋）刘子翚：《屏山集》卷十九《径山寄生子作道服三首》；转引自王曾瑜《中国古代的丝麻棉绫》，《文史》2006年第3辑。
⑤ （清）王元綎辑，郑辟疆校：《野蚕录》，农业出版社1962年版，第5页。
⑥ （明）陆釴纂修：《山东通志》卷八《物产》，嘉靖十二年刻本。
⑦ （清）王元綎辑，郑辟疆校：《野蚕录》，农业出版社1962年版，第6页。
⑧ 同上书，第5页。
⑨ 同上书，第6页。
⑩ 中山大学生物系：《柞蚕研究》，《中山大学学报》1966年第1期。

家内喂养，而柞蚕却要在野外放养。中国四五千年前就已经开始人工饲养家蚕（桑蚕），而人工放养柞蚕的历史只有四五百年。

目前学术界普遍认为中国柞蚕放养是从野生柞蚕驯化而来的。"柞蚕的发现、认识、直到人工放养，这一发展过程是同人们的生产实践密切相关的。"① 明代中期以前，柞蚕主要是在野外自生自灭。明代中后期，柞蚕的野外人工放养技术才逐渐为蚕农所掌握。

关于中国人工放养柞蚕起源的时间，目前学术界研究众说纷纭，观点各异。大致说来，关于柞蚕人工放养起源的时间有以下三种说法：

第一，周朝说。如王曾瑜先生认为："柞蚕生产出现颇早，大约可追溯到周代。"②

第二，秦汉说。有学者称："秦汉之际，柞蚕人工放养就已经开始兴起。"③

第三，明朝说。学术界多数学者认为柞蚕人工放养的时间最早是在明朝中期。④

笔者赞同第三种说法——柞蚕人工放养起源于明代的观点。中国人工放养柞蚕的起源不会早于明代，原因有四：

第一，在宋元之前，中国历代农书里面没有柞蚕或者野蚕的记载。如元代的《农桑辑要》《王祯农书》等也没有柞蚕和野蚕的记录。

第二，在明代前期之前，历代史书上均有野蚕成茧的记载，奇怪的是明代中叶以后，史书上突然没有野蚕成茧的记录。

第三，在明代棉花栽培逐渐普及，桑蚕业在北方迅速衰落，但山区的柞蚕因为和棉花生产没有矛盾，而且柞蚕茧的缫丝方法又逐渐得到改

---

① 华德公：《我国古代人民对柞蚕的认识和改造》，《中国古代农业科技》，农业出版社1980年版，第441页。
② 王曾瑜：《中国古代的丝麻棉续编》，《文史》2006年第3辑。
③ 古开弼：《我国柞蚕业发展史考略》，《农业考古》1995年第3期；梁振忠：《河南省柞蚕业发展史初探》，《中国蚕业》2008年第1期。
④ 王志瑚、华德公：《我国柞蚕业起源问题的探讨》，《蚕业科学》1981年第4期；章楷：《我国放养柞蚕的起源和传播考略》，《蚕业科学》1982年第2期；华德公：《人工放养柞蚕以鲁中南山区为早》，《蚕业科学》1987年第3期；萧正洪：《清代秦巴山区的柞蚕放养》，《中国农史》1992年第4期；李令福：《明清山东省柞蚕业发展的时空特征》，《山东师范大学学报》（社会科学版）1995年第2期。

进，放养柞蚕才逐渐为人们所注意，于是人们开始普遍放养柞蚕。[①]

第四，明代中后期河南、山东的地方志开始有了山蚕、茧绌（绸）等作为地方物产的记载。[②] 如明朝正德年间，河南汝州府"物产，丝，绌"[③]。嘉靖年间，山东"柞茧绌：出青城、莱芜，取山柞野蚕乱丝而理之者"[④]。嘉靖年间，河南南阳府"山丝绸则南召、镇平、内乡、方城、泌阳、桐柏、舞阳、叶县俱有所出，而南召、镇平最盛。南召有栎坡五六十处，山丝产额甲于各县，石佛寺为丝绸聚处，贸易极盛"[⑤]。鲁山县物产也有柞丝绸的出现，"丝、绵、绢、棉花、布、绌"[⑥]，其中"丝"和"绌"分别是柞蚕丝和柞丝绸的称谓。明代中后期，在山东也有柞蚕丝的记载，万历年间，安丘县西南"蚕着树间作茧。土人缫以成丝，色赭而直（值）倍白绌，名山茧绌"[⑦]。

综上所述，桑蚕在中国人工饲养已经有四五千年的历史，然而人工放养柞蚕的历史却晚得多，距今只有四五百年，柞蚕人工放养应始于明代中后期。

关于中国人工放养柞蚕起源的地区，目前学术界也有两种看法。

其一，一源说。学术界大多认为柞蚕起源只有一个源头，最早起源于山东，更确切地说人工放养柞蚕最早起源于鲁中南山区。[⑧]

其二，多源说。少数学者认为人工放养柞蚕起源于陕西、河南、山

[①] 吴聪贤：《中国农业发展》，文物供应社1984年版，第70页。
[②] 顾韵芬、陈锦湖、张夏：《从"绌"这个丝绸品种追溯东北柞蚕茧丝的利用历史》（《丝绸》1993年第11期）中指出："绌"并非仅仅是"绸"的异体字，而是利用柞蚕茧织成的丝织物。
[③] （明）承天贵辑：《汝州志》卷三《物产》，上海古籍书店1963年据正德五年刻本影印。
[④] （明）陆釴纂修：《山东通志》卷八《物产》，嘉靖十二年刻本。
[⑤] （明）杨应奎纂修：《南阳府志校注》卷三《土产》，民国三十一年张嘉谋据明嘉靖三十三年刻本校注本。
[⑥] （明）孙铎纂修：《鲁山县志》卷二《田赋·物产》，上海古籍书店据嘉靖三十一年刻本影印。
[⑦] （明）熊元修、马文炜纂：《安丘县志》卷之十《方产考·第九》，万历十七年刻本。
[⑧] 王志瑚、华德公：《我国柞蚕业起源问题的探讨》，《蚕业科学》1981年第4期；周匡明：《养蚕起源问题的研究》，《农业考古》1982年第1期；章楷：《我国放养柞蚕的起源和传播考略》，《蚕业科学》1982年第2期；李令福：《明清山东省柞蚕业发展的时空特征》，《山东师范大学学报》（社会科学版）1995年第2期；华德公：《人工放养柞蚕以鲁中南山区为早》，《蚕业科学》1987年第3期。

东等多个地区。如萧正洪研究指出，16世纪末，秦巴山区已经开始利用柞蚕①。古开弼研究认为东汉时期，山东东部地区和河南西南部的柞蚕放养业已经有了较为广泛的发展。②胡兆量等调查强调在明清时期，随着商品经济的发展，河南省的柞蚕生产逐渐由直接采集野生蚕茧过渡到人工饲育蚕虫，由不稳定的小规模生产过渡到比较稳定的大规模生产阶段。③

笔者也认为柞蚕人工放养最早起源地是山东地区，时间为明代后期。据史籍记载，山东农民利用野生柞蚕丝，距今已有二千多年的历史，但柞蚕放养技术臻于完善则始于明代。④乾隆年间，农学家杨屾在《豳风广义》中曾言："明末之时，有神人在山东教民始牧养此蚕，至今率上受益。"⑤当时地方志中已经出现许多关于放养柞蚕的文献记载。嘉靖年间，"柞茧绸：出青城、莱芜，取山柞野蚕乱丝而理之者"⑥。万历年间，安丘、莱州府也放养柞蚕。安丘"西南山产有木才朴薮，蚕着树间作茧，土人缫以成丝，色赭而直倍白绸，名山茧绸"⑦。莱州府土产也有山茧（柞蚕茧）。⑧ 时人徐光启曾言，"即如饲蚕之树，世人皆知有桑、柘矣，而东莱人育山茧者，于树无所不用，独杨树否耳。诸树中独椒茧最上，桑柘次之，椿次之，樗为下"⑨。从上面的文献记载来看，明朝后期山东地区农民就已经开始掌握人工放养柞蚕的技术。

有清一代，柞蚕放养技术逐渐成熟，放养数量逐步增多。"柞蚕原产于我国山东等处之山野林间，汉唐时即有发现，惟多不加注意；迨大

---

① 萧正洪：《清代秦巴山区的柞蚕放养》，《中国农史》1992年第4期。
② 古开弼：《我国柞蚕业发展史考略》，《农业考古》1995年第3期。
③ 胡兆量：《豫西的柞蚕生产——沙、汝、澧河流域经济地理调查报告之一》，《教学与研究》1955年第8、9期。
④ 《民国山东通志》编辑委员会编：《民国山东通志》卷十一《物产志》，山东文献杂志社2002年版，第1152页。
⑤ （清）杨屾著，郑辟疆、郑宗元校勘：《豳风广义》卷三，附《养槲蚕法》，农业出版社1962年版，第157页。
⑥ （明）陆釴纂修：《山东通志》卷八《物产》，嘉靖十二年刻本。
⑦ （明）熊元修、马文炜纂：《安丘县志》卷之十《方产考·第九》，万历十七年刻本。
⑧ （明）龙文明修，赵耀、董基纂：《莱州府志》卷三《物产》，万历三十二年刻本。
⑨ （明）徐光启撰：《农政全书校注》（中册）卷之三十八《种植》，上海古籍出版社1979年版，第1065页。

清年间，始为农民饲育，而略加以人工之处理。"① 到清朝乾隆年间，柞蚕放养实际上在山东半岛地区已经十分盛行，柞蚕产茧量迅速增加，柞蚕丝和柞丝绸逐渐成为当地有名的出产物品之一。

乾隆年间，莱州府、海阳县物产即有柞蚕丝产品。莱州府"货之属，丝……绢……山茧绸"②。海阳县"丝枲之属，檿绸、绵绸……丝"③。光绪年间，海阳县物产仍有柞蚕茧列出，其"货属，茧有桑、柞二种"④。时人张崧在《山蚕谱序》中曾言：

> 登莱山蚕，盖自古有之，特前此未知饲养之法，任其自生自育于林谷之中，故多收辄以为瑞。宋元以来，其利渐兴，积至于今，人事益修，利赖日益广。立场畜蛾之方，纺绩织紝之具，踵事而增，功埒桑麻矣。顾不自知者，每以《禹贡》之檿丝当之，先儒说部，名贤歌咏往往谬误，目未亲睹，仅仅以传闻之辞，臆而书之，论多歧出，无足怪也。⑤

由此可见，山东"千八百年前即有（柞蚕的）饲育，至清季达全盛"⑥。民国初年，山东人孙钟亶在《山蚕辑略》中言：

> 山蚕之用，虽自汉至明，谓之祥瑞，终未能倡行。降至清初，文明日启，齐东一带，乡人间有以此制线代布者。自此以后，渐多效尤。⑦

因此之故，宋元以降山东山民数百年间积累的经验，为明清柞蚕人工放养的迅速发展奠定了基础。

---

① 周占梅：《柞蚕》，《农报》1936年第3卷第35期。
② （清）严有禧、张桐纂修：《莱州府志》卷二《物产》，乾隆五年刻本。
③ （清）包桂编纂：《海阳县志》卷之四《物产》，乾隆七年刻本。
④ （清）王敬勋、李尔梅、王兆腾纂修：《海阳县续志》卷七《物产》，光绪六年刻本。
⑤ （清）舒孔安、王厚阶纂修：《宁海州志》卷二十五《艺文志》，同治三年刻本。
⑥ 缪毓辉：《中国蚕丝问题》上册，商务印书馆1937年版，第59页。
⑦ 杨洪江、华德公校注：《柞蚕三书》，农业出版社1983年版，第82页。

清代山东山民不仅探索出一套相对成熟的柞蚕放养方法，而且将柞蚕茧用于缫丝，从而使柞蚕生产逐渐成为山区农民一项重要的收入来源，在当地山区农业经济中占有十分重要的地位。

清初山东人孙廷铨（1613—1674）撰写的《山蚕说》是目前所知最早记述柞蚕生产的著作，书中详细描写了安邱放养柞蚕的情形。原文如下：

> 安邱石门村多生槲树林，土人谓之野蚕厂。按野蚕成茧，昔人谓之上瑞，乃今东齐山谷，在在有之，与家蚕等。蚕月抚种出蚁，蠕蠕然，即散置槲树上，槲树初生猗猗，不异桑柔，听其眠食，食尽，即枝枝相换，树树相移，皆人力为之，弥山遍谷，一望蚕丛，其蚕壮大，亦生而习野，日日处风日中、雨中不为罢，然以时伤旱涝，畏雀啄。野人饲蚕，必架庐林下，手把长竿，逐树按行为之，察阴阳，御鸟鼠。其稔也，与家蚕相后先，然其穫者，春夏及秋，岁凡三熟也。作茧大者，三寸来许，非黄非白，色近乎土，浅则黄穰，深则赤埴，坟如果蓏，繁实离离，缀木叶间，又或如雄鸡縠也。食槲名槲，食椿名椿，食椒名椒，茧如蚕名，缣如茧名。又其蚕之小者，作茧坚如石，大才如指上螺，在深谷丛条间，不关人力，樵牧遇之，载橐而归，无所名之，曰山茧也。其缣备五善，色不加染，黯而有章，一也；浣濯虽敝，不易色，二也；日御之，上者十岁而不败，三也；与韦衣处，不已华，与纨縠处，不已野，四也；出门不二服，吉凶可从焉，五也。①

清初杰出诗人王士禛在其《山蚕词四首》中曰：

> 清溪槲叶始濛濛，树底春蚕叶叶通。
> 曾说蚕丛蜀道难，谁知齐道亦蚕丛。
> 那问蚕奁更火箱，春山到处是蚕房。
> 槲林正绿椒园碧，间有猗猗陌上桑。

---

① （清）王元綎辑，郑辟疆校：《野蚕录》，农业出版社1962年版，第19—20页。

> 春茧秋丝各自谙，一年三熟胜江南。
> 柘蚕成后寒蚕续，不道吴王八茧蚕。
> 尺五竿头络色丝，龙梭玉镊动妍姿。
> 红闺小女生来惯，中妇流黄定未知。①

康熙时期，山东半岛农民放养柞蚕的技术已经十分成熟，当时被称为"西泠十子"之一的张纲孙曾作《蒙阴》一诗，再现了当时蒙阴地区农民柞蚕放养的情景。

> 夕宿敖阳村，朝行桃花沟。东山八十里，落月依林邱。
> 傍午息蒙阴，野店脱敞裘。土人延我坐，率尔意绸缪。
> 口陈水帘洞，上有鬼谷幽。再献云严茶，色如白罗柔。
> 夸彼茧绸好，红丝信清秋。艰苦养此蚕，三时乃有收。
> 饥啮槲树叶，渴饮清露流。日出虚幔张，薄暮挑灯求。
> 赤蚁恐攒害，麻雀时啁啾。土丸频弹射，风雨不得休。
> 男女赖苟活，焉敢视悠悠。我起数叹息，注目清溪愁。
> 奈何三吴子，锦衣美遨游。②

乾隆年间，山东潍县人韩梦周也曾作诗《山茧成示蚕者》云：

> 往昔供樵牧，于今作茧丝。衣成汝喜日，恩忆我归时。
> 食叶声如扫，罗枝影自垂。辛勤学种植，物力恐难期。③

乾隆时期，韩梦周在其《养蚕成法》对柞蚕在农家经济中的地位做了充分的说明。"此蚕所织之绸，名为山绸。每蚕一亩，可以得五六十斤、七八十斤不等。山东省处处养蚕，俗语'一亩蚕，十亩田'，可知实是大利。"④ 显而易见，柞蚕放养不仅是山民为了生存发展而做出的

---

① （清）王元綎辑，郑辟疆校：《野蚕录》，农业出版社1962年版，第29页。
② 同上书，第26—27页。
③ 同上书，第28页。
④ 杨洪江、华德公校注：《柞蚕三书》，农业出版社1983年版，第3页。

适应生态环境的经济选择，同时也是山民创造性地适应生态环境的结果。清代中期之后，山东半岛各地柞蚕放养技术逐渐成熟，放养数量不断增多。

古人称柞、槲树为山桑。山桑的分布决定了柞蚕放养的范围。山东山桑的分布有记载云：

> 山桑，叶大于常。登、莱、青、兖四府凡有山谷之处，无不种植。不论顷亩，以一人所饲为一把手。有多至千手之家。不供赋税，坐享千金之富。①

当时山东放养柞蚕以沂州府成效最为显著。清初孙廷铨在《山蚕说》②中记载："山蚕齐鲁诸山所在多有……而以沂水所产为最。"乾隆年间，该府"各属山中，民多种树畜蚕，名曰蚕场"，"弥山遍谷，一望蚕丛"。③沂州府不仅放养柞蚕，而且还缫织柞丝绸。"茧绸，以山茧缫丝为之，有春茧、秋茧，秋为胜。又饲以椿叶，为椿茧，椒叶为椒茧，或得野茧于土中者，为柤茧，较珍贵。"④道光年间，时人王培荀曾记载："沂水一带，山多槲叶，养蚕大于常蚕四五倍。"⑤咸丰四年，沂水县知县吴树声在其《沂水桑麻话》中载：

> 沂多山，山必有场。种梓椤以养山蚕，岁出山蚕山绸无算。西客皆来贩卖，设经纪以抽税，岁入数千金焉。东门外山绸会馆，为山绸客公会之所，颇壮丽可观，可想见当日绸行之盛。⑥

---

① （清）姚延福、邓嘉缉、蒋师辙纂修：《临朐县志》卷八《风土·物产》，光绪十年刻本。
② 孙廷铨的《山蚕说》，是目前所知最早的柞蚕专著，也是研究柞蚕史很有价值的著作之一。参见于云傲《孙廷铨与〈山蚕说〉》，《蚕业科学》1987 年第 1 期。
③ （清）李希贤等曾纂修：《沂州府志》卷三十三《艺文志》，乾隆二十五年刻本。
④ （清）李希贤等曾纂修：《沂州府志》卷十一《食货四·物产》，乾隆二十五年刻本。
⑤ （清）王培荀：《乡园忆旧录》卷八《山左物产》，齐鲁出版社 1993 年版，第 454 页。
⑥ 沂水文史精粹编委会编：《沂水文史精粹》，山东文艺出版社 1999 年版，第 289—290 页。

此后，沂州府柞蚕丝业的兴旺也逐渐传播至附近地区，邻近的府州县等柞蚕丝业也迅速发展起来，各州县农户"迨至光绪初年，牙山左右，鲜少土田，居民蔟蔟，均以养蚕为业，种柞为本，依此山茧以为养生之源也"①。

清代山东柞蚕丝业除民间自发传播外，当地地方官也对柞蚕丝业积极提倡。山东沂州、泰安地区的柞蚕放养方法在本省各地得到推广。如康熙年间，学正诸城人王汝严就开始教宁海州人植柞养蚕。

> 吾宁僻处东鄙，初不知有野蚕，康熙丙戌，学正王汝严，始自青州募人来，教民蚕，并督民植柞，民间以为不急之务，颇病之，数年而后，蚕业大兴，家食其利，始相与歌功颂德于不置。②

诸城县"其利最久且大者，曰山蚕。蚕养于槲与柞，皆名不落树。树生于山，春秋两次，蚕老吐丝……织为山绸，虽不如椿绸之贵，而衣被南北，为一方之货"③。由于诸城县的柞蚕饲养技术远近有名，所以附近的栖霞县放养柞蚕的方法是来源于诸城人的传授。栖霞县"自康熙二十年，诸城人教之植柞树、饲山蚕，成茧，今三㕍诸社为多。然视诸城、沂水，不及十分之一"④。

乾隆年间，泰安府在官方提倡下，柞蚕放养实现了从无到有的转变。

> 槲，丛生山麓，叶可饲蚕，谓之山蚕，织绸谓之山绸，向惟莱芜有之，近特收橡种发给贫民，设法劝种，七属山麓殆遍种之。槲之大者为橡，故俗呼橡子树，饲蚕宜小树，土人所谓勃萝科也。所种三年之内，严禁剪伐，为利溥矣。⑤

---

① 杨洪江、华德公校注：《柞蚕三书》，农业出版社1983年版，第54页。
② （清）王元綎辑，郑辟疆校：《野蚕录》，农业出版社1962年版，第29页。
③ （清）宫懋让、李文藻纂修：《诸城县志》卷十二《方物考》，乾隆二十九年刻本。
④ （清）卫苌纂修：《栖霞县志》卷之一《疆舆志·物产》，乾隆十九年刻本。
⑤ （清）颜希深、成城编纂：《泰安府志》卷之二《方域志·物产》，乾隆二十五年刻本。

当时山东巡抚阿尔泰也积极倡导柞蚕种植以发展柞蚕丝业。据《清史稿校注》载，阿尔泰"迁至山东巡抚。以山东产山绸，疏请令民间就山坡隙地广植桲椤，免其升科"①。乾隆二十四年（1759）十月，其又奏："并饬济、泰、兖三府属购柠椤树（槲树）种，给民遍种，以期成树畜蚕。"② 可见，官方对柞蚕丝业的提倡措施很快收到了一定程度的实效。又如胶东半岛莱州府宁海州种柞养蚕，就是乾隆年间知州李湖劝导乡民植柞放蚕，邑民"世受其利，故立生祠以祀之"③。乾隆年间，"山东放养柞蚕已很盛行，产茧量猛增"④。乾隆三十九年前后，山东兖州府曲阜县，"近多尚山茧，老幼男女俱捻线，贵室亦为之"⑤。

第二节 柞蚕业的传播与分布

山东省是中国最早人工放养柞蚕的地区。由于放养柞蚕不占农田，利倍功半，因此山东的柞蚕放养方法很快传播到其他各省。清末民初，初步形成了以山东、辽宁、河南为主的三大柞蚕放养区域。近代中国柞蚕生产的空间分布格局由此奠定。

> 登莱之有野蚕，实于农桑而外为斯民辟一利源，由是而河南之鲁山，陕西之宁羌、贵州之遵义，渐推渐广，成效卓著，今则关东茧之繁衍，且数倍于腹地，其利可谓溥矣。⑥

一 清代柞蚕业的传播历程

明代中叶，山东半岛的农民逐渐探索出一套人工放养柞蚕的方法，

---

① 《清史稿校注》（第十二册）卷三百三十三《列传一百十三》，商务印书馆1999年版，第9292页。
② 《清高宗实录》卷599，乾隆二十四年十月二十五日，《清实录》第16册，中华书局1986年影印，第714页下。
③ （清）舒孔安、王厚阶纂修：《宁海州志》卷十二《职官志》，同治三年刻本。
④ 《民国山东通志》编辑委员会编：《民国山东通志》卷十一《物产志》，山东文献杂志社2002年版，第1152页。
⑤ （清）潘相纂修：《曲阜县志》卷三十八《风俗》，乾隆三十九年刻本。
⑥ （清）王元綎辑，郑辟疆校：《野蚕录》，农业出版社1962年版，第29页。

放养柞蚕才成为当地农民的重要副业。有清以来，人口增长迅猛，人地矛盾日益突出，为了满足生活之需，对山地丘陵的开发利用逐渐增多。放养山蚕虽需人工，但与家蚕相比却是工省利厚。无论丘陵、山地，只要可种植槲、椿、柘、柞等树之处均可放养，不需占用耕地即可获厚利，故清代发展十分迅速。①

清朝统一全国之后，社会秩序逐渐稳定，经济也得到恢复和发展，柞蚕业随之由山东地区向各地传播。

> 山东出产柞蚕丝，以昌邑、宁海、栖霞、青州、长山为盛。18世纪40年代初，清廷曾命山东将养柞蚕成法移咨各省，依法饲养以取蚕丝之利，曾使柞丝业在西南、西北和东北地区获得推广。②

可知，山东柞蚕放养方法传播到外省，以河南、东北、贵州、陕西等地最为集中。其中，清代地方官员对柞蚕放养的大力倡导一定程度上推动了柞蚕事业的传播和发展。据《高宗实录》载：

> 又谕军机大臣等据四川按察使姜顺龙奏称，东省有蚕二种，食椿叶者名椿蚕，食柞叶者名山蚕。此蚕不须食桑叶，兼可散置树枝，自然成茧。臣在蜀见有青杠树一种，其叶类柞，堪以喂养山蚕。大邑知县王儁曾取东省茧数万散给民间，教以饲养。两年以来，已有成效。仰请敕下东省抚臣将前项椿蚕、山蚕二种，作可喂养之法，详细移咨各省，如各省现有椿树、青杠树即可如法喂养，以收蚕利等语。可寄信喀尔吉善，令其酌量素产椿、青等树省份，将喂养椿蚕、山蚕之法移咨该省督抚，听其依法喂养，以收蚕利。再直隶与山东甚近，喂养椿蚕、山蚕，不知可行与否，并著寄信询问高斌。③

---

① 许檀：《明清时期山东经济的发展》，《中国经济史研究》1995年第3期。
② 彭泽益：《清前期农副纺织手工业》，《中国经济史研究》1987年第4期。
③ 《高宗实录》卷204，《清实录》第11册，乾隆八年十一月丁亥，中华书局1985年影印，第630页下，631页上。

河南省与山东省紧邻，山东省的柞蚕放养方法最早传入河南省，传入时间大约在18世纪初（康熙末年）。据王士俊在《劝蚕歌》中注说："豫省多有以槲饲蚕，蚕即栖于树，不如南省食桑之蚕吐丝细软。"① 乾隆九年（1744）九月，河南巡抚硕色奏：

> 前据四川按察使姜顺龙奏称，东省有蚕二种，食椿叶者名椿蚕，食柞叶者名山蚕。请饬抚臣将喂养之法移咨各省，以收蚕利。查豫省开封、彰德、怀庆、河南、南阳、汝宁及汝州、陕州、光州等府州属，产有柞、槲等树，可喂山蚕。近有东省（山东省）人民携茧来豫，伙同放养，俱已得种得法。②

四年之后，经过官方的倡导和支持，河南柞蚕业放养的规模进一步扩大，成效显著。据乾隆十三年闰七月二十六日，河南巡抚硕色《奏为豫省教民饲养山蚕行有成效事》：

> 闻再育蚕一事，其利尤溥最于民生有益，臣于抵豫之初，即访询风土，闻通省仅有临颍等数州县地土稍润，种桑养蚕，其余各属皆因土性不宜植桑，故素无蚕桑之利。臣昔任山左知东省有喂放山蚕之法，所食者系槲、柞等树之叶，无需植桑，因思豫东风土大概相同，春蚕虽无桑可养，而依山傍麓之区产有槲、柞、青枫等树者，尽可仿照东省成式喂养山蚕。遂于乾隆九年，饬令凡有山场州县，代为雇觅东省蚕工，并购储蚕种，教民饲养山椿二蚕，习学试行，令行之数年，小民见牧蚕获利，皆争相仿效，喂养者日众，查现在开封、彰德、怀庆、河南、南阳、汝宁等府及汝、陕、光等州所属之禹州、林县、武安、河内、济源、登封、新安、渑池、嵩县、南阳、泌阳、南召、桐柏、裕州、舞阳、内乡、镇平、确山、遂平、信阳、罗山、汝州、鲁山、宝丰、伊阳、卢氏、光山等二十

---

① 雍正《河南通志》王士俊《劝蚕歌》，这是目前有关河南柞蚕放养的最早文献记载。转引自章楷《我国近代柞蚕业发展史探析》，《蚕业科学》1991年第4期。
② 《高宗实录》卷225，《清实录》第11册，乾隆九年九月癸卯，中华书局1985年影印，第916页上。

七州县，近山乡民自乾隆十年至今，每岁春秋二季，俱喂养山、椿二蚕，收获蚕茧或卖于山东客贩或自为捻线织绸。其间禹州、登封、嵩县、南阳、南召、裕州、确山、鲁山八处出茧倍多，获利尤饶。每年获茧各有数百万枚，以至千有余万，其出息俱有数百金以及千余金不等，并有数千金者。山乡之区，地土瘠薄，近得此山蚕之利，颇足以助生计之不足，而无业贫民亦得受雇放蚕，藉以糊口，于民生甚有裨益。臣现在将获利最饶，劝导有方之州县亦予记功嘉奖，并饬令嗣后加意劝导，广为喂养，务期日增月盛，以仰富我。①

从上面史料可以发现：乾隆年间，经过地方官方的倡导，河南柞蚕放养有了技术人员的指导，蚕工的出现即是明证，柞蚕放养已经成为河南山区一项新兴的农村副业。随后，河南柞蚕放养发展速度很快，以南召为最。南召县，"山茧，召邑山皆放蚕，食栗叶，每岁春秋二季"②。县境四周有养蚕之坡五六十处，呈现出"槎坡饶耳利，蚕坡茧丝盈"的景象。③笔者根据乾隆年间《南召县志》所载蚕坡情况如表1—1所示。当地村民还会利用柞蚕茧进行缫丝织绸，以朴实而著称。南召"茧绸，无花，不及山东兖、沂等处，惟朴实可取"④。

后来，南召县的放养柞蚕之法传入嵩县、泌阳等地。乾隆年间，嵩县不仅生产桑蚕茧，而且还出现柞蚕茧（山茧）。"茧，饲桑叶曰茧，饲槲叶者又名山茧。"⑤当时嵩县有数个市镇以经营柞蚕丝业而出名。"孙店，县南160里，山坡多槲，放蚕收茧，皆东省人经营；东村，孙店东10里，南山民务本勤农，放山蚕，织白茧绸，生计颇裕，绸子村

---

① 朱批奏折，档号04—01—01—0164—007，缩微号04—01—01—025—0797。档案来源于中华文史网数字图书馆http：//124.207.8.21/qinghistory/。
② （清）陈之烜等纂修：《南召县志》卷之二《土产》，乾隆十一年修，民国二十八年影印。
③ 赵魁编纂：《南阳蚕业志》，中州古籍出版社1990年版，第61页。
④ （清）陈之烜等纂修：《南召县志》卷之二《土产》，乾隆十一年修，民国二十八年影印。
⑤ （清）康基渊纂修：《嵩县志》卷二十五《食货》，乾隆三十二年刻本。

有延师读书者。"① 道光年间,泌阳县也出现放养柞蚕,缫织为绸的现象。"山茧绸:山蚕食栗叶、橡叶结茧荒陂,取丝为䌷,其质坚韧。"② 农民知道放养柞蚕有利,以致出现为了放蚕而各自争利引起诉讼的现象。"民各争伐木,侨居者又欲私占,遂致争讼不休"③。道光年间,当地蚕民开始规范蚕坡的发展和利用。道光十二年(1832)南召县邑侯令公,号召蚕民修建蚕姑祠于齐家堂,并贴出告示,对放养柞蚕进行管理和保护。至此,清朝中期,柞蚕放养才开始取代桑蚕成为河南蚕业经营的重点。④

表1—1　　　　　乾隆十一年前后南召蚕坡*情况统计

县东	石槽沟	老庙坡	姜子沟	年家沟	黄土岭	乾沟
	将台山	张口石	整军垛	贾家扒	斗金洞	蚰蜒沟
县西	金藏山	八里桥	香炉山	漆树崖	王家扒	木石沟
	富春山	空山	鹰嘴坡	红崖坡	张仙沟	白家扒
	铁炉垛	石庙坡	霄沙岭	铁河贯		
县南	响水沟	双土地庙	观音岭	王植芦沟	天宝观	油芦沟
	鸡冠垛	小龙山	天桥坡	大子山	灌沟口	天面垛
	花织峪					
县北	头道庙	马鞍山	白龙潭	苏家山	搬山庙	料乾桥
	二道庙	鹿鸣山	牛王塚	王婆婆庙	晒太山	石祖坡
	八里坡	磊芸石				

＊蚕坡,放养柞蚕的山坡。

资料来源:(清)陈之烜等纂修:《南召县志》卷之二《土产》,乾隆十一年修,民国二十八年影印。

西北地区的柞蚕放养,主要集中在陕西地区。学术界一般认为陕西人工放养柞蚕是由康熙年间山东诸城县人刘棨引进的。康熙年间,刘棨

---

① (清)康基渊纂修:《嵩县志》卷十二《市镇》,乾隆三十二年刻本。
② (清)倪明进、栗郢纂修:《泌阳县志》卷三《风土志·物产》,道光八年刻本。
③ 周怀民、胡则旺:《柞蚕生产技术》,河南科学技术出版社1995年版,第6页。
④ 马雪芹:《明清河南桑麻业的兴衰》,《中国农史》2000年第3期。

任陕西宁羌知州，发现该地"山多槲叶，民未知蚕，遣人旋乡里，赍蚕种，募善蚕者教之，人习其利，名所织曰'刘公绸'"①。道光年间，该州柞蚕丝绸"贩行川广，获利已属不赀"②。随后，陕南的柞蚕放养方法传到关中地区。兴平县，利用本地"槲橡满坡"，引入沂水蚕种，于雍正年间开始放养柞蚕。时人杨双山在终南山指导山民放养柞蚕。

> 秦中终南山亦多有槲树、青枫树，但人不知养此蚕之利，鲜有留心者。余于雍正乙巳年买得山东蚕种，并招致养蚕之人，因得其法……岁岁养之，生发不穷，其利不可胜言。③

乾隆十一年四月，陕西巡抚陈宏谋奏："其山东放养山蚕之法，现已令各属导民试养"，④为了进一步推广柞蚕放养，其还撰写《广行山蚕檄》一文：

> 陕省山岭，槲叶最盛，宜养山蚕。康熙年间，宁羌牧刘公，从山东雇人来州，放养山蚕，织成茧绸，甚为匀细，到处流行，名曰"刘公绸"。刘公升任，渐次衰微。乾隆九年三月，奉旨敕行山东，将《山东养蚕成法》纂刊送陕。本部院初莅陕省，即已发司刊刻，分发通省，仿效学习。⑤

在地方官员的大力提倡下，陕西大部分产柞、槲、青枫山地，如西乡、同官、凤翔、汉阴、兴平、商南、邠县、乾县等山区先后都放养柞

---

① 《清史稿校注》（第十四册）卷四百八十三《列传二百六十三》，商务印书馆1999年版，第10894页。
② （清）马毓华、郑书香、曹良模纂修：《宁羌州志》卷五《艺文志》，光绪十四年刻本。
③ （清）杨屾著，郑辟疆、郑宗元校勘：《豳风广义》卷三，附《养槲蚕法》，农业出版社1962年版，第157、159页。
④ 《高宗实录》卷265，《清实录》第12册，乾隆十一年四月乙未，中华书局1985年影印，第445页上。
⑤ （清）魏源等编：《皇朝经世文编》卷三十七《户政》，转引自王宪明《清代帝王与柞蚕产业》，《古今农业》2002年第3期。

蚕。"除同官以北毋庸再行外。仰布政司转饬西、同、凤、汉、兴、商、邠、乾等属境内，凡有槲树之处官为勘明，斫伐杂树修理蚕饬可养山蚕。"①

清代中叶，清廷还进一步将柞蚕放养推广至西南地区。柞蚕在贵州又称青棡蚕、山蚕等。乾隆初年，山东柞蚕生产开始传播到贵州地区，其中以遵义府推广成效最为明显。遵义山区很早就有许多槲树，当地山民除了用作薪炭，不作别用。乾隆初年"知府陈玉殿携其蚕种山佐来，教民种橡以养之，取丝为帛，至今衣被甚广"②。并且"遂谕村里，教以放养缫织之法，令转相告，授以种，给以工作之资……蚕师，织师之徒，能蚕织者各数十人，皆能自教其乡里"③。至此，遵义地区的柞蚕业开始兴起。

    纺织之声相闻，槲林之荫迷道路。邻舍亲友相遇，惟絮话春丝几何？秋丝几何？弟子养织之善否？而土著裨贩走都会，十十五五，骈陛而立，贻遵绸之名，竟于吴绫蜀锦争价于中州。远缴界绝不邻之区。秦晋之商，闽粤之贾……捆载以去，与桑丝相掺为绉、越纨缚之属，使遵视全黔为独饶。④

道光年间，由于遵义地区放养柞蚕，原系利用荒瘠的山野，官府通饬地方官，永不收税。于是地方官员"接见土民，详细晓谕……其利甚厚，售丝之利倍于售茧，故云利无算，橡本无税，蚕亦无税，故云永不税"⑤。可知，正是由于各种优惠的条件，遵义的柞蚕业才获得了迅速的发展，并快速向周围传播。

不久，遵义柞蚕生产扩展到安顺府、仁怀厅、正安州、贵阳府、兴义府、黎平府、镇远府、思南府、桐梓等地。道光四年，地方官在安顺

---

 ① （清）王元綎辑，郑辟疆校：《野蚕录》，农业出版社1962年版，第11页。
 ② （清）爱必达纂修：《黔南识略》卷三十《遵义府》，光绪三十二年据道光二十七年刻版重修。
 ③ （清）平翰纂修：《遵义府志》卷十六《农桑》，道光二十一年刻本。
 ④ 同上。
 ⑤ （清）王元綎辑，郑辟疆校：《野蚕录》，农业出版社出版1962年版，第14页。

推广放养柞蚕；咸丰年间，已经"种橡益多，放蚕益广"①。仁怀厅，"结茧数万，试织茧绸"；正安州，"向无蚕丝，乾隆十三年，州吏目徐阶平自浙携蚕种来，教民饲养……食青枫者为山丝，质粗色劣……商通各省，贩运甚多"②；贵阳府盛产橡树，橡树"俗名青枫，实如栗而圆长，有斗覆之叶饲山蚕"③；兴义府，"近则种橡养蚕，更有成效"④。府属兴义县也"产黄丝"⑤；黎平府，"放养山蚕自道光己酉始"⑥；道光二年（1822），贵州黎平特派文生谢文谟，带同府役二名前往河南省南阳府购蚕种及置备丝车、织机，雇熟习工匠，发展柞蚕生产⑦；镇远府，"橡树尤宜，经大吏及有司劝谕，近皆放蚕收茧，与遵义同"⑧；思南府务川县"西北与正安州接壤处，地低气暖，种橡育蚕，俱有成效"⑨；桐梓县"育蚕织茧，有双丝、水丝二种，名曰桐绸，较遵义正安稍逊"⑩。

后来，贵州的柞蚕放养方法还传播到四川境内。四川綦江县最初不知柞蚕丝之利，后来从遵义传入柞蚕放养方法后发展迅速。綦江"民间呼栎树为青枫，从不知其可以养蚕，其法自遵义延来"⑪。道光年间，綦江县柞蚕丝市场逐渐兴旺，交易值达百万之巨。"而綦之丝市则大聚于扶欢坝，每岁二三月，山陕之客云集，马驼舟载，本银约

---

① （清）常恩、邹汉勋纂修：《安顺府志》卷十七《地理志·物产·专产》，咸丰元年刻本。
② （清）爱必达纂修：《黔南识略》卷三十二《正安州》，光绪三十二年据道光二十七年刻版重修。
③ （清）周作楫、萧琯、邹汉勋纂修：《贵阳府志》卷四十七《食货略·土物》，咸丰二年刻本。
④ （清）爱必达纂修：《黔南识略》卷二十七《兴义府》，光绪三十二年据道光二十七年刻版重修。
⑤ （清）张锳、邹汉勋、余厚墉纂修：《兴义府志》卷四十三《物产志·土产·货属》，宣统元年铅印本。
⑥ （清）俞渭、陈瑜纂修：《黎平府志》卷三下卷《食货志·农桑》，光绪八年刻本。
⑦ 赵魁编纂：《南阳蚕业志》，中州古籍出版社1990年版，第7页。
⑧ （清）爱必达纂修：《黔南识略》卷十二《镇远府》，光绪三十二年据道光二十七年刻版重修。
⑨ 同上。
⑩ （清）何宗轮修，赵彝凭纂：《桐梓县志》卷十七《食货志·物产一·货类》，光绪年间抄本。
⑪ （清）宋灏等纂修：《綦江县志》卷之十《物产》，同治二年据道光六年版增刻。

百余万之多。"①

学术界一般赞同东北地区人工放养柞蚕的方法是由山东"闯关东"的移民传入的。

> 东三省柞蚕饲育之起源……由山东移民携种来此散殖。②
>
> 奉省自昔无所谓蚕利,前清嘉、道间有鲁人某流落于奉,窥见林木中有柞,遂仿照齐鲁士人放蚕子多种,按法试放,而生息之繁,不减齐鲁。由是,转相效仿,渐次推广,竟开一亘古未有之绝大利源。浸淫至今,日益发达。③

另据考证有人认为东北地区的柞蚕放养是由山东的莱州传入的。④传入的时间大致于"于乾嘉之间,而盛于咸同之际"⑤。

东北地区柞蚕放养以辽宁最为显著。由于放养柞蚕收益较高,随着更多的山东流民进入辽宁地区,柞蚕放养的范围进一步扩大,清廷还在一些养蚕区设立保甲以便管理放养柞蚕的流民。乾隆二十七年,钦差刑部右侍郎阿永阿等奏称:

> 奉省所属锦、复、熊、盖等处,沿山滨海,山多柞树,可以养蚕,织造茧绸。现在山东流寓民人,搭盖窝棚,俱以养蚕为业。春、夏二季,放蚕食叶,分界把持。蚕事毕,则捻线度日。聚赌斗殴之事,不一而足。此等民人,应交该处旗民官查明,编为保甲,设立棚长、牌头管束。⑥

乾隆年间,东北地区柞蚕业的传播十分迅速,柞蚕茧的大量交易刺

---

① (清)宋灏等纂修:《綦江县志》卷之十《物产》,同治二年据道光六年版增刻。
② 徐丽生:《东三省之柞蚕》,《东北新建设》1928年第1期。
③ 《奉省蚕业之调查》,《大公报》,转引自《农商公报》1919年第64期。
④ 乐嗣炳编,胡小源校:《中国蚕丝》,世界书局1935年版,第311—313页。
⑤ (清)徐世昌撰:《东三省政略》卷十一《实业》,宣统三年铅印本。
⑥ 《高宗实录》卷665,《清实录》第17册,乾隆二十七年六月戊申,中华书局影印1986年版,第436页上。

激了柞蚕茧税的出现。乾隆四十五年（1780），盛京将军调任云贵总督福康安，会同盛京户部侍郎全魁奏：

> 牛庄、盖州、熊岳、复州、金州、岫岩六城所属界内官山，前准旗民人等放蚕，输纳税课，试收二年，再为定额。兹查四十三年分共征山税、茧税银七千八百八十五两有奇；四十四年分征银八千六十二两有奇，系属有增无减。现虽已届二年期满，若即照此定额，恐地方官见额税已定，不再广募放蚕之人，或将续增蚕户，隐匿不报。请再试收二年，查明增减数目。覆实办理，下部知之。①

按"官山茧税"就是指在官山放养柞蚕的茧税，每年山税、茧税就达七八千两。可见在乾隆年间，辽宁柞蚕业的发展规模之大。

嘉庆年间，辽宁南部地区，"凡稍有能力者多舍耕而蚕，无山场者租场养蚕，一度成为养蚕业和缫丝业的发达地区"②。嘉庆之后，关外移民东北的农民日渐增多，"南至关东州，北至吉林省属的山涧谷畔，无处不见柞蚕之放养"③。

二 近代柞蚕业的分布

近代柞蚕业的分布主要集中在山东、东北和河南三个地区，其中尤以辽宁和山东为柞蚕业最为集中的地区。

1. 近代柞蚕业在全国的分布

1860 年北方沿海港口开埠之后，柞蚕丝的比较优势逐渐被国外人士认可，国际市场对柞蚕丝的需求不断增加，大大刺激了中国柞蚕业的发展。近代中国柞蚕产区主要有东北、山东、河南、川滇四区，其他有

---

① 《高宗实录》卷1105，《清实录》第 22 册，乾隆四十五年四月壬申，中华书局 1986 年影印，第 790 页下。
② 《中国农业百科全书》编委会编：《中国农业百科全书》，《蚕业卷》，农业出版社 1987 年版，第 111 页。
③ 章有义编：《中国近代农业史资料》第二辑，生活·读书·新知三联书店 1957 年版，第 243 页。

天然山林可供饲育柞蚕之地区甚广，唯产量极微。① 在这些柞蚕产区，山民种植柞树、放养柞蚕的区域逐渐扩大，最终形成了山东、辽宁、河南三大柞蚕生产集中分布区，三个地区柞蚕茧生产量占全国柞蚕茧总产量的70%—80%。②

中国柞蚕产区分布虽然十分广泛，但是主要柞蚕产区则集中于山东、东北、河南等地。我国的柞蚕茧产量以辽宁省东南部的安东县为第一，山东省次之，河南、安徽、广东、贵州、四川等省出产亦不少；其他云南、浙江、湖南等省，虽有出产，其额极少。③

> 柞蚕的生产地就东三省及山东省看来，东三省占其总产额的十分之七，山东省占其十分之三。因此，柞蚕丝的大部分生产来源于东三省，东三省可以执柞蚕业界之牛耳。同时，其为世界所重视，就可推想而知了。而所谓东三省，其产地只限于辽东半岛而已。④

柞蚕分布于我国东三省，山东、河南、安徽、贵州等省。东三省的柞蚕以辽宁的盖平、庄河、凤城、宽甸、岫岩、安东、西丰、复县、辽阳、西安、铁岭、东丰、绥中、抚顺、柳河、海城、本溪、北镇，吉林的伊通、吉林、榆树等处为最盛。山东的文登、莱阳、海阳、栖霞、福山、诸城、宁海、龙泉、威海卫等处也多有放养。河南柞蚕区域则以鲁山、宝丰、南阳、南召、镇平、邓县、方城、内乡、确山等县为主。安徽、贵州放养较少。⑤ 另据民国《近世中国实业通志》云：

> 吾国养柞蚕之区，延亘山东、奉天、热河、河南、陕西、四川、贵州诸省区，故范围亦颇大。山东中部以东之山野，奉天之东边道一带（即安东、岫岩、凤城、宽甸诸县），热河之凌源一带，

---

① 朱斯煌编：《民国经济史》，文海出版社1988年版，第312页。
② 全国蚕业区划研究协作组编：《中国蚕业区划》，四川科学技术出版社1988年版，第5页。
③ 乐嗣炳编辑，胡山源校订：《中国蚕丝》，世界书局1935年版，第311页。
④ 同上书，第312页。
⑤ 周占梅：《柞蚕》，《农报》1936年第3卷第35期。

河南西南部之伏牛山脉一带，陕西之秦岭一带，四川之南部，贵州之北部，皆有柞蚕业甚盛。柞蚕茧之集散市场，多限于上记各地之邻近，而以奉天之安东，山东之烟台、青岛，四川之重庆等市场为最著名。①

近代中国柞蚕茧出产最盛的产区，早期首推山东。山东省柞蚕放养分布区域为宁海、文登、栖霞、海阳、莱阳、招远、荣城、胶州、潍县、昌邑、日照、沂水、诸城、莒州、蒙阴等县，其中以宁海、栖霞、文登等县为最盛。②1884年以后，东北地区柞蚕茧产量开始超过山东，占总产额的十分之六七，山东占十分之二三。其他地区，如四川省重庆府綦江县，贵州省遵义府正安州，河南省南阳府，直隶、湖北、安徽、广东、陕西宁羌等亦多有之，但产额不多。③ 20世纪初期中国柞蚕放养情况如下：

  当推辽宁之安东为第一，山东次之，四川及贵州之遵义，广东之拱北等地虽有饲育，为额甚少……东三省野蚕约占总产额之七成，山东约占三成。而东三省中尤以安东县产为最多，闻每年产茧约值银800余万两左右。④

由此可知，近代中国柞蚕放养地区以东三省和山东两地最为重要。其中，到20世纪初，东北地区柞蚕产额大约为全国总产额的70%，显然占据中国柞蚕业的主导地位。

近代中国柞蚕主要产区除了山东、东北、河南三省之外，其他各省的柞蚕放养地区还有：

---

 ① 张研、孙燕京主编：《民国史料丛刊》第561册，大象出版社2009年版，第421页。
 ② [日]东亚同文会编纂：《中国省别全志》第四卷《山东省》，1917年版，南天书局1988年影印，第775页。
 ③ 实业部国家贸易局：《中国实业志（山东省）》第五编，第11章（戊），1934年版，第222页；[日]峰村喜藏：《清国蚕丝业大观》，（东京）朝日新闻出版社1902年版，第258页。
 ④ 《野蚕丝之产销及其贸易状况》，《工商半月刊》1930年第2卷第20期。

安徽：凤阳、临淮、怀远、定远等处；

贵州：遵义、正安、桐梓、仁怀、绥阳、定番、思南、施秉、湄潭等处；

四川：綦江、合江等处；

河北：保定、易县、赤城等处；

湖北：应山等处；

陕西：宁羌、凤翔、三原等处；

广东：拱北附近地方；

浙江：德清等处。①

2. 近代山东柞蚕业的分布与发展

明代以前，山东地区曾是中国蚕桑业的重要产区。有明一代，随着棉花种植在华北地区的普及，山东地区蚕桑业逐渐退居次要地位。而近代山东地区蚕业的复兴，主要得益于柞蚕丝和柞丝绸在国际市场的畅销。

山东是近代中国早期柞蚕茧生产最盛的地区。1840年以前，山东柞蚕放养主要集中于鲁中山区沂州、泰安二府以及胶东半岛青州、莱州、登州等府的部分州县。晚清之际，山东以"泰、沂、青一带养蚕者颇多"②。1858年，烟台被开辟为通商口岸，国际市场对柞丝绸需求日增，山东半岛的柞蚕茧生产量才逐渐超过鲁中南山区。近代山东柞蚕业主要分布在牟平、文登、宁海、海阳、莱阳、招远、栖霞、荣城、胶县、昌邑、日照、沂水、诸城、莒县、潍县、蒙阴、莒州等处，其中以宁海、栖霞、文登诸县为山东柞蚕最重要的产地。③

清末民初，山东省柞蚕生产分布区域比较集中。生产的区域化格局逐渐形成，主要集中于山东中部和胶东半岛一带，尤其以"胶济铁路沿线为中心，其中益都、临朐、淄川、桓台、博山、莱芜、新泰、蒙阴、滕县、莒县、菏泽、栖霞、单县、牟平、寿光、广饶、乳山、文登、费县、诸城等县最盛"④。近代山东柞蚕业生产布局从均衡趋向集中的这

---

① 乐嗣炳编辑，胡山源校订：《中国蚕丝》，世界书局1935年版，第313页。
② 《各省农桑汇志·山东》，《东方杂志》1905年第5期。
③ 乐嗣炳编辑，胡山源校订：《中国蚕丝》，世界书局1935年版，第312页。
④ 实业部国家贸易局：《中国实业志（山东省）》第五编，第十一章，（戊），第222页。

一变化过程，实际上正是经济布局的优化过程。①

抗日战争之前，山东省柞蚕业生产规模不断扩张，主要表现在柞岚面积逐渐增多，柞蚕茧生产量逐年提高，柞蚕茧生产量常年居于全国前列等方面。1910 年全省有柞岚 242 万亩，1920 年全省柞岚增至 340 万亩；1920 年全省产柞蚕茧 26.8 亿粒，约 32 万担，成为历史上产量最高的年份②。1921 年全省柞蚕产量有 15 万担，20 世纪 20 年代平均每年可出口柞蚕丝 140 余万斤。③ 1922 年山东全省还有柞树 3000 多万株，以后柞蚕生产逐渐衰落。④ 到 1924 年，山东省柞蚕茧生产量突破 8000 吨，位居全国第一位。⑤

1933 年，据实业部国际贸易局调查，全省放养柞蚕的农家有 22604 户，主要产区的 8 个县柞蚕茧产量为 979.05 吨。⑥ 就户数而论，以费县为最多，牟平次之，文登又次之，海阳、胶县亦不少。就茧产而言，以牟平为最多，其次分别为栖霞、诸城、胶县、费县等。⑦ 栖霞柞蚕业发展也十分迅速，县内以前没有种植柞树的地区也开始种植柞树，"境内土质适于种植柞树，惟西南乡一隅柞树较少，现正推广种植"⑧。1936 年前后，莒县东山柞蚕最多，茧曰山茧，产量极富。⑨ 1937—1949 年，由于时局动乱和资料散佚，山东柞蚕业生产和发展受到巨大破坏，基本处于衰落之势，生产和发展无从谈起。

3. 近代东北柞蚕业的分布与发展

东北地区柞林资源以丰富著称，具备发展柞蚕生产的生态优势。因此，东北柞蚕业发展十分迅速，其中以辽宁地区最为显著。清末时期，

---

① 许檀：《明清时期山东经济的发展》，《中国经济史研究》1995 年第 3 期。
② 陈龙飞主编：《山东省经济地理》，新华出版社 1992 年版，第 133 页。
③ 山东省农业厅统计局编：《山东省农业生产统计资料 1949—1952》，1955 年版，第 385 页。
④ 王庄穆主编：《民国丝绸史》，中国纺织出版社 1995 年版，第 470 页。
⑤ 同上书，第 466 页。
⑥ 同上书，第 470 页。
⑦ 《民国山东通志》编辑委员会编：《民国山东通志》卷十五《农业志》，山东文献杂志社 2002 年版，第 1499 页。
⑧ 《山东省之织业》，《中外经济周刊》1924 第 93 期。
⑨ 卢少泉等修，庄陔兰等纂：《重修莒志》卷二十三《舆地志·物产》，民国二十五年铅印本。

东北柞蚕茧产量超过山东，成为全国柞蚕茧生产的主要产区。

> 1884年后，东北地区逐渐超过山东地区，约占全国总产额的十分之六七，山东地区仅占十分之二三。①

清代中叶，山东柞蚕放养的方法通过海路和陆路两条路线传入辽宁地区，后来再由辽东半岛向北扩展，遍及东北各地。② 辽宁放养柞蚕，最初主要分布于锦州、复州、盖平、金州等地。后来向岫岩、庄河、宽甸、安东、凤城、兴京、本溪、怀仁、通化、临江、集安、西丰、西安、柳河、东丰、铁岭等地扩展，这些地区"山峦重复，树多柞栎，实为天然之最好蚕场"。③ 近代辽宁省柞蚕放养分布区域见表1—2所示。

表1—2　　　　　近代辽宁省柞蚕放养分布区域统计

县份	具体分布区域
盖平县	花红峪、赭红峪、大头沟、三脚山、潘店家、梨子团、接官厅、万福庄等
凤城县	雪里店、汤山城、赛马集、艾阳城
辽阳县	大连河、玄洞峰、隆昌以南
宽甸县	二泷渡、站子润、山子、北浦石河、长甸、大浦石河、石柱子、永甸、大荒沟、香炉沟、白菜地、南荒沟、庙太子、赫甸、东洋河、小蒲石河、安手坦、韭菜沟、桦树甸子、獾甸、皮甸等
安东县	大砂口、大如项子、韭坂石、转水湖、油盘沟、小连沟、五龙背、和尚沟、安平河、红石拉子、梨酒沟、馆板山、后小东、大河岸、三截台、铜矿岭、虎儿山、大平山、高丽桥子、龙泉沟、枣子园、爷岭、三股流、大栖房、金山海等
桓仁县	大浦、石河、大平门、大林子
凤凰厅	九庙子、韭园子、二道沟、东阳、端山城、石头城子、边门子、岫岩州、南大孤山、东大孤山、庄河
其他	岫岩、西丰、复县、海城、辑安、临江等县，都是辽宁省柞蚕重要的产地。

资料来源：[日] 东亚同文会编纂：《中国省别全志》第四卷《山东省》，1917年版，南天书局1988年影印，第776页。《野蚕丝之产销及其贸易状况》，《工商半月刊》1930年第2卷第20期，第1—2页。乐嗣炳编辑，胡山源校订：《中国蚕丝》，世界书局1935年版，第312页。

---

① 实业部国家贸易局：《中国实业志（山东省）》第五编，第十一章，（戊），第222页。
② 章楷：《蚕业史话》，中华书局1979年第2版，第33页。
③ 王树楠、杨钟义等编纂：《奉天通志》第121卷《实业》九《蚕业》，中山丰1934年印。

从表 1—2 统计资料可知：柞蚕放养在辽宁分布相对集中，主要集中在辽宁东南部山区丘陵地区。其东西界限是西到盖平县，东到鸭绿江，在此区域之内到处都有柞蚕放养。清末民初，辽宁柞蚕业呈现出快速发展的趋势。

首先，柞蚕山场数和柞蚕户数呈现不断增加的趋势。西安县在"1908 年，仅有养蚕山场 1 处，次年增至 35 处，第三年更猛增至 489 处"[①]。辽阳县"居民多以柞蚕为生计。近年茧丝畅销，价格日涨，外资因此输入，经济因此流通，利之所在，人争趋之，故种作者日多。现时，蚕场较十年前增多一倍，较二十年前则不止两倍"[②]。海城县"蚕业亦渐次推广"，蚕场丝房"比比皆是"[③]。庄河县"柞叶饲蚕得丝，为庄河特产之一……近年提倡种柞，故柞岚较昔渐广，蚕业日见起色……全境养蚕山场，统计约达三百五十万亩"[④]。岫岩县"山多地少，居民惟恃山蚕以为生活，全境蚕场剪子 17000 余把，较之十年前之蚕业，可谓极端发达矣"[⑤]。据光绪三十四年调查，奉天有十二县放养柞蚕，到民国六年已增加至十七县。[⑥] 安东县"境内柞栎、青枫，弥望皆是，人多种植培养，以供柞蚕之需，居民耕稼之外，无不兼营蚕事，专营者亦复不少，1926 年时，全县每年约有 3000 多人租山放蚕"[⑦]。

其次，近代辽宁柞蚕业的发展还表现在柞蚕茧总产量呈现不断提高的趋势。据地方志统计，奉天地区"1905 年，奉天省柞蚕茧产量平年 1000 万捆（每捆柞蚕茧 1000 粒），丰年 1500 万捆"[⑧]。据日本调查显

---

① 王树楠、杨钟义等编纂：《奉天通志》第 121 卷《实业》九《蚕业》，中山丰 1934 年印。
② 裴焕星等修，白永贞等纂：《辽阳县志》卷二十七《实业·蚕业》，民国十七年铅印本。
③ 廷瑞修，张辅相等纂：《海城县志》卷七《人事·实业》，民国十三年铅印本。
④ 王佐才等修，杨维嶰等纂：《庄河县志》卷九《实业志·农业》，民国二十三年铅印本。
⑤ 郝玉璞纂，刘景文、刘乃济修：《岫岩县志》卷三《人事·蚕业》，民国二十四年铅印本。
⑥ 王树楠、杨钟义等编纂：《奉天通志》第 121 卷《实业》九《蚕业》，中山丰 1934 年印。
⑦ 王介公修，于云峰纂：《安东县志》卷六《人事·蚕业》，民国二十年铅印本，成文出版社 1974 年影印。
⑧ 王树楠、杨钟义等编纂：《奉天通志》第 121 卷《实业》九《蚕业》，中山丰 1934 年印。

示,"1915年,东北蚕茧产量高达1061732万粒"。[1] 20世纪20年代,日本人在《满蒙经济大观》中曾言:"安东附近之柞蚕事业,已经驰名于世界了,其产额似有中国全产额之七成以上。"[2] 20世纪20年代末,辽宁柞蚕茧产量激增,年产柞蚕茧约一亿斤,成为当时中国也是世界最大的柞蚕茧产地。

奉天部分县份1908年、1917年、1928年柞蚕生产情况分别见表1—3、表1—4、表1—5所示。

表1—3　　　　1908年奉天部分县份柞蚕生产情况统计

地区	柞蚕区	蚕户（户）	蚕业人数（人）	生产量
辽阳	南路2区	55	194	3150斤丝
复州	共7社	1454	10436	1136千粒茧
开原	城东南路	23	46	480斤丝
盖平		424	2886	172625斤丝
本溪	东南2区	57	172	10200千粒茧
绥中	8处	2108	7935	3457斤丝
凤城	41区	467	1662	—
岫岩	48区	3343	7708	—
安东	20处	912	2284	
宽甸	19处	1525	4959	305600两丝
庄河	22处	2386	7962	—
西丰	2区	209	2577	200斤丝

资料来源：王树楠、杨钟义等编纂：《奉天通志》第121卷《实业》九《蚕业》,中山丰1934年印。

表1—4　　　　1917年奉天部分县份柞蚕生产情况统计

县份	饲蚕户数（户）	收茧数量（担）	县份	饲蚕户数（户）	收茧数量（担）
安东	10539	22000	凤城	2738	98820

[1]　[日]中根勇：《满洲に於はる柞蚕制丝业》,满铁调查资料,第19编,第271页。
[2]　[日]藤冈启：《满蒙经济大观》,吴自强译,民智书局1929年版,第93页。

续表

县份	饲蚕户数（户）	收茧数量（担）	县份	饲蚕户数（户）	收茧数量（担）
庄河	5297	139471	岫岩	3785	54393
复县	1395	3114	盖平	4470	238194
海城	554	5246	本溪	525	1434
辽阳	124	1500	宽甸	2818	70000
兴京	115	1200	铁岭	13	580
西丰	2576	10790	东丰	50	500
西安	489	2500	柳河	75	166
通化	240	960	共计	35803	650868

资料来源：王树楠、杨钟义等编纂：《奉天通志》第121卷《实业》九《蚕业》，中山丰1934年。

表1—5　　　　　　1928年奉天部分县份柞蚕生产情况统计

县份	产量（担）	价额（两）	县份	产量（担）	价额（两）
安东	105833	6330000	盖平	129166	7750000
岫岩	115000	6900000	海城	80916	4855000
宽甸	85833	5230000	辽阳	72916	4375000
凤城	60916	3755000	复县	62333	3740000
本溪	56666	3400000	合计	769579	46335000

资料来源：王树楠、杨钟义等编纂：《奉天通志》第121卷《实业》九《蚕业》，中山丰1934年。

根据表1—3和表1—4可见：就柞蚕放养户数而言，1917年和1908年相比，辽阳、本溪、复州、西丰、凤城、宽甸、岫岩、盖平、庄河、安东十县柞蚕放养户数均有了明显的增加，其中尤以安东柞蚕放养户数增加幅度最大。

根据表1—4和表1—5可见：1917年和1928年相比，奉天部分县份柞蚕茧产量大多数呈现增长趋势，只有盖平、凤城两县除外。因此可见，民国初期奉天柞蚕业处于持续发展的状态。

另外，东北地区柞蚕放养除辽宁占大多数外，北部的吉林和黑龙江的新兴养蚕地区也在不断出现。光绪年间，吉林地区开始引进柞蚕放养方法，派人"赴海城、岫岩一带，雇觅工师，购买蚕种"①。1907年，绅商许鹏翊在吉林城附近"槲树蕃茂之处布放山蚕，雇觅奉天海、盖等处熟悉蚕务工师"，开始试养山蚕；同年由傅毓湘在龙王庙开办吉林桑蚕局（下设山蚕股）。1908年，山蚕股改山蚕局。② 光绪三十四年（1908）十二月，东三省总督徐世昌奏"黑龙江省绥化府朝阳陂一带，柞树繁多，饲养山蚕最属相宜，现经遴派妥员设立蚕业公所，练习饲养、缫丝之法，并于柞树多处，划出地段专为放养山蚕区域，仍由公家拨款以资提倡"。③ 西安县"邑之有茧始于光绪三十四年，然不过数户"。经过清廷的大力倡导和推广，吉林地区柞蚕放养开始兴起。"于吉林、伊通、盘石等地开辟山蚕场16处，逐步推广柞蚕养殖，1909年宾州收茧106万粒，1910年双阳、盘石两县共收茧100万粒，桦甸收茧10万余粒，成效颇为显著。"④ 1909年西安县"放茧者二十五户，二年增至四百八十九户"⑤。通化县"民国初年前，有开拓山场，饲养山蚕，获利甚丰。其后，逐年增加。至十六年时，共有山场三十四处，蚕剪四百九十把"⑥。黑龙江地区柞蚕养殖始于1908年，其后甘南、绥化、呼兰、海伦、木兰、汤原各地陆续试养。⑦

但是由于气候寒冷等多种因素的制约，吉林、黑龙江两省的柞蚕放养进展缓慢，柞蚕业发展困难重重。1912年，吉林农事试验场山蚕工徒贾玉山报告："本年秋季试放山蚕，因严霜早降，冻毙数千头；又于十月五号降雪两日，积至七寸有余。蚕受奇冷，全数冻毙。"⑧ 五年后（1917），吉林省放养柞蚕者也仅有二十六户，收茧六十九担；黑龙江

---

① 吉林省档案馆：《清代吉林档案史料选编·蚕业篇》，农业出版社1984年版，第21页。
② 同上书，第141—142页。
③ 《宣统政纪》卷4，《清实录》第60册，光绪三十四年十二月乙卯，中华书局1987年影印，第65页下。
④ （清）徐世昌撰：《东三省政略》卷十一《实业·吉林省》，宣统三年铅印本；吉林省档案馆：《清代吉林档案史料选编·蚕业篇》，农业出版社1984年版，第250—254页。
⑤ （清）雷飞鹏修，段盛梓等纂：《西安县志略》卷十一《实业篇》，宣统三年石印本。
⑥ 刘天成修，李镇华纂：《通化县志》卷三《实业志·蚕业》，民国二十四年铅印本。
⑦ 孔经纬主编：《清代东北地区经济史》，黑龙江人民出版社1990年版，第337页。
⑧ 吉林省档案馆：《清代吉林档案史料选编·蚕业篇》，农业出版社1984年版，第262页。

省养蚕者,仅有龙江和绥化两县各一户,年收茧四十二担。①

4. 近代河南柞蚕业的分布与发展

河南省气候适宜柞蚕放养,西南部伏牛山区,山民多于山坡地带种植柞树,放养柞蚕。近代河南柞蚕业主要分布于豫北、豫西和豫南的山地及丘陵,大体在京汉铁路以西各县,以伏牛山区汝州府的鲁山和南阳府的镇平、南召、舞阳、方城等县为最。河南"山阳之镇平、南召、南阳、内乡,山阴之鲁山、嵩县、伊阳皆产山丝或茧"②。据1929年《河南新志》云:"伏牛山脉以南各县,山多田少,如南召、鲁山、镇平、南阳、内乡、淅川、方城、伊阳、临汝、密县、泌阳、确山、商城及河北(黄河以北)之林、涉二县,居民多植栎饲蚕。"③ 当时河南柞蚕放养区域大多位于山多地少拥有柞树资源的地区,"因各县山岭起伏,耕田减少,农民多于山坡植柞,以饲养柞蚕为业"④。近代以来河南省柞蚕业发展比较迅速,主要表现为河南柞蚕生产逐渐形成规模化、专业化、商品化的生产模式。

首先,河南柞蚕蚕坡数量逐渐增多,柞蚕放养的户数和人员十分庞大,柞蚕生产的规模化程度不断提高。1897年,豫西南地区柞坡数量日渐增多,其中以方城、南阳、镇平为最。1904年,与南阳接壤的南河店、陡岭、三岔口、石门、北官寺、状元川等不生五谷之地皆多种柞树,柞树增加数倍。1925—1926年,宛属地区年产柞蚕茧有十万担之多。⑤ 从乾隆年间至民国年间,南召县柞蚕放养量一直处于不断上升的趋势。乾隆年间,南召县有专用蚕坡56处,槎坡(柞树和杂树混交)30处。咸丰年间,南召县境内柞蚕丰收利大,山民以养蚕为业,植柞为本。光绪二年(1876),全县放养柞蚕达三万筐(1—1.2市斤蚕子孵化的蚕为1筐)以上,产丝十余万公斤。1921—1931年是南召县柞蚕

---

① [日]南满洲铁道株式会社社长室调查课编:《满蒙全书》第3卷,满蒙文化协会1923年版,第315页。

② 白眉初纂:《中华民国省区全志》第三册《鲁豫晋三省志》,北京师范大学史地系1924年版。

③ 刘景向编纂:《河南新志》上册(民国十八年),中州古籍出版社1988年版,第195页。

④ 冯自荣:《河南柞蚕》,《中国蚕丝》1936年第1卷第10期。

⑤ 赵魁编纂:《南阳蚕业志》,中州古籍出版社1990年版,第62页。

业发展的顶峰时期，年均放养六万筐，产茧近八万担，蚕农达17230户，占当地农户总数的65%。① 1924年前后，河南柞蚕放养户数位居全国第一，接近35000户放养柞蚕。

为了更好地规范和鼓励柞蚕放养，地方官实施了一系列的举措。同治十三年（1874），南召县邑侯丁公，在南石庙兴建先蚕宫，并议定《蚕坡章程》。光绪十年，南召县邑侯在合乡齐家堂制订蚕坡章程刻诸于石，其内容为："广植蚕坡"，"保护蚕坡"，"爱养蚕蚁"，"严禁抽丰"，"撙节草木"五条。② 另外当时河南布政使还晓谕山民，督促凡有山场荒地而无树者，今后要多种橡树、槲树、栎树等，使家家可以放养柞蚕，如有成效显著者给予奖励。

> 槲叶宜蚕，既有成效，豫各属近山之处颇多，自宜一律督饬考求以兴民利，一年以内，能育出茧至百斤以上者，官给红花，以资奖励。③

民国初期，河南柞蚕业进入了有史以来最鼎盛的时期。民国初年，宛属地南召、南阳、方城、镇平、淅川、桐柏等柞蚕饲养区，养蚕者有两万余户，为全国之首。④ 1925—1926年，河南省有柞蚕放养户7万户，估计产柞蚕茧14亿粒（1千粒重约6.5公斤），实际可能达30亿粒，约占全国产茧100亿粒的三分之一。⑤ 鲁山县当时山区有两万农户，八万多人口，其中有两万多人从事养蚕⑥。

其次，清末民初，河南省柞蚕生产的数量不断提高，柞蚕茧和柞丝绸产量都十分可观，专业化程度逐渐提高。当时河南省平均年产柞蚕茧约15亿粒，仅次于辽宁和山东，居全国第三位。⑦ 清朝末期，河南柞蚕

---

① 南召县地方史志编纂委员会：《南召县志》，中州古籍出版社1995年版，第501页。
② 赵魁编纂：《南阳蚕业志》，中州古籍出版社1990年版，第7页。
③ 同上书，第274页。
④ 同上书，第62页。
⑤ 王庄穆主编：《民国丝绸史》，中国纺织出版社1995年版，第472页。
⑥ 鲁山县地方史志编纂委员会：《鲁山县志》，中州古籍出版社1994年版，第374页。
⑦ 章楷：《我国近代柞蚕业发展史探析》，《蚕业科学》1991年第4期。

业得到了迅速的发展，柞蚕茧收获量大增，一定程度上促进了柞蚕缫丝业的发展。光绪二十三年（1897），南阳县"今年春（柞蚕茧）异常丰收，……今岁一年所收，可抵往岁四年，故山中居民踊跃争先，无不比户蚕缫"①。鲁山县"以山丝产为大宗"，②"民国十年至二十年（1921—1931），鲁山利用上百万亩蚕坡，每年养柞蚕25000筐左右，年产茧四万多担"③。有学者研究指出：民国十五年前后，整个豫西南地区的柞蚕茧产量有十六万担左右，其中南召和鲁山两县的产量占据豫西南地区总产量的80%以上。④ 就河南全省而言：

> 1920年至1931年间，河南年产茧约达三十亿粒，产丝二百余万斤，产绸二十五万匹，经上海输出，价值白银年达五百余万两，占全国柞蚕丝的百分之六十五。⑤

抗战之前，河南柞蚕生产的商品化程度很高，柞蚕丝绸对外贸易量增长幅度十分明显。清末民初，河南柞丝绸被国际市场誉为"珠光宝石"，大量销于"英、美、法等国，每年销数约值银四百万两，占出口总数的百分之六十五"⑥。近代河南柞蚕茧丝屑物由汉口输出，在汉口屑物输出额中约有三分之一产自河南。⑦

再次，抗日战争的爆发使河南柞蚕业受到严重影响，损失很大。

> 受抗战影响，损失颇巨，生产大减……豫省西南各县，则去年（1947）所产，除运销西北外，已有数千匹运销出口；因蚕种缺

---

① 李文治编：《中国近代农业史资料》第一辑，生活·读书·新知三联书店1957年版，第434页。
② 林传甲：《大中华河南省地理志》第130章《鲁山县》，商务印书馆1920年版，第259—260页。
③ 赵振华：《鲁山县柞蚕简史》，《鲁山文史资料》1985年第1辑，第115—119页。
④ 毕书定撰：《二十世纪前期豫西南蚕丝业》，硕士学位论文，河南大学，2008年，第12页。
⑤ 任醇修：《河南柞蚕事业的过去》，《河南文史资料》1979年第2辑，第151页。
⑥ 《清末民初河南绸商为振兴蚕业的两次尝试》，《丝绸史研究》1988年第3卷第3期。
⑦ 徐新吾主编：《中国近代缫丝工业史》，上海人民出版社1990年版，第526页。

乏，织工久疏，故数量既少，品质亦较战前所生产者低劣。①

1944年，日军为了打通中国内地的交通线而发动豫湘桂战役，使得河南几乎全境沦陷，柞蚕丝产地也落入日军之手，蚕农大量逃亡，柞蚕丝产量急剧下降。两年之后，国内战争爆发使得中原各地又成为内战重要争夺区域，柞蚕丝产量跌入低谷。

表1—6为1946年河南部分县份柞蚕丝产量估计，由此可知：1946年河南省柞蚕丝总产量约为168600市斤（134880斤），只有1921—1931年产量130万斤的十分之一，约占1941年总产量397250斤的三分之一。抗战之后，河南柞蚕丝业衰落程度可见一斑。

表1—6　　　　　　　1946年河南部分县份柞蚕丝产量估计

县份	产量（市斤）	县份	产量（市斤）	县份	产量（市斤）
南召	72000	镇平	10000	舞阳	3780
鲁山	70000	南阳	7920	方城	4900
合计	168600				

资料来源：《河南省柞蚕丝绸工业考察报告》，《中蚕通讯》1948年第2卷第1—2期（合刊），第21页。

小　结

本章作为本书的背景介绍，主要叙述以下两个问题。

第一，追溯中国柞蚕业的起源和人工放养柞蚕的传播历程。先秦时期，柞蚕业只停留在野蚕成茧、自生自灭的天然状态，有零星的文献记载。自汉到明，柞蚕被作为祥瑞记载于史册。明清之际，一方面人口迅速增多导致人地矛盾加剧，另一方面商品经济日趋活跃，农民的商品意识不断增强。在此期间，由于适宜的自然环境和适合的社会条件，柞蚕放养技术逐渐被人们所掌握。山东人民率先开始放养柞蚕，山东成为中

---

① 《河南省柞蚕丝绸工业考察报告》，《中蚕通讯》1948年第2卷第1—2期（合刊），第21页。

国柞蚕业的起源地。

第二，介绍清代以来中国柞蚕业的传播和分布特征。清代是中国历史上人口增长最快的时期，人地矛盾不断激化，因地制宜发展多种经营自然提上日程，柞蚕业的传播和推广即是一个鲜明的例证。柞蚕人工放养技术的成熟，一定程度上刺激了柞蚕业的传播。同时，地方官员对柞蚕业的倡导和鼓励政策也促进了柞蚕业的发展，扩大了柞蚕业的传播范围。康熙、雍正和乾隆时期是柞蚕业传播的发轫时期，柞蚕业逐渐由山东地区向邻近的河南、东北、陕西、贵州等地传播，柞蚕生产区域化格局不是十分明显。两次鸦片战争之后，国门洞开，开埠通商。国际市场对柞蚕丝制品的需求日增，刺激了中国柞蚕业的进一步传播和发展，最终形成了山东、辽宁和河南三足鼎立的柞蚕业分布格局。这种分布格局甚至一直影响到今天中国柞蚕业的发展。

第二章　发展历程：近代柞蚕丝业的兴盛与衰落

鸦片战争之后，中国被迫纳入世界资本主义市场体系，成为欧美资本主义国家的商品倾销市场和原料供应地。正是在这样的历史背景之下，近代中国柞蚕丝制品以其物美价廉的比较优势登上国际舞台，先后经历了兴起、鼎盛和衰落三个阶段的发展历程。[①] 本章即是对近代中国柞蚕丝业发展历程的详细论述。

第一节　1860—1894 年柞蚕丝业的快速兴起

一　市场需求与开埠通商

19 世纪初期，欧洲多国先后经历了工业革命，资本主义生产实现了从工场手工业向机器大工业的过渡。工业革命不仅极大提高了劳动生产效率，大大促进了商品生产，而且密切了世界各地之间的联系，资本主义世界市场初步形成。资本主义国家一方面为了获得广阔的海外市场，向世界各地输出大量的工业制成品；另一方面也为了掠夺更多的廉价原材料，加强了对亚非拉美落后地区的殖民侵略。"随着西方产业革命的高涨，西方丝织业的生产技术也有所革新，提高对生丝的需求量。"[②]

当时欧洲各国生活水平迅速提高，社会各阶层对丝绸衣料的需求逐

[①] 相对柞蚕丝业而言，关于近代桑丝出口贸易的阶段性特征，有学者认为其可划分为兴盛（1843—1908）、挫折（1909—1929）和衰落（1930—1948）三个时期。参阅陈万明、王希贤《中国近代生丝出口贸易兴衰探略》，《南京农业大学学报》1986 年第 2 期。

[②] 严中平主编：《中国近代经济史（1840—1894）》，人民出版社 2001 年版，第 1019 页。

年增多,刺激了欧洲各国丝织工业的迅速发展。① 快速发展的丝织工业迫切需要大量的蚕丝原料,而19世纪中期开始,欧洲各国爆发蚕瘟,茧产量急剧下降,无法满足丝织工业对蚕丝原材料的大量需求,摧毁了欧洲各国的养蚕业,不仅造成欧洲各地的近代缫丝工厂被迫歇业关闭,而且导致欧洲各国的丝织业也受到很大冲击。由于当时中国蚕丝物美价廉,欧洲各国丝织工业织造丝绸的原料开始依赖于遥远的中国。"欧洲自有蚕疫之后,始需用外来之丝。"② 大约自"1853年起,欧洲遭到蚕病损害,法国和意大利生丝大量减产,对中国生丝的需求于是突然增长"③。

19世纪中期,法国是当时世界上最大的生丝消费国,也是最大的生丝进口国。当19世纪五六十年代"欧洲蚕丝业遭受到微粒子病的袭击后,法国蚕丝业首先遭到毁灭性的打击,其蚕茧产量从1850年最高峰的3000万公斤下降到1856年的1000万公斤,1865年更是下滑到600万公斤"④。法国生丝产量大幅下降,只得依赖外国生丝的进口,其中对中国生丝的进口数量最多。

同一时期,中国南方的战争也打击了江南地区传统的丝织业,一定程度上减少了对国内蚕丝原料的需求,客观上推动了中国蚕丝的对外输出。⑤ 1850—1864年,中国东南部爆发了洪秀全领导的太平天国运动。西方人士认为,清军和太平军的频繁战争严重破坏了江南地区的桑蚕丝业。⑥

当时国际市场对中国蚕丝的大量需求,不仅包括对桑蚕丝的需求,而且对柞蚕丝的需求自然也突然增多。而鸦片战争之后,中国沿海口岸的开埠通商,也为柞蚕丝对外输出提供了便利的渠道。最早开放的五个

---

① [美]张丽:《非平衡化与不平衡——从无锡近代农村经济发展看中国近代农村经济的转型(1840—1949)》,中华书局2010年版,第99页。
② 颂尧:《烟台之丝业观》,《钱业月报》1922年第2卷第10期。
③ 徐新吾主编:《中国近代缫丝工业史》,上海人民出版社1990年版,第87页。
④ 同上书,第105页。
⑤ 持此论点的学者如王宏斌《太平天国时期生丝大量出口说明了什么》,《史学月刊》1987年第6期。
⑥ [美]李明珠:《中国近代蚕丝业及外销(1842—1937)》,徐秀丽译,上海社会科学院出版社1996年版,第84页。

通商口岸全部位于中国东南部，明显有利于南方桑蚕丝的出口贸易，但是不便于北方柞蚕丝的对外输出。第二次鸦片战争结束之后，中国先后被迫签订《天津条约》《北京条约》，中国半殖民地半封建性质的市场和对外贸易的模式逐渐形成。① 同时，中国社会的半殖民地化程度进一步加深，中国无论南北都被迫纳入世界资本主义市场之中，一定程度上也刺激了国内农业商品化程度的发展。清政府开放的通商口岸由原来的五个增加至十六个，位于北方的天津、烟台、营口三处港口也被迫成为通商口岸。北方口岸开埠之后，国内外贸易往来逐渐增多，不仅带动了北部沿海地区商品经济的发展，而且也极大便利了土特产货品的对外输出。正如汪敬虞所言："鸦片战争以后，中国生丝在海外的市场，有进一步的扩大。"② 正是在市场需求和开埠通商的背景之下，近代中国柞蚕丝业才得以快速兴起。

柞蚕丝是中国特产的重要商品，其不仅具有天然色调、不用染色、经久耐穿、洗衣不褪色的优点，而且相对于桑蚕丝而言质朴价廉，同时还具有良好的抗拉性、耐酸性、耐碱性、绝缘性等特性；不但可以用作各种织物的原料，而且在近代工业上用途非常广阔。如火药囊、降落伞、耐酸碱的工作服、电工服、电线绝缘层、轮胎布等都离不开柞蚕丝。据从翰香研究："近代柞蚕丝绸出口至国外，主要用途是作西服衬里、衬衫、桌布、窗帘以至飞机翼布之类，也都是利用柞蚕丝与桑蚕丝绸不同的那些特点，如价廉、耐用、厚密挺实等。"③ 因此，烟台、营口等北方港口开埠通商之后，国外市场对柞蚕丝的需求与日俱增，柞蚕丝的出口促进了柞蚕缫丝工业的兴起。在出口扩大的刺激下，大约在19世纪70年代开始出现和发展了近代缫丝工业。④

1862年，烟台开埠通商后，常关帆船由登莱监督课税，轮船税由税务司负责征收。当时轮船由东南部沿海北上，路过山东地区，只有烟

---

① 许涤新、吴承明主编：《中国资本主义发展史》（第二卷）上，人民出版社2005年版，第80页。
② 汪敬虞：《中国近代生丝的对外贸易和缫丝业中资本主义企业的产生》，《汪敬虞集》，中国社会科学出版社2001年版，第341页。
③ 从翰香主编：《近代冀鲁豫乡村》，中国社会科学出版社1995年版，第389页。
④ 徐新吾主编：《中国近代缫丝工业史》，上海人民出版社1990年版，第15页。

台一个通商口岸。从 1862 年后的半个世纪之中，烟台垄断了山东地区的对外贸易，商务极盛。① 此后，外国商人很快在烟台开办洋行，从 1861 年到 1910 年，外国商人先后在烟台开设的洋行就有 40 余家。② 这些洋行主要经营包括柞蚕丝在内山东土特产品的输出。为了垄断山东半岛的柞蚕丝贸易，加快缫丝的速度，提高缫丝的质量，在烟台出现了全国第一家柞蚕丝业机器缫丝工厂。1877 年德国商人在烟台创建了第一家大规模的机器缫丝局，使用法国"开奈尔"式缫丝机。本地缫丝工人孙小然尝试模仿机器缫丝工场的铁制机器，用木料仿制成一台小型脚踏缫丝车，效果很好，很快推广至放养柞蚕的各地。③ 新式缫丝法也很快传播到东北地区，"东三省人见而仿之，始有足踏制器之传播"④，于是"西式脚踏缫丝机代替了原来的手摇缫丝机"⑤，不仅提高了工作效率，而且加快了山东地区柞蚕丝制品的输出速度。1868—1894 年，在烟台港 15 项重要出口品输出比重中，柞蚕丝制品由不到 1% 上升为 18%，成为仅次于大豆三品（大豆、豆粕、豆油）之后的第二大宗输出产品。⑥

明朝以前，山东地区曾是我国蚕桑业的重要产区。有明一代，随着棉花在北方的推广和普及，山东地区传统蚕桑业逐渐退居次要地位。至清代中期，山东棉花种植已经完全取代了蚕桑业。⑦ 近代山东蚕丝业的复兴，主要得益于国外市场对柞蚕丝和柞丝绸的大量需求。而 1862 年烟台被开辟为通商口岸，刺激了国际市场对柞丝绸的大量需求，山东半岛的柞蚕茧产量和出口量由此出现大幅度增长，当时由烟台港出口的柞蚕丝数量不仅占据全国柞蚕丝出口的大多数，而且自 1867 年到 1894 年

---

① 张玉法：《中国现代化的区域研究——山东省（1860—1916）》，"中研院"近代史研究所 1982 年版，第 594 页。
② 郑博、郭伟亮：《烟台开埠与西方列强对烟台的侵略和掠夺》，《山东档案》2003 年第 6 期。
③ ［日］冈村一郎编：《支那工业总览》，东亚同文会调查编纂部，昭和五年（1930），第 228 页。
④ 彭望恕：《东三省柞蚕丝调查记》，《农商公报》1921 年第 8 卷第 1 期。
⑤ 彭泽益编：《中国近代手工业史资料（1840—1949）》第二卷，中华书局 1962 年版，第 361 页。
⑥ 刘素芬撰：《烟台贸易研究（1867—1919）》，台湾商务印书馆 1990 年版，第 40 页。
⑦ 许檀：《明清时期山东商品经济的发展》，中国社会科学出版社 1998 年版，第 76 页。

呈现不断增长的态势。

1864年，营口港取代牛庄成为当时东北地区唯一的通商口岸。这个原来的海防小镇一跃成为客商云集，"船只来往频繁，帆樯如织"①的沿海商埠。营口的开埠通商，客观上刺激了东北地区商品经济的发展。尤其是大豆、柞蚕丝等土特产品的输出逐渐增多。当时东北南部盛产的大豆、柞蚕丝等纷纷由辽河水路运送至营口港输出。其中柞蚕丝贸易尤以夏季期间交易最为旺盛，外国商人在营口开办洋行商号，把东北的大豆三品、柞蚕丝、药材、毛皮等土特产货物不断输往本国。辽宁东南部山区盛产的柞蚕丝成为仅次于大豆三品输出的大宗商品，而且出口值不断增长。1881年柞蚕丝出口仅为7.3万海关两，1890年则达到100万海关两，10年间增长了十倍之多；1894年前后数年，东北地区每年产柞蚕茧数量为20亿—25亿粒，由营口输出的数量为18亿—20亿粒，大约占到东北地区出口总数量的90%。② 另据海关统计数据显示，营口开埠后，附近的牛庄出现了为外国商人服务的买办商人，买办商人对放养柞蚕户实行包买商制，客观上也促进了柞蚕丝的发展。"在植柞树开始时，即预支丝款。许多蚕户事实上据说都欠收丝捐商的债，必须以产品交付"，从而导致牛庄柞蚕丝出口出现了快速的增长，由1880年以前不超过200担到1880年出口柞蚕丝为1030担，1886年以后每年平均输出达5000—6000担，一直稳居营口输出品的前三位。③ 1907年，安东自开商埠也同样刺激了柞蚕丝业的兴盛。

    申辰（1907）以还，开埠互市，制造各业因以勃兴，其资本厚而出品多者以榨油、缫丝为最……缫丝以招牌为上，自赴欧美考查而后改用新法者数家，出品最精……缫丝，有小纩、大纩二种。小纩用八茧，大纩几倍之，招牌丝皆八茧。小纩约有四十余

---

① 张研、孙燕京主编：《民国史料丛刊》（803），大象出版社2009年版，第210页。
② 亦然、洪钧：《略谈营口开埠设关及其经济地位的兴衰》，《社会科学辑刊》1993年第2期。
③ 彭泽益编：《中国近代手工业史资料（1840—1949）》第二卷，中华书局1962年版，第99页。

家，皆规模极大，工人三四百或五六百不等，每人日缫丝八条，用茧 960 枚。旧法皆用口碱入笼蒸之所缫之丝，色带灰质，故号灰丝。新法安设锅炉蒸汽于别室，广置木筒通以暖气水管，置茧筒中。第一步先用适量福尔马林及溴酸放入热水泡之，将茧面灰尘涤尽；第二步再用苛性曹达及过酸化曹达放入冷水泡之，室内温度须华氏表 120 度，约五小时半取出轧干即可，上纩茧丝柔韧而洁白，所缫之丝较用碱蒸者优良而倍增，此以工业进步之证也。①

由于柞蚕生产满足不了国外市场的旺盛需求，这种供不应求的矛盾必然造成柞蚕丝价格的不断上涨。据海关记载：

19 世纪 70 年代之前，营口附近的盖平和牛庄柞蚕丝价格，每担从未超过 55—65 两；但是由于市场的日益扩大，加之改进了缫丝的方法，到 19 世纪 80 年代，牛庄柞蚕丝价格每担平均已达 80 两，质量最好的柞蚕丝价格更高。②

由此可见，工业革命之后欧洲丝织工业对蚕丝原材料的需求和中国沿海港口的开埠通商，二者共同推动 1860—1894 年中国柞蚕丝业的快速兴起。

二 生产和出口的迅速增加

鸦片战争前，"农产品的出口占整个国内农产品市场的比重很小，他们都是以内销为主"③。柞蚕丝业情况也一样如此，加之柞蚕丝产量较少、质量粗糙，因此只能在柞蚕产区附近的城乡市场销售。1840 年之后，"出口迅速增加，内销则增长有限，茶和丝的出口值已反过来超

---

① 王介公修，于云峰纂：《安东县志》卷六《人事·工业》，民国二十年铅印本。
② 彭泽益编：《中国近代手工业史资料（1840—1949）》第二卷，中华书局 1962 年版，第 99 页。
③ 许涤新、吴承明主编：《中国资本主义发展史》（第二卷）上，人民出版社 2005 年版，第 285 页。

过内销"①。王翔也曾指出："鸦片战争前后的半个世纪里，中国生丝的内销和外销的比例已经发生逆转，生丝产量的增加明显得益于出口的增长。"② 当时国内出口的蚕丝主要是指桑蚕丝，而柞蚕丝仍然没有引起外国商人的注意，只是混杂在桑蚕丝内作为粗丝有少量出口。

第二次鸦片战争之后，中国北方沿海通商口岸烟台、营口相继开埠，中国被迫成为资本主义世界市场的一个组成部分。由于商品经济的快速发展和国际市场对柞蚕丝的需求数量猛增，使得中国的生丝贸易渐趋活跃，不仅桑蚕丝的输出额迅速扩大，而且柞蚕丝的对外贸易也日趋活跃。柞蚕丝绸是中国的特产，也是世界各国所需的稀缺资源，在国际市场上没有竞争对手。世界野蚕丝"几乎全部仰给于我国"③。1860 年后，中国柞蚕丝的出口才呈现出不断上升的趋势，虽略逊于桑蚕丝，但是出口增长幅度很快。

> 牛庄1880年以前出口的柞蚕丝从来没有超过几百担，到1880年出口数量增长至1030担，而同年满洲地区柞蚕丝总产量约为4000—5000担；1886年仅盖平和岫岩两县柞蚕丝总产量即达到10000担，从1886年之后到1917年前后，牛庄柞蚕丝出口数量每年平均为5000—6000担之间；20世纪初叶，大连、安东两港相继开埠，这三个开埠口岸每年平均出口柞蚕丝总数在19000担以上。④

1840 年前后，我国柞蚕丝的总产量估计不超过 4000 公担，1871 年增长了 1 倍之多，为 8265 公担；到 1894 年翻了一番，为 18895 公担。⑤ 如果从柞蚕丝出口值在丝绸类商品中所占的比重来看，柞蚕丝的比重也

---

① 许涤新、吴承明主编：《中国资本主义发展史》（第二卷）上，人民出版社 2005 年版，第 285 页。
② 王翔：《近代中国传统丝绸业转型研究》，南开大学出版社 2005 年版，第 30 页。
③ 实业部国家贸易局：《中国实业志（山东省）》第五编，第 11 章（戊），1934 年版，第 222 页。
④ 姚贤镐编：《中国近代对外贸易史资料》第三册，中华书局 1962 年版，第 1491 页。
⑤ 转引自徐新吾主编《中国近代缫丝工业史》，附录（18）《1871—1937 年全国柞蚕丝生产量和值估算表》，上海人民出版社 1990 年版，第 662—667 页。

是处于不断攀升状态。据海关统计资料显示：在1859年柞蚕丝出口值为4.03万海关两，在丝绸类商品出口值中仅占0.19%；在1869年则上升为45.18万海关两，占2.32%；在1889年继续上升为195.16万海关两，占5.36%。相比较而言，桑蚕丝出口值在丝绸类商品中所占的比重是在逐渐降低之中。1859年桑蚕丝出口值为1857.51万海关两，在丝绸类商品出口值中占89.81%；在1879年桑蚕丝出口值为2259.65万海关两，占78.95%；在1889年桑蚕丝出口值为2284.97万海关两，占62.77%。[①] 为了便于更直观地分析1871—1894年中国柞蚕丝的生产和出口的情况，笔者依据前辈学者来源于《海关关册》的数据制成表2—1和图2—1，如下所示：

表2—1　　1871—1894年中国柞蚕丝生产量和出口量统计

年份	生产量（关担）	出口量（关担）	年份	生产量（关担）	出口量（关担）
1871	13665	3665	1883	17837	5837
1872	12148	2148	1884	18652	6652
1873	17290	7290	1885	19871	7871
1874	16399	6399	1886	26555	12555
1875	15732	5732	1887	26041	12041
1876	13095	3095	1888	27129	13129
1877	13030	3030	1889	31827	17827
1878	14200	4200	1890	33980	19980
1879	14716	4716	1891	32043	17043
1880	15825	4101	1892	31433	16433
1881	17199	5199	1893	28759	13759
1882	16089	4089	1894	31241	16241

资料来源：徐新吾主编：《中国近代缫丝工业史》附录，上海人民出版社1990年版，第662—667页。

[①] 转引自徐新吾主编《中国近代缫丝工业史》，附录（19）《全国丝绸类总出口值统计（1859—1938）》，上海人民出版社1990年版，第668—673页。

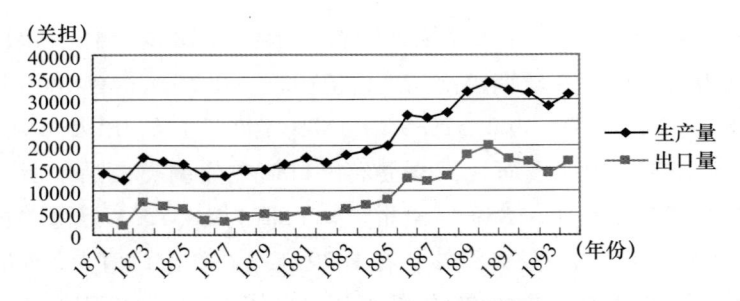

图 2—1　1871—1894 年中国柞蚕丝生产量和出口量变化趋势

从表 2—1 和图 2—1 可以看出：从 1871 年到 1894 年的 24 年中，中国柞蚕丝无论从生产量还是出口量来说都大致处于不断增长的态势。首先，就生产量而言，中国柞蚕丝由最低年份 1872 年的 12148 关担增加到最高年份 1890 年的 33980 关担，增加约两倍。其次，就出口量而论，中国柞蚕丝也由最低年份 1872 年的 2148 关担增长至最高年份 1890 年的 19980 关担，增长约七倍。因此可以说，第二次鸦片战争到甲午战争之间，在开埠通商和国外需求的带动下，中国柞蚕丝不仅生产量出现了大幅度的增加，而且其出口量也出现了快速增长。那么在此期间，中国柞蚕丝出口值呈现什么特征？笔者依据前人统计的数据，制成表 2—2 和图 2—2，如下所示：

表 2—2　　　　　　1859—1894 年中国柞蚕丝出口值统计

年份	柞蚕丝（千关两）	年份	柞蚕丝（千关两）	年份	柞蚕丝（千关两）
1859	40.30	1871	264.63	1883	511.00
1860	277.13	1872	193.11	1884	609.50
1861	232.55	1873	458.71	1885	724.00
1862	338.76	1874	403.32	1886	1288.70
1863	258.56	1875	618.10	1887	1083.80
1864	230.25	1876	366.20	1888	1360.90
1865	335.79	1877	365.20	1889	1951.60
1866	369.46	1878	410.90	1890	2032.40
1867	459.61	1879	409.50	1891	1513.70

续表

年份	出口值 柞蚕丝 （千关两）	年份	出口值 柞蚕丝 （千关两）	年份	出口值 柞蚕丝 （千关两）
1868	617.68	1880	385.90	1892	1479.20
1869	451.80	1881	509.40	1893	1402.60
1870	333.48	1882	344.70	1894	1939.60

资料来源：历年《海关关册》，转引自徐新吾主编《中国近代缫丝工业史》附录，上海人民出版社1990年版，第668—672页。

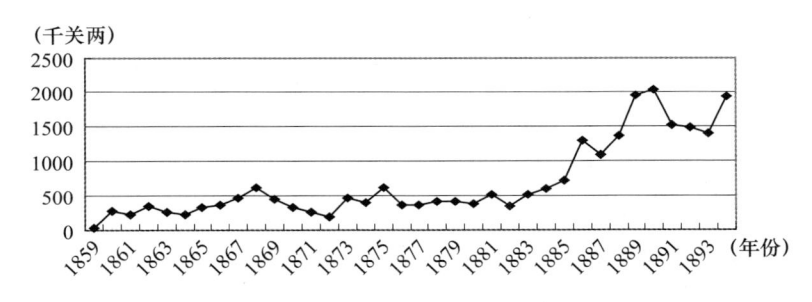

图2—2　1859—1894年中国柞蚕丝出口值变化趋势

据表2—2及图2—2统计数据所示，显而易见：第二次鸦片战争到甲午战争期间，国际市场对柞蚕丝总体保持旺盛的需求状态。从1860年到1894年的35年中，中国柞蚕丝出口值整体呈现不断上升态势。柞蚕丝出口值由1859年的4万关两增长到1894年的近200万关两，增长近50倍。这也充分说明近代开埠通商后，国外市场需求的拉动作用，刺激了中国柞蚕丝业的快速增长。

第二节　1895—1931年柞蚕丝业的短暂繁荣

一　比较优势与实业救国

自从工业革命之后，在世界贸易理论中逐渐由亚当·斯密的绝对优势理论向大卫·李嘉图的比较优势理论过渡，即比较优势理论适应了国际贸易发展的需要。大卫·李嘉图在其著名的《政治经济学及赋税原理》中指出：

英国的情况可能是：生产布匹可能需要 100 个人一年的劳动，如果该国试图酿制葡萄酒，这可能需要 120 个人一年的劳动。因此，英国发现进口葡萄酒可以为自己带来利润，因此该国会通过布匹出口来购买葡萄酒。在葡萄牙，酿制葡萄酒可能仅需要 80 个人一年的劳动，但是生产布匹可能需要 90 个人一年的劳动。因此，对于葡萄牙而言，出口葡萄酒换取布匹是有利于该国的发展的。①

简单说来，比较优势是指各国生产同一产品时劳动生产率的差异。②近代中国柞蚕丝业的兴盛正是比较优势理论下的真实写照。

欧美社会，多嗜爱是丝以为衣，东西商贾，即争贩斯货以取利；且因制造空中飞艇，陆地电车，艇经体车篷，多需此料，于是各国实业家多甚注意研究丝业，以备将来商战阵中之竞争。而各大资本家，现复力出重价，欲尽收买以为后日专获大利之预备，销路因之大旺。③

19 世纪末 20 世纪初，柞蚕丝由于明显的比较优势而成为中国出口的重要商品。1895 年，康有为在《公车上书》中曾言："山东制野蚕茧以成丝，江北改土棉而纺纱，南方广蔗园而制糖，皆与洋货比较，精妙华彩，务溢其上。"④ 其中，柞蚕丝不仅比桑蚕丝强韧耐久，而且具有

---

① ［英］大卫·李嘉图：《政治经济学及赋税原理》，丰俊功译，光明日报出版社 2009 年版，第 115—116 页。
② 比较优势理论的论文主要有：朱鸿伟：《当代比较优势理论的发展及其启示》，《暨南学报》（哲学社会科学版）2001 年第 2 期；佟家栋：《比较优势理论与对外贸易战略的选择》，《南开学报》（哲学社会科学版）2004 年第 5 期；顾书桂：《再论比较优势与中国经济的全球化》，《东南大学学报》（哲学社会科学版）2005 年第 1 期；王世军：《比较优势理论的学术渊源和评述》，《杭州电子科技大学学报》（社会科学版）2006 年第 3 期；马慧敏：《比较优势思想在中国外贸思想史上的发展及其启示》，《河南师范大学学报》（哲学社会科学版）2006 年第 3 期。
③ 彭泽益编：《中国近代手工业史资料（1840—1949）》第二卷，中华书局 1962 年版，第 360 页。
④ （清）康有为撰，姜义华、张荣华编校：《康有为全集》第二集，中国人民大学出版社 2007 年版，第 40 页。

比桑蚕丝便宜的价格优势，通常只有普通桑蚕丝五分之二的价格。据 1904 年《野蚕录》云：

> 目中外通商而后，洋货之进口者，岁以三万万计，策富国者，思所以塞漏卮而保利源，亦惟有推广出口货物，以冀互相抵制而已。登莱之有野蚕，其利与家蚕等，特其始流行未广，故出口之数亦少，近年以来，已遍及辽东诸郡，出产之丰，反倍于登莱，工而缫之，商而通之，牟大利者，转毂百数，废居居邑，如水之趋下，日夜无休时，故综核出口之数，最盛者，莫牛庄若，而烟台次之，牛庄一口，间有经行出洋运赴日本者，至烟台则以运往上海，而转售于欧美者为多，利之所在，波及重瀛，商务之殷繁，可谓极矣。①

又据《今世中国贸易通志》言："野蚕丝较之家蚕丝虽有染色困难之缺点，然以近时染织艺术之进步，不唯缫丝、染色、机织较之家蚕丝毫无逊色，丝质强韧耐久，质优价廉；通常较家蚕丝价低五分之三，故在欧美、日本诸国颇受欢迎。"② 1931 年，沈阳官办纯益缫织公司"所织花素绸，质坚耐久，品质在舶来品之上，售价极廉，每尺仅售现洋三角，颇为一般人所乐用"③。

19 世纪末 20 世纪初，中国北部所产的柞蚕丝在美国和法国突然变得流行起来。特别是在东北和山东地区所产的柞蚕丝织成柞丝绸之后，在国外也非常流行。④ 山东茧绸是烟台贸易的主要货品，它用柞蚕的淡黄色茧子做的，因色泽美丽、质坚耐穿而得名。⑤ 当时许多西洋妇女用

---

① （清）王元綖辑，郑辟疆校：《野蚕录》，农业出版社 1962 年版，第 90 页。
② 张研、孙燕京主编：《民国史料丛刊》第 653 册，大象出版社 2009 年版，第 189 页。
③ 东北文化社年鉴编印处编：《东北年鉴·工业》（1931 年），东北文化社 1931 年版，第 1038 页。
④ ［美］李明珠：《中国近代蚕丝业及外销（1842—1937）》，徐秀丽译，上海社会科学院出版社 1996 年版，第 93 页。
⑤ 彭泽益编：《中国近代手工业史资料（1840—1949）》第三卷，中华书局 1962 年版，第 13 页。

它作晨装及便服者甚多，男人则多以之缝制夏季西服。① 山东茧绸独特的优势使得生产柞蚕的地区逐渐增多，如"诸城县所产之生丝，向来多销售于昌邑县、烟台及本县织茧绸之用。近数年来，此项生丝出口者，日见增加，销路颇畅"②。山东半岛"灰丝、茧绸之贸易，全赖销售于外洋。出口发达之时，为清末民初，绸之出口则于民国初元始旺。是二者以民七、八（1918—1919）时为最盛"③。美国市场对柞蚕丝的需求后来居上，并且直接影响柞蚕丝价格的高低。

> 美国的强烈需求，现已成为世界市场丝价决定因素之一，加上欧洲对野蚕丝绸的爱好，1909年四级野蚕丝的价格已涨到每担380两，上等野蚕丝已涨至500两。

中国柞蚕丝独有的优良品质和欧美市场的旺盛需求，不仅使得沿海地区柞蚕丝绸供销两旺，而且也促进了内陆地区柞蚕丝制品的输出贸易。河南位居内陆腹地，柞蚕丝绸比较优势也比较明显，丝绸质量要比山东绸为优。清末民初，河南柞丝绸被国际市场誉为"珠光宝石"，大量销于"英、美、法等国，每年销数约值银四百万两，占出口总数的百分之六十五"。④ 近代河南柞蚕茧丝屑物由汉口输出，在汉口屑物输出额中约有三分之一产自河南。⑤

柞蚕丝比较优势除了其物美价廉之外，其饲养成本相对饲养桑蚕而言也较为低廉。

> 柞蚕之饲养亦为国人所注意，盖饲育柞蚕，既不需大量之资本与劳力，又可利用山野之荒地，更不必具有如饲养家蚕之脑力，以此低度之生产要素，而同样可获美满之效果，是近年柞蚕之饲育所

---

① 彭泽益编：《中国近代手工业史资料（1840—1949）》第二卷，中华书局1962年版，第96页。
② 田荫堂：《调查山东诸城县柞蚕报告书》，《直隶实业杂志》1915年第4卷第8期。
③ 张兆麟：《胶东之丝绸业》，《工商半月刊》1934年第6卷第5期。
④ 佚名：《清末民初河南绸商为振兴蚕业的两次尝试》，《丝绸史研究》1988年第3期。
⑤ 徐新吾主编：《中国近代缫丝工业史》，上海人民出版社1990年版，第526页。

以勃兴于破产农村之原因也。①

清末民初，奉天辽阳县"惟山蚕占出产大宗。东南两部山多地少，土质硗瘠，不宜稼穑，居民多以柞蚕为生计。近年茧丝畅销，价格日涨，外资因此输入，经济因此流通，利之所在，人争趋之"②。

甲午战争之后，清政府被迫同日本签订《马关条约》。开始允许外国在通商口岸开矿设厂，并且给予其在华设厂生产的商品享有与进口货物同样的低税特权。1899 年，美国政府提出所谓"门户开放"政策，要求各国在其势力范围内，相互开放，利益均沾。从 1896 年至 1914 年的 18 年中国新开设通商口岸 54 处，③ 是 1840 年以后 54 年内开放通商口岸数量的 1.5 倍之多，从 1915 年到 1930 年中国又开放了 23 处通商口岸。④ 清末民初，中国沿海沿江通商口岸的大量增设不仅使得中国市场进一步对外开放，而且也导致了国际资本主义对中国市场的争夺。⑤

19 世纪末 20 世纪初，帝国主义各国对中国的经济侵略由以商品输出为主逐步转变为以资本输出为主，中国民族资本主义发展也面临举步维艰的困境。据近代海关统计数据显示，1872 年外商在中国的总数仅为 343 家，到 1900 年增加到 1006 家。⑥ 吴承明指出，甲午战争前，外国投资总额不过二三亿美元，1902 年腾升至 15 亿美元，1914 年再度飙升至 22 亿美元以上。⑦ 外国资本主义对中国的疯狂侵略和掠夺，激起广大人民爱国救亡的义愤，民族资产阶级也感到自己的生存和发展受到更加致命的威胁。在这种历史背景之下，发展本国资本主义工商业，以抵

---

① 周占梅：《柞蚕》，《农报》1936 年第 3 卷第 35 期。
② 裴焕星等修，白永贞等纂：《辽阳县志》卷二十七《实业·蚕业》，民国十七年铅印本。
③ 严中平等编：《中国近代经济史统计资料选辑》，科学出版社 1955 年版，第 47—48 页。
④ 汪敬虞主编：《中国近代经济史（1895—1927）》上册，人民出版社 2000 年版，第 125 页。
⑤ 严中平主编：《中国近代经济史（1840—1894）》下册，人民出版社 2001 年版，第 1025 页。
⑥ 王水：《清代买办收入的估计及其使用方向》，《中国社会科学院经济研究所集刊》（5），中国社会科学出版社 1983 年版，第 299 页。
⑦ 吴承明：《帝国主义在旧中国的投资》，人民出版社 1956 年版，第 15 页。

制帝国主义侵略掠夺为口号的实业救国论，风行一时。代表人物有张謇、周学熙、汤震等人。实业救国是近代中国以发展实业作为救国救民主要手段的经济思潮，实业泛指农业、工业、商业、交通运输等行业。张謇曾主张政府"究行蚕桑树艺畜牧制造"①，希望政府以农业为基础，兴办工业制造业，最终达到农工商协调发展。清政府这时为了维持统治，也被迫实行新政，鼓励中国民族资产阶级工商业者兴办实业。民国政府成立之后，也先后颁布了一系列有利于民族资本主义发展的政策和法令。

正是如此，清末民初实业救国思潮的兴起，促进了民族工商业的发展，其中以包括蚕丝业在内的轻工业发展最为迅速。在沿海通商口岸等地，机器缫丝业迅速出现。19 世纪七八十年代，近代中国桑蚕机器缫丝开始出现在广东、上海等地，而柞蚕机器缫丝的出现时间也并不比桑蚕缫丝业落后。到 19 世纪"90 年代中叶，中国出口的生丝中，有将近 30% 是外国在华缫丝厂的产品"②。柞蚕缫丝亦是如此，外国列强为了更为直接地控制柞蚕丝的生产贸易，也在通商口岸开设柞蚕缫丝工厂。

1862 年烟台开埠之后，外国商人就在当地开设洋行，他们看好烟台附近柞蚕丝出口较高的经济利益。1871 年，德国商人首先在烟台设立宝兴洋行，其经营业务即包括柞蚕丝出口贸易。当时我国柞蚕丝质优价廉，只相当于当时进口棉布的价格，洋商贩运到国外即可获得四倍之上的利润。为了扩大经营规模、提高柞蚕丝出口质量，1877 年成立了当时我国第一家近代机器柞蚕丝加工工厂——烟台缫丝局。③ 该局经营业务主要是对柞蚕茧缫丝并且加工成柞丝绸运销国外，其设备全部由外国进口而来，不仅进口缫丝用的蒸汽机及其配套机械，④ 而且还进口织造柞丝绸的机器 200 架。⑤ 1892 年该局添置了部分蒸汽动力设备，"开

---

① 曾从坡等编：《张謇全集》第二卷，江苏古籍出版社 1994 年版，第 13 页。
② 严中平主编：《中国近代经济史（1840—1894）》下册，人民出版社 2001 年版，第 1257 页。
③ 徐新吾主编：《中国近代缫丝工业史》，上海人民出版社 1990 年版，第 494 页。
④ 姚贤镐编：《中国近代对外贸易史资料》第三册，中华书局 1962 年版，第 1493 页。
⑤ 孙毓棠编：《中国近代工业史资料》第一辑（上册），中华书局 1962 年版，第 75 页。

始一半使用蒸汽机，产量增至每日 70 斤"①。1895 年，该局被租借给烟台华商梁浩池经营，改名为华丰缫丝厂，把缫丝动力全部升级为蒸汽动力，每日缫丝数量增加到 150 斤。② 1900 年，该厂扩大规模，拥有法国制的缫丝机 550 架，蒸柞蚕茧锅 38 口，雇用职工 600 人，每日加工柞蚕丝数量达到 250 斤。③ 1901 年，梁浩池在经营华丰缫丝厂的基础之上，设立的第二个近代中国柞蚕丝机器加工工厂华泰缫丝厂开业。共有机器缫丝机 538 架，蒸柞蚕茧机 28 架，职工 578 人。④ 1902 年，烟台富商谦豪丰开办的益丰缫丝房投入运营，专营缫丝及织绸。⑤ 据当时《海关关册》记载：

> 烟台口本年新设机器缫丝房一处，内中规模胥以新法，普遍布电灯，气象至属壮丽，计本埠机器缫丝厂已鼎足而三矣。⑥

清末民初，国际市场对柞蚕制品的需求日增，很大程度上刺激了柞蚕缫丝业的发展。在外国人开办机器缫丝厂获得高额利润的刺激之下，民族工商业者也积极兴办柞蚕缫丝工场。机器设备多是仿造烟台机器柞蚕丝工厂的铁制机器"开奈尔"的式样，根据中国工人的操作习惯，用木料制成脚踏缫丝车。相比机器缫丝而言，脚踏缫丝车不用机器动力而用人力，不仅代替了原来的土制手摇缫丝机，而且其生产数量和产品质量并不比机器缫丝厂的产品逊色。因此，用"满洲"蚕茧缫制出口的野丝是 19 世纪 70 年代开办的一项比较现代化的工业。⑦ 据海关史料记载，1890 年中国各地柞蚕缫丝手工工厂（场）不断增加，就烟台而言，当时就有规模比较大的手缫局 16 家，每户有缫丝车 200 架以上，

---

① 孙毓堂编：《中国近代工业史资料》第一辑（上册），中华书局 1962 年版，第 78 页。
② 同上。
③ 徐新吾主编：《中国近代缫丝工业史》，上海人民出版社 1990 年版，第 509 页。
④ ［日］峰村喜藏：《清国蚕丝业大观》，朝日新闻出版社 1902 年版，第 286 页。
⑤ 同上书，第 299 页。
⑥ 徐新吾主编：《中国近代缫丝工业史》，上海人民出版社 1990 年版，第 511 页。
⑦ 彭泽益编：《中国近代手工业史资料（1840—1949）》第二卷，中华书局 1962 年版，第 361 页。

最多的有700多架，较少的也有150架。① 到1921年，烟台拥有的近代柞蚕丝手工工厂（场）已发展至42家，共有缫丝车16420架，每家平均拥有缫丝车391架。如表2—3所示。

表2—3　　　　1921年烟台柞蚕丝手工工厂（场）数量统计

厂　名	缫丝车数量	商　标	厂　名	缫丝车数量	商　标
义丰恒	共1500	纺女丝	双聚兴	350	黑鱼缸
义丰德			祥茂公	450	黑猿
东德记	共1550	雀梅	义记	600	双犬
西德记			泰成东	400	画眉鸟
源记			德生祥	350	巴拿马
裕德源			成和昌	450	飞熊
义孚同	630	牡丹花	恒记	160	
公晋和	500	金蝙蝠	成聚祥	260	
裕兴昌	共480	芝罘山	丰盛同	280	
裕生祥			顺记	320	
义昌	630	ECT	德兴	250	
泰安	共900	骆驼	恒鼎春	500	
敦化			源茂	160	
盛记	390	钟楼	合记	190	
裕记	260		成永祥	200	
人和昌	330		同兴德	220	
和记	480	水仙花	福盛利	180	
永记	750	太阳塔	协成信	150	
利记	600	黑塔	恒聚成	220	
长生	400	葵花	协泰昌	500	
和聚兴	500	华盛顿	东兴德	330	

资料来源：陈重民编纂：《今世中国贸易通志》第二编，商务印书馆1924年版，第26—27页。

① 徐新吾主编：《中国近代缫丝工业史》，上海人民出版社1990年版，第506页。

清末时期，东北所产柞蚕茧多运往烟台缫丝。民国以来，东北缫丝工厂逐渐发达，柞蚕茧输出日趋减少，而柞丝绸出口不断增多，进一步刺激了民族工商业者投资柞蚕缫丝厂的热情。1918 年年底，商人刘尚清在奉天创办纯益缫织公司，筹集资本奉钞 25 万元，购买省城大北关钦差府胡同地基 47 亩左右用于建筑工厂，主要生产花素绸及纯丝，副产品为茧蛹；设有纩 400 余支，提花电力织机 40 余架，以奉天省东南各县的山茧为原料。① 东北地区较大规模的柞蚕缫丝工厂主要分布在柞蚕茧集散的城市，如安东、盖平等地。民国九年前后，奉天盖平县"工业以缫丝为最，近年富商讲求丝业，举缫丝生理多移于城垣"②。

安东在民国八年添设 17 厂，民国九年添设 17 厂，民国十年一月调查，安东已有野蚕丝厂 63 家，丝车 13542 部，盖平亦有 17 家，丝车 3800 部。据经济讨论处调查，民国十七年间，安东所有之丝厂，大小约 50 家，盖平约 20 家，海城约有 16 家。③

1921 年盖平共有柞蚕缫丝工厂 17 家，拥有缫丝车 3800 部。厂名及各厂缫丝车数量，详见表 2—4 所示。

表 2—4　　　　　1921 年盖平柞蚕缫丝工场数量统计　　　　单位：部

厂名	缫丝车数量	商标	厂名	缫丝车数量	商标
厂记	500	飞泉龙	大德恒	200	双鸟
利源长	500		恒盛德	300	地球
顺记	400	芭蕉	德兴海	100	轮船
顺昌德	200	松鹿	聚盛公	100	芦雁
乾生利	150	双鹿	裕昌永	100	双凤
天增达	150	日光	永德昌	100	香炉

---

① 王树楠、杨钟义等编纂：《奉天通志》第 114 卷《实业》二《工业》，中山丰 1934 年印。
② 崔正峰修，郭春藻纂：《盖平县乡土志》，《工政》，民国九年石印本。
③ 龚俊编：《中国新工业发展史大纲》，商务印书馆 1933 年版，第 162 页。

续表

厂　名	缫丝车数量	商　标	厂　名	缫丝车数量	商　标
永丰德	200	山水	永和栈	200	麒麟
盛　记	200	饲蚕	公顺成	200	狮子
豫昌达	200	一枝花	共计17家	3800	

资料来源：陈重民编纂：《今世中国贸易通志》第二编，商务印书馆1924年版，第29页。

安东是东北地区重要的柞蚕茧丝市场。最初主要向国内外市场输出柞蚕茧，在当地直接进行柞蚕茧缫丝的工厂并不多。1907年安东自开为商埠，同年安东道台在元宝山兴办七襄丝厂，使用电力铁机缫丝，安东才开始有了专营的柞蚕缫丝工厂。[①] 19世纪末20世纪初，柞蚕丝绸业与榨油业、木材加工业成为安东三大支柱产业之一。因此，安东的柞蚕丝贸易早为日本帝国主义所垂涎，早在1907年日本即开设缫丝工厂，1912年成立大生丝厂，1917年日本又在安东设立兴东公司，到1921年日本在安东共兴办三家柞蚕缫丝工厂。如表2—5所示。

表2—5　　　　1921年日商在安东开设柞蚕缫丝工厂统计

厂　名	丝车数	商标
大　生	140	扇子
兴东公司	300	金星
日华绢棉纺织	未详	未详

资料来源：陈重民编纂：《今世中国贸易通志》第二编，商务印书馆1924年版，第29页。

为了挽救柞蚕缫丝的利权，民国十二年前后，安东商人也纷纷兴办柞蚕缫丝工厂。

八道沟和聚正丝厂添设人工织机八架，专织大绸，行销埠内，汽机三台，专织平绸，销行欧美，并得驻安美国领事所赞许。近年

[①]　《丹东柞蚕丝绸发展简史》，《辽宁文史资料》第26辑，辽宁人民出版社1989年版，第132页。

第二章　发展历程：近代柞蚕丝业的兴盛与衰落

陆续添设专织平绸电机共五十台，纹织电机十二台，所织各种茧绸，品料优美，行销中外，供不应求。①

据民国十七年安东总商会调查部报告：从 1914 年到 1929 年安东新设柞蚕缫丝工场的数量不断增多，较大规模制造本厂丝（亦称上等丝、招牌丝）的柞蚕缫丝工厂已经达到 33 家，这些都是实业救国思潮指导下兴办的民族工业。详见表 2—6 所示。

表 2—6　　　　　1914—1929 年安东新设柞蚕缫丝工厂统计

开设年月	工厂名	所在地	纩机数量（台）	一日制丝数量（斤）
1914.3	东泰丝厂	八道沟	620	310
1915.8	正记丝厂	八道沟	806	403
1917.9	泰记丝厂	八道沟	402	200
1918.10	德和祥	八道沟	338	168
1918.11	义昌东	镇安路	150	75
1919.10	同昌顺	天后宫街	320	160
1920.10	益丰兴	镇安路	480	240
1920.12	同顺纩房	八道沟	336	168
1920	东合盛	九道沟	190	93
1921.9	德记丝厂	九道沟	540	270
1922.5	政源号	八道沟	504	252
1923.10	恒发丝厂	九道沟	252	126
1924.3	泰昌丝厂	八道沟	400	200
1924.8	鸿聚永	九道沟	360	153
1924.9	东记丝厂	八道沟	280	140
1925.8	玉顺成	镇安路	288	144
1925.8	复昌茂	镇安路	148	74
1925.9	广聚永	镇安路	328	164
1925.9	泰昌盛	镇安路	320	160
1927.10	乾元丝厂	镇安路	160	80

---

① 王介公修，于云峰纂：《安东县志》卷六《人事·共业》，民国二十年铅印本。

续表

开设年月	工厂名	所在地	缫机数量（台）	一日制丝数量（斤）
1927.10	镇元丝厂	镇安路	90	45
1927.10	蚨祥公	镇安路	90	45
1927.8	纯益丝厂	镇安路	560	297
1927.7	德源盛	八道沟	260	128
1927.10	和丰盛	镇安路	392	196
1927.11	裕泰永	镇安路	370	185
1928.9	东和祥	镇安路	240	120
1928.10	同盛	镇安路	68	34
1928.11	德生	镇安路	50	25
1928.8	义泰祥	八道沟	280	140
1929.8	恒兴德	八道沟	304	152
1929.9	九如号	镇安路	200	100
1929.11	同利永	镇安路	140	70

资料来源：陈隽人：《安东灰丝之研究》，《中行月刊》1930年第5期，第21—23页。

1930年东北地区的柞蚕缫丝工厂数量有了进一步的增加，为九一八事变前工厂数量最多的年份。据当时调查数据显示，在安东、盖平等地共有手工工场121户，丝车25215部，每日的制丝能力可达到9264斤。详见下表2—7。

表2—7　　1930年东北地区柞蚕缫丝手工工场（厂）统计

地区	工场（厂）数量	机器台数	一天制丝数量（斤）
盖平	14	3060	655
海城	12	6090	2240
安东	51	11920	5493
西丰	44	4145	876
合计	121	25215	9264

资料来源：刘温克：《柞蚕》，《中国蚕丝》1935年第1卷第9号，第61页。

据上所述可知，从1895年到1931年，中国柞蚕丝业充分利用自身的比较优势，在实业救国思潮的推动下，获得了进一步的发展，生产量和出口量均达到了历史时期的最高值。

二　生产与出口达到最高峰

1876 年签订的《中英烟台条约》，第一次给予为外国商人搜罗土产的中国买办商人比较优惠的关税待遇。但是 1895 年以前，清朝政府没有把出口子口半税的特权给中国买办商人。[①] 1895 年《中日马关条约》的签订，使得外国取得了在中国开矿设厂的权利，不仅满足了外国在华扩大通商特权的愿望，而且便利了外国商人在中国收购工业原料，其中外国商人直接收购或者委托中国买办商人收购柞蚕丝制品即是重要的事实。

19 世纪末 20 世纪初，中国彻底沦为帝国主义国家商品输出和资本输出的国家，被迫纳入资本主义世界市场。中国不仅成为外国工业制成品输出的场所，而且也成为外国资本主义掠夺工业原料的地方。茶叶和丝绸制品是近代中国最主要的两大出口商品。从 20 世纪初一直到 20 世纪 30 年代初，蚕丝都持续超过茶叶成为近代中国的主要出口货物。[②] 正如 19 世纪中叶欧洲市场的扩张为中国蚕丝业的出口创造了便利条件一样，19 世纪末 20 世纪初美国市场的开埠同样为中国蚕丝业的输出提供了新的机会。中国向这些国际市场出口的生丝和丝织物的价值从 1868 年的 1800 万关两一跃上升到 1926 年的 17600 万关两。[③] 我国柞蚕丝的出口量也在不断上升。1875 年，出口柞蚕丝 687700 斤，到 1904 年上升为 400 余万斤。[④] 关于 1895—1931 年中国柞蚕丝生产量和出口量的估算，笔者依据前辈学者的统计数据表列表 2—8。

[①] 汪敬虞主编：《中国近代经济史（1895—1927）》上册，人民出版社 2000 年版，第 8 页。
[②] ［美］李明珠：《中国近代蚕丝业及外销（1842—1937）》，徐秀丽译，上海社会科学院出版社 1996 年版，导言第 4 页。
[③] 同上书，第 220 页。
[④] 华德公：《我国古代人民对柞蚕的认识和改造》，《中国古代农业科技》，农业出版社 1980 年版，第 452 页。

表 2—8　　1895—1931 年中国柞蚕丝生产量和出口量估算统计

年份	生产量（关担）	出口量（关担）	年份	生产量（关担）	出口量（关担）
1895	30942	15942	1914	64705	21072
1896	31370	16370	1915	64705	34003
1897	34046	19046	1916	66138	18682
1898	31489	16489	1917	66138	18236
1899	39674	24674	1918	66138	28588
1900	39682	18867	1919	76470	33681
1901	39682	20499	1920	76470	21784
1902	39682	19179	1921	79365	37084
1903	39682	22128	1922	79365	23742
1904	49603	33527	1923	79365	31195
1905	49603	25584	1924	79365	22571
1906	49603	25556	1925	79365	34615
1907	49603	23896	1926	79365	31094
1908	56217	34148	1927	72751	24924
1909	56217	34011	1928	66138	28371
1910	56217	29042	1929	66138	29519
1911	56217	33831	1930	57870	26197
1912	62830	36162	1931	49934	32254
1913	64705	29662			

资料来源：徐新吾主编：《中国近代缫丝工业史》附录，上海人民出版社1990年版，第662—667页。

据表 2—8 及图 2—3 统计数据显示：第一，从 1895 年到 1931 年，中国柞蚕丝生产量和出口量都有了不同程度的增长。其中从 1913—1929 年是中国蚕丝（包括桑蚕丝和柞蚕丝）生产的顶峰时期，[1] 就柞蚕丝的生产量而言，从 1895 年到 1931 年，其生产量由最低年份（1895）的 30942 关担上升到最高年份（1926）的 79365 关担，生产量增加了 1.5 倍。就柞蚕丝的出口量而言，从 1895 年到 1931 年，其生产量由最

---

[1] 徐新吾主编：《中国近代缫丝工业史》，上海人民出版社1990年版，前言第8页。

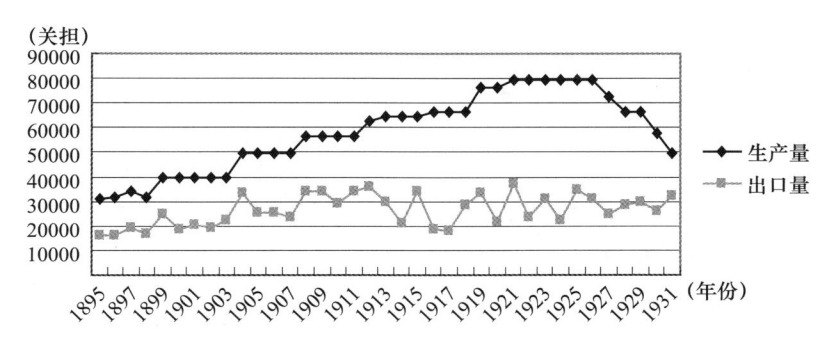

第二章 发展历程：近代柞蚕丝业的兴盛与衰落　87

图 2—3　1895—1931 年中国柞蚕丝生产量和出口量变化趋势

低年份（1895）的 15942 关担上升到最高年份（1921）的 37084 关担，出口量同样增加了 1.3 倍。第二，这一阶段，中国柞蚕丝的出口量没有生产量增加幅度大，原因在于柞蚕丝除了外销之外，还有相当一部分在国内销售，以便满足国内柞丝绸业的原料需求。

表 2—9　　　　　　1895—1931 年中国柞蚕丝出口总值统计

年份	出口总值（千关两）	年份	出口总值（千关两）	年份	出口总值（千关两）
1895	1967.00	1908	7571.56	1921	18488.80
1896	2403.80	1909	9846.31	1922	15196.30
1897	3059.20	1910	8023.10	1923	20145.60
1898	2805.30	1911	9182.70	1924	10995.10
1899	5226.50	1912	7957.00	1925	14353.00
1900	2659.50	1913	7168.60	1926	14038.60
1901	2821.51	1914	4099.00	1927	11702.30
1902	3701.52	1915	6439.80	1928	10067.90
1903	4673.43	1916	5285.10	1929	10337.80
1904	9861.67	1917	6013.00	1930	9619.50
1905	8639.06	1918	8919.30	1931	10909.30
1906	6372.97	1919	10516.70		
1907	6292.93	1920	7073.80		

资料来源：历年《海关关册》；转引自徐新吾主编：《中国近代缫丝工业史》附录（十九），上海人民出版社 1990 年版，第 668—673 页。

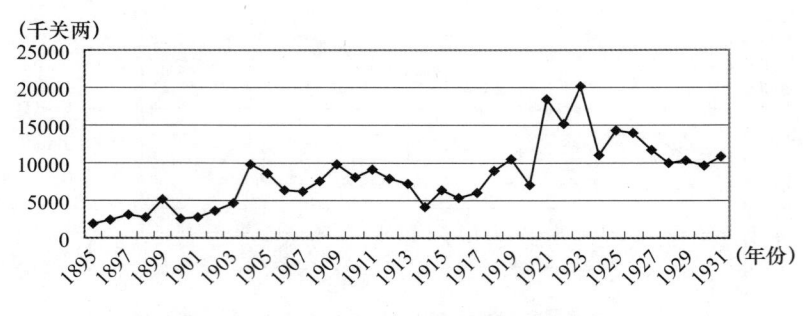

图 2—4　1895—1931 年中国柞蚕丝出口值变化趋势

据表 2—9、图 2—4 和有关史料可知：19 世纪末 20 世纪初，中国的柞蚕丝业不仅生产量和出口量有了一定程度的增长，而且柞蚕丝出口值也有了稳步的提高。从 1895 年到 1931 年，中国柞蚕丝的出口总值由最低年份（1895）的 1967 千关两上升到最高年份（1923）的 20145.6 千关两，增加十余倍，其中 1921—1929 年是柞蚕丝出口值的高峰。因此，从总体来看，1895—1931 年是中国柞蚕丝业生产和出口的鼎盛时期。"我国每年灰丝（柞蚕丝中的使用手工缫丝的小框丝）输出至海外者，约有 30000 担，价值关平银 1200 万两以上，实为我国输出品之大宗。"① 在此期间，近代中国柞蚕丝各个产区的生产和出口都有了不同程度的增长。

柞蚕丝是中国北方的特产。清末民初，山东是全国柞蚕丝业最为发达的地区，每年制丝额为东三省的数倍。"由柞蚕茧制成柞蚕丝、或织物的工业，以烟台为最盛，而原产地之关东地方，反不如这里。"② 1870 年前后，山东全省年产柞蚕丝 7125 担。③ 1912—1914 年，山东柞蚕丝三年间平均输出 10925 担，价值 2674490 海关两，分别占当时全国柞蚕丝的 32.3% 和 37.3%。在此三年间（1912—1914），山东机械柞蚕丝平均输出 525 担，价值 140981 海关两，分别占当时全国机械柞蚕丝

---

① 《野蚕丝之产销及其贸易状况》，《工商半月刊》1930 年第 2 卷第 20 期。
② 郭寿生：《烟台调查》，《向导周报》1924 年第 66 期。
③ 张玉法：《中国现代化的区域研究——山东省（1860—1916）》，"中研院"近代史研究所 1982 年版，第 552 页。

三年间平均的89.7%和91.2%。① 20世纪20年代，烟台共有缫丝厂30余家，机械纩车共13000余副；每年各丝厂用本省茧所缫之丝，约18000担；用关东茧制出之丝，约11800担；又由关东输入之丝约1600余担，不过此大宗柞蚕丝非专供本地织府绸之用；每年由烟台出口，运销美法意日等国者，约13000担以上。②

后来，烟台缫丝厂增加至42家，而附近的文登、栖霞、牟平、海阳等县，共有丝厂百余家。③到20世纪30年代初，山东烟台柞蚕丝由人力制成，资本15000元，工人500名，每年可出产450箱，每箱约100斤，总计价值27.1万元，行销外洋各国，以美国为最多。④

清末民初是河南柞蚕丝业发展的鼎盛时期。河南柞蚕最初饲育于鲁山、南召，后来扩展到南阳、镇平、内乡、嵩县、临汝、方城等县。光绪末年，柞蚕丝产量已经相当可观。民国以来，增长更为显著，其中以民国十年至民国二十年为柞蚕丝生产和出口最盛时期。河南柞蚕丝以鲁山、南召两县产量为最多。光绪初年，鲁山、南召各产二十万斤。民国十年至民国二十年，鲁山年产五十余万斤，南召亦四十余万斤。⑤其次为镇平，该地柞蚕产区较小，故柞蚕丝产量亦不多。据传光绪初年约为五万斤，民国十年至民国二十年最盛时期为六万至七万斤。南阳柞蚕丝产量次于镇平。光绪初年，南阳年产柞蚕丝约五万斤，最盛时期也只有五万至六万斤。内乡柞蚕丝产地为所属北部山地，光绪初年产量四万斤，最盛时期亦不过四万余斤。方城、临汝、嵩县、宜阳等县产量均甚少。光绪初年，方城约有一万五千斤，临汝、宜阳、嵩县合计为五万斤。最盛时期，方城为两万斤，临汝等三县合计约六万斤。总计河南全省柞蚕丝产量，于光绪初年约六十万斤，迄民国十年至民国二十年，年产曾达一百三十万斤的最高额。⑥

---

① ［日］东亚同文会编纂：《中国省别全志》第四卷《山东省》第三编《山东省的贸易》，1917年版，南天书局1988年影印，第192页。
② 杨立惠：《烟台调查》，《东方杂志》1924年第21卷第12号。
③ 巴又愚：《胶东之柞蚕》，《中国蚕丝》1935年第1卷第1期。
④ 《山东各县物产调查·烟台》，《工商半月刊》1934年第6卷第10期。
⑤ 夏光耀：《河南柞蚕丝之产销概况》，《中农月刊》1945年第6卷第2期。
⑥ 同上。

第三节　1932—1949年柞蚕丝业的急剧衰退

一　外国侵略、经济危机和人造丝的冲击

鸦片战争以来，中国屡遭西方资本主义国家的侵略，严重阻碍了中国经济的正常发展进程。其中以1931年日本侵略中国东北对中国柞蚕丝业影响最为致命。

1931年九一八事变爆发，东北三省沦陷。从1931年到1945年，潜力巨大的辽东半岛柞蚕茧生产基地和柞蚕丝加工基地丧失敌手。同时，日本在东北地区确定"日满经济体制"，实行其"工业日本、农业中国"的殖民主义政策，采取各种非法手段，加紧其对中国东北地区农业资源的掠夺和统制，控制各种农业生产和农产品流通。[①] 这其中不仅包括对中国东北大豆、小麦、玉米、高粱等粮食作物的征购，而且还包括对柞蚕丝工业原料的劫掠和柞蚕丝输出的垄断。

20世纪二三十年代，东北地区的农业生产形势是当时全国最好的。东北的大豆、柞蚕丝等农产品不仅商品流通量在全国首屈一指，而且其商品化率也是位居全国前列。东北地区不但是当时中国农业生产潜力最大的地区，而且也是当时中国对外贸易中唯一保持出超的地区。[②] 九一八事变之后，柞蚕丝输入关数量锐减。[③] 东北地区柞蚕丝业逐渐走向衰落，其原因是多方面的，正如当时报刊所言：

> 盖以数年来，农民受连续的世界之不景气，以及前年（1931）之兵连祸结之重压，遑论山蚕之饲育，即散布于各地之纩丝工厂，亦不得已迫于停工或倒闭之运命者，为数不少，以致柞丝减收，前所未见。[④]

[①] 于春英、衣保中：《近代东北农业历史的变迁（1860—1945）》，吉林大学出版社2009年版，第184页。

[②] 刘克祥、吴太昌主编：《中国近代经济史（1927—1937）》，人民出版社2010年版，第473页。

[③] 许涤新、吴承明主编：《中国资本主义发展史》（第三卷）下，人民出版社2005年版，第419页。

[④] 安支行、张汉超：《安东日人进行开发东边之计划》，《中行月刊》1933年第6卷第4期。

日本对东北柞蚕丝业的掠夺和统制政策也加速了柞蚕丝业的衰落。由于当时发现柞蚕丝可制人造毛皮等新用途,日本不仅侵占东北地区大部分柞蚕缫丝工厂,而且挟制伪满政府,垄断东北各地柞蚕产区的生产和销售。先后成立"满洲"柞蚕兴业株式会社,资本300万元;兴亚制丝株式会社,资本500万元;后又设立"满洲"东洋纺织株式会社等垄断公司,全面控制东北地区以柞蚕为中心的缫丝、织绸和绢纺等纺织工业。① 1932年伪满洲国成立以后,在其所谓"日满经济一体化"的政策下,筹建"柞蚕种茧场"和"柞蚕丝检查所",试图改进柞蚕茧质量,发展柞蚕缫丝工业,来满足其对外输出柞蚕丝的险恶目的。从1932年到1937年,东北沦陷区的柞蚕丝每年能够生产三万关担,但是其总生产量的75%最终被日本直接掠夺去。② 1939年,伪满洲国非法政府根据日本的"柞蚕对策纲要",在长春成立"满洲柞蚕株式会社"总部,并在奉天、安东、四平、通化分设支社,同时在安东、辽阳、抚顺、岫岩、盖平、庄河、海城、本溪、宽甸、桓仁、清源、复县、东丰、西丰、西安、通化、辑安、柳河等地设立出张所,以便其对东北各地柞蚕业实施垄断统制政策。③ 在这个政策压迫下,东北各地放养柞蚕农户首先签订养蚕契约,如果遭遇柞蚕茧产量下降,农户自己必须想法补偿。即使农户完成放养柞蚕数量,但是柞蚕茧的价格由"满洲柞蚕株式会社"确定。同时,伪满洲国非法政府实行物资配给制度,养蚕农缺衣少食,生活十分艰难,最终不仅导致放养柞蚕农户养蚕兴趣顿减,而且柞蚕放养农户同"满洲柞蚕株式会社"进行反统制政策,将自己放养的柞蚕茧自己缫丝、自己织绸、自己使用;许多柞蚕放养地区的柞树因无人维护而废弃不用,柞蚕茧每年生产量只有40亿粒,一直没有超过历史上年产柞蚕茧100余亿粒的水平。④ 1939年,"满洲柞蚕株式会社"成立之初拥有伪满币500万元,柞蚕缫丝工厂(场)383家。⑤ 在其柞蚕统制政策之下,大多柞蚕缫丝工厂因为原料短缺而陆续歇业关闭。到

---

① 徐新吾主编:《中国近代缫丝工业史》,上海人民出版社1990年版,第523页。
② 同上书,第524页。
③ 《东北柞蚕丝调查报告》,《中蚕通讯》1946年第1卷第5期。
④ 同上。
⑤ 王成敬:《东北之经济资源》,商务印书馆1947年版,第49页。

抗日战争胜利之前，东北柞蚕缫丝工厂仅剩下东太等四五十家工厂，其中较大规模的缫丝厂大多为日本商人或与华人合伙经营，没有一家是华商独资经营；各厂都受到"满洲柞蚕株式会社"的统制，经营业务全部代理而已。①

由此可见，在1931年到1945年日本占领东北时期，东北地区的柞蚕缫丝能力出现了大幅度下滑的局面，不仅柞蚕缫丝数量从1930年的121家减少到1945年的13家，而且柞蚕缫丝工厂基本上都是日本经营，民族工业绝无仅有。

表2—10　　　　　抗日战争期间我国柞蚕丝损失统计　　　　　单位：吨

地区	战前年均产丝量	战时的损失	战后减产损失
辽宁	15000	21000	2000
山东	800	6400	800
河南	250	1000	500
川黔	100	500	300
其他	100	500	300
合计	16250	29400	3900

注：单位按照每公担=100公斤折算。
资料来源：上海市档案馆档案藏：卷宗号S37—1—362，第34页。

根据表2—10统计数据可知，由于日本帝国主义的侵略，在抗日战争期间，我国各主要柞蚕产区丝产量都受到不同程度的影响。其中以辽宁省损失最为严重，占到全国柞蚕丝战时损失总量的71.4%。

东北柞蚕茧是山东柞蚕丝织业原料的主要来源地，东北沦陷对山东柞蚕丝业造成沉重打击。在九一八事变之后，日本阻止东北地区柞蚕茧向山东输送，使得山东地区柞蚕丝织业因缺少原料而日趋衰落。据烟台地方志记载："1931年后，东北柞蚕茧、丝来源中断，手工丝织业生产大幅下降。"②其中"烟台的柞蚕缫丝工厂在1933年仅剩下5家，并且都没有

---

① 徐新吾主编：《中国近代缫丝工业史》，上海人民出版社1990年版，第525页。
② 烟台市地方史志编纂委员会办公室编：《烟台市志》上卷，第十九篇《纺织生产》，科学普及出版社1994年版，第741页。

开工"①。1934年,山东为数不多的华商柞蚕丝厂几乎全部停业。②1938年日军占领山东地区,山东柞蚕产区更是陷入绝境。柞树林因没有维护而很快衰老,柞蚕场因无人经营而迅速废弃,农户因为日本统制政策而无意经营,最终导致这一时期柞蚕丝制品产量锐减。1945年抗日战争胜利之后,国民政府忙于内战,也没有力量恢复柞蚕业昔日的繁盛局面。

在此期间,河南柞蚕丝业也受到日本侵略的影响。由于日本对东北地区的柞蚕丝业实行统制政策,并且将东北地区的柞蚕茧和柞蚕丝大多运往日本加工织绸,然后在国际市场上与河南柞丝绸展开竞争,也加剧了河南柞蚕丝业的衰落。清末民初时期是河南柞丝绸业的鼎盛时期。当时河南省拐河县一带有织绸机器3000余架,可是到20世纪40年代日本大规模侵略河南之后,拐河的织绸机器仅剩200余架。③1912年"河南鲁山县从事织绸生产有8000多人,织绸机器3万多架",九一八事变后逐渐减少,"到1932—1934年仅剩织绸机器300余架,织绸工匠1000余人,丝绸输出由以前的3万余匹减少至1万多匹",1937年日本全面侵华,鲁山县每年"仅产丝绸4000余匹,衰落已达极点"④。1938年日军侵入河南后,交通运输中断,河南柞蚕业既不能向外购买优良蚕种,又不能向外销售柞蚕丝制品,河南柞蚕业遂衰落不振。⑤

九一八事变之后,中国柞蚕丝业除受到日本侵略的打击之外,1929—1933年世界性经济危机使中国柞蚕丝业雪上加霜。世界经济危机爆发后,西方各国为了保护本国的农村经济不受损害,由原来积极在中国搜集和购买土特产品转而限制和禁止中国农副产品进口。其中日本利用经济危机影响生丝价格,加快销价同华丝竞争,其价格下降程度每年都大于华丝价格跌落的程度。明治维新之后,日本大力发展蚕桑业,到19世纪70年代,日本生丝开始挤进国际生丝市场。经济危机期间,

---

① 实业部国际贸易局编:《中国实业志》(山东省),宗青图书公司1934年影印本,第65页。
② 刘克祥、吴太昌主编:《中国近代经济史(1927—1937)》,人民出版社2010年版,第245页。
③ 方城县地方志编纂委员会编:《方城县志》第十二篇《工业》,中州古籍出版社1992年版,第355页。
④ 尹崇智主编:《鲁山县志》,中州古籍出版社1994年版,第440页。
⑤ 任醇修:《河南柞蚕事业的过去》,《河南文史资料》1985年第2辑,第154页。

日本停止金本位制度，日元大幅贬值，从而促进日本生丝出口。从1912年到1928年，法国进口中国生丝及蚕茧占其进口丝制品总量的一半。① 但是，经济危机之后，日本对中国蚕丝加紧竞争，降价销售，使得法国市场上日本蚕丝逐年增多，并且超过中国蚕丝。

与此同时，中国的蚕丝厂丝（机器缫制的生丝）出口量由原来1931年的54356公担下降至1932年的28695公担；出口额也从1931年的14704万元减少至1932年的5642万元，分别下降了47.2%和61.4%。② 经济危机不仅造成中国蚕丝出口数量急剧减少，而且也导致包括生丝在内的中国农副产品价格持续下滑。各地养蚕农户不仅苦于蚕丝价格一直下降，而且也对蚕丝没有销路无可奈何。

山东是近代中国柞蚕的重要产区，在经济危机期间，由于国际市场萧条，蚕丝价格持续低落，使得山东养蚕农户"向之种桑、植柞、育蚕、缫丝者，今皆相率废弃"③。正如有学者认为，1929—1934年爆发的世界性经济大危机造成国际市场对中国蚕丝需求锐减，严重打击了中国蚕丝业，导致了中国蚕丝业的全面衰落。④ 就总体发展趋势而言，近代中国柞蚕丝业的趋势一直从属于近代中国蚕丝业发展的总体趋势。而近代中国蚕丝业的总体趋势是与国际市场的变化息息相关的。因此，世界经济危机对近代中国柞蚕丝业的打击同样十分沉重。

近代中国柞蚕丝业不仅受到日本侵略和世界经济危机的影响，而且还受到尼龙、人造丝等化纤产品对蚕丝的排挤和取代，其中以人造丝对生丝的竞争尤为严重。人造丝是一种由纤维素所构成的人造化学纤维。早在1910年，生产的人造丝就开始输入中国，但是数量微不足道。后来由于人造丝不仅价格十分低廉，生产不受自然条件的限制，而且丝质比天然丝更为光泽灿烂，在穿着及洗濯方面更胜天然丝一等，同时人造丝唯一缺点易燃性已被克服。⑤ 到20世纪20年代末30年代

---

① 国民党政府工商部编：《历年输出各国丝类统计表》，1929年刊印，第28页。
② 刘克祥、吴太昌主编：《中国近代经济史（1927—1937）》，人民出版社2010年版，第29页。
③ 实业部国际贸易局编：《中国实业志》（山东省）第5编，1934年版，第5页。
④ 李平生：《世界经济大危机与中国蚕丝业》，《中国经济史研究》1989年第4期。
⑤ 彭泽益编：《中国近代手工业史资料（1840—1949）》第三卷，中华书局1962年版，第4页。

初，人造丝开始了商业化生产，在许多纺织品中逐渐代替了蚕丝。世界经济危机之后，欧美各国在经济恢复过程中，人造丝开始大规模生产销售。

20世纪30年代初，人类发明了化纤产品——尼龙。于是，人造丝和尼龙共同在长筒丝袜等服饰商品中替代蚕丝，导致欧美各国对蚕丝的需求不断减少。[1] 人造丝和尼龙的出现，直接打击了中国蚕丝业的发展，柞蚕丝业也未能幸免。随着以人造丝、尼龙等化纤产品在许多商品中对蚕丝的取代，这些以人造丝为主的化纤产品开始大量销售至世界各国，而且其数量逐年增加，逐渐挤占了蚕丝销售的市场范围。时人王天予在《人造丝与蚕丝》中曾言：

> 人造丝输入中国的激增，实足使中国蚕丝谈虎色变，因为在实际上，它已侵入丝织业而急激把天然丝的地位抢夺了。[2]

表2—11 1928—1936年世界生丝及人造丝生产量比较（1928年为100）

年份	生丝产量（公担）	指数	人造丝产量（公担）	指数
1928	585144	100.00	1637496	100.00
1929	612360	104.65	1968624	120.22
1930	589680	100.78	2045736	124.93
1931	571536	97.67	2268000	138.50
1932	526176	89.92	2345112	143.21
1933	553392	94.57	3020976	184.49
1934	567000	96.90	3497256	213.57
1935	548856	93.80	4241160	259.00
1936	539784	92.25	4631256	282.83

资料来源：日本农林省蚕丝局编：《蚕丝年鉴》"蚕丝统计"，1953年版，第71页；转引自徐新吾主编《中国近代缫丝工业史》，上海人民出版社1990年版，第315页。

---

[1] ［美］张丽：《非平衡化与不平衡——从无锡近代农村经济发展看中国近代农村经济的转型（1840—1949）》，中华书局2010年版，第153页。
[2] 彭泽益编：《中国近代手工业史资料（1840—1949）》第三卷，中华书局1962年版，第5页。

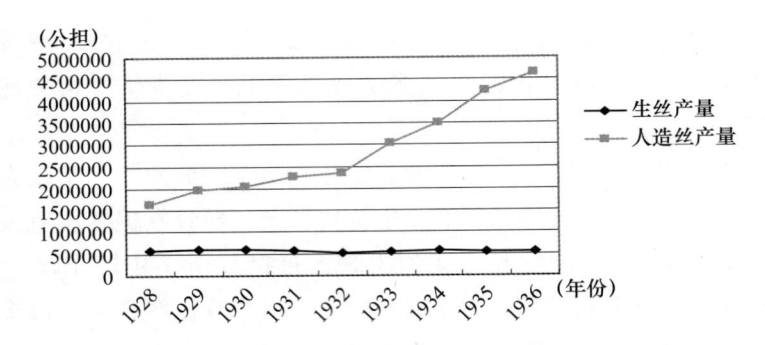

图 2—5　1928—1936 年世界生丝及人造丝生产量比较

据表 2—11 及图 2—5 数据显示：首先，就生丝产量而言，从 1928 年到 1936 年，世界生丝产量从 585144 公担减少到 539784 公担，其产量不仅没有增加，相反却略有下降。假定以 1928 年世界生丝产量指数作为 100，那么 1936 年世界生丝产量指数则减少到 92.25。其次，就人造丝产量而言，从 1928 年到 1936 年，世界人造丝产量从 1637496 公担增长到 4631256 公担，增长幅度十分惊人。如果以 1928 年世界人造丝产量指数作为 100，那么 1936 年世界人造丝产量指数则增加至 282.83。可见，从 1928 年到 1936 年，世界生丝产量和世界人造丝产量出现了鲜明的差异变化，不仅世界生丝产量逐年下降，而且其产量也远远低于世界人造丝的产量。1928 年世界人造丝年产量是世界生丝年产量的 3 倍，1936 年世界人造丝年产量是世界生丝年产量的 10 倍。

显然，外国人造丝商品的勃兴不仅使华丝销路在国际市场上受到限制，而且对中国的大量倾销也挤压了中国蚕丝业的内销市场，致使华丝后院失火。[①] 其中，日本向中国走私人造丝更是强占了中国生丝的国内市场。1923 年，我国海关贸易始有人造丝进口的专栏记录，当年进口 8327 关担。[②] 从 1924 年开始，意大利等欧洲各国人造丝大批涌入中国，日本人造丝也大量侵入中国。到 1931 年，我国人造丝的进口数量达到 130891 关担，在不到十年的时间内进口人造丝增长了 10 余倍。[③] 进口

---

① 李平生：《世界经济大危机与中国蚕丝业》，《中国经济史研究》1989 年第 4 期。
② 徐新吾主编：《中国近代缫丝工业史》，上海人民出版社 1990 年版，第 316 页。
③ 同上。

人造丝主要销售于各地丝边业与丝栈业，用于织造花边、丝带、松紧带和丝线等。近代中国落后贫穷，人民购买力十分低下，从而使得非常廉价的人造丝在市场上得以畅销。

九一八事变之后，日本帝国主义的大量走私更是加重了这种趋势。"在丝织业中，人造丝需用量逐步上升，几乎超过了蚕丝的地位"①。1934年，日本人造丝开始充斥中国市场，"以上海附近各厂为例，70%左右的丝织产品是由人造丝织成的，每月需用人造丝2000余箱（每箱200磅），日货每月输入达3000箱"②。正是在这种背景之下，当时日本资本家曾大放厥词："最近人造丝对华输出的猛进，使中国蚕丝业衰退破坏更为迅速，日本的蚕丝业乃得阔步于世界唯一的蚕丝市场"③。

由此可见，在经济危机期间，日本不仅用跌价倾销的方式挤压中国蚕丝市场，而且还用人造丝的大量走私来垄断和控制中国的蚕丝市场。

二 生产与出口的迅速下滑

1929—1933年世界经济危机和1931年日本对东北的侵略，加之人造丝的倾销等多种不利因素，使得中国生丝价格狂跌，生丝生产量和出口量出现大幅度下滑，最终导致中国蚕丝业的萧条和衰落。正如时人所云："1930年世界经济恐慌，丝价惨跌之重大打击，迫使生产量与出口量俱见减退。"④

表2—12　　　　1927—1937年中国生丝产值和出口数值统计

年份	生产数量（公担）	出口数量（公担）	产值（千美元）	出口价值（千美元）
1927	196409	96769	142795.21	88806.87
1928	202380	108976	148512.92	103264.88
1929	205511	114900	139069.77	94516.16

---

① 实业部国际贸易局编：《中国实业志》（浙江省）庚，1934年版，第52页。
② 《日货倾销长江流域》，《银行周报》1934年第18卷第37期。
③ 斐丹：《日本之蚕丝与人造丝》，《申报月刊》1935年第2期。
④ 朱斯煌编：《民国经济史》，文海出版社1988年版，第309页。

续表

年份	生产数量（公担）	出口数量（公担）	产值（千美元）	出口价值（千美元）
1930	193600	91584	82777.80	50223.30
1931	188800	82365	55227.41	28791.27
1932	161633	61771	36413.90	13301.35
1933	140200	62631	33775.02	15062.53
1934	140200	47865	30743.60	10357.33
1935	143661	59897	36264.53	15203.71
1936	149311	53946	37758.69	13366.20
1937	143461	56631	40792.97	15874.12

注：生丝包括桑蚕丝和柞蚕丝。

资料来源：徐新吾主编：《中国近代缫丝工业史》，上海人民出版社1990年版，第652页。

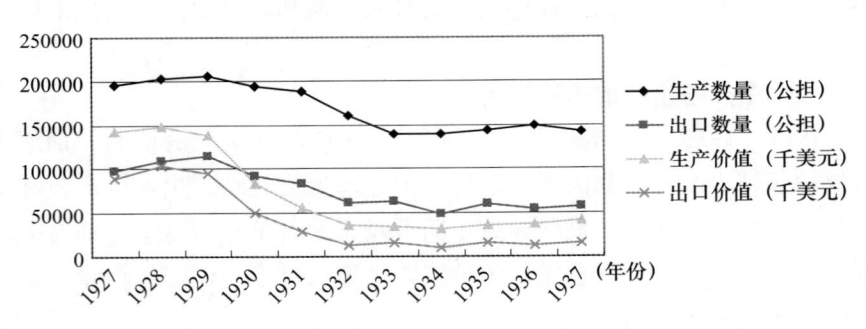

图2—6　1927—1937年中国生丝生产和出口数值变化趋势

根据表2—12及图2—6统计数据，我们不难发现：第一，从1927年到1937年，中国生丝的生产数量和出口数量都出现明显下滑。生丝的生产数量从最高年份1929年的205511公担下降到最低年份1933年和1934年的140200公担，生产数量下降了32%。生丝的出口数量从最高年份1929年的114900公担减少到最低年份1934年的47865公担，出口数量减少了58%。第二，从1927年到1937年，中国生丝的产值和出口值同样出现明显的下降趋势。生丝的产值从最高年份1928年的148512.92千美元减少到最低年份1934年的30743.6千美元，减少幅度约达80%之多。生丝的出口价值从最高年份1928年的103264.88千美元下降到最低年份 1934 年的 10357.33 千美元，下降幅度为 90% 左右。

20 世纪 30 年代初之后，在日本侵略和世界经济危机的影响下，中国柞蚕丝生产和出口均出现大幅下滑。九一八事变后，随着国际形势的变化，历来输往外地的蚕丝，均陷入萧条不振状态。① 当时中国柞蚕丝的出口情况，正如时人在《民国经济史》记载：

> 在九·一八以前，柞蚕丝及茧绸出口额曾达 38586 公担之最高峰，最低亦有 21374 公担，常年在 25000 公担以上……九·一八以后，主要东北柞蚕产区被占，柞蚕丝产量及出口量顿见减少，战时以交通阻隔，各省柞蚕种茧未能向外输出，产量更见减退，（抗战）胜利以来，出口柞蚕丝及茧绸为数极微，且柞蚕产区大部尚未安定，其产量一时殊难估计。②

为了更好地反映九一八事变之后，中国柞蚕丝业出口数量锐减的历史事实，笔者依据海关统计资料数据列表 2—13 和图 2—7：

表 2—13　　1926—1946 年中国柞蚕丝及其制品出口数量统计　　单位：公担

年份	数量	年份	数量	年份	数量
1926	30863	1933	6180	1940	1710
1927	24694	1934	7273	1941	1539
1928	27715	1935	7775	1942	72
1929	28367	1936	6597	1943	—
1930	27423	1937	8454	1944	—
1931	33500	1938	5984	1945	—
1932	14927	1939	5024	1946	269

注：其中 1943—1945 年海关统计缺乏柞蚕丝及茧绸出口数量，笔者亦从略。
资料来源：朱斯煌编：《民国经济史》，文海出版社 1988 年版，第 316—317 页。

---

① 辽东省人民政府农林厅编：《东北柞蚕概论》，辽东人民出版社 1951 年版，第 4 页。
② 朱斯煌编：《民国经济史》，文海出版社 1988 年版，第 312 页。

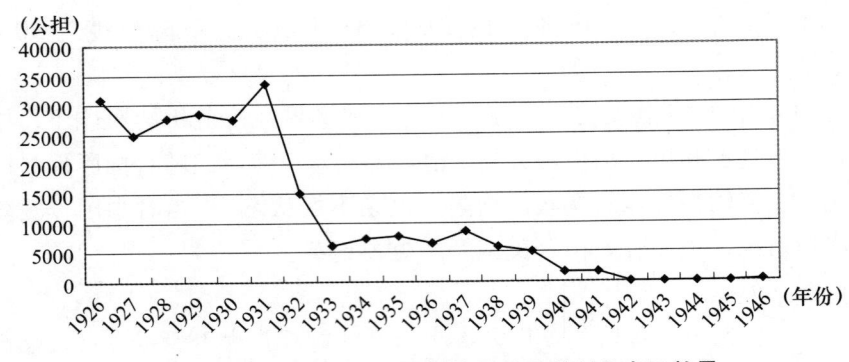

图 2—7　1926—1946 年中国柞蚕丝及其制品出口数量

根据表 2—13 及图 2—7 统计数据显示，不难发现：从 1931 年之后，中国柞蚕丝及其制品的出口数量出现了显著的下滑趋势。1926—1946 年，中国柞蚕丝及其制品的出口数量从最高年份 1931 年的 33500 公担跌落至最低年份 1942 年的 72 公担，下降率为 99% 左右。除了柞蚕丝出口下降之外，柞丝绸制品出口数量也出现锐减之势。详见表 2—14 和图 2—8 所示：

表 2—14　　1930—1949 年中国柞丝绸和桑丝绸出口数量统计

年份	柞丝绸（公担）	桑丝绸（公担）	年份	柞丝绸（公担）	桑丝绸（公担）
1930	11579	6500	1940	1417	2611
1931	13994	6663	1941	1056	2715
1932	7487	5457	1942	69	683
1933	5423	6720	1943	26	432
1934	6181	5597	1944	88	259
1935	6197	4511	1945	—	62
1936	5911	4272	1946	247	541
1937	7313	2878	1947	602	910
1938	4971	2784	1948	504	548
1939	4596	3035	1949	2010	1004

资料来源：王庄穆主编：《丝绸笔记》，中国流行色协会出版 1986 年版，第 676—682 页。

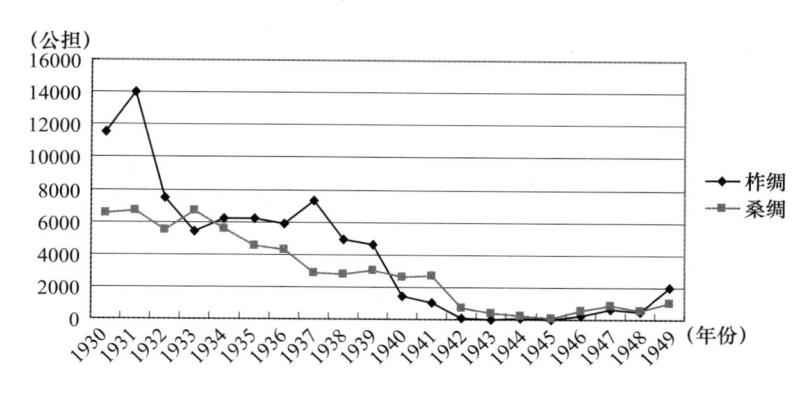

第二章　发展历程：近代柞蚕丝业的兴盛与衰落　　101

图 2—8　1930—1949 年中国柞丝绸和桑丝绸出口数量比较

从图 2—8 变化曲线可以发现：从 1930 年到 1949 年，中国柞丝绸和桑丝绸的出口数量都发生比较明显的下降趋势。首先，中国柞丝绸出口数量从最高年份 1931 年的 13994 公担下降到最低年份 1943 年的 26 公担，下降幅度高达 99.9%。其次，在此期间，中国桑丝绸的出口数量也从最高年份 1933 年 6720 公担减少到最低年份 1945 年 62 公担，下降幅度达 99.1%。

九一八事变之后，不仅东北地区的柞蚕丝资源被日本掠夺，而且中国内地蚕丝出口到朝鲜的商道也被日本占领和阻断。日本占领朝鲜后，规定从中国进口的丝织品关税上升至从价 100%，[①] 试图一举摧毁中国丝织业的发展。这一时期，伪满洲国每年柞蚕丝的输出数量也有明显的下降趋势。据统计：

> 从 1937 年的 14950 公担降至 1938 年的 11989 公担；由 1939 年的 7691 公担下降至 1940 年的 3873 公担，1941 年更是下滑为 1102 公担。[②]

[①] 刘克祥、吴太昌主编：《中国近代经济史（1927—1937）》，人民出版社 2010 年版，第 909 页。

[②] 转引自中国丝绸公司编印《中国丝绸出口统计汇编》上册，1957 年（内部资料），第 49 页。

据上述数据我们不难发现，从1937年到1941年的5年中，伪满洲国每年柞蚕丝的输出数量由最高年份1937年的14950公担下降到最低年份1941年的1102公担，下降幅度约高达92.6%。由于近代辽宁柞蚕丝产量占东北柞蚕丝的绝大部分，所以在此期间伪满洲国柞蚕丝输出数量变化情况基本上可以反映出辽宁柞蚕丝输出数量变化的情况。另据统计：

  1932—1941年辽宁柞丝出口量分别为13761公担、15818公担、14245公担、12503公担、16004公担、14950公担、11989公担、7691公担、3873公担、1102公担。①

由此可见，从1932年到1941年的10年中，辽宁柞蚕丝出口数量从最高年份1933年的15818公担减少到最低年份1941年的1102公担，减少幅度高达93.1%。东北最大的柞蚕丝产地安东也在20世纪30年代出现丝茧销路断绝的现象。安东"逮至民国二十年，世界贸易普遍衰落，本埠丝茧遂致无人问津，以故大批存底囤积市面，茧户纷纷歇业，别谋生路矣"。②

表2—15 1924—1949年东北地区柞丝绸出口数量统计 单位：公担

年份	数量	年份	数量	年份	数量	年份	数量
1924	52	1931	1880	1938	435	1945	—
1925	13	1932	1254	1939	1107	1946	198
1926	200	1933	1035	1940	658	1947	178
1927	468	1934	872	1941	235	1948	153
1928	888	1935	1090	1942	69	1949	354
1929	1941	1936	1232	1943	—		
1930	1714	1937	763	1944	88		

资料来源：王庄穆主编：《丝绸笔记》，中国流行色协会出版1986年版，第680—683页。

---

① 王庄穆主编：《丝绸笔记》，中国流行色协会出版1986年版，第680—683页。
② 刘辉主编：《五十年各埠海关报关（1882—1931）》（第十一册），中国海关出版社2009年版，第375页。

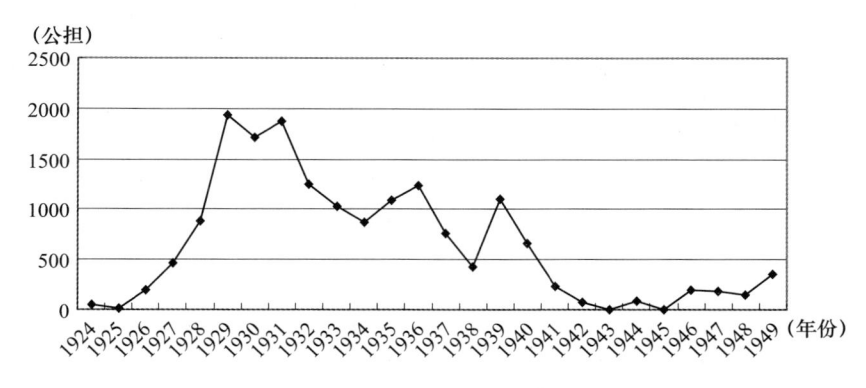

图 2—9　1924—1949 年东北地区柞丝绸出口数量变化趋势

根据表 2—15 以及图 2—9 统计数据显示，第一，从 1924 年到 1949 年，东北地区的柞蚕丝绸的出口数量先经历一个快速增长时期（1924—1931）。随后，从 1932 年到 1949 年，东北地区柞蚕丝绸出口数量出现了急剧下滑的趋势。第二，从 1929 年到 1931 年，东北柞丝绸出口数量都在 1500 公担以上。而从 1932 年到 1949 年，出口数量连续下降，再也没有超过 1500 公担的记录，这也充分说明日本入侵东北是导致柞蚕丝绸出口数量下降的主要原因。

民国九年，山东地区出产柞蚕茧约 32 万担，成为历史上产量最高的年份。① 1937 年，日本入侵山东后，山东不仅柞蚕茧产量出现了下降的现象，而且柞蚕丝产量也出现了逐渐减少的趋势。

> 自民国二十六年日本入侵后，柞蚕茧生产又急剧下降，至民国三十八年，（山东）全省柞蚕茧不到一万担，仅及民国九年的百分之三。②

日本在东北地区对柞蚕茧资源的控制和掠夺，直接造成烟台柞蚕缫丝业因原料不足而走向衰落的局面。据民国十年五月调查显示："烟台

---

① 白眉初编纂：《中华民国省区全志·鲁豫晋三省志》第三册《山东省》，求知学社 1924 年版，第 291 页。
② 陈龙飞主编：《山东省经济地理》，新华出版社 1992 年版，第 133 页。

共有野蚕丝厂42家,丝车16350部。近年因日本在安东采办野茧颇巨,故烟台各厂以原料缺乏而愈益不振。"① 另据《烟台大观》记载:"民国二十九年,烟台柞丝则以柞蚕缺乏,于是出口货物竟一蹶不振。"②

表2—16　　　　20世纪30年代山东省各地柞蚕茧产量统计　　　　单位:万粒

年份 县份	1932	1933	1934	1939
栖霞	10000	7700	9900	1500
文登	9000	2700	9600	2400
海阳	8050	9600	7340	355
牟平	5037.2	3358	2990	1500
烟台	1	0.9	1.1	—
威海卫	6000	5800	6100	—
合计	38088.2	29158.9	35931.1	5755

资料来源:芝罘日本商工联合会:《芝罘地区柞蚕丝需给状况》,油印本,1942年;转引自王庄穆主编《民国丝绸史》,中国纺织出版社1995年版,第471页。

根据表2—16统计数据可知:20世纪30年代后期,山东栖霞、文登、海阳、牟平、威海卫、烟台的柞蚕茧生产量总体呈下降趋势。这六个地区柞蚕茧总产量由1932年的38088.2万粒下降到1939年的5755万粒,只占到原来产量的15%左右。

山东作为近代中国柞丝绸生产的主要地区,生产和出口状况一度十分兴盛。但是在20世纪30年代之后,山东柞丝绸出口数量也在不断减少。笔者依据相关史料统计见表2—17所示。

表2—17　　　　1924—1949年山东地区柞丝绸出口数量统计　　　　单位:公担

年份	出口数量	年份	出口数量	年份	出口数量	年份	出口数量
1924	6577	1931	6673	1938	3609	1945	—

---

① 龚俊编:《中国新工业发展史大纲》,商务印书馆1933年版,第161页。
② 鲁东日报社主办:《烟台大观》,民国二十九年,第53页。

第二章　发展历程：近代柞蚕丝业的兴盛与衰落　　105

续表

年份	出口数量	年份	出口数量	年份	出口数量	年份	出口数量
1925	7189	1932	4897	1939	3001	1946	22
1926	7496	1933	3320	1940	656	1947	67
1927	5508	1934	3832	1941	752	1948	29
1928	5317	1935	3625	1942	—	1949	154
1929	5888	1936	4063	1943	26		
1930	6056	1937	5024	1944	—		

资料来源：王庄穆主编：《丝绸笔记》，中国流行色协会出版1986年版，第680—683页。

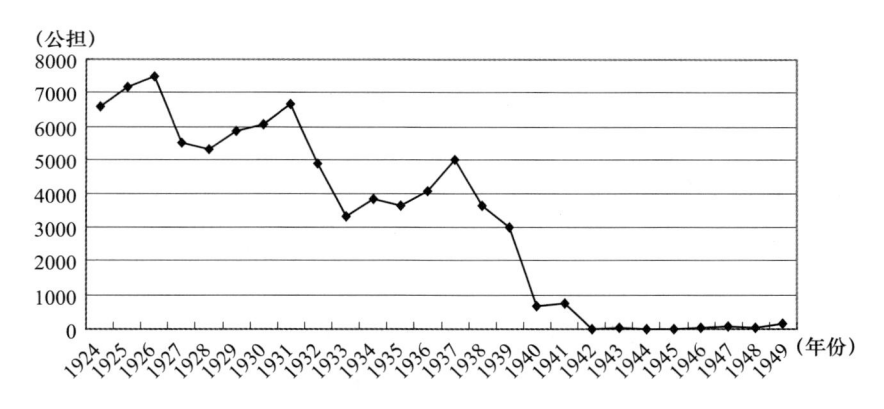

图 2—10　1924—1949 年山东地区柞丝绸出口数量变化趋势

根据表 2—17 及图 2—10 统计数据，可以发现：从 1924 年到 1949 年，山东省的柞丝绸出口数量不断下降，可谓一落千丈。从最高年份 1926 年的 7496 公担减少到最低年份 1946 年的 22 公担，减少幅度接近 99%。尤其明显的是，自从 20 世纪 30 年代起，山东地区柞丝绸出口数量再也没有超过 5100 公担，显然出现这种趋势是与 1931 年日本入侵中国东北密不可分的。

20 世纪 30 年代之后，河南柞丝绸出口也遭遇到了严重挫折，出口数量不断下滑，各种史料表明 20 世纪三四十年代河南柞丝绸业也趋于衰落。为了更为直观地观察河南柞丝绸在此期间出口数量的变化，笔者依据前人统计数据见表 2—18 所示。

表 2—18　　　　1924—1949 年河南地区柞丝绸出口数量统计　　　单位：公担

年份	数量	年份	数量	年份	数量	年份	数量
1924	1850	1931	5441	1938	1318	1945	—
1925	3215	1932	1837	1939	478	1946	27
1926	4369	1933	1068	1940	103	1947	357
1927	3644	1934	1477	1941	69	1948	32
1928	4351	1935	1482	1942	—	1949	1502
1929	2686	1936	616	1943	—		
1930	3809	1937	1526	1944	—		

资料来源：王庄穆主编：《丝绸笔记》，中国流行色协会出版 1986 年版，第 680—683 页。

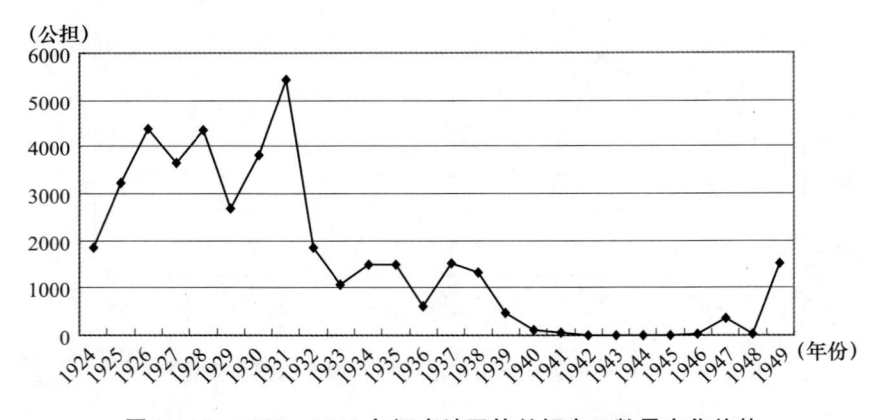

图 2—11　1924—1949 年河南地区柞丝绸出口数量变化趋势

据表 2—18 以及图 2—11 数据统计显示：从 1924 年到 1949 年，河南柞丝绸出口数量变化情况可以分为两个阶段。第一阶段，是 1924—1931 年，河南柞丝绸出口数量继续保持不断上升的态势。第二阶段，从 1932 年到 1949 年，河南柞丝绸出口数量从最高峰迅速下滑至最低谷。在此期间，河南柞丝绸出口数量，由最高年份 1931 年的 5441 公担下降至最低年份 1946 年的 27 公担，下降幅度高达约 99%。

1931 年之后，河南柞丝绸出口数量的锐减主要有以下两个方面的原因：一方面与日本占领东北之后，利用东北柞丝绸同河南柞丝绸在国际市场上的激烈竞争密不可分；另一方面也与 20 世纪 30 年代初世界性经济危机爆发导致资本主义国家减少了对中国柞丝绸的需求不无关系。

小 结

本章主要通过定量的研究方法，依据海关统计史料分析了中国柞蚕丝业在1860—1949年的基本态势。笔者依据柞蚕丝生产和出口数量变化情况，从1860年至1949年约90年间，将中国柞蚕丝业发展历程大致划分为以下三个阶段。

第一阶段：从1860年第二次鸦片战争结束到1894年甲午中日战争爆发为止，属于近代中国柞蚕丝业的兴起阶段。第二次鸦片战争签订的不平等条约，更加便利了资本主义国家对中国原材料的掠夺，柞蚕丝即是西方国家丝织工业和其他工业十分缺乏的重要稀缺原料。随着中国北方沿海口岸的开埠，国际市场对柞蚕丝的需求迅速增加。在此期间，柞蚕丝生产数量不仅有了明显的增加，而且出口数量也发生了巨大的变化，柞蚕丝生产值和出口值随之亦发生了明显的增长。

第二阶段：从1895年签订《马关条约》到1931年九一八事变为止，属于近代中国柞蚕丝业的鼎盛阶段。《马关条约》的签订，使得中国社会的半殖民地半封建性程度进一步加深。面对帝国主义列强对柞蚕丝业的巧取豪夺，中国民族工商业者也在积极引进先进的生产方法，提高柞蚕丝产品在国际市场上的竞争力。在此期间，柞蚕缫丝工场大量涌现，形成了以烟台、安东、盖平等地为中心的柞蚕丝缫制中心。中国柞蚕丝凭借其物美价廉的比较优势，进一步占领国际柞蚕丝市场，最终促使柞蚕丝生产和出口数值达到了历史时期的最高峰。

第三阶段：从1932年日本占领东北到1949年中华人民共和国成立为止，属于近代中国柞蚕丝业的衰落阶段。九一八事变之后，日本垄断了东北地区的柞蚕产销。这种状况一方面致使山东柞蚕丝业因原料不足而迅速衰落，另一方面，东北地区柞蚕丝业也由于日本的统制政策而失去活力。在此期间，内地的柞蚕丝业也遭受到世界性经济危机和人造丝的严重冲击。在这种内忧外患的时代背景之下，中国柞蚕丝业告别了昔日的辉煌，不论生产数值还是出口数值均出现了一落千丈的局面。

第三章 缫丝改良：近代柞蚕缫丝业的变化与兴衰

相对桑蚕丝而言，柞蚕丝不仅粗糙，而且富含胶质、不易缫丝。因此，桑蚕茧制丝工艺流程（混茧→剥茧→选茧→煮茧→缫丝）和柞蚕茧制丝工艺流程（混茧→选茧→煮漂→剥茧→缫丝）略有差异之处。

迄今为止，学术界关于桑蚕缫丝业研究成果比较丰富，而且硕果累累，[①] 而对于柞蚕缫丝业的研究则相对薄弱。[②] 在国际贸易的推动下，中国近代的柞蚕缫丝业发生了哪些变化呢？是否如彭南生所言："近代乡村手工业主要包括农民家庭手工业、农村作坊与工场手工业、工匠手

---

① 有关桑蚕缫丝的研究论著主要有：施敏雄：《清代丝织工业的发展》，中国学术著作奖助委员会1968年版。陈慈玉：《近代中国的机械缫丝工业（1860—1945）》，"中研院"近代史所专刊1989年版。徐新吾主编：《中国近代缫丝工业史》，上海人民出版社1990年版。相关论文主要有：徐新吾、韦特孚：《中日两国缫丝手工业资本主义萌芽比较研究》，《历史研究》1983年第6期。李平生：《世界经济大危机与中国蚕丝业》，《中国经济史研究》1989年第4期。李平生：《论民初蚕丝业改良》，《中国经济史研究》1993年第3期；李平生：《论近代山东蚕丝业改良》，《中国社会经济史研究》1994年第2期；李平生：《论晚清蚕丝业改良》，《文史哲》1994年第3期。侯杨方：《"过密化"论与小农经济决策行为分析——以湖州小农家庭缫丝业为个案》，《学术月刊》1994年第7期。汪敬虞：《从中国生丝对外贸易的变迁看缫丝业中资本主义的产生和发展》，《中国经济史研究》2001年第2期。王昭荣：《日本侵华时期对中国蚕丝业的统制与资源掠夺》，硕士学位论文，浙江大学，2002年。李芳：《试论中国近现代蚕丝业的发展》，《中国蚕业》2005年第4期。钟华英：《"从繁荣到衰败"民国四川蚕丝业的演进历程——以南充为例》，硕士学位论文，四川大学，2005年，等等。

② 有关柞蚕缫丝的研究成果主要有：谢彬如：《清代贵州的蚕丝业》，《贵州文史丛刊》1981年第4期。张伟：《清代辽宁的柞蚕缫丝业》，《辽宁师范大学学报》（社会科学版）1990年第2期；张伟、俞彤：《丹东柞蚕缫丝业史略》，《丹东师专学报》1995年第4期。梁振中：《清朝南阳的蚕丝业》，《中国蚕业》2004年第2期。毕书定：《二十世纪前期豫西南蚕丝业》，硕士学位论文，河南大学，2008年等。

工业三种形态。"① 中国近代柞蚕缫丝业是否也存在这三种不同的生产形态呢？亦是如台湾学者刘素芬先生所述，野蚕缫丝的生产形态包括："家庭手工业、作坊工业、现代工厂工业三种不同阶段的生产方式。"② 鉴于此，本章将对近代中国柞蚕缫丝业的变化进行深入的分析和探讨。

第一节　生产组织形式的改变

一　分散的家庭手工缫丝业

明清之际，中国蚕丝业中只有江南地区的织绸业开始出现了资本主义萌芽。相比之下，当时缫丝业仍然停留在家庭手工业阶段，甚至连独立的小作坊都没有。土丝业中"生产资料属于农民私有，他们自己组织家庭成员进行生产，产品归自己所有"③。因此，缫丝业中的资本主义萌芽也不可能产生。19世纪中叶，西欧各国逐渐从封建社会过渡到资本主义社会，西欧的缫丝业也开始建立资本主义手工工场。工业革命标志着欧洲机器缫丝工业的到来，缫丝业工厂化生产组织形式也随之确立。

19世纪60年代之前，中国柞蚕缫丝基本上处于分散的家庭手工业生产阶段，养蚕与缫丝结合在一起。"我国野蚕丝之制造，已有悠久历史，但缫丝方法不知改良，故至今未见进步，仍不过为农家之副业。"④ 同时，缫丝业没有同养蚕业相分离，"传统的缫丝业多集中于各山茧产地，以家庭手工业的方式加工，再集中各地的作坊织成茧绸"⑤。当时大多数放养柞蚕的蚕户自己放养柞蚕，自己剥茧缫丝出售。沿袭使用明清以来的生产工具和操作技术，停留在自足自给的小农商品经济过程中，只有少量柞蚕丝在市场上销售。山东省：

---

① 彭南生：《半工业化——近代中国乡村手工业的发展与社会变迁》，中华书局2007年版，第281页。
② 刘素芬撰：《烟台贸易研究（1867—1919）》，台湾商务印书馆1990年版，第111页。
③ 徐秀丽：《试论近代湖州地区蚕丝业生产的发展及其局限》，《近代史研究》1989年第2期。
④ 《野蚕丝之产销及其贸易状况》，《工商半月刊》1930年第2卷第20期。
⑤ 刘素芬撰：《烟台贸易研究（1867—1919）》，台湾商务印书馆1990年版，第112页。

没有正规的作捻丝的土作坊。种橡树的地方很小，但为数极多，且遍布全省。业主多半自行制作准备织绸的柞丝，然后以很小的数量赴各丝市求售。由于作捻丝的人数众多，捻丝很少有严格的标准。在同一批捻丝里，丝头数目出入甚大。①

山东莒县"蚕业素不发达，而养蚕之法亦多守旧，故每年产丝既少，而丝质亦劣，所产之丝多供自己使用，出售者寥寥无几"②。处于内陆腹地的河南地区，虽然在明末柞蚕丝贸易中一度活跃，近代之前仍无大的进步，可谓近代中国柞蚕丝业中采用分散的家庭手工缫丝方法的代表地区。明朝嘉靖三十三年（1554）前后，河南南阳：

绸分山丝绸、家丝绸二种。家丝绸以南阳为最，近已衰落；山丝绸则南召、镇平、内乡、方城、泌阳、桐柏、舞阳、叶县俱有所出，而南召、镇平最盛。南召有柞坡五、六十处，山丝产额甲于各县，石佛寺为丝绸聚处，贸易极盛。③

近些年来，河南"柞蚕丝的生产散布各县，不过为农民家庭工业"④。贵州遵义蚕户普遍自行缫丝，一些收茧较多或缫丝技术较好的蚕户，为增加收入，大多自缫、自织、自己销售；只有收茧较少或者无缫丝技术的蚕户，才将蚕茧或蚕丝售卖。⑤ 可见，这种分散的家庭手工缫丝业是近代山东、河南、贵州等柞蚕产区主要的缫丝生产方式。

乾隆三十二年（1767），山东人韩梦周撰写的《养蚕成法》中对柞蚕制种、饲育、捻线、织绸等方法做了简要的叙述，反映了中国18世纪中期以前柞蚕放养及缫丝业的技术水平，书中对柞蚕茧制丝这样

---

① 彭泽益编：《中国近代手工业史资料（1840—1949）》第二卷，中华书局1962年版，第97页。
② 卢少泉等修，庄陔兰等纂：《重修莒志》卷三十八《民社志·农业》，民国二十五年铅印本。
③ （明）杨应奎修，张需补遗，张嘉谋校注：《嘉靖南阳府志校注》卷三《土产》，民国三十一年张嘉谋据嘉靖三十三年刻本校注。
④ 《河南省柞蚕丝绸工业考察报告》，《中蚕通讯》1946年第2卷第1—2期。
⑤ 文德政主编：《遵义县志》，贵州人民出版社1993年版，第414页。

描绘：

> 炼茧——用柴火灰取浓汁注半锅，烧滚。将茧满盛筐中，用木系筐，横担锅上，先以滚汁浇之。俟茧浇透，叠落实在。然后覆以菠萝叶，用石压沉锅底。食顷，蛹香，其茧即熟。将茧倾于席上，以手出蛹。即将茧壳十枚一套，以茧丝束住，温水洗濯，以手捻之，水清为度。晒干收贮。
>
> 炼茧火候——炼茧要看火候，火候未到便取出，则茧生硬，捻线时，抽丝不利；火候过多，则茧必太烂，不但捻线容易断头，织绸亦不结实。缘炼茧非用灰汁不能成熟，如所用灰汁太好，即日久细淋的老灰汁，茧易熟易烂，故必要看火候。闻得锅内蛹香，便不时将茧抓住二三枚，抽丝试之，不硬不烂，方为如法。
>
> 捻线——线要细匀。将茧套茧叉上，捻法不一，或用手抽、或用轴，或用车，各随其便。棉车亦可为之，络线做穗，与桑蚕同。再春茧丝细，秋茧丝粗，织绸用春丝作经、秋丝作纬更佳。①

据上文《养蚕成法》记载可知：18世纪时，中国柞蚕丝业生产并没有出现后来的缫丝法，一直是靠家庭人员手工或者借助工具捻线成丝，故可称为捻丝法。具体操作为：将柞蚕茧放入草木灰浓液中并加温，待适当火候捞出，拔除蚕蛹，温水洗茧，晒干后手工抽捻，捻出的丝粗细不匀，因而呈现灰褐色，也叫灰丝。这种原始的家庭手工捻线制丝方式在当时放养柞蚕地区十分常见。乾隆三十九年（1774）前后，兖州府曲阜县，"近多尚山茧，老幼男女俱捻线，贵室亦为之"②。乾隆三十八年（1773）前后，奉天塔之沟，"放蚕者众，茧成之后捻线织绸，名曰山绸，与内地茧绸无异"③。

道光十七年（1837），贵州人郑珍所撰的《樗蚕谱》是继《养蚕成法》之后的重要柞蚕著作。《养蚕成法》主要是提纲挈领地讲述了放养

---

① 杨洪江、华德公校注：《柞蚕三书》，农业出版社1983年版，第9—10页。
② （清）潘相纂修：《曲阜县志》卷三十八《风俗》，乾隆三十九年刻本。
③ （清）哈达清格纂：《塔之沟纪略》卷九《土产》，乾隆三十八年刻本，民国二十三年铅字重印本。

柞蚕的方法，《樗蚕谱》则是比较详细地记载了当时放养柞蚕的方法及其相关技术经验，其中有不少工艺方法是首次文字记载，例如放养柞蚕场地的选择，缫丝及织绸的方法等。因此，《樗蚕谱》基本上反映了中国 19 世纪柞蚕放养以及柞蚕缫丝业的技术水平，该书对柞蚕茧如何缫丝这样记载：

  缫丝——甃独灶，置缫锅，中盛荼灰水，候沸极，入六茧，煮一二沸，即缫。去灶右尺，置缫车。车六辐，径四尺，必活二辐以脱丝。辐修五分径之一，床修三轴之修，去其半为高，容车半，以搁轴端。端活之，一端支曲柄，末系四尺之绳，活之，斜而左，下结于丝竿。锅之上，搁木架一，横之端，出锅二寸。于横之正中，支方柱一，高四尺，上一尺钉管丝弓。弓末悬环，铁为之。柱之巅横一木，长三寸，两头各植一，长二寸，令势斜横，近端圆凿，以衔天辊。辊六觚，中楔一缝，以迎送丝上下。司缫者执缴竿，缴其茧，和其丝，引其绪，去其襮。司火者，节火力。足踏丝竿，竿运绳、绳运柄、柄运车、车运天辊。丝出锅上贯弓环，又上从辊外入辊缝，绕出辊外，下萦于车。去车底五寸置火盆，火以炭，毋猛，使丝旋干。毕，脱之纠之。缫常二人，不能则三人。①

  缫别——车急则丝急，缓则丝缓。急丝为水丝，织水绸；缓丝为府丝，织府绸。缫水丝合三忽，府丝倍之，纬则再倍。绪之茧，曰喂头，缫者随尽随续，毋绝喂，则丝均。茧舞跃汤面，能终缫无增减，是上工也。

从《樗蚕谱》的记载，我们可以发现：19 世纪的中国柞蚕已经出现了旧式的缫丝方法，据此书中注释可知，当时的柞蚕缫丝工序比较复杂，"其有非师授不能为，非亲见不能知者"②。但是当时柞蚕缫丝的方法依然停留在旧式缫丝阶段，其生产组织形式——分散的家庭手工缫丝比比皆是，"业主多半自行制作柞丝，然后以很小的数量赴各丝市求售，

---

① 杨洪江、华德公校注：《柞蚕三书》，农业出版社 1983 年版，第 34—35 页。
② 同上书，第 34 页。

没有正规的作捻丝的土作坊"①。道光二十六年（1846）前后，招远县"织纴，农作外间治茧丝织，本邑绢又有山茧绸，然亦不多"②。道光年间，长山县"俗多务织作，善绩山茧，茧非本邑所出，而业之者颇多，男妇皆能为之"③。光绪年间，文登县山茧"春秋两熟，以秋为上，淋以灰汁，煮之去其蛹，抽丝织绸曰山绸，色朴近质坚韧异常"④。

东北地区最初的缫丝方法是从山东传入的旧法。奉天地区"大多都是家庭生产的丝绸，每批数量很小"⑤。咸丰二年，"今复州、海宁近海之处，间有养蚕织绢者"⑥。贵州柞蚕缫丝方法来自河南，因此也是多年沿用旧法缫丝。安顺地区"缫丝之法，以大锅盛清水，候其沸，加入灰汁，调匀，乃置茧于中。约煮半时，将茧翻转，再煮一二刻，视其茧软，壳外浮丝松散，则茧熟可缫矣"⑦。其运转方法是一人缫车，一人转车，或由缫丝工足踏运转，另一人司火。这种家庭手工缫丝方法甚至在南方少数出产柞蚕的地区也有记载。江西赣州"茧绸，出信丰、安远、长宁，安远尤佳，多食乌桕叶，或茧蛾生于树上，即成茧，以灰水煮，柔其性，缫丝织成匹，韧软通体"⑧。广东香山县"茧绸，乌石平岚乡，以大蛾茧织成，绉纹蹙起，久服不敝，远胜程乡茧绸"⑨。

民国九年（1919），山东人孙钟萱撰写的《山蚕辑略》一书。书中主要记载了山东地区栖霞县一带放养柞蚕的技术经验，孙钟萱是19世纪末柞蚕放养方法的集大成者。该书也比较详细地阐述了有关柞蚕缫丝及织绸技术逐步改良的情况：

  制物之变迁——山茧之用，虽自汉至明，谓之祥瑞，终未能倡

---

① 徐新吾主编：《中国近代缫丝工业史》，上海人民出版社1990年版，第494页。
② （清）张云龙等修，张凤羽纂辑：《招远县志》卷四《风俗》，道光二十六年刊本。
③ （清）王赠芳、成瓘等纂：《济南府志》卷十三《物产》，道光二十年刻本。
④ （清）李祖年修：《文登县志》卷十三《土产》，光绪二十三年修，民国二十二年铅印本。
⑤ 徐新吾主编：《中国近代缫丝工业史》，上海人民出版社1990年版，第495页。
⑥ （清）吕耀曾等修，魏枢等纂，雷以諴补修：《盛京通志》卷二十七《物产志·货之属》，乾隆元年刻、咸丰二年补刻本。
⑦ （清）常恩、邹汉勋纂修：《安顺府志》卷四十六《艺文志》，咸丰元年刻本。
⑧ （清）朱宸、林有席纂修：《赣州府志》卷二《地理志·物产》，乾隆四十七年刻本。
⑨ （清）祝淮、黄培芳等纂修：《香山县志》卷二《舆地下·物产》，道光八年刻本。

行。降及清初，文明日启，齐东一带，乡人间有以此制线代布者。自此以后，渐多效尤。我栖自嘉庆初年，以纺车纺线而盛行焉。至十七年，岁大凶，乡人或纺织、或织绸，以有易无，而赖以生活者益众。其线名曰山线，织出之绸有二种：其次者曰小绸，亦曰黑绸；高者曰大绸，亦曰白绸。山西昌邑俱到桃村安庄收买。小绸至张家口、西口，兑换羊皮、口蘑等，否则或贩卖于乌兰察布盟。大绸销行南地并北京。其尤次者粗而黑，名曰小绸，土人所穿是也。至咸、同年间，花旗、布打连等输入内地，渐及于察哈尔、绥远等处，则黑绸之销路日渐萧疏。至光绪中年，而小绸大绸俱以断庄。又一种捻线绸，用锤子打线，以手捻锤子而线轸大，名锤子线。此线与孙沚亭《山蚕说》所云："尺五之竿，削其端为两角，冒茧其上，重以数十，抽其绪而引之，若出一茧。"其法略同。用此线织绸，曰捻线绸，其耐穿不啻晏子一狐裘三十年，此绸间或有之，得之甚足宝贵。至道光末年，昌邑始有坐軖（kuáng，旧时手工缫丝车的俗名，一台缫丝车叫一支軖），每支軖三人，二人拾头，一人摇軖，始有軖丝绸……光绪初年，东汤以坐軖改为蹬軖，以一人之力可当三人，以脚蹬踏板，以手拾头，省便之极。及光绪三四年，烟埠华丰、华泰洋行，改用汽锅铁軖，纩丝省力，而费用浩繁，虽得专利，而赔累无算。后裕丰丝厂徐子泉，因华丰专利改用蹬軖，聘宁邑宋生，加木轮四具，名曰小纩。所纩之丝比华丰、华泰价廉，直至于今烟街数万支軖仍依此式，此皆宋生所悟之力，亦以孙宝珠使之然也。自嘉庆初年，至民国五年，统计百有余年，以纺车而变坐軖，以蹬軖而变小軖，其中屡变不已，非所谓精益求精者乎！

大小軖丝——采下之茧，以供制丝之用。小軖丝名曰灰经，创自光绪三四年。或有四头、或有八头，纩丝者每天纩丝八条，每条用茧一百二十余枚之谱。每軖头纩丝四条，每人一天纩两軖头。将軖头置于烘丝屋，烘干打下，再看丝者加工挑剔……烟埠数十家缫丝者，未有如恒兴德纺丝牌声名藉甚。（大軖丝，外洋收买，自同治末年，烟埠志大洋行始。小軖丝，自光绪七年，恒兴德创立纺丝牌，驰名中外。执事人孙文山，为大实业家，英、法、美

第三章 缫丝改良：近代柞蚕缫丝业的变化与兴衰　　115

俱收买，惟美国销行极多。）大軒丝带碱灰多，故名为灰丝。或十余头，或二十余头。始每块八十两，合曹秤称五斤，发售都昌。继则分量以渐而减轻至四十五两重。迨光绪中年，里山绸销行外洋，里山丝俱不发售都昌，外山亦有发售者，今则概不发售。每块五十两，或四十八两，俱当地销行。然此所言大小軒丝，不过言其装修耳。①

根据上面《山蚕辑略》有关缫丝变迁动态过程的叙述，我们不难看出：

第一，从有清一代到民国初年，山东柞蚕缫丝业发生了十分明显的变化，生产组织形式从家庭手工业逐步过渡到近代手工工场或者机器缫丝工厂。清初之际，山东一带才出现柞蚕缫丝的萌芽——利用柞蚕茧制线代布。嘉庆初年，利用纺车纺线开始盛行。道光末年，山东地区开始出现手工缫丝车，一部缫丝车需要三个人共同操作才能工作。光绪末年，脚踏板缫丝车开始出现并逐渐代替旧式手工缫丝车，只需一个人即可操作。光绪三、四年前后，烟台开始出现用蒸汽作为动力的机器缫丝技术。

第二，第二次鸦片战争之后，为了更好地满足国际市场对柞蚕丝品质的要求，山东柞蚕缫丝的类别也发生了显著的变化。同治末年，开始向国外出口大軒丝，大軒丝因带碱灰多，也叫灰丝。光绪三、四年前后，出现小軒丝，后来注册了商标，小軒丝出口逐渐增多。小軒丝也叫细丝，外国需要的都是这种规格。"缫丝以织绸也，自烟台通商后，野蚕丝销路日广，业此者乃改缫细丝，由烟台运赴上海，而转售于外洋。"② 民国二十年前后，奉天安东县"灰丝，用柞蚕茧制造者，有大纩、小纩之别，为本境工业出产大宗"③。民国二十年前后，吉林辑安县"本县地处偏僻，交通不便，工业一途难于发达，仅有旧式工艺数种，计丝房四家"④。

---

① 杨洪江、华德公校注：《柞蚕三书》，农业出版社1983年版，第82—84页。
② （清）王元綎辑，郑辟疆校：《野蚕录》，农业出版社1962年版，第75页。
③ 王介公修，于云峰纂：《安东县志》卷二《物产·制造物》，民国二十年铅印本。
④ 刘天成等修，张拱垣等编：《辑安县志》卷三《人事·工业》，民国二十年铅印本。

近代初期柞蚕缫丝业的生产工具仍然停留在笨重粗糙的木制工具阶段，改进速度比较缓慢。"鸦片战争后初期，缫制柞蚕丝的工具仍系木制手摇缫丝车，体积大而笨重。"① 在东北、山东、河南等地的家庭手工缫丝也基本上都用这种生产工具，最初是一部缫丝车需用三个人来运转，即"一人摇车，一人理丝，每车须用二人，再加一司火者，是每车用三人矣"②。后来，缫丝工具有所改进，一个人就可以操作：

今土缫之法，用脚踏车，名为蹭軒，以手理丝，以脚踏车，一人可兼二人之事，一车只用一人……车置釜旁，随煮随缫。③

光绪年间，缫丝工序逐渐细化。据《野蚕录》记载，当时详细的柞蚕缫丝工序是剥茧—烘茧—炼茧—蒸茧—上车—添茧—搭头—下车—烘丝—卸丝—捆丝等十余道工序。④ 由于当时缫制的生丝主要是大矿丝，因为其丝带碱灰多，故名为灰丝。灰丝质量较差，常用劣质柞蚕茧缫制而成，一般用15颗至25颗，甚至30颗柞蚕茧合为一条丝线，不讲究接头及切断等事。缫丝工艺十分简单，以一个家庭为生产单位，主要是旧式水缫法，即煮茧锅放在缫丝车旁边，一边煮茧，一边缫丝，两道工序同时完成。这种落后煮缫合一的缫丝方法在山东、东北、河南、贵州等柞蚕产区普遍采用。

尽管如此，近代分散的家庭手工缫丝业也逐渐出现了包买商制度。包买商制度是指商人直接控制小生产者的生产和销售。按照控制生产程度的层次不同大致可以分为三种形式：第一直接向小生产者收购成品；第二为小生产者提供原料最后向其收购成品；第三对小生产者放料让其加工，给他们支付报酬或者工资。山东烟台的缫丝生产主要有两种形式："一曰内軒，本厂自缫者；一曰外軒，外人代缫者。"内軒带有手工工场的性质，外軒就是带有资本主义计件工资的性质。在烟台附近的市镇和农村，内軒和外軒都比较盛行。1902年，由王元綎辑录的《野

---

① 徐新吾主编：《中国近代缫丝工业史》，上海人民出版社1990年版，第497页。
② （清）王元綎辑，郑辟疆校：《野蚕录》，农业出版社1962年版，第73页。
③ 同上书，第73—76页。
④ 同上书，第68—71页。

第三章　缫丝改良：近代柞蚕缫丝业的变化与兴衰　117

蚕录》详细记载了这两种柞蚕缫丝形式：

> 烟台之商务，以缫丝为大宗，即沿海百余里内之市镇，亦莫不以缫丝为恒业，缫房之大者，往往安车一二百架或数十架不等，是名内轩；无业贫民及妇女之无事者，授以茧而代缫于家，是名外轩；人烟辐辏之区，车声聒耳，比比皆然，且一年之中，除盛暑月余不缫外，余则无日不缫，以故，登郡一隅之产，不足供其十一，而关东茧之进口，遂日见其多……其缫也，不以热釜，不以冷盆，先蒸茧，而后缫丝，已蒸之茧，十数里可以取携，附近之村落，朝而授茧，暮而课丝，权其轻重以给其值，几于无一里一家不缫丝者。①

从《野蚕录》中记载的有关家庭劳动力代替缫丝厂缫丝的情况来看，当时的家庭劳动者"朝而授茧，暮而课丝"，包买商人"权其轻重以给其值"，实际上这些"无业贫民及妇女之无事者"已经成为手工缫丝工场的场外领取计件工资的雇佣工人，所不同的只是在家里，而不是在工场缫丝而已。但是，这种在手工工场外代替缫丝的家庭劳动者毕竟只出现在缫丝业兴盛的局部地区，而且以手工工场为中心。实际上一直到1900年前后，中国大多数柞蚕缫丝业仍然是停留在分散的家庭手工缫丝业阶段，这一点必须说明。

二　集中的手工工场缫丝业

在由封建社会向资本主义社会的过渡中，比包买商制更进一步的是工场手工业生产。② 手工工场是指在家庭之外，有固定制造场所，并雇佣劳动力进行生产的手工业形态。由于近代中国作坊手工业和工场手工业都是从家庭手工业分离出来以市场导向的生产组织形态，因此很难在较大的作坊与手工工场之间划一条非常明显的界线。③ 是故，本书将作

---

① （清）王元綎辑，郑辟疆校：《野蚕录》，农业出版社1962年版，第75—76页。
② 徐秀丽：《试论近代湖州地区蚕丝业生产的发展及其局限》，《近代史研究》1989年第2期。
③ 彭南生：《半工业化——近代中国乡村手工业的发展与社会变迁》，中华书局2007年版，第291页。

坊手工业和工场手工业归为同一个层次的生产形态。

19世纪70年代，国际市场对柞蚕丝的需求日趋旺盛，中国柞蚕丝出口数量开始逐渐增多，柞蚕丝的市场价格也日益上升。为了增加柞蚕丝的出口，扩大生产规模，提高缫丝的生产效率，利用廉价的劳动力，以获得高额的利润回报。许多柞丝绸商人或者地主纷纷在柞蚕茧产区开设缫丝手工工场或缫丝作坊，雇佣工人进行缫丝。当时手工工场缫丝中心以山东的宁海、栖霞及辽宁的盖平为主。①

19世纪80年代，奉天省的柞蚕缫丝业已经是一项很有基础的乡村手工业。部分柞丝绸商人为了追逐利润，就在柞蚕茧产地开设柞蚕缫丝手工工场或者手工作坊，雇佣工人进行缫丝生产，因此缫丝工场或缫丝作坊在辽东半岛分布较为广泛。据《"满洲"经济年报》载：

> 从光绪六年（1880）起，在盖平为中心的辽东半岛一带，出现了若干带有资本主义性质的蚕丝手工业作坊和工场手工业。②

辽东半岛中部的岔沟以出产土丝著称。1886年前后，在一个引向崖洞的峡谷的口上有一个缫丝工场，山边满植着橡树，上面养着柞蚕，冬天收茧取丝。缫丝工场雇用了30—40个年轻的缫丝工人，用的是八角绞卷机，以踏板推动。每年从营口输出的总值为15万两；1886年输出一万包。同时在东部边境的凤凰城，缫丝坊就有40家以上，每一稍为重要的乡村便有一、二家；在宽甸县有60家，怀仁县较少，沿鸭绿江一带则有很多。一个典型的缫丝工场大约要雇20多个工人；缫丝分成三、四间屋子，每间里有三部缫丝车；有一个煮茧间，地下埋着两口锅。此外，地处西南部的贵州也产生了缫丝手工工场，1880年约有100家，主要分布在遵义府和正安州。③

---

① 蒋根尧编：《柞蚕饲养法》，商务印书馆1948年版，第10页。
② 转引自孔经纬主编《新编中国东北地区经济史》，吉林教育出版社1994年版，第91页。
③ 彭泽益编：《中国近代手工业史资料（1840—1949）》第二卷，中华书局1962年版，第97、98、93页。

第三章 缫丝改良：近代柞蚕缫丝业的变化与兴衰

20世纪初叶，国际市场对柞蚕丝需求日趋旺盛，原来小规模的家庭手工缫丝业——内轩和外轩缫制的生丝不仅在数量上不能满足市场的需求，而且在质量上也不符合市场的要求，从而使得山东、东北等地开办的柞蚕缫丝手工工场数量逐渐增多。

> 丝厂向多设于乡间，本厂自缫者，曰内轩；外人代缫者，曰外轩。当外轩盛行时，乡间几无一里一家不缫丝者。嗣以乡间柴木价昂，不及烟台煤价之便宜，而外轩所缫之丝，又粗细不匀，难于销售，丝厂遂群聚于烟台。统计合埠丝厂，共有三十三家，工人约一千五百余名。①

1903年，烟台就有手工缫丝局十六家。1904年，烟台新设小矿房二处，延昌兴丝厂业经改扩修建。开丝市以来，除小矿丝房外，均忙迫无暇。1908年，烟台又新设木矿矿丝房大厂二处，其矿丝小厂，更复林立。② 东北柞蚕茧大多运往烟台进行缫丝，据当时烟台丝商记载：

> 柞蚕茧为鸭绿江滨物产中之繁品，矿丝工人，系登莱、青郡居民中之特长，取海北之生料，济山东之良工，熟货既成，大利始获。矿厂非难立于东三省也，无如工作乏人，雇自吾东，难得多数。蚕茧非不可运赴东西洋也，奈因途遥气热，茧蛹生蛾或霉腐。有此两般原因，成兹一大实业，以故烟台一埠，近两年来，矿丝工厂，已由数家增至四十余家；而缫丝工人，已由数千聚至两三万矣。③

---

① 彭泽益编：《中国近代手工业史资料（1840—1949）》第二卷，中华书局1962年版，第362页。
② "国史馆"史料处：《光绪三十四年烟台口华洋贸易情形论略》，《通商各关华洋贸易总册》下卷，1982年影印，第11、13、19页。
③ 彭泽益编：《中国近代手工业史资料（1840—1949）》第二卷，中华书局1962年版，第360页。

表3—1　　　1903—1913年山东、辽宁兴办缫丝手工工场统计

创办年份	地 区	工场名称	家数	备 注
1903	山东烟台	手工缫丝局	16	工人共有5500人,包括3家机器缫丝局人数。
1904	山东烟台	小纩房	2	
1906	山东烟台	手工缫丝局	20	工人有8500人
1908	山东烟台	木纩纩丝房	2	此为本年新设木纩纩丝房大厂2处,其余纩丝小厂,更复林立。
1909	山东烟台	手工缫丝局	38	工人共17000人,包括另外3所汽机局人数。
1909	辽宁安东	华安缫丝厂	1	缫车100部
1910	辽宁安东	富增源缫丝厂	1	缫车120部,按中国方式由学徒操作。
1907—1911	辽宁宽甸、厂甸、凤凰	小缫丝工场	数家	每家平均雇用工人8—10人
1911	山东烟台	手工缫丝局	43	其中在当年闭歇者6家,一说当年开工者有40家,雇用工人14000人。
1911—1913	山东烟台	缫丝局	33	缫车共11988部,工人共15635人。

资料来源:彭泽益编:《中国近代手工业史资料(1840—1949)》第二卷,中华书局1962年版,第365—366页。

根据表3—1统计数据,我们不难发现:1903—1913年,山东、辽宁手工缫丝工场数量大约增加160家,其中烟台的缫丝工场数量达到156家。相对于近代分散的家庭手工缫丝业而言,近代柞蚕缫丝工场的集中性特点可见一斑。另有日本当时调查资料为证:

> 柞蚕丝的产地,推烟台为第一。此外,在山东省内则以宁海州、栖霞县、胶州、文登县、日照县、沂水县、蒙阴县、潍县、昌邑县等地为主。其辽东半岛,宽甸县、凤凰厅、岫岩、安东县、怀仁县、盖平、金州等地,本来是著名的柞蚕产地,在中国占第一位,但是在制丝上远不及烟台,而且是作为农家副业来进行的。制丝方法很幼稚,产量不大,每年由该地输入烟台的柞蚕丝不过十余万斤至二十万斤内外。此外,则是把毫未加工的蚕茧输入烟台,供

第三章 缫丝改良：近代柞蚕缫丝业的变化与兴衰　　121

给各丝厂加工。①

表3—2　　　　　　清末民初烟台缫丝工场商号情况统计

商　号	缫车数（部）	工人数（人）	出丝数（担）	商　号	缫车数（部）	工人数（人）	出丝数（担）
义丰恒	472	613	473	西德记	357	356	275
义丰兴	520	677	527	东三裕	424	530	424
义丰德	600	780	600	和聚兴	576	747	576
祥茂公	518	670	518	源　记	188	240	188
丰　记	600	780	600	和　记	160	205	160
义孚同	630	820	630	裕兴昌	170	220	170
公晋和	506	656	506	义隆德	155	200	150
裕德源	504	654	504	永　记	679	879	679
双聚兴	488	632	488	广顺利	184	238	184
裕　记	369	477	369	同泰顺	372	482	372
义　昌	316	416	316	同兴隆	226	298	226
东兴玉	224	395	224	福盛长	226	298	226
泰　安	283	367	283	利　记	428	548	428
祥　记	239	310	239	长生利	232	310	232
顺　记	296	383	296	成和昌	300	390	300
信　记	200	260	200	益兴德	194	347	194
东德记	352	457	352	总计	11988	15635	11909

资料来源：《烟台缫丝厂调查表》，《山东全省生计调查报告书》（稿本），第2编。转引自彭泽益编《中国近代手工业史资料（1840—1949）》第二卷，中华书局1962年版，第362页。

　　从表3—2统计数据来看：清末民初之际，烟台共有缫丝工场商号33家，拥有缫丝车数量达到11988部，雇佣工人总数为15635人，出丝数目11909担。平均每家缫丝工场拥有缫车约363部，平均每家缫丝工场雇佣工人人数473人，平均每家缫丝工场出丝360.88担。这些数据也充分说明了近代中国柞蚕缫丝业的主要形式即为集中的手工工场缫

---

① ［日］日本外务省编：《清国事情》（上），日本外务省通商局1907年版，第302—303页。

丝业，其手工工场缫丝业的集中性特点表现得一览无余。当时烟台缫丝工场数量虽然不多，但是就其拥有的缫丝车数量、雇佣工人数量、出丝数目而言，均是其他地区缫丝工场无法比拟的。

近代柞蚕手工缫丝工场除了集中于烟台之外，烟台附近的周边县份也有相对集中的分布，如栖霞县"工业尚称发达，尤以纩房及榨花生油等为最盛……在民国十九年间，计有纩房八十九家"①。

1913年后，柞蚕手工工场缫丝中心开始由烟台转移至安东。东北柞蚕业是由山东"闯关东"的移民于嘉庆年间传入的，到清末，已经发展成以盖平、安东等地为中心的一大行业。最初，东北地区主要以输出柞蚕茧为主，当地直接缫丝的很少，只有农民用古老的简单工具缫制灰丝织成小绸自用，几乎不在市场销售。直到1898年前后，"烟台商家益丰号曾在凤凰厅界蛇屯口地方开厂，试用土法蒸缫，嗣以运费所省，不敌工价所增，罢业不作"②。1904年，东北开始仿照烟台的Cannal式制丝机做了一种脚踏机器，开始制造大粹丝，这项事业遂引起了许多人的注目。后来经过法国人在各地指导这种缫丝法，形成了以安东为首，西丰、海城、盖平、岫岩、凤凰城、开原各地陆续建成柞蚕工场的局面。③ 1907年，安东自辟为商埠，当时即有人试图开办缫丝厂，但均失败。1909年成立了一家华安工场，有缫八个茧子的缫车100部。后来，在1910年接着开办了第二个工场——富增源，有缫车120部，按中国的方式由学徒操作的。④ 该场引进烟台小框式缫丝法，就给小框丝迈向全盛期和缫丝业向安东集中提供了技术基础。⑤

第一次世界大战初期，柞丝绸出口曾一度受到很大影响，出口减少，丝价下跌。不久，丝价回升，丝绸销路好转。限于由安东运送柞蚕

---

① 殷梦霞、李强选编：《民国铁路沿线经济调查报告汇编》第五册，国家图书馆出版社2009年版，第433—434页。

② （清）徐世昌编撰：《东三省政略》卷十一《实业》，宣统三年铅印本。

③ ［日］工业化学会满洲支部编：《东三省物产资源与化学工业》上册，沈学源译，商务印书馆1936年版，第315页。

④ 彭泽益编：《中国近代手工业史资料（1840—1949）》第二卷，中华书局1962年版，第363页。

⑤ ［日］满史会编：《满洲开发四十年史（1905—1945）》（下卷），《东北沦陷十四年史》辽宁编写组译，1987年，第8页。

第三章 缫丝改良：近代柞蚕缫丝业的变化与兴衰　123

茧到烟台不仅路途遥远、运费过大，而且在运送途中经常会发生丢失和蚕茧腐烂的情况，于是丝商纷纷在山东一带招募大批缫丝工人到安东设场就地收茧缫丝。据史料记载：

> 先是野蚕丝业本以烟台为最盛，近因安东交通便利，丝厂勃兴。烟台大受打击，民国九年春，中外商人共谋挽回，特设烟台万国丝协会，禀请免税，凡由安东运野蚕茧至烟台，概免纳出口税，但不在烟台缫丝者，仍须完税。然此法实行以后，各厂仍未能恢复原状，缫丝工人多去而之安东，故安东于民国八年添设丝厂十七家，民国九年又新添十七家。①

第一次世界大战结束之后，由于世界柞丝绸市场渐趋稳定，丝价持续上涨，投资经营柞蚕缫丝工场的数量继续增多。到1921年为止，东北柞蚕缫丝工场数量已经超过山东地区。如表3—3所示：

表3—3　　　1921年烟台、安东、盖平三地华商缫丝工场调查

地　名	工场数	丝车（部）
烟台	42	16350
安东	63	13542
盖平	17	3800

资料来源：陈重民编纂：《今世中国贸易通志》第二编，商务印书馆1924年版，第26页。

根据表3—3调查显示：1921年，安东柞蚕缫丝工场已由第一次世界大战结束之时的29家增至63家，拥有缫丝车13542部。

1923年，安东柞蚕缫丝工场数量由29家增至67家，资本金288147两，小纩丝机有17853架，日生产能力达7568斤。②

东北地区专门以缫丝为业的缫丝工场分布比较广泛。其中柞蚕缫丝工场最多之处为安东、西丰，其他盖平、海城、岫岩、凤城、西安等

---

① 陈重民编纂：《今世中国贸易通志》第二编，商务印书馆1924年版，第26页。
② 《安东柞蚕丝绸业发展简史》，《辽宁文史资料选辑》第1辑，1962年，第113页。

处，虽然工场数目较少，但是规模较大，缫丝生产额较多。而岫岩、凤城、西安等处，由于资料缺乏，很难考证其生产情况。笔者现据《东省经济月刊》1929 年的调查情况，列表 3—4：

表 3—4　　　　　　　1929 年东北缫丝工场情况统计

地别	工场数（家）	资本	机械数（台）总数	机械数（台）运转数	一日生产能力（斤）	年中作业日数
安东	51	镇平银 251300 两 大洋 21700 元 小洋 36700 元	11920	9182	5493	157
西丰	44	763000	4145	2247	876	175
盖平	14	77000 元	3060	1890	655	150
海城	12	574000 元	6090	6030	2140	220

资料来源：雷雨：《东三省之养蚕业与制丝业》，《东省经济月刊》1931 年第 7 卷第 7 期，第 19 页。

通过表 3—4 统计数据来看：1929 年，东北缫丝工场主要分布在安东、西丰、盖平、海城四地。这四地共有缫丝工场 121 家，拥有机械总数为 25215 架，运转数量为 19349 架，资本数量达二、三百万元，一日生产能力达七、八千斤。因此，1929 年东北柞蚕缫丝工场的发展程度可以视为近代东北缫丝业的最高峰。

九一八事变之后，日本侵占东北，东北柞蚕缫丝业很快走向衰落。九一八前，东北地区大小工厂有千余家，30 年代中期尚有九百余家，嗣因统制结果，"工厂较小者相继解散，至光复前仅存三十余厂"[1]。

中国其他柞蚕产区的缫丝工场不仅数量十分有限，而且规模也较小。贵州遵义从乾隆年间开始引入柞蚕，农户普遍放蚕缫丝，苟江和老蒲城还形成遵义的茧、丝、绸集散市场。但到清末民初之际，由于受到洋货冲击，生产者掺杂作假，质量迅速下降，手工缫丝业急剧衰萎。[2]

---

[1]　王福山、胡仲本：《东北柞蚕业调查报告》，《中蚕通讯》1947 年第 1 卷第 5—6 期（合刊），第 19 页。

[2]　文德政主编：《遵义县志》，贵州人民出版社 1993 年版，第 414 页。

第三章 缫丝改良：近代柞蚕缫丝业的变化与兴衰

近代中国柞蚕缫丝手工工场专业化程度不断加深。手工工场内部分工也越来越细，规模较大的缫丝工场内部分为储茧场、蒸茧室、缫丝室、烘丝室、包结房、储货房等不同车间。东北柞蚕缫丝工场：

> 规模较大者，内中大抵设有若干部分，如原料茧库、造茧场、煮茧场、押茧场、把茧（索绪）场、缫丝室、干丝室、结束室，及检查室等。其外，账房、厨房、饭厅、堂柜、工人寄宿等亦不可少。①

缫丝工场内部制丝基本过程的缫丝完全手工操作生产能力的增加，完全处于由分工来组织劳动力的状态，可以说是典型的工场式手工业。② 同时，手工工场缫丝的技术特点，首先在于分工较细，要在一个工场内安排较多的丝车以及得出质量比较一致的柞丝，不能沿袭原来的一车一锅、一锅一灶，而把煮茧和缫丝分为两道工序。先在同一标准下煮茧，再分别由各丝车缫制，③ 可见，缫丝工场中专业化分工有利于提高柞蚕缫丝业的生产效率。

近代中国柞蚕缫丝手工工场以使用雇佣劳动力为主要特征，工场内部组织管理严密。吴承明曾指出："工场手工业是资本雇佣劳动者的生产形式。"④ 20世纪初，烟台柞蚕缫丝工场里面由把头监察工人工作，实行学徒制。

> 各纩坊所用工人悉为男工，督率工人者曰把头（工头），所有各部工事，由把头领率监察之。各把头之工资，约较劳力工人多三分之一或二分之一……其用机器压丝，系恃人力，大率为学徒任之。学徒之满师年限为三年，初入门时，即每月可得津贴钱两、三吊，以后仍视所学各种技艺之程度而逐渐加增，所有工人学徒饭

---

① 雷雨：《东三省之养蚕业与制丝业》，《东省经济月刊》1931年第7卷第7期。
② ［日］满史会编：《满洲开发四十年史（1905—1945）》（下卷），《东北沦陷十四年史》辽宁编写组译，1987年，第10页。
③ 王庄穆主编：《民国丝绸史》，中国纺织出版社1995年版，第484页。
④ 吴承明：《论工场手工业》，《中国经济史研究》1993年第4期。

食，悉由厂主供给。①

东北缫丝工场雇用工人也全部是男性劳动力，数量十分庞大，有万余人，同时各工种工资差异较大。东北柞蚕缫丝手工工场"以盖平为中心，从农民的副业经营直到早期的与资本家的协作，完全由卖丝栈（柞蚕丝交易业处）或者与其特约的收购人组成批发商业作为事实上的雇佣劳动已普遍化了"。② 东北地区缫丝工场：

> 所用工人全系男工，其大部分为来自山东者。全东三省之工人数目不可详知，安东现下则有八千五六百名，其工作时间大抵为自晨六时至晚六时，而以每日制丝八盆为原则，敏捷者可多休息些时，而笨拙者则不免忙碌矣。工资大半以小洋支付，往日故有以奉票支付者，今则极少。至于工资之多寡，亦因工作能力及地方而有差别。安东一地平均每月每人可得小洋九元，伙食由场供给。③

另据民国《岫岩县志》记载：

> 丝厂所用之人，大抵蒸茧的、看丝的、管框的，系年薪或月薪，更有系经理人之一于营业之盈亏，负有利益与损失者。其聚丝者，大丝厂则用年薪或系经理人，小丝厂则或不用或数丝厂联合而用一人者。𬋖匠则临时雇用，按条件给薪，按月赏罚劣者或随时下工。④

就缫丝方法而言，近代中国柞蚕缫丝业的缫丝方法逐渐由水缫法向干缫法过渡，煮缫合一开始改变为煮缫分离。这是因为原来旧式随

---

① 《烟台经济近况》，《经济半月刊》1928年第2卷第11期。
② [日]满史会编：《满洲开发四十年史（1905—1945）》（下卷），《东北沦陷十四年史》辽宁编写组译，1987年，第6页。
③ 雷雨：《东三省之养蚕业与制丝业》，《东省经济月刊》1931年第7卷第7期。
④ 刘景文、高乃济修，郝玉璞纂：《岫岩县志》卷三《人事·蚕业》，民国二十四年铅印本。

煮随缫的水缫法已经不能适应规模较大的手工工场缫丝业的要求。在传统水缫法情况下，一部缫丝车配备一个釜，一个釜就需要设置一台灶，那么一间厂房不可能容纳下很多缫丝车。因此，当时的手工工场缫丝业不仅开始把煮茧和缫丝分为两道不同的工序，分设两处操作，而且把以前的煮茧改为蒸茧。这样无论缫丝车有多少部，柞蚕茧都是出于一个釜，再把茧分别置于茧盆，然后分于各个缫丝车，缫制出来的生丝有固定的标准，就没有粗细不匀的弊病。这种缫丝法被称为干缫法。

19世纪80年代后，山东、东北柞蚕茧产区"干缫已经较为普遍"。[1] 这种由煮缫合一向煮缫分离的过程中，不但使柞蚕茧由煮茧改为蒸茧，而且也提高了缫丝的质量，生丝也较容易染色，并且不比家蚕丝差。"今缫丝者，以木为盘，盘底密凿为孔，炼茧后，将茧置盘中，用冷水浇之，以碱气淘净为止，然后放釜中蒸之，缫出之丝洁白，不异家蚕。"[2] 虽然河南一带仍用旧式随煮随缫的水缫法，但是河南的水缫法也有改良，即在煮柞蚕茧时，使用的碱灰逐渐较少，缫出来的生丝既柔软又质高。

20世纪初期，无论就生产力还是生产关系而言，北方柞蚕缫丝业均在南方桑蚕缫丝业之上。北方柞蚕缫丝业不仅同柞蚕放养业相分离，而且逐步走向工场化生产阶段。据日本调查显示，山东柞蚕缫丝机械"传到满洲，首先在盖平、海城等地从用尖头子缫丝推进到以脚踏大框缫丝，这样一来柞蚕缫丝业也急速与农业脱离向制造工业推进"。[3] 诚如从翰香所言："华北柞丝生产的一个特点是，缫丝业与柞蚕养殖业之间已经形成分工，并初步脱离农业而独立，这也是华北制丝业与江南制丝业的一大区别。"[4] 相比之下，20世纪30年代前，江南桑蚕缫丝业比较发达的湖州地区，劳动者和生产资料没有分离，其缫丝业一直是与小农业紧密结合的家庭副业或者家庭手工业，蚕农习惯把桑蚕茧缫制成土

---

[1] 徐新吾主编：《中国近代缫丝工业史》，上海人民出版社1990年版，第499页。
[2] （清）王元綎辑，郑辟疆注：《野蚕录》，农业出版社1962年版，第77页。
[3] ［日］满史会：《满洲开发四十年史（1905—1945）》（下卷），《东北沦陷十四年史》辽宁编写组译，1987年，第46页。
[4] 从翰香主编：《近代冀鲁豫乡村》，中国社会科学出版社1995年版，第394页。

丝出售，而不是直接卖茧。包买商支配生产的方式只发生在"料经"生产中，工场手工业则十分薄弱。一家一户的缫丝生产也仅限于加工自家生产的蚕茧，没有形成专业化生产模式，包买商制和工场手工业不是（桑）蚕丝生产的主要形式，而且始终没有实现由工场手工业向机器工业的过渡。①

在近代山东柞蚕缫丝业中，普遍存在着规模不等的手工工场和专业化生产方式，并有向大城市集中的趋势。"今缫房之大者，多则安车一二百架，少亦安车数十架。"② 烟台自清末以来即为中国柞蚕缫丝中心，民初以来，缫丝工场数量不断增多。到1921年，烟台已经有缫丝手工工场42家，纩车16350部。③ 1919—1920年前后，文登、牟平、栖霞、莱阳、海阳一带共有缫丝工场百余家。④ 而且柞蚕茧由贩商收购后转售于丝场，或有蚕农运至集市售于茧行。"柞蚕茧一项，在生产者方面，以制丝织布为目的而消费者极少，普通就原茧卖出。"⑤ 由此可见，近代柞蚕缫丝业中手工工场业的出现和专业化分工的产生，"意味着华北柞蚕缫丝业无论在生产力方面还是生产关系方面都要比江南地区桑蚕缫丝业更为先进"⑥。

由此可见，集中的手工工场缫丝业不仅是较分散的农村家庭手工缫丝业更高一级的生产形态，而且是近代中国资本主义生产发展的早期阶段。手工工场作为缫丝劳动社会化的一种基本形式，就其生产方式而言，可看作工厂化机械缫丝的过渡阶段。⑦ 同时由于手工工场缫丝业中出现雇佣工人，因此它的出现标志着近代中国缫丝业中资本主义萌芽的产生。总之，手工工场缫丝业是以手工技术和雇佣工人的分工为基础的资本主义大生产，它是手工向机器生产的过渡和准备阶段。

---

① 徐秀丽：《试论近代湖州地区蚕丝业生产的发展及其局限》，《近代史研究》1989年第2期。
② （清）王元綎辑，郑辟疆注：《野蚕录》，农业出版社1962年版，第72页。
③ 陈重民编纂：《今世中国贸易通志》第二编，商务印书馆1924年版，第26页。
④ 张兆麟：《胶东之丝绸业》，《工商半月刊》1934年第6卷第5期。
⑤ 从翰香主编：《近代冀鲁豫乡村》，中国社会科学出版社1995年版，第395页。
⑥ 同上。
⑦ 王庄穆主编：《民国丝绸史》，中国纺织出版社1995年版，第484页。

第二节　机器生产方式的兴衰

近代中国缫丝工业的兴起和发展，实际上是鸦片战争之后，外国资本主义国家对中国实行"引丝扼绸"政策的一个表现。[①] 当时外国资本主义国家一方面竭力掠夺中国的蚕茧和生丝等原材料，另一方面则妄图扼杀中国的丝织业的发展。为了提高劳动生产效率，保障中国生丝原材料对外国资本主义丝织工业的充足供应，进而向中国输入机器等先进的生产方式也变得势在必行。

一　机器缫丝业的兴起

诚如伟大导师马克思所言："当贸易在英国已发展到手工劳动不再能满足市场需求的时候，人们就感到需要机器。"[②] 近代中国机器缫丝是在满足世界市场对机器丝制品的迫切需要之上而迅速发展起来的。19世纪中期之后，西方各国先后出现了工业革命，西方丝织业生产技术的革新不仅刺激了对生丝的需求，而且也提高了对生丝品质的要求标准。中国手工缫制的土丝不仅粗细不匀，而且质量较差，远不能符合外国丝织工业对其生丝原料的需要标准。欧美各国丝织工业厂商对产自中国生丝"品质不纯，货样不符，多年来曾不止一次地提出反映"。[③] 加之当时"国际贸易要求质量较好的和符合标准的产品，这只有采用农民经济之外的大规模集中的组织来监督蚕茧的生产和缫丝才能实现"。[④] 于是，在市场需求的刺激之下，中国近代机器缫丝工业应运而生。

近代中国机器缫丝业萌芽于19世纪60年代，开始于19世纪70年代，主要集中于桑蚕缫丝领域。据《现代中国实业志》记载："吾国新

[①]　王翔：《中国传统丝织业走向近代化的历史过程》，《中国经济史研究》1989年第3期。
[②]　中共中央编译局编：《马克思恩格斯选集》第1卷，人民出版社1972年版，第133页。
[③]　徐新吾主编：《中国近代缫丝工业史》，上海人民出版社1990年版，第112页。
[④]　［美］费维恺：《中国早期工业化——盛宣怀（1844—1916）和官督商办企业》，虞和平译，吴乾兑校，中国社会科学出版社1990年版，第71页。

式缫丝业之发轫，远在同治年间。"① "19 世纪 70 年代初从广东开始，其后上海、浙江等地才相继出现了机器缫丝业。"②

> 新式缫丝工业起于同治年间，据光绪七年海关报告，在同治元年，即有人在上海试百釜之机器缫丝工场，试验失败，于同治五年即行倒闭。同年，又有人在上海设立十釜缫丝工场，亦于数月后闭锁。考当时设立丝厂之动机，完全为外商在中国试验性质，因中国七里丝条份不均，不合彼国之用。故利用中国工资低廉，成本可轻，几经失败，迄未成功。至光绪四年，法人卜鲁纳又于上海设二百釜之新式缫丝工场，名曰宝昌丝厂，始办有成效，是我国新式缫丝工业之先导。旋有广东南海人陈启源者以经商至安南，见法人在安南之缫丝工场，大有感悟。归乡之后，则设足踏机器，以人力代火力。其后，又改用蒸汽原动力，为华人创设新式丝厂之始。③

国际市场的需求和高昂的利润回报刺激了近代中国机器缫丝工业的发展。国际市场对柞蚕丝需求的标准逐渐提高，原来的手工缫织的柞丝绸由于品质较差，不可能一直在市场上畅销。据 1877 年英领事商务报告称"山东丝，亦曰茧绸，近年在欧洲市场上销路逐渐增加，但是像 1866 年那样陡然增销的情况并不能长久维持"④。因为机器缫制出的丝织品品质匀净，所以其价格要远高于手工缫制的丝绸。光绪年间，陈炽在其所著《续富国策》中云：

> 中国出口之（土）丝，（每包）仅值 300 余金，上海西人所设缫丝各厂，购中国蚕茧以机器缫之，每包值 700 余金，高下悬殊，理不可解。后知中国手缫之丝，不匀不净，不合西人织机之用，伊

---

① 张研、孙燕京主编：《民国史料丛刊》562，大象出版社 2009 年版，第 156 页。
② 严中平主编：《中国近代经济史（1840—1894）》，人民出版社 2001 年版，第 1404 页。
③ 龚俊编：《中国新工业发展史大纲》，商务印书馆 1933 年版，第 27 页。
④ 孙毓堂编：《中国近代工业史资料（1840—1895）》第一辑（上册），科学出版社 1957 年版，第 75 页。

第三章 缫丝改良：近代柞蚕缫丝业的变化与兴衰

购归里昂各埠，必以机器再缫，则以300余金购之华人，仍以700余金售之西人，此400余金约为再缫之本。①

因为机器缫制的生丝比较匀净，符合国外丝织工业的标准化需求，因此其价格在国际市场上是最高的。"以品类而言，大概烟台柞蚕机器丝之价格最高，山东小框丝次之，辽宁小框丝又次之，大框丝最低。"②

正是在西方各国对机器制丝迫切需求的刺激下，近代中国柞蚕缫丝业中也出现了机器生产方式。不同之处在于柞蚕缫丝业中的机器生产只是局部地区的个别现象，远没有像桑蚕丝业机器生产发达和分布广泛。"我国缫丝工业自日俄战争以来，因新式机车引用之推广，颇有蓬勃气象。"③"新式丝厂仍以长江流域及广东为最发达，山东、奉天渐有利用野蚕缫丝者，惟不逮生丝业为盛耳。"④

近代柞蚕机器缫丝业主要集中于山东、辽宁二省，其中以烟台、安东为最。烟台是近代中国最早设立新式柞蚕机器缫丝工厂的地方。"新式机器缫丝初本集中于烟台，安东、盖平等处亦有，然为数向少。"⑤而"山东之制野蚕丝业，以烟台为中心，青岛次之"⑥。相对于烟台附近地区分散的家庭手工缫丝而言，烟台的缫丝工厂则多用机械。⑦ 因此，烟台机器丝是山东柞蚕丝中品质最好的。⑧ 台湾学者刘素芬认为，"烟台缫丝业，足以称道的技术进步如下：一、缫丝厂的设立……二、蒸汽缫丝机的引进"⑨。

1877年，德国宝兴洋行成立烟台矿丝局，这是一个兼营缫丝与织绸的工厂。其引进最新式的外国机器，并由外国技术师监督制造，最初

---

① （清）陈炽撰：《续富国策》卷一《种桑育蚕说》，光绪二十二年刊印。
② 蒋根尧编：《柞蚕饲养法》，商务印书馆1948年版，第11页。
③ 龚俊编：《中国新工业发展史大纲》，商务印书馆1933年版，第73页。
④ 同上书，第74页。
⑤ 蒋根尧编：《柞蚕饲养法》，商务印书馆1948年版，第11页。
⑥ 龚俊编：《中国新工业发展史大纲》，商务印书馆1933年版，第161页。
⑦ 张兆麟：《胶东之丝绸业》，《工商半月刊》1934年第6卷第5期。
⑧ 徐新吾主编：《中国近代缫丝工业史》，上海人民出版社1990年版，第506页。
⑨ 刘素芬撰：《烟台贸易研究（1867—1919）》，台湾商务印书馆1990年版，第112页。

每日缫丝50斤左右。① 虽然该局机器缫制的柞厂丝在欧洲已经打开销路，但是由于资金不足，负债过多，于1885年被迫停业。后来引起了洋务重臣李鸿章的注意，他派盛宣怀前去查看，并于光绪十三年（1887）致函海军衙门：

> 烟台缫丝局系中外人伙办，买山东野蚕缫成纯熟之丝，亦尚有利。乃以本钱未足，局用不节，致亏折中止。至今局屋机器皆全，惜无挟重资者接办。②

1886年，烟台纩丝局改为官商合办工厂，盛宣怀了解到该局为新式工厂，有利可图，随即"辅以官款，力图振兴，始改为小轩，一时民间争相仿效"③。1892年，该局再次增添机器动力设备。"开始一半使用蒸汽机，产量增至每日70斤。然而这企业不能赢利，原因由于柞茧的数量不够。"④ 加之经营不善，经常入不敷出，从而再次歇业。1895年，粤商梁浩池开办的兴泰商号收购烟台纩丝局，将其改名为华丰纩丝厂，全部引进蒸汽机器作为缫丝动力，缫丝质量大为提高，每日缫丝量可达75公斤。⑤ 1897年，该厂"一切对外出口业务都由和记洋行及兴泰商号代理和经理，并聘用日人为工程师"⑥。当年每日缫丝产量为200斤。⑦

1900年前后，该厂扩大规模，拥有法国制的缫丝机器550架，蒸柞蚕茧锅38架，雇用职工600人，每日加工柞蚕丝数量达到250斤。⑧

---

① 严中平主编：《中国近代经济史（1840—1894）》，人民出版社2001年版，第1258页。
② 孙毓堂编：《中国近代工业史资料（1840—1895）》第一辑（上册），科学出版社1957年版，第77页。
③ （清）王元綎辑，郑辟疆注：《野蚕录》，农业出版社1962年版，第93—94页。
④ 孙毓堂编：《中国近代工业史资料（1840—1895）》第一辑（上册），科学出版社1957年版，第78页。
⑤ 王庄穆主编：《民国丝绸史》，中国纺织出版社1995年版，第486页。
⑥ 徐新吾主编：《中国近代缫丝工业史》，上海人民出版社1990年版，第509页。
⑦ 刘素芬撰：《烟台贸易研究（1867—1919）》，台湾商务印书馆1990年版，第113页。
⑧ 徐新吾主编：《中国近代缫丝工业史》，上海人民出版社1990年版，第509页。

1901年，梁浩池在经营华丰纩丝厂的基础之上，设立华泰纩丝厂，共有机器缫丝机538架，蒸柞蚕茧机28个，职工共有578人。① 该厂机器设备从英国购买，为汽机原动32匹马力，价格2万元，还有蒸茧器28个，缫丝机530架，另有法国式缫丝机8架。②

1902年，益丰纩丝房，由烟台富商谦豪丰开办，规模很大，专营缫丝及织绸。③ 据1903年《海关关册》记载："烟台口本年新设机器纩丝房一处，内中规模胥以新法，普遍布电灯，气象至属壮丽，计本埠机器纩丝厂已鼎足而三矣。"④ 相对于土法缫制的大纩丝而言，机械缫丝名为小纩丝。⑤

由于机器缫制的小纩丝在国际市场上大受欢迎，外国商人看到机器缫丝有利可图，于是纷纷筹资兴办机器缫丝工场。据时人杨大金在《现代中国实业志》记载：

> 日本在吾国之缫丝工业，亦长足直进，上海一区，日商丝厂甚多。其最著者，则为钟渊纺织株式会社，所经营之上海制绢丝公司及日华蚕丝公司，较任何华厂为大……惟其注目之点，尚不在上海，经营最力者，山东则烟台、青岛，东北则安东等处。⑥

1910—1911年，日商三井物资公司先后在烟台成立东三裕丝厂和西三裕丝厂。⑦ 山东地区柞蚕机器缫丝业，除了主要集中于烟台之外，尚有少数工厂分布在柞蚕产区。1934年，山东牟平县用新法制丝漂白，每年出产柞蚕丝二千余箱。⑧

---

① ［日］峰村喜藏：《清国蚕丝业大观》，朝日新闻出版社1902年版，第286页。
② 徐新吾主编：《中国近代缫丝工业史》，上海人民出版社1990年版，第510页。
③ ［日］峰村喜藏：《清国蚕丝业大观》，朝日新闻出版社1902年版，第299页。
④ 徐新吾主编：《中国近代缫丝工业史》，上海人民出版社1990年版，第511页。
⑤ 张兆麟：《胶东之丝绸业》，《工商半月刊》1934年第6卷第5期。
⑥ 张研、孙燕京主编：《民国史料丛刊》第562册，大象出版社2009年版，第171—172页。
⑦ 徐新吾主编：《中国近代缫丝工业史》，上海人民出版社1990年版，第511页。
⑧ 《山东各县物产调查》，《工商半月刊》1934年第6卷第8期。

表 3—5　　　　　　　　清末民初烟台机械缫丝业情况统计

商号	机械数	商标	经营主
载丰德	600	双	恒兴德 谦益纯 丰裕
载德信	527	丝	恒兴德
载丰恒	472	丝	
利记	482	黑塔	成生号
义勇同	416	金奥	
德记东	250	雀梅	裕丰德
德记西	275	雀梅	
裕德源	504	雀梅	
华丰	676	五蚕	
丰记	288	金麒麟	丰裕
载昌	366	双象	
公记	200	黑猴	万顺公
华泰	494	红旗	和记洋行 顺泰
（东）三裕	500		三井洋行 裕丰德
（西）三裕	234		
利恒	492	黑塔	
正祥公	518		正祥公
东兴昌	224		
泰记	180		
大成兴	500		
同顺泰	374		同和泰
元复	500		元复
裕记	156		
东昌泰	128		
华丰	146		
裕成德	254		德坛
德兴永	87		
通丰泰	160		
永记	479		源盛永
双盛	500		双盛
公和	120		

续表

商号	机械数	商标	经营主
惟德	120		
恒兴永	120		
广顺	300		
元成	500		
源记	188		源议
昌记	232		东兴昌
共计37家	12562		

资料来源：《山东之蚕桑观》，《湖南实业杂志》1912年第1卷第5期，第89—90页。

据表3—5统计数据显示：清末民初之际，烟台地区机械缫丝商号共有37家，拥有机械12562架，烟台机器缫丝业规模效应已经初步显现。但是不能否认，机器缫丝在烟台缫丝业中只是个别现象，实际上，近代烟台乃至山东地区柞蚕缫丝业仍然是以手工缫丝为主。如表3—6所示。

表3—6　　　　　　1903—1913年烟台丝厂数量及规模统计

年代	手工缫丝局（家）	汽机缫丝局（家）	规模
1903	16	3	工人共5500人，年出丝8250担
1904	18	3	
1906	20	3	工人共8500人，年出丝15046担
1908	22	3	
1909	38	3	工人共17000人，共有股本500万两
1911	43	3	工人共14000人，年产14000担
1911—1913	33	3	缫车共11988部，工人共15635人

资料来源：张玉法：《中国现代化的区域研究——山东省（1860—1916）》，"中研院"近代史研究所1982年版，第554页。

据表3—6统计数字，显而易见：从1903年到1913年的十余年，手工缫丝厂一直在烟台缫丝工厂数量中占据统治地位。因此可以说，机器缫丝工厂只是代表了当时先进的生产方式，但是就其数量和规模而言，均不及手工缫丝工厂。

19世纪末20世纪初，东北柞蚕机器缫丝由山东传入，主要集中在辽宁南部地区。"辽宁以安东为最发达，盖平次之。"① 新式机器缫丝法最初集中于烟台，后来因安东交通便利，而且邻近柞蚕茧出产地，缫丝中心由烟台转移至安东等地。② 烟台商人最早在安东地区开设柞蚕机器缫丝工厂，据1919年《东三省经济调查录》调查：

> 从前丝茧多运送烟台缫织，近年山茧出产丰富，烟台商人多来此开设厂栈，就近缫织出口。③

"在胶东一带招募大批纩丝工人至东三省开缫丝厂，俗名谓之出关开纩（听之若开矿），就地收茧制丝，运至烟台。"④ 不久之后又在"盖县、海城地区，由山东移植了柞蚕和缫丝技术"⑤。

东北机器缫丝业的勃兴一定程度上影响到山东机器缫丝业的发展。"至新式机器缫丝初本集中于烟台，安东、盖平等处亦有，然为数向少。嗣以安东交通便利，丝厂勃兴，烟台大受打击。"⑥ 一般而言，使用蒸汽机作为动力的缫丝厂，规模较大，主要分布在缫丝业发达的城市。

> 缫丝一名纩丝，缫丝厂一名丝坊或名纩坊，此指专用人工者而言；用汽机者，别名之曰机器纩坊，亦曰机器丝坊，近更名之曰缫丝厂。缫丝厂之大小以纩计，每纩一般须工人一名，最大者可安千盘纩，小者或十数盘，大者用汽机，小者则否；大者设于安东、烟台、海城等处，小者凡产茧之处随地皆有。⑦

---

① 龚俊编：《中国新工业发展史大纲》，商务印书馆1933年版，第161页。
② 蒋根尧编：《柞蚕饲养法》，商务印书馆1948年版，第11页。
③ 沈云龙主编：《近代中国史料丛刊》三编，第二十八辑，文海出版社1987年版，第85—86页。
④ 张兆麟：《胶东之丝绸业》，《工商半月刊》1934年第6卷第5期。
⑤ [日]满史会编：《满洲开发四十年史（1905—1945）》（下卷），《东北沦陷十四年史》辽宁编写组译，1987年，第5页。
⑥ 蒋根尧编：《柞蚕饲养法》，商务印书馆1948年版，第11页。
⑦ 刘景文、高乃济修，郝玉璞纂：《岫岩县志》卷三《人事·蚕业》，民国二十四年铅印本。

第三章　缫丝改良：近代柞蚕缫丝业的变化与兴衰　137

1904 年，安东引进"芝罘式小框制法"，1909 年，该地成立了芝罘（烟台）缫丝资本的福增源丝厂。① 宣统年间，安东开办恒兴丝厂，一年后又开设远记丝厂和华安丝厂，吉林设立振艺协丝厂。② 从 1913 年到 1916 年，奉天省盖平县开设机器柞蚕缫丝公司，其中公司资本 3000 元及以上的有恒盛德和永兴盛，资本 2000—3000 元的有聚成福、源记号、利源长，资本 1000—2000 元的有富记、裕厚成。③

1915—1916 年，安东开办资本 30000 元及以上的丝厂有正记丝厂、和丰丝厂；资本 20000—30000 元的丝厂有远记丝厂、实业丝厂、谦盛恒丝厂、恒顺庆丝厂、东泰丝厂。④ 到 1919 年，安东已经拥有丝厂、茧栈二十余家。⑤ 据当时调查：

> 1919 年安东有 26 家工厂，其中包括日本方面两家工厂，11402 台设备，生产丝 10966 捆；盖平为 28 家工厂，5050 台设备，生产丝 8280 箱。⑥

表 3—7　　　　　　1922—1923 年安东机器缫丝业情况统计

年份	工场数（家）	机器（台）	一年生产数额（捆）	出产集散额（笼）
1922	64	17853	19925	7200
1923	26	11000	1600	18466

资料来源：熊知白编：《东北县治纪要》，立达书局印行 1933 年版，第 132 页。

东北地区柞蚕机器缫丝工厂，不仅有华商开办的，而且有外商兴办

---

① ［日］满史会编：《满洲开发四十年史（1905—1945）》（下卷），《东北沦陷十四年史》辽宁编写组译，1987 年，第 8 页。
② 陈真、姚洛合编：《中国近代工业史资料》第一辑，生活·读书·新知三联书店 1957 年版，第 49—52 页。
③ 孔经纬主编：《新编中国东北地区经济史》，吉林教育出版社 1994 年版，第 179 页。
④ 同上。
⑤ 沈云龙主编：《近代中国史料丛刊》三编第二十八辑，文海出版社 1987 年版，第 85 页。
⑥ ［日］满史会编：《满洲开发四十年史（1905—1945）》（下卷），《东北沦陷十四年史》辽宁编写组译，1987 年，第 53 页。

的，其中尤以日商开办的缫丝工厂规模最大。民国二十年，"日人在安东经营之杂工厂，富士瓦斯纺织株式会社安东分厂，设在南七条，通用电力制造柞蚕纺丝"。① 同时，该厂也是当时全国规模最大的柞蚕机器缫丝工厂。东北其他地区日资缫丝厂的基本情况可见表3—8。

表3—8　　　东北其他地区日资柞蚕缫丝工厂情况统计

厂名	厂址	成立年月	资本（元）	商标
"满洲"蚕丝株式会社	辽宁旅顺	民国十五年九月	1000000	未详
德生合兴记丝厂	辽宁万家岭	民国十六年十月	100000	未详

资料来源：张研、孙燕京主编：《民国史料丛刊》第562册，大象出版社2009年版，第190页。

在机器缫丝的带动下，东北地区不仅柞蚕缫丝业生产方式由手工阶段开始向机器生产阶段过渡，而且柞蚕缫丝的生产组织形式也由家庭作坊制发展为工厂制。

> 本省前十年缫丝业颇多，家庭工作为农户一种副业，近因沈阳有纯益缫丝公司，安东、海城有机器纩房，品质良而使费轻，育蚕户不自缫，其茧直接售于茧栈或缫丝厂，由各厂缫丝出运售于安东、上海洋商，是由家庭工作制渐进而为工厂制。②

到20世纪二三十年代，不仅"烟台之缫丝工厂则多用机械"，③ 而且东三省地区柞蚕缫丝"即用蒸汽，目下野蚕缫丝业概用此法"。④

东北地区柞蚕缫丝业中机器生产方式的出现后，新法开始取代旧法制丝，同时，雇用大量工人进行生产，所有这些变化不仅提高了柞蚕丝的产品质量，而且也使得工人工资大为增加。据民国《岫岩县志》载：

---

① 王介公修，于云峰纂：《安东县志》卷六《人事·工业》，民国二十年铅印本。
② 王树楠、杨钟义等编纂：《奉天通志》第121卷《实业》九《蚕业》，中山丰1934年印。
③ 张兆麟：《胶东之丝绸业》，《工商半月刊》1934年第6卷第5期。
④ 《野蚕丝之产销及其贸易状况》，《工商半月刊》1930年第2卷第20期。

"柞蚕丝厂之营业受外洋之敦促，出货渐精，经理亦渐臻完善，工人之薪金亦较前增加数倍。"① 同时，东北的柞蚕缫丝业也从家庭副业逐渐向机器工业转型。柞蚕丝"为东北之重要农家副业之一，近年且已成为机械工业矣。工厂分布在安东、沈阳、锦县、岫岩、庄河及凤城等地。"②

毋庸置疑，机器缫丝业是中国近代工业中起步最早也是发展较快的行业。近代机器缫丝的出现，较之旧式缫丝，不论从生产方式还是经营方式，都有了显著的进步。机器缫丝的质量要高于土法缫丝，而且机器丝的价格也远超过旧式土法缫制的灰丝价格。由于手工缫丝成本低廉，简单易操作，适合近代中国小农经济的发展需要，土法手工缫丝仍然占据主导地位。

二 机器缫丝业的衰落

近代中国是一个半殖民地半封建社会，帝国主义不可能促使中国变成一个工业化国家。因此，机器缫丝业在近代中国的发展不仅是有限的，而且最终全面破产的结果将是必然的。

迄今为止，学术界有关近代中国机器缫丝业的研究成果并不鲜见，③但是多数是基于桑蚕缫丝业的论述，而对于柞蚕缫丝业的分析相对欠缺。④ 有鉴于此，笔者不揣谫陋，试对这一问题进行分析和探讨。

近代中国柞蚕机器缫丝业的衰落乃至破产主要表现在以下三个方面：第一，东北地区柞蚕缫丝厂被日本霸占，经营惨淡。第二，缫丝厂因缺少原料而逐渐停业，乃至破产。第三，缫丝厂生产量日益减少，出

---

① 刘景文、高乃济修，郝玉璞纂：《岫岩县志》卷三《人事·蚕业》，民国二十四年铅印本。

② 张研、孙燕京主编：《民国史料丛刊》第810册，大象出版社2009年版，第54页。

③ 可以参阅曲从规《陈启源与中国近代机器缫丝业》，《史学月刊》1985年第3期；徐新吾等《中国近代缫丝工业的有限发展与全面破产》，《上海社会科学院学术季刊》1986年第1期；吴振兴《近代珠江三角洲机器缫丝业的发展及其对社会经济的影响》，《广东社会科学》1991年第5期；张增香《简析华资机器缫丝业产生的几个有利条件》，《东疆学刊》1996年第2期；张茂元、邱泽奇《技术应用为什么失败：以近代长三角和珠三角地区机器缫丝业为例1860—1936》，《中国社会科学》2009年第1期，等等。

④ 张伟：《清代辽宁的柞蚕缫丝业》，《辽宁师范大学学报》（社会科学版）1990年第2期；张伟、俞彤：《丹东柞蚕缫丝业史略》，《丹东师专学报》1995年第4期。

口数量也迅速锐减。

九一八事变之后，日本很快占领东北三省，进而全部霸占东北的柞蚕缫丝工业。直到1945年，东北以柞蚕缫丝为中心的绢纺、织绸等纺织工业全部为日本掠夺经营，由于日本垄断柞蚕茧丝价格，使得蚕农无利可图，最终导致东北柞蚕缫丝业生产和出口数量不断减少。

  当时全东北大小柞丝厂有三百八十三家，待至1945年尚存四五十家。由于柞蚕茧价过低，群众不愿放养柞蚕，即使收茧，不少蚕户自缫、自织、自用，以补自身衣料的不足，而且剖茧取蛹作食品，加上日本帝国主义把柞茧运往日本作绢纺原料，使东北丝厂原料茧来源日益减少，即使在沈阳、安东、凤城等以日资为主或全系日资的工厂十四家，生产也极不正常，基本处于停顿状态。①

表3—9   1931—1936年柞蚕丝输出数量统计

年份	柞蚕丝输出（百万斤）	年份	柞蚕丝输出（百万斤）
1931	3.5	1934	2.5
1932	2.4	1935	2.3
1933	2.9	1936	1.6

资料来源：[日]满史会编：《"满洲"开发四十年史（1905—1945）》（下卷），《东北沦陷十四年史》辽宁编写组译，1987年，第78页。

从表3—9统计数据可知：从1931年到1936年，这一时期东北被日本占领期间，柞蚕丝的输出量基本呈逐年下降趋势。1931年东北地区柞蚕丝输出量为3500万斤，到1936年减少至1600万斤，减少了大约55%。

近代机器缫丝业的发展与蚕茧原料供应不足之间的矛盾不可调和："机器缫丝的速度很快，而蚕茧的生产缺乏弹性无法迅速增加。"② 在缺乏相对宏观的规划时，机器缫丝的能力大大超过了蚕茧的供应能力。

---

① 王庄穆主编：《民国丝绸史》，中国纺织出版社1995年版，第487—488页。
② 施敏雄：《清代丝织工业的发展》，中国学术著作奖助委员会1968年版，第86页。

第三章 缫丝改良：近代柞蚕缫丝业的变化与兴衰

由于来自东北地区柞蚕茧的供应逐渐减少，使得山东地区机器缫丝业大受影响，基本处于半破产状态。"嗣以安东交通便利，丝厂勃兴，烟台大受打击。"① 烟台"纩房四十三家，本家（1911）闭歇者六家，机器纩房亦未开工。"②

> 惟烟台各丝厂所用之野蚕茧以本省出产不敷，故多仰给于辽宁之安东。后因安东交通日益便利，丝厂勃兴，与野茧之需要亦增，因之烟台野丝业大受影响。……凡由安东运野蚕茧至烟台，概免纳出口税，但不在烟台缫丝者，仍须完纳。然此法实行以后，各厂仍未能恢复原状。据民国十年五月调查，烟台共有野蚕丝厂42家，丝车16350部。近年因日本在安东采办野茧颇巨，故烟台各厂以原料缺乏而愈益不振。③

山东近代机器柞蚕缫丝业的原料大多来自东北地区，1914年安东陆续开设柞蚕缫丝工厂之后，山东机器柞蚕缫丝业因为缺少柞蚕茧原料而日趋衰落。到1931年东北沦陷后，日本帝国主义阻止柞蚕茧原料出口山东地区，从而使得山东地区柞蚕缫丝业基本处于停顿状态。直到抗日战争结束为止，山东柞蚕缫丝厂几乎全部关闭，机器缫丝业也始终没有发展起来。

> 自东北沦亡，东北柞蚕茧不再输入烟台，烟台各丝绸厂之原料三分之二以上为自东北入口者，今以原料缺乏，柞茧丝绸工厂皆行停工，仅有东海关设立之蚕丝学校，小规模工厂存在焉。④

东北地区沦入日本人之手，对运出东北的柞蚕茧课以重税，阻止流入山东地区，也加速了烟台地区柞蚕缫丝业的破产。

---

① 蒋根尧编：《柞蚕饲养法》，商务印书馆1948年版，第11页。
② 汪敬虞编：《中国近代工业史资料（1895—1914年）》第二辑，中华书局1962年版，第840页。
③ 龚俊编：《中国新工业发展史大纲》，商务印书馆1933年版，第161—162页。
④ 《山东柞蚕业调查》，《工商半月刊》1935年第7卷第3期。

昔日自东省运烟之茧，今因关税之巨，不啻全部被阻，烟台原有之42家丝厂，现存者只五家，其余悉以破产，闻即此五家中迄今亦未开工……胶东丝业之破产，可指日而待也。①

表3—10　　　　1927—1934年烟台关出口柞蚕丝绸比较统计

类别 年份	茧绸 数量（担）	茧绸 价值（两）	灰厂丝 数量（担）	灰厂丝 价值（两）	灰丝 数量（担）	灰丝 价值（两）
1927	6849	2244417	3285	1655640	109	40188
1928	7361	2289271	3320	1385436	223	66142
1929	7356	2287716	2579	1098654		
1932	3649	1459600				
1933	2598	1039200				
1934	2634	1053600				

资料来源：《山东柞蚕业调查》，《工商半月刊》1935年第7卷第3期，第67页。

从表3—10统计数据，可以发现：第一，1931年，东北沦入日本人控制之后，来自东北的柞蚕茧日趋减少，烟台缫丝厂逐渐全行停工，灰厂丝和灰丝出口在1931年后全部消失。第二，烟台茧绸的出口数量也遂行骤减，从1927年的6849担下降至1934年的2634担，下降幅度约为62%。茧绸的出口价值也由1927年的2244417两减少到1934年的1053600两，出口价值基本减少了53%。可知，烟台丝绸出口锐减与日本垄断东北地区柞蚕茧生产密不可分。

近代机器缫丝业衰落的原因是多方面的，笔者依据所见材料及前人研究成果，大致总结以下两大原因。

首先，客观原因——社会环境的局限性，即政府的短视和外国侵略的阻碍，使得近代机器缫丝业没有一个稳定的积极的社会环境的支持。"中国最初几个周期现代化的失败，首先是国家的失败，一种政治上的失败"②。近代以来，清代政府腐败无能，不能为包括机器缫丝业在内

---

① 张兆麟：《胶东之丝绸业》，《工商半月刊》1934年第6卷第5期。
② 中国近代经济史丛书编委会编：《中国近代经济史研究资料》（7），上海社会科学院出版社1987年版，第142页。

第三章 缫丝改良：近代柞蚕缫丝业的变化与兴衰

的近代化事业创造有利条件，发挥基本的扶持和推动作用，相反却一味扼杀。"对于新兴的机器工业包括机器缫丝厂，清代政府更是大力封杀。"① 重农轻商思想的延续，使得机器缫丝业只能是局部地区的个别现象。"清政府保持对农村自给自足理想的信心，对对外贸易从根本上不加信任……机器缫丝业在很大程度上是一种通商口岸现象。"② "烟台之柞蚕制造业，悉归民业，无由省会保护，亦无官民合办者，政府惟免其山茧输入税而已。"③ 除此之外，近代人多民贫的特殊国情也阻碍了机器缫丝业的推广和普及。

光绪十三年（1887），葛元煦在其《沪游杂记》中言：

> 西国以机器制百物，一日可抵十人或数十人工作……然其器虽巧，费用浩繁，穷乡僻壤，殊难置备。盖西国地旷人稀，故制造必借物力。中华地广人稠，民皆自食其力，不烦机器，亦势所必然也，不能强也。④

近代机器缫丝业如果仅仅装备了现代机器和蒸汽动力这些技术上的现代化，而没有"诸如现代银行和信贷组织那样的措施帮助降低风险，没有政府发起的控制蚕种生产、减少疾病的规划，技术上的变化就是不充分的"⑤。

鸦片战争之后，中国面临日益严峻的外国竞争和侵略局面。中国的柞蚕丝久为日本帝国主义所垂涎，早在1907年，日商即在盖平开设大吉成洋行，经营丝业并附设缫丝工厂。⑥ 随后，日商在安东开设缫丝

---

① 张茂元：《近代珠三角缫丝业技术变革与社会变迁：互构视角》，《社会学研究》2007年第1期。
② [美] 李明珠：《中国近代蚕丝业及外销（1842—1937）》，徐秀丽译，上海社会科学院出版社1996年版，第226页。
③ 《山东之蚕桑观》，《湖南实业杂志》1912年第1卷第5期。
④ 彭泽益编：《中国近代手工业史资料（1840—1949）》第二卷，中华书局1962年版，第297页。
⑤ [美] 李明珠：《中国近代蚕丝业及外销（1842—1937）》，徐秀丽译，上海社会科学院出版社1996年版，第202页。
⑥ 《安东柞蚕丝绸业发展简史》，《辽宁文史资料选辑》第1辑，1962年，第130页。

厂，如冈村洋行设有冈村柞蚕丝工厂，1912年改名为大生丝厂。① 据时人在《中国新工业发展史大纲》记载：

> 民国初年，日本在我国之缫丝工业亦长足直进。上海一区，日商丝厂甚多，其最著者则为钟渊纺绩株式会社所经营之上海制造绢丝公司，资本达40万两，较任何华厂为多。惟其注目之点尚不在上海，经营最力者，山东则烟台、青岛，东北则安东等处，最大者当推富士瓦斯纺绩株式会社，在安东所设之工厂，该厂系合并安东日商数个工厂而成（其在本国东京、琦玉、神奈川静冈、名古屋、岐阜、大阪、大分等处均设有大规模之制造厂），资本日金452万元，每年出货60余万斤，价值日金100余万元，其势力之雄厚，诚非华厂所能望其项背也。②

近代东北社会经济形势的稳定与否左右着山东经济的兴衰，"近代山东经济，与东北关系最大"。③ 这一点在近代山东柞蚕缫丝业的兴衰上表现得尤为明显。九一八事变之后，东北沦陷，日本垄断了东北地区的柞蚕茧资源，山东地区柞蚕缫丝业出现了原料不足的困难局面，许多缫丝厂被迫停业。"与夫最近东省茧源之被攫，胶东丝绸如一息奄奄，大有朝不保夕之慨。"④ 同时，日本垄断东北地区的柞蚕丝茧资源，掠夺回国生产后销往欧美市场，进一步加剧了中国机器柞蚕缫丝业的衰落。

> 胶东织绸之丝十分之七供给于东北。自"九·一八"事变后，伪国伪海关封锁之域，丝茧运烟须纳出口入口之二重关税，是实人民所不能负担者。结果胶东缫丝工人之居留东省，乃在日人指挥之下，为其大作价廉之生产，日人织绸之后，乃在欧美广为倾销，而

---

① 徐新吾主编：《中国近代缫丝工业史》，上海人民出版社1990年版，第522页。
② 龚俊编：《中国新工业发展史大纲》，商务印书馆1933年版，第163页。
③ 张玉法：《中国现代化的区域研究——山东省（1860—1916）》，"中研院"近代史研究所1982年版，第174页。
④ 张兆麟：《胶东之丝绸业》，《工商半月刊》1934年第6卷第5期。

胶东之丝绸又增一无上之劲敌。①

1937年七七事变后，"日本帝国主义所发动的全面侵华战争，切断了中国丝绸行业近代化的正常发展途径"，② 也进一步加剧了机器缫丝业的衰退。

其次，主观原因——近代机器缫丝业发展过程中自身的局限性，造成其发展先天缺陷，后劲乏力。具体来讲：第一，先天不足——原料缺乏；第二，后天乏力——生产效率低下。

第一，原料日益缺乏。近代中国柞蚕机器缫丝业的衰落与缺乏柞蚕茧原料密不可分。这种情况在近代长江三角洲地区桑蚕机器缫丝业中也普遍存在。张茂元认为，近代长江三角洲地区的机器缫丝工厂没有建立蚕茧原料供应基地，蚕农不愿意放弃家庭缫丝业，最终导致长江三角洲地区机器缫丝业因缺乏原料而出现停滞。③ "在20世纪，近代机器缫丝业最经常的抱怨是优质蚕茧的供应不足。"④ 与此相似，对于近代柞蚕机器缫丝业而言，柞蚕茧的供应更显得捉襟见肘。

明清以来，山东一直为中国柞蚕茧主要产地。但自晚清以后，山东柞蚕茧产量逐渐落后于东北地区。"柞茧最盛的产区，早期首推山东。1884年后，东北超过了山东，约占总产额的十分之六七，山东仅占十分之二三。"⑤ 近代山东虽然为中国柞蚕缫丝最集中也是最发达的地区，但由于本省柞蚕茧产量有限，不能满足柞蚕缫丝厂的原料需求，只得依靠东北柞蚕茧的供应。

烟台之商务，以缫丝为大宗，即沿海百余里内之市镇，亦莫不以缫丝为恒业……以故，登郡一隅之产，不足供其十一，而关东茧

---

① 张兆麟：《胶东之丝绸业》，《工商半月刊》1934年第6卷第5期。
② 王翔：《日本侵华战争对中国丝绸业的摧残》，《抗日战争研究》1993年第4期。
③ 张茂元、邱泽奇：《技术应用为什么失败：以近代长三角和珠三角地区机器缫丝业为例1860—1936》，《中国社会科学》2009年第1期。
④ ［美］李明珠：《中国近代蚕丝业及外销（1842—1937）》，徐秀丽译，上海社会科学院出版社1996年版，第148页。
⑤ 徐新吾主编：《中国近代缫丝工业史》，上海人民出版社1990年版，第492页。

之进口，遂日见其多。①

　　该省产茧犹不足供丝厂之需求，故大部分不得不仰给于东三省产茧。②

　　加上当时交通运输费用较高，而且柞蚕茧在长途运输过程中容易腐烂变质。"厥后丝业界中人感觉土茧自东省运烟，虽无关税，但运费颇巨，同时丢失腐烂，随时皆有。"③ 同时，民国初期东北机器缫丝厂纷纷建立，柞蚕茧大多在本地缫丝加工出售，进一步加剧了山东机器缫丝业的衰落。"烟台的缫丝厂多用机械，原料茧则取自辽宁的安东，但自安东设厂缫丝后，烟台的丝厂逐渐衰落。"④

　　第二，近代机器缫丝业投资大、成本较高，而生产效率又不高。

　　众所周知，机器大生产不仅节约劳动力，而且生产效率也高于手工生产。但是，近代中国机器缫丝工厂的生产效果并不理想，原因在于柞蚕茧不同于桑蚕茧胶质轻，柞蚕茧胶质较重，处理漂洗较难。"故机器的运转要随着工人操作的需要而快慢自如"⑤，但蒸汽机的运转速度过快，不能适应柞蚕茧原料的特性及工人的工作习惯，导致机器缫丝投资较大、成本较高，效率并没有提高多少，生产量有时甚至不如脚踏缫丝车的生产量。

　　近代机器缫丝业投资较大，成本较高。如同桑蚕缫丝业一样，"机器缫丝业对企业家来说仍充满危机，许多丝厂开办不久即告停闭，幸存下来的早期丝厂中大多资金不足，经常处于倒闭的边缘"⑥。同样，近代柞蚕缫丝业也面临投资过大，资金不足的困境。例如华丰机器柞蚕缫丝工厂，在创办时仅购买机器就花了几万两银子。相比较之下，手工工场缫丝厂只需要很少的固定资金即可设立。一台木制足踏缫丝机及附件

---

① （清）王元綖辑，郑辟疆校：《野蚕录》，农业出版社1962年版，第76页。
② 《野蚕丝之产销及其贸易状况》，《工商半月刊》1930年第2卷第20期。
③ 张兆麟：《胶东之丝绸业》：《工商半月刊》1934年第6卷第5期。
④ 实业部国家贸易局：《中国实业志（山东省）》第八编，第二章（辛），1934年，第59页。
⑤ 徐新吾主编：《中国近代缫丝工业史》，上海人民出版社1990年版，第496页。
⑥ [美]李明珠：《中国近代蚕丝业及外销（1842—1937）》，徐秀丽译，上海社会科学院出版社1996年版，第187页。

价格不过四元。①

> 今土缫之法，以脚踏车，以手理丝，一车只用一人，改用机器，其力不过仅足运车，而理丝者，仍须一车一人，人不减少，而机器煤炭之耗费，其成本必倍于土缫，至丝之匀细与否，则仍视乎理丝者之工拙，而又不尽关于机器，使其货色仅比乎土缫，固已无利可图，即其货色稍胜乎土缫，亦仍无利可图。②

近代机器缫丝业虽然能够节省人力，但由于成本较高，大多负债亏本。"光绪三四年，烟埠华丰、华泰洋行，改用汽锅铁軖，纩丝省力，而费用浩繁，虽得专利，而赔累无算。"③

近代机器缫丝工厂的劳动生产效率提高不大，甚至有时还赶不上手工工场生产效率。根据日本调查：

> 机器缫丝的产量，按熟练程度：一级工日产六至八两，二级工四至五两，三级工二至三两；足踏缫丝的产量：每人每天上好茧缫丝七至八两，下茧四至五两。得丝量（一千颗茧可得良丝和屑丝的比例）：机器缫丝：一级茧十两，二级茧九点三两，三级茧八两；足踏缫丝：一级茧良丝十二两、屑丝三两，二级茧良丝十两、屑丝三两；三级茧良丝六两、屑丝三两。④

同时，机器缫丝工厂与手工缫丝工场缫制的生丝质量相差不大。"把烟台机器缫丝厂和宁海州龙泉汤足踏缫丝厂的产品品质互相比较，机器缫丝有的项目还不如足踏缫丝。"⑤ 甚至经过机器缫制的生丝价格还低于手工缫制的生丝。"手纩最上之丝，售价可较汽纩最上之丝略高，故有时汽纩亏本，而手纩仍能获利，是以此项手纩局愿以重资以

---

① 乐嗣炳编，胡小源校：《中国蚕丝》，世界书局1935年版，第432页。
② （清）王元綎辑，郑辟疆校：《野蚕录》，农业出版社1962年版，第76—77页。
③ 杨洪江、华德公校注：《柞蚕三书》，农业出版社1983年版，第82页。
④ ［日］峰村喜藏：《清国蚕丝业大观》，朝日新闻出版社1902年版，第291—292页。
⑤ 同上书，第293页。

聘良工。"① 1903年，烟台已有三家机器缫丝工厂，由于机器缫丝成本高于手工工场缫丝成本，使得几年后烟台机器缫丝工厂面临停产的尴尬局面。"当手纩尚有利可图时，汽纩已无利可图，因此至1906年已有两处停歇。"② 由于烟台机器缫丝工厂随着柞厂丝（机器缫制的生丝）价格起伏不定而时开时停，最终导致近代中国柞蚕机器缫丝工厂一直没有发展起来。

小　结

近代柞蚕缫丝业的改良和进步，是中国传统缫丝业走向近代化的一个突出表现，也是近代中国资本主义发展的一个缩影。

开埠通商以来，国际市场对柞蚕丝的需求不断增加，柞蚕缫丝业也开始走向改良的道路。一方面，近代柞蚕缫丝业生产组织由以前落后分散的家庭作坊式手工缫丝逐渐向集中的工场手工业生产过渡，专业化分工的生产模式逐渐成为柞蚕缫丝业的发展方向。另一方面，近代柞蚕缫丝业开始引进机器大生产。由于柞蚕茧不像桑蚕茧那样容易缫制，同时柞蚕茧供应经常不能满足机器生产的需求，因此柞蚕机器缫丝业没有像桑蚕机器缫丝业那样最终获得成功。

由此可见，在近代内忧外患的时代背景下，柞蚕机器缫丝业不仅没有得到进一步发展，而且逐渐走向衰落的边缘。这也充分证明"资本主义化的道路在中国根本走不通，发展资本主义绝无光明的前途"。③

---

① 彭泽益编：《中国近代手工业史资料（1840—1949）》第二卷，中华书局1962年版，第359页。
② 徐新吾主编：《中国近代缫丝工业史》，上海人民出版社1990年版，第511页。
③ 王翔：《论近代中国资本主义发展的两难抉择》，《中州学刊》1990年第4期。

第四章　茧丝贸易：近代柞蚕茧、丝的生产与集散

柞蚕茧和柞蚕丝的生产和贸易是柞蚕丝业不可缺少的两个组成部分。同时，柞蚕茧产量是否稳定将直接影响柞蚕丝的生产和销售。近代时期，柞蚕茧的生产中心由山东地区逐渐转移到东北地区，而柞蚕丝的生产中心在山东地区。因此，柞蚕茧和柞蚕丝生产分布的区域不平衡性一定程度上制约了柞蚕丝业的健康发展。迄今为止，学术界对于近代柞蚕茧和柞蚕丝产销的研究比较欠缺。鉴于此，本章试图对近代柞蚕茧和柞蚕丝生产和销售状况进行探讨和论述。

第一节　柞蚕茧生产与集散

一　柞蚕茧之生产

1. 柞蚕茧之种类

柞蚕茧亦称山茧、山蚕茧或野蚕茧。就蚕茧大小而言，柞蚕茧比桑蚕茧颗粒大，"野蚕茧形状较家蚕茧大半倍至一倍"[①]，普通长50毫米，周长75毫米。从蚕茧形状而言，柞蚕茧多为椭圆形。从蚕茧颜色来看，以淡黄褐色最多。柞蚕茧一端有蒂，一端钝圆，羽化时即由有蒂的一端出蛾。

根据柞蚕放养季节的不同，柞蚕茧大致可分为春茧和秋茧两大类。秋茧发育时间较春茧长，因此秋茧的优势明显：

第一，秋茧大、分量重、丝量多纤维粗；春茧略小、纤维稍细。

---

① 张兆麟：《胶东之丝绸业》，《工商半月刊》1934年第6卷第5期。

第二，虽然秋茧光泽远不如春茧，但是秋茧强韧度要优于春茧，而且秋茧缫丝少结，品质也较春茧优良。①

柞蚕茧丝量随着产地不同而稍有差异。民国时期，辽宁省牛庄税务司曾将牛庄附近的五种柞蚕茧加以实验，具体情况见表4—1所示。

表4—1　　　　　　　牛庄附近五种柞蚕茧丝量情况统计

类　别	每茧丝长（米）	每茧重量（克）	每茧品位（但尼尔）
第一种茧	422	0.460	8.500
第二种茧	565	0.500	7.080
第三种茧	375	0.300	7.060
第四种茧	490	0.420	8.000
第五种茧	652	0.475	6.560
平　均	500.80	0.432	7.440

资料来源：乐嗣炳编辑，胡山源校订：《中国蚕丝》，世界书局1935年版，第338页。

根据表4—1统计数据，不难看出：第一，牛庄附近五种柞蚕茧丝量长度不一，从375米到652米不等，平均每个柞蚕茧丝长为500米左右。第二，牛庄附近五种柞蚕茧每个茧的重量也各异，从0.300克至0.500克不等，平均重0.432克。第三，牛庄附近五种柞蚕茧每个茧的品位也不相同，从6.560但尼尔到8.500但尼尔，平均每个柞蚕茧品位为7.440但尼尔。

按照地域差异，柞蚕茧也可以划分为不同的品种。产于山东文登县的客岭村（亦称可落村）者，称为客岭种（本地人称客岭庄）。产于威海卫的艾山一带的柞蚕茧，称为艾山种（本地人称艾山庄），或称威海种。产于辽宁省盖平、宽甸、凤凰、岫岩、东丰、西丰一带者，通称为关东种（山东亦称关东庄）。山东蚕农多从安东购买关东茧种，故亦称安东种（山东称安东庄）。柞蚕茧产于河南省者，山东称为河南种。②

---

① 乐嗣炳编辑，胡山源校订：《中国蚕丝》，世界书局1935年版，第337页。
② 巴又愚：《胶东之柞蚕》，《中国蚕丝》1935年第1卷第1期。

相比东北柞蚕茧而言，"山东产所做之茧较东三省产者色白而纤维细"①。柞蚕茧的品质和重量不仅区域差异明显，而且与气候、柞叶及品种密切相关。在同一区域内，影响柞蚕茧质量最关键的就是柞蚕种。近代中国最为优良的柞蚕种是分布于山东半岛文登、荣成二县交界区域"丝量多，茧粒大体质强"的客岭种。②

客岭种于原产地饲养的，不但品质优良，而且柞蚕茧重量也比其他柞蚕茧重。

> 客岭种柞蚕茧最重的，每千茧约18至20市斤。安东种则每千茧中最重者，约12至15市斤；至于在牟平、栖霞、海阳等县饲用客岭种的，平均约重14至18市斤；饲用安东种者，每千茧平均约重12至16市斤。③

在山东半岛放养的柞蚕茧，多称为本山茧。这种柞蚕茧丝质较优，缫丝厂家大多乐于购买。遗憾的是，近代山东半岛每年只产柞蚕茧三万余笼，远远不能满足缫丝工场的需要，所以烟台缫丝工场每年都要从东北购买蚕茧。从东北购买的柞蚕茧，被称为东山茧。山东半岛每年购入的东山茧，数量有十万笼左右，每笼茧四千至六千，共计有五亿粒之多。④ 每年购买的东山茧不仅质地不如本山茧，而且东山茧大小不一。

总之，从多数年份来看，从东北购入的柞蚕茧大约占山东缫丝工场需要总量的十分之七，而本地茧约占十分之三。

2. 柞蚕茧之生产

柞蚕茧产量因年成丰歉而差异较大，所以准确产量很难统计。柞蚕茧历年产量尚无精确统计，且丰年和荒年不同年景，产量也大不相同。根据《中国年鉴》记载：

---

① 《野蚕丝之产销及其贸易状况》，《工商半月刊》1930年第2卷第20期。
② 迟德超：《鲁省柞蚕客岭种之现况及其推销区域》，《中国蚕丝》1936年第2卷第6期。
③ 巴又愚：《胶东之柞蚕》，《中国蚕丝》1935年第1卷第1期。
④ 同上。

民国三年我国柞蚕茧产额数达182800余担,而翌年仅产36700余担,其差异可见一斑。①

在最盛时候,柞蚕茧可年产百万担以上。"国内柞蚕茧生产量,就各省之出产估计之,平均至少在100万担以上。"②

1840年以前,柞蚕丝基本没有出口,内销量也很少。柞蚕茧的商品量也极少,基本处于自产自缫阶段。据徐新吾估算,1840年柞蚕茧生产量大约有102千关担。③ 1860年以后,柞蚕丝开始出口,柞蚕茧也逐渐进入流通市场。由于当时中国海关已被外国人把持,所有国内出产外国人均清楚,柞蚕开始为外国人所注意。加之柞蚕丝物美价廉,因此外国传教士不断在内地搜集柞蚕种类,交给英、法、意等国仔细研究并试饲养,然后报告各地海关调查记载柞蚕的产销情形。

表4—2　　　　　1894—1932年中国柞蚕茧生产情况估计

年份	产量（千关担）	产值（千关两）	商品量 千关担	商品量 占产量（%）	自缫量 千关担	自缫量 占产量（%）
1894	531.10	3728.32	276.10	51.99	255.00	48.01
1899	674.45	8403.65	419.46	62.19	255.00	37.81
1904	843.25	14588.23	569.96	67.59	273.29	32.41
1909	955.69	16275.40	578.19	60.50	377.50	39.50
1914	1099.99	12583.89	358.21	32.57	741.75	67.43
1919	1299.99	23880.82	572.58	44.04	727.41	55.96
1924	1349.21	38654.87	383.71	28.44	965.50	71.56
1929	1124.35	23161.61	501.82	44.63	622.52	55.37
1932	848.86	12919.95	601.62	70.87	247.24	29.13

资料来源：徐新吾主编：《中国近代缫丝工业史》,上海人民出版社1990年版,第504页。

---

① 乐嗣炳编辑,胡山源校订：《中国蚕丝》,世界书局1935年版,第314页。
② 蒋根尧编：《柞蚕饲养法》,商务印书馆1948年版,第10页。
③ 徐新吾主编：《中国近代缫丝工业史》,上海人民出版社1990年版,第504页。

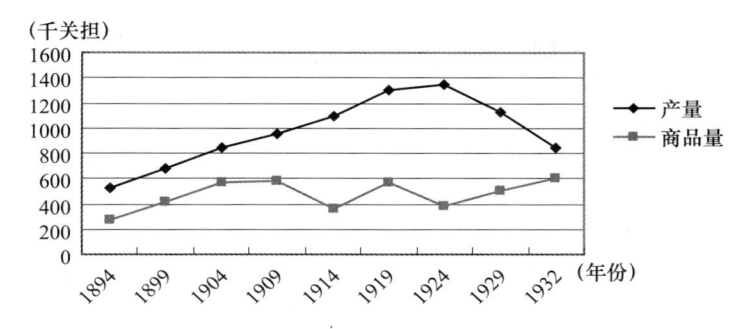

第四章 茧丝贸易：近代柞蚕茧、丝的生产与集散　153

图4—1　1894—1932年中国柞蚕茧生产量和商品量变化趋势

根据表4—2和图4—1所示统计数据可知：第一，从1894年至1932年，中国柞蚕茧生产量变化趋势比较明显，大致呈现先由低到高，再从高到低的趋势。其中，在1919—1929年柞蚕茧产量最高。第二，从1894年至1932年，中国柞蚕茧商品量变化趋势虽然相对平缓，但是柞蚕茧的平均商品率仍然有51.4%左右。也就是说，这一时期，中国柞蚕茧生产量虽然变化较大，但是柞蚕茧的商品率和商品量基本维持不变。

表4—3　　　　1924—1932年中国柞蚕茧产额及输出额统计

年份	产额（斤）	输出额 数量（担）	输出额 价值（元）
1924	18282439	159	2871
1925	3673036	4713	121987
1926	3651848	33	817
1927	2398303	11	275
1928	2111806	30	375
五年平均	6023486	989.2	25265
1929	—	172	3403
1930	—	347	6123
1931	—	312	3384
1932	—	142	1517

资料来源：乐嗣炳编辑，胡山源校订：《中国蚕丝》，世界书局1935年版，第315页。

根据表4—3统计数据，不难发现：在1924—1932年，中国柞蚕茧生产量变化较大，最高可年产18282439斤，最低也可年产2111806斤，相差有五、六倍之多。其中从1924年至1928年的五年，中国柞蚕茧平均产量约有6023486斤，大约为50195.7担（按照每担折合120斤计算）。在此期间，中国柞蚕茧的输出量平均只有生产量的2%，这也从另一方面说明柞蚕茧大多是供应国内缫丝之用。

不同时期，中国各省柞蚕茧生产情况也有差异。近代中国各省柞蚕茧产量，据估计每年平均柞蚕茧生产额也在100万担以上。[①] 20世纪以前，山东柞蚕茧产量基本位居全国第一。山东柞蚕茧形态较大，柞蚕茧产量计算方法不用秤重计算，均以茧粒数计算。普通柞蚕茧产量计算以千粒为单位，例如"一万粒茧称为十千，十万茧称为百千，百万茧则不曰千，皆呼为一万或一大万"[②]。

根据1885年各海关调查的各省柞蚕茧产量，现列表4—4：

表4—4　　　　　1885年中国各省柞蚕茧产量统计　　　　　单位：公斤

省别	产量	省别	产量	省别	产量
东三省	4620000	山东省	6620000	四川省	4620000
直隶省	690000	江苏省	78000	贵州省	2150000
山西省	410000	河南省	2750000	总计	22000000
湖南省	52000	安徽省	10000		

注：（1）江苏省产量恐怕包括浙江省在内。（2）上表见于中国海关职员法人A. Fauvel所著《中国野蚕丝》（Les Serigenes sauvges de la Chine）一书第150页，原文中对于各省出产柞蚕之地名均有，本书略去。

资料来源：曾慎：《野蚕学之商讨》，《河南大学学报》1934年第1卷第3期，第3页。

根据表4—4统计数据，可以发现：1885年，中国出产柞蚕茧共有2200万公斤之多。其中以山东柞蚕茧出产最多，为662万公斤，其次为东三省和四川省，河南省和贵州省又次之。

---

① 乐嗣炳编辑，胡山源校订：《中国蚕丝》，世界书局1935年版，第313页。
② 巴又愚：《胶东之柞蚕》，《中国蚕丝》1935年第1卷第1期。

第四章 茧丝贸易：近代柞蚕茧、丝的生产与集散　　155

　　20世纪初叶，山东省柞蚕茧生产数额也曾一度保持在全国首位。我们以民国三年日本人的调查数据为基础，将各省的柞蚕生产额数列表4—5所示：

表4—5　　1914年日本调查中国各省柞蚕生产状况统计

省份	养蚕户数（户）	生产数量（斤）	生产价值（元）
河北	—	4500	610
辽宁	1575	136998	156126
山东	9746	16797400	4892184
河南	34562	304978	149125
江苏	—	1000	308
安徽	15000	167000	20380
浙江	500	47432	21328
湖北	100	12400	1033
湖南	1265	49200	6996
广东	150	722300	165612
广西	136	4531	1470
云南	121	34700	275
总计	63156	18282439	5815447

资料来源：乐嗣炳编辑，胡山源校订：《中国蚕丝》，世界书局1935年版，第314页。

　　从表4—5统计数据来看：1914年，中国各省柞蚕茧生产数值差异十分明显。就生产数量和生产价额来说，1914年山东柞蚕茧生产仍位居全国首位，其他省份生产数值较少。

　　尽管如此，仍有许多史料证明：20世纪初，东北柞蚕业发展十分迅速，后来居上，东北柞蚕茧产量开始超过山东地区。东北地区柞蚕茧在丰年时大约可收获27万笼，一般年份亦可收获18万笼，如果遇到灾荒年份，也有75000笼的产量，每笼柞蚕茧的市价为50两。[①]

[①] 安支行、张汉超：《安东日人进行开发东边之计划》，《中行月刊》1933年第6卷第4期。

民国初期，每年东北柞蚕茧产额最少有十五、六万笼，每笼装有柞蚕茧三万粒至三万五千粒，大约五十万担。① "奉天之特产，除大豆、红粮、猪鬃、皮张外，尚有山茧一项……奉天东南各县，无地无之，人民多专业之。"② 当时东北柞蚕茧生产量占据全国七成以上，与豆货产品同为财富来源之物品。据当时《中行月刊》记载：

> 山茧为柞蚕丝之原料，世界中唯"满洲"有此生产，诚天然之富源也。当丰收之时，年约2000万元之输出额，与大豆、豆饼成为"满洲政府"之一大财源。故茧业之盛衰，其影响于"满洲国家"之经济，至深且巨。③

即使到20世纪30年代初，东北地区柞蚕茧产量仍然占据全国总产量的七成左右。

> 平年东三省产约有80亿个（每笼有35000至40000个，则约有20万笼），山东省产约有30亿个（75000笼），全国共计约有110亿个。④

3. 柞蚕茧之价格

近代中国柞蚕茧的销售价格受到多种因素的制约。

首先，柞蚕茧品质是否优良，丝价有无涨落，经济状况的不同，时间与区域的差异，均会左右柞蚕茧的销售价格。⑤

另据《满铁调查报告》显示：1911年秋茧交易价格为每千颗八角至一元，1912年每千颗秋茧价格为五角至六角。1910年前后，复州全

---

① [日]东亚同文会编纂：《中国省别全志》第四卷《山东省》，1917年版，南天书局1988年影印，第784页。
② 《奉天之山茧情况》，《中外经济周刊》1925年第130期。
③ 安支行、张汉超：《安东日人进行开发东边之计划》，《中行月刊》1933年第6卷第4期。
④ 《野蚕丝之产销及其贸易状况》，《工商半月刊》1930年第2卷第20期。
⑤ 王树楠、杨钟义等编纂：《奉天通志》第121卷《实业》九《蚕业》，中山丰1934年印。

境内一年出产柞蚕茧，包括春茧和秋茧一共约二百万个，庄河地区输出的柞蚕茧价格为每千个值银七八钱，约合一元一角至一元三角。①

其次，柞蚕种茧价格一般高于柞蚕普通茧的价格。柞蚕种茧品质要比普通柞蚕茧为佳，优良的种茧较少，经常出现供不应求之势。20世纪40年代，东北柞蚕种茧价格每千粒在700—800元，而当时普通柞蚕茧的价格是每千粒400—500元。②

近代山东的文登、荣成二县出产的客岭种十分受蚕农欢迎，其茧种大部为外县蚕农预定，不仅不愁销售，而且又均系现款交易。

> 此为产柞茧区任何地方所不及的特点，价格分春秋二季，去秋每千粒自六七元—十元左右，均系销于外县，今春每千粒自七八元至十七八元不等。③

再次，春季柞蚕茧价格一般低于秋季柞蚕茧价格。"盖春茧丝量不多，虽有光泽，黏力甚弱，品质较秋茧恶劣，市价亦贱。"④

最后，按照柞蚕茧产地而言，东北柞蚕茧价格一般低于山东柞蚕茧。20世纪初，虽然辽宁柞蚕茧产量较高，但是柞蚕茧价格低于山东。所谓"东三省柞茧产量虽多，而价格更较低"⑤。据1914年盖平县署所调查：

> 盖平一县每年可获野茧984万斤，每百斤野茧约值盖平市钱70吊。⑥

---

① 辽宁省档案馆编：《满铁调查报告》第三辑（1），广西师范大学出版社2008年版，第176、471页。
② 王福山、胡仲本：《东北柞蚕业调查报告》，《中蚕通讯》1947年第1卷第5—6期（合刊），第21页。
③ 迟德超：《鲁省柞蚕客岭种之现况及其推销区域》，《中国蚕丝》1936年第2卷第6期。
④ 《野蚕丝之产销及其贸易状况》，《工商半月刊》1930年第2卷第20期。
⑤ 《山东柞蚕业调查》，《工商半月刊》1935年第7卷第3期。
⑥ 汉声：《盖平县之丝业谈》，《协和报》1914年第5卷第9期。

20世纪20年代，安东柞蚕茧市价因茧的品级而划分为上、中、下三等，今将安东柞蚕茧市最近九年的上等柞蚕茧价目，列表4—6所示。

表4—6　　1921—1929年安东上等柞蚕茧每千个市价情况统计

单位：镇平银

月份 年份	一	二	三	四	五	九	十	十一	十二
1921							2.80	2.90	3.00
1922						3.80	4.00	3.90	3.90
1923						4.30	4.10	4.00	
1924	3.80	3.50	3.00	2.50	2.00	1.90	1.55	1.80	1.80
1925	1.83	1.65	1.51	1.32	1.43	2.27	2.03	1.62	1.67
1926	3.00	3.10	2.90	3.00			3.10	3.50	3.20
1927	2.90	3.00	2.90	3.10	3.00	3.30	3.40	3.30	3.00
1928	1.65	1.60	1.57	1.58	1.54	1.87	1.78	1.65	1.58
1929	1.40	1.50					2.35	1.95	1.85

资料来源：陈隽人：《安东灰丝之研究》，《中行月刊》1930年第5期，第23—24页。

据表4—6所列数据可以看出：1921—1929年，安东上等柞蚕茧价格在不同时间差异较大。首先，安东上等柞蚕茧市场价格年度差异较大。如1923年柞蚕茧最高价格为4.30镇平银/每千粒，而在1929年，最高价格为2.35镇平银/每千粒，前后相差近一倍。其次，安东上等柞蚕茧市场价格在同一年的不同月份差异较大，如在1924年，一月柞蚕茧价格最高，为3.80镇平银/每千粒，而在十月则跌至1.55镇平银/每千粒，前后相差达一倍之多。这充分说明，柞蚕茧销售价格不稳定。

同时不可否认，近代时期，柞蚕茧价格主要依赖出丝量多少而判断，然后再以柞蚕丝价格而确定柞蚕茧的销售价格。

> 市中交易时，雇主满手握茧，以试厚薄程度，而判断丝量，或谓八个丝，或谓十个丝（每千个茧保几两丝），再以丝价而定其茧

价，或谓三角底，或谓四角底（每两丝之价值），设每两丝价为四角，每千茧出丝十两者，则一千个茧价，即定为四元矣。①

20世纪30年代初，由于受到世界性经济大萧条等因素的影响，柞蚕茧价格出现迅速下跌的趋势。"最近百业凋零，柞茧事业亦不景气，在民国十五年时，柞茧在烟台每千个价洋六元。迄民国十八年（1929），茧每千可售洋五元四角；最近每千个茧价一元两角。"②

4. 柞蚕茧之交易

近代柞蚕茧交易大多在国内进行，制成绸后再运往国际市场出售。东北柞蚕茧大多运往山东进行缫丝和织绸，直接销售国外的柞蚕茧数量十分少。

表4—7　1921—1929年东北柞蚕茧输出情况（经由大连、营口、安东）

数量：担，价格：海关两

年份 输出地	1921 数量	1921 价格	1926 数量	1926 价格	1927 数量	1927 价格	1928 数量	1928 价格	1929 数量	1929 价格
日本	243	9185	35	1164	58	2652	149	11528	305	11598
朝鲜	—	—	—	50	5	112	6	78	3	31
关内各地	100607	2241527	40329	891806	26845	705188	37204	604043	23956	356492
合计	100850	2250712	40364	893020	26908	707952	37359	615659	24264	368121

资料来源：辽东省人民政府农林厅编：《东北柞蚕概论》，辽东人民出版社1951年版，第161页。

根据表4—7统计数据，可以发现：从1921年到1929年，东北柞蚕茧绝大部分输往国内各地，而对国外的输出数量微乎其微，可以忽略不计。

近代柞蚕茧交易大多为现货交易，也有事先付款给蚕农，待收茧后完成交易的。交易时间主要在夏季和冬季进行。近代柞蚕茧现货交易大

---

① 巴又愚：《胶东之柞蚕》，《中国蚕丝》1935年第1卷第1期。
② 《山东柞蚕业调查》，《工商半月刊》1935年第7卷第3期。

概可分以下三种方式：

第一，缫丝厂家直接到柞蚕茧产地购买柞蚕茧，即产地收货。

第二，茧商与缫丝厂家同到柞蚕茧产地，缫丝厂家先检查柞蚕茧的品质，然后等待合适市价时再行购买，茧商代为交割，并负责运输事宜。

第三，缫丝厂家向茧商购买，茧商受柞蚕茧生产者的委托，把柞蚕茧运至市场，并仅取一定的佣金，销售于丝厂家。在安东地区的茧行向买卖两主各收佣金2%，将收来的茧晒露于空场杀蛹后，再装入柳条笼，预备输出，约有七成运至烟台。①

上述三种方法各有优点和不足：

第一种方法的优点是相比第三种节约佣金，获利较多；还可以精选上等品质的柞蚕茧。缺点是丝厂直接去柞蚕茧产地购买，有诸多不便。一是交通不便，柞蚕茧产地大多位于山区，运输着实不容易。二是需要携带大量现金进行交易，风险性较大。"现在安东之丝厂家，一面向茧商购进，一面派人到大孤山等购进者亦不少，惟一时购进多量之茧，甚为不便，且携带现金，亦颇危险。"②

第二种方法的优点是可以分担风险，不仅较为安全而且也较为便利。

第三种方法的优点是可以看丝价的高低，然后再决定购买的数量，如果价格适当，可以迅速大批买进。缺点是需要多付茧商2%经手费，相比在柞蚕茧产地购进的价格要贵一些。一般而言，在新茧上市之时，交易大多在集市进行，但也有少数直接向生产者购买。茧价按每千个计算，付款以现金交易为多。

在上述第二种和第三种交易方式中，均离不开茧商的作用。茧商"介乎买卖两主之间，自保管货物、代办完税、打包装船、整理货物至顾客膳宿一切皆代为照料"③。柞蚕茧自产地运出，一般皆托茧行代办。货主则寄居茧行内以待顾客，茧行设有栈房及客商住所。

---

① 《野蚕丝之产销及其贸易状况（续）》，《工商半月刊》1930年第2卷第21期。
② 同上。
③ 同上。

向来市场习惯茧栈为茧之聚处，零买趸卖饲蚕之户类，多由茧栈贷款作为接济及蚕熟时将所得之茧，送交该栈抵偿贷款，或迳售茧与缫丝厂，彼茧栈、丝厂直接与外商交易。①

东三省茧行柞蚕茧的交易量比较大。"每年营业额大约自 500 笼起 1000 笼以上者亦有之。"② 茧行收入来源依赖于买卖双方的佣金，一般规定为 1%—2%，实际情况也会有上下浮动。由于柞蚕茧市价瞬息万变，因此茧行一般禁止投机。为了保证货源充足，茧行也有先在柞蚕饲育时放款给蚕农，等待柞蚕茧收获后赴产地收货。

为了规范茧行买卖的行为，近代时期柞蚕茧行也制定专门性的规章制度。安东县柞蚕茧行制定规则如下：

安东县丝茧公议条规

一、议代客买卖山丝按价银九八扣辛力；

二、议代客买卖大二挽手，按价银九八扣辛力；

三、议代客买卖大小茧，按价银九八扣辛力，每包栈租钱五串及统捐 1.5%，归卖主自认；

四、议客有丝发镇，转运经手者，代打捆包，留工钱十串，过堂钱在外；

五、议客丝入栈，原包外发，每包留过堂钱八串；

六、议客由当地买卖山茧，均按价银九八扣辛力，惟栈租钱每笼五串及统捐 1.5%，归卖主自认；

七、议出兑山茧、笼子、绳子等物，论价过数工钱归卖主自认；

八、议山茧存栈，所有苦席，归客自理；

九、议山茧存栈年前不卖者，过年外加栈租钱三串（每笼之租）；

---

① 王树楠、杨钟义等编纂：《奉天通志》第 121 卷《实业》九《蚕业》，中山丰 1934 年印。

② 《野蚕丝之产销及其贸易状况（续）》，《工商半月刊》1930 年第 2 卷第 21 期。

十、议买茧看样，茧不成交，经手之家，须将茧样取回；

十一、议住卖丝客，每天作留饭钱二串，公众按三节查账，如有违规不留者，罚洋百元入积善堂公用；

十二、议与卖主垫付银钱或买货物缺款，由支出日起，让除半月之期，余期均一分五厘起息，如不来丝茧等货，即按支出之日加息；

十三、丝茧栈卖出丝一包，扣商学费洋两角，茧一笼扣商学费洋半角，又丝一包及茧一笼扣庙捐钱175文。①

柞蚕茧在现货交易中，除了离不开茧行之外，大多还与茧贩子有着密切的联系。茧贩子，也称掮客、茧把子，是柞蚕缫丝工场出现后的伴生产物，对于沟通城乡之间和供需之间的关系起到了不可忽视的作用。每到柞蚕茧出货时，收茧者即派人至产地向掮客或生产者直接购进，普通掮客佣金为买卖二厘，产地计价，用现银结算。②

茧贩子大小不一，大的茧贩子自备资金、自负盈亏；小的只能代客收购。东北茧贩子资金充足，把收购而来的柞蚕茧放在茧栈内代售。山东茧贩子与柞蚕缫丝厂关系密切，丝厂事先告知其所需柞蚕茧数量和价格，然后茧贩子深入柞蚕茧产地向蚕农或集市收购。山东茧贩子有的在收购茧之前先向丝厂借入资金，有的在市场成交后与货主一同至丝厂办理交易手续，期间茧贩子抽取佣金二厘（2%），有的丝厂还多付给茧贩子手续费，希望能够大量收购原料茧。

柞蚕茧每年出产主要在春季和秋季，具有明显的季节性。因此，柞蚕茧交易全年主要有冬夏两个交易时期。

柞蚕茧夏季交易比较冷清。东北柞蚕茧"夏期交易清淡，因春茧大概留作秋茧种茧之用，故交易寥寥，惟出壳茧则略有交易"。山东柞蚕茧夏季交易极为清淡，"春茧除种茧外，几皆在产地消费之，故无多交易。只在七八月间出壳茧略有买卖而已"。柞蚕茧冬季交易非常活跃，是交易的主要时期。交易时间从十月开始到次年四月结束。东北柞蚕茧

---

① 《野蚕丝之产销及其贸易状况（续）》，《工商半月刊》1930年第2卷第21期。

② 同上。

冬季交易，以结冰期为最盛，每日常有六七百笼之多。结冰期中所出货品，即在市内为制丝原料，或待翌年解冰后输出。山东秋茧自九月下旬至十月中旬收获后，即开始买卖，至次年三四月解冰期止，其中以十、十一两月交易最盛，轮船不便之处，概用民船。由于冬季气候寒冷，蚕茧运输不便，到过年之后交易货品大多为剩余蚕茧。次年三、四月间出货的，皆为秋茧之剩余货，由于前年已结冰不能出货，故延至下一年。①

同时，柞蚕茧的运输方式也是多种多样，往往因地制宜。有用船载的，有用马车运送的，也有利用铁路运输的。"茧在江岸地方，概用舟运附近山地，概用马车，铁路沿线地方概由铁路出货。"②

二　柞蚕茧之集散

根据柞蚕茧产销规模、用途和层级等情况的差异，近代柞蚕茧交易市场可划分为产地市场和集散市场两种类型。

产地市场也称初级市场，即美国学者施坚雅所说的物品向上流动的起点市场③。产地市场大多在柞蚕茧产地附近，简称茧市。"养蚕家自行制织而消费之者极少，通常将茧售于市场。"④ 同治年间，柞蚕丝产地已经出现专业茧市。如山东《宁海州志》记载："山茧、柞蚕茧也，春秋两作茧，春茧成于五月，秋茧成于八月，俱有茧市。"⑤ 甲午中日战争后，部分蚕户逐渐放弃既养蚕又缫丝的传统经营模式，放养柞蚕和缫丝开始分离，专业化分工和商品化趋势一定程度上促使柞蚕茧市出现。

清代中期，山东已形成一个具有相当稳定性和相当密度的集市网。近代山东柞蚕茧产地市场大多位于县城以下的集镇，其中以烟台为中心的集市圈是山东柞蚕茧初级市场的主要组成部分。

---

① 《野蚕丝之产销及其贸易状况（续）》，《工商半月刊》1930年第2卷第21期。
② 同上。
③ ［美］施坚雅：《中国农村的市场和社会结构》，史建云、徐秀丽译，中国社会科学出版社1998年版，第6页。
④ 《野蚕丝之产销及其贸易状况（续）》，《工商半月刊》1930年第2卷第21期。
⑤ （清）舒孔安、王厚阶纂修：《宁海州志》卷四《食货志·土产杂品》，同治三年刻本。

表 4—8　　　　　　　近代烟台附近集市情况统计

县份	集市数	日日集	三日集	每旬二日集	不详
福山	11	1	2	9	
蓬莱	9			8	
黄县	11		1	9	1
招远	13			13	
掖县	13	1		12	
平度	17			17	
牟平	12			12	
文登	11	1		9	1
荣城	7		1	5	1
海阳	10			8	2
栖霞	14			14	
莱阳	12			12	
即墨	10			10	
总计	150	3	4	138	5

资料来源：在芝罘日本帝国领事馆内状况，第40—41页；转引自刘素芬撰：《烟台贸易研究（1867—1919）》，台湾商务印书馆1990年版，第132页。

通过表4—8集市情况统计数据来看：清末民初，在以烟台为中心的13个县城共有集市150处，其中每日集3处，三日集4处，每旬二日集有138处，集期不详的有5处。柞蚕茧正是通过这些初级集市逐级向烟台缫丝工场输送原料。

威海卫柞树林遍野，因此山绸丝茧出产甚丰。重要乡镇则五日为市，每逢集期，交易尚颇繁盛。① 牟平县：

龙泉汤集，输出品除柴薪、药材外，以山茧为大宗。张家园集，在县东南六十里，均僻居昆仑山里，野味、柴薪、山茧，皆输

---

① 殷梦霞、李强选编：《民国铁路沿线经济调查报告汇编》第五册，国家图书馆出版社2009年版，第298、306页。

出品也。崖子集，在六区内，距县一百五里。六区地面辽阔，山陵起伏，崖子突现平原，实为商务荟萃之冲。往年丝茧盛行，崖子茧市为全县及邻县之冠……冯家集，在九区内，距县百里。九区别无他集，凡昆仑山迤南，黄垒河两岸，远近百数十村，胥交易于此，实为县南第一大市场。市内商号林立，应有尽有，每逢集期，百货云集，山茧、桑茧均为输出大宗……孤山、黄疃、石头圈三集，范围较广，市场亦较完备……秋期茧市亦盛。①

其中，牟平县的龙泉汤集为柞蚕茧集中的大市场，北三十里至金山港，南二十里至山麓，附近所产的柞蚕茧都集中于龙泉汤集，业务之繁盛实为惊人。②

近代由于东北地区市场结构仍停留在线形、须形、树形阶段，市场发育还不健全。③ 因此，柞蚕茧初级市场主要集中于县城，大多"县城而外，毫无市镇之可言"，"商业只在城厢一隅，此外并无商埠"④。东丰县"一年中货物发出数量，柞蚕茧 5 万斤，多运往开原"；西丰县"一年中物产集散之数量，柞蚕茧 60 万斤"；西安县"大豆、高粱……柞蚕茧，均为本地集散物品"；辽阳县浪子川"柞蚕集散亦多，逢物出入期，市面颇繁盛"⑤。宽甸县每年集散柞蚕茧 500 笼，该县属长甸河口，每年集散柞蚕茧 4000 笼……柞蚕茧集散多运往安东；辑安县每年运往安东的柞蚕茧约有 1400 笼，该县属外察口每年集散山茧 1000 笼左右；抚顺县每年集散柞蚕茧有 340 吨。本溪县柞蚕茧每年集散有 175 吨，该县属草河口、寨马集均有柞蚕茧集散。海龙县属北山城子柞蚕

---

① 宋宪章等修，于清泮等纂：《牟平县志》卷五《政治志·实业》，民国二十五年石印本。
② ［日］峰村喜藏：《清国蚕丝业大观》，朝日新闻出版社 1902 年版，第 260 页。
③ ［日］安富步、深尾叶子：《森林的消失与近代"满洲"的成立》，名古屋大学出版会 2009 年版。按：该书作者认为，近代时期，"满洲"地区的市场结构发育还不成熟，市场网络没有建立，大概每个县城只有一个贸易中心或市场交易点，那就是县城，即县城以下没有发育成类似华北和江南等地区的集市网络。
④ 刘景文、高乃济修，郝玉璞纂：《岫岩县志》卷三《人事·商业》，民国二十四年铅印本。
⑤ 熊知白编：《东北县治纪要》，立达书局印行 1933 年版，第 19、22、27、44—45 页。

集散，亦非少数。柳河县及县属五道沟、柞木台子均有柞蚕茧集散。复县柞蚕茧每年出产 10 万枚，县属瓦房店、松树都有柞蚕茧集散，其中瓦房店每年集散柞蚕茧 521 吨。庄河县及县属青堆子、大孤山均有柞蚕茧集散，其中大孤山每年集散柞蚕茧有 10000 笼。昌图县双庙子每年集散柞蚕茧 8 吨。①

集散市场，亦称为中级市场，大多位于交通便利之处。它在市场组织体系中起到承上启下的连接作用，即施坚雅模式中的中间市场。② 柞蚕茧集散市场离不开行商或行栈。柞蚕茧行栈不仅经营代客买卖，而且还亲自派人下乡收购柞蚕茧。这些行栈大多设于交通便利的城镇，蚕茧上市季节经营蚕茧贸易，淡季则兼营杂货。

1900 年前后，烟台经营柞蚕茧的著名行栈有 37 家之多。③ 清末民初，东北经营柞蚕茧的行栈数量较多，规模也较大。这些柞蚕茧行栈还设有仓库和客房，卖主大多膳宿于栈内，出售的柞蚕茧都集散于行栈的场地上，按等级分类。行栈不仅促成柞蚕茧交易进行，而且还代保管货物、代纳税款、包装船载等。

近代以来，柞蚕茧集散市场"以奉天之安东，山东之烟台、青岛，四川之重庆等市场为最著名"④。其中东北柞蚕茧集散市场以安东、盖平为主，前者柞蚕茧市场集散数量，每年约 7 万笼，后者每年约 4 万笼。其次为海城、黄土坎、松树等地，这些市场每年集散量均在 7000 笼左右。⑤ 安东是近代东北柞蚕茧最大的集散市场。

> 东三省所产者十之三四皆运至安东，因该地为东省唯一野蚕茧丝集散市场。东三省所产之茧十之六在安东制丝，余四成即在产地制成灰丝，灰丝大部分亦运集安东市场，一小部分即在产地消费。⑥

---

① 熊知白编：《东北县治纪要》，立达书局印行 1933 年版，第 156—231 页。
② [美] 施坚雅：《中国农村的市场和社会结构》，史建云、徐秀丽译，中国社会科学出版社 1998 年版，第 7 页。
③ [日] 峰村喜藏：《清国蚕丝业大观》，东京：朝日新闻出版社 1902 年版，第 291 页。
④ 张研、孙燕京主编：《民国史料丛刊》第 561 册，大象出版社 2009 年版，第 421 页。
⑤ 余微：《东三省蚕业概况》，《东省经济月刊》1931 年（六周年纪念）专刊，第 197 页。
⑥ 《野蚕丝之产销及其贸易状况》，《工商半月刊》1930 年第 2 卷第 20 期。

行栈在安东柞蚕茧集散市场非常活跃。1914年，安东经营丝茧栈就有昌记栈、谦盛恒、福增源、东泰栈等四十余家。到1923年，安东经营柞蚕的丝茧栈增至近100家，同时安东所有杂货批发商几乎都经营了丝茧代理店，丝茧行业一时有了飞跃的发展。[①]

安东柞蚕茧主要来源于庄河、岫岩、宽甸、安东、通化等地柞蚕茧产地市场，尤以大孤山、大东沟、庄河、青堆子、貔子窝、龙王庙最为突出。安东市场柞蚕茧主要来源的具体情况，如表4—9所示。

表4—9　　　　　　　　　　安东柞蚕茧来源情况统计

属县	产地	数量（笼）
安东县	大河崖、龙泉沟、佛爷岭、三波流、大樱坊、和尚沟、安平河	7000—8000
宽甸县	长甸、永甸、大荒沟	14000—15000
凤凰城	二台子、四台子、小黑山、大黑山	13000—15000
岫岩县	东南之一部	400—500
鸭绿江	上流各地	600—700
共计		35000—39200

资料来源：《野蚕丝之产销及其贸易状况》，《工商半月刊》1930年第2卷第20期，第7页。

20世纪初期，安东柞蚕茧集散市场具体情况如何，我们可以根据当时的调查数据进行分析和研究，如表4—10所示。

根据表4—10统计数据显示：从1907年至1928年，安东柞蚕茧输出数量情况可分为两个阶段。第一阶段为1907—1922年，柞蚕茧输出数量基本维持稳定。第二阶段为1922—1925年，安东柞蚕茧输出数量迅速减少。减少原因大概与安东本地缫丝业的快速发展不无关系，柞蚕茧大多在本地缫丝，而不再大量运往烟台，故输出数量迅速减少。

[①] 《安东柞蚕丝绸业发展简史》，《辽宁文史资料选辑》第1辑，1962年，第111、113页。

表4—10　　　　　1907—1928年安东柞蚕茧输出情况统计

年份	数量（担）	年份	数量（担）	年份	数量（担）
1907	82953	1913	120183	1922	129285
1908	96426	1914	82967	1923	41865
1909	121387	1915	168657	1925	32097
1910	88450	—	—	1926	4003
1911	93784	1920	58335	1927	5348
1912	98947	1921	71130	1928	3968

资料来源：辽宁省档案馆编：《满铁调查报告》第三辑（1），广西师范大学出版社2008年版，第178页。《野蚕丝之产销及其贸易状况》，《工商半月刊》1930年第2卷第20期，第9页。辽宁省档案馆编：《满铁调查报告》第三辑（9），广西师范大学出版社2008年版，第469—470页。

山东是柞蚕茧缫丝最早、最发达的地区，但是该省柞蚕茧产量不能满足缫丝业的需求，故不得不仰给于东三省柞蚕茧。但是随着东北地区缫丝业的发展，东北柞蚕茧运往山东的数量呈现逐渐减少的趋势，以烟台为例，如表4—11所示。

表4—11　　　　1920—1928年烟台集散柞蚕茧情况统计　　　　　单位：担

年份	数量（担）	年份	数量（担）	年份	数量（担）
1920	80840	1923	37033	1926	44690
1921	103345	1924	—	1927	22321
1922	60823	1925	72027	1928	30658

资料来源：《野蚕丝之产销及其贸易状况》，《工商半月刊》1930年第2卷第20期，第11页；辽宁省档案馆编：《满铁调查报告》第三辑（9），广西师范大学出版社2008年版，第469—470页。

根据表4—11统计数据和文献资料，不难发现：从1920年到1928年，烟台柞蚕茧集散数额十分不稳定，大致呈现逐渐减少的趋势。1920—1923年，每年集散柞蚕茧数量都在60万担以上。1923—1928年，每年平均集散数额在40万担左右。在此期间，烟台柞蚕茧集散数额不断减少，这正与东北地区缫丝业的发展密切相关。

第二节　柞蚕丝生产与销售

第二次鸦片战争之后，外国资本主义对中国柞蚕丝原料的掠夺与日俱增，这也恰好符合其"引丝扼绸"的策略。"因为1842年后国外需求的膨胀主要是生丝而不是丝织物。"① 加之允许外国势力深入内地收购产品的制度成为可能，"19世纪中叶以后，中国的独立商人和西方贸易商的代理人从条约口岸到内地直接向农民和生产者收购丝茶"②。在这种时代背景之下，中国柞蚕丝的生产和销售获得了大幅度的发展。

迄今为止，学术界大多围绕近代桑蚕丝业的产销进行探讨，③ 虽然对柞蚕丝生产与销售的关注具备了一定的研究基础，④ 但是谈不上深层次的分析。有鉴于此，笔者依据有关史料，拟就近代中国柞蚕丝业的生产和销售进行论述。

一　柞蚕丝之概况
1. 柞蚕丝之种类及用途

柞蚕丝即柞蚕茧所缫之丝，俗称野蚕丝、大茧丝。因柞蚕丝色泽灰暗，故学名为灰丝，或称灰经，以区别于白丝（桑蚕丝）。柞蚕丝构造较桑蚕丝扁平，不仅稍带玻璃光泽，而且纤维素也比桑蚕丝为多。同

---

① ［美］李明珠：《中国近代蚕丝业及外销（1842—1937）》，徐秀丽译，上海社会科学院出版社1996年版，第63页。
② ［美］赫延平：《中国近代商业革命》，陈潮、陈任译，陈绛校，上海人民出版社1991年版，第154页。
③ 具有代表性的论著有：施敏雄：《清代丝织工业的发展》，中国学术著作奖助委员会1968年版；陈慈玉：《近代中国的机械缫丝工业（1860—1945）》，"中研院"近代史所专刊1989年版；刘素芬撰：《烟台贸易研究（1867—1919）》，台湾商务印书馆1990年版；徐新吾主编：《中国近代缫丝工业史》，上海人民出版社1990年版；［美］张丽：《非平衡化与不平衡——从无锡近代农村经济发展看中国近代农村经济的转型（1840—1949）》，中华书局2010年版。
④ 关于柞蚕丝的论文主要有：陈冬生：《清代山东柞蚕的生产发展与传播推广》，《古今农业》1994年第1期；李令福：《清代东北地区经济作物与蚕丝生产的区域特征》，《中国历史地理论丛》1992年第3期；李令福：《明清山东省柞蚕丝业发展的时空特征》，《山东师范大学学报》（社会科学版）1995年第2期。

时，柞蚕丝的强度和延展性能都比桑蚕丝优越。①

按照缫制的季节不同，柞蚕丝可分为下列四种：

第一，春蚕丝，由春季柞蚕茧缫制而成。

第二，秋茧丝，由秋季柞蚕茧缫制而成。

第三，春控子丝，由春季柞蚕出壳茧缫制而成。

第四，秋控子丝，由秋季柞蚕出壳茧缫制而成。

其中，春蚕丝较粗而颜色较淡，丝质优良而富于光泽。秋蚕丝光泽虽然不如春蚕丝，且丝质粗硬，但是秋蚕丝性能极强韧而适于用作工业材料。由于春蚕丝数量较少，因此市场出售的大部分为秋蚕丝。

按照缫制的方法，柞蚕丝可分为大纩丝和小纩丝两种类型。用旧法缫出之丝，条份粗、丝框周围大，名曰大纩丝、也叫大框丝、大軿丝。用机械缫出之丝，条份细、丝框周围小，名曰小纩丝、也称为小框丝、小軿丝。大纩丝多供本地织绸之用，而小纩丝则大多直接出口。

从数量上讲，小纩丝生产数量多于大纩丝。就质量而言，小纩丝质量优于大纩丝。就价格而论，小纩丝价格远高于大纩丝。大纩丝使用柞蚕茧品质劣于小纩丝，因此大纩丝丝质较粗。但是，大纩丝制作较为容易，在柞蚕茧原产地缫制，对于接头、断头等细节不太讲究，因此大纩丝价格低廉。小纩丝使用品质优良的柞蚕茧，不仅丝条细而重，而且对于接头、断头等十分注意，粗细亦较齐整。小纩丝市价比大纩丝昂贵，是因为最初精选良茧，所以丝量较多。②

柞蚕丝相对桑蚕丝而言，比较优势明显。第一，柞蚕丝较为强韧。第二，柞蚕丝富于光泽，适宜交织。第三，柞蚕丝有收缩性，比较适合制织利用。第四，柞蚕丝价格低廉。③

就蚕丝颜色而言，二者不同。柞蚕丝丝色为牛酪色、暗红色或棕色，只是颜色的深浅不同，因此柞蚕丝亦名灰丝或赤丝。桑蚕丝横截面为椭圆形，柞蚕丝为扁平形，柞蚕丝比家蚕丝不仅有光泽而且较鲜艳。柞蚕丝较桑蚕丝更为强韧。具体数值，可以参考民国时期西方学者纽禄

---

① 巴又愚：《胶东之柞蚕》，《中国蚕丝》1935 年第 1 卷第 1 期。
② 《野蚕丝之产销及其贸易状况》，《工商半月刊》1930 年第 2 卷第 20 期。
③ 同上。

氏、华德尔氏两位的调查结果如表4—12所示：

表4—12　　　　　　　　柞蚕丝和桑蚕丝强韧性比较统计

数值 丝别	纽禄氏（调查人）		华德尔氏（调查人）	
	强度（克）	弹性（%）	强度（克）	弹性（%）
桑蚕丝	4.3	3.8	7.53	3.1
柞蚕丝	17.9	16.3	15.36	5.6

资料来源：蒋根尧编：《柞蚕饲养法》，商务印书馆1948年版，第4页。

从表4—12调查数据，可以发现：第一，从强度来看，柞蚕丝强度两次调查分别为17.9克和15.36克，桑蚕丝强度两次调查分别为4.3克和7.53克，可见柞蚕丝强度是桑蚕丝两倍还多。第二，从弹性数值来看，柞蚕丝弹性两次调查分别为16.3%和5.6%，桑蚕丝弹性两次调查分别为3.8%和3.1%，可见柞蚕丝弹性至少为桑蚕丝弹性的一倍。

柞蚕丝在纺织工业上用途十分广泛。除作为茧绸制织的原料之外，输出国外后可作为绢绸或丝绵交织物等混织物的原料。"安东柞蚕丝输出所向，以日本之福井及岐阜方面为多，均以之作绢绸之原料者也。"[1] 日本"多用为丝绵交织物，及丝织物之经线或纬线，其京都所产著名之缟珍（类似我国苏杭大缎），即以我国野蚕丝为纬线而织成"[2]。在欧美各国供时尚妇人衣料及其他混织原料之用，例如男女夏服衬里、衬衣、手巾、手套、丝袜等都需要柞蚕丝。[3]

柞蚕丝在装饰物品行业的用途也比较广泛。柞蚕丝丝质轻、性能耐久，欧美人士喜用以制衣料装饰品，例如作为编织披肩、围巾、腰带、花边、丝巾、领结、剪绒、窗幔、桌布及其他丝织品及交织品的原料。还有欧美各国窗帘、装饰用带类、桌衣、衬衣及编物类，都对柞蚕丝有很大的需要。

柞蚕丝在国防工业上也大有用武之地。柞蚕丝粗约等于桑蚕丝的二

---

[1] 余微：《东三省蚕业概况》，《东省经济月刊》1931年（六周年纪念）专刊，第201页。
[2] 蒋根尧编：《柞蚕饲养法》，商务印书馆1948年版，第11—12页。
[3] 《野蚕丝之产销及其贸易状况》，《工商半月刊》1930年第2卷第20期。

倍，比桑蚕丝的强度、弹性均大。同时，柞蚕丝具有良好的抗拉、耐酸、耐碱、绝缘、耐水、吸湿、保温、收缩和耐热等特性。从而使得柞蚕丝可以用于制作火药囊、降落伞、耐酸碱的工作服、电工服、轮胎布等，还可用于制作飞船和气球的气囊、运输车的车罩、军用帐篷和雨衣，以及降落伞等，近年欧美各国多将柞蚕丝与羊毛或其他纤维交织，作为电线绝缘层，柞蚕丝用途日益扩大。①

2. 柞蚕丝之价格

19 世纪末，国际市场对柞蚕丝的需求刺激了柞蚕丝价格的上涨。1870 年以前，盖平和牛庄柞蚕丝价格从未超过每担 55—65 两。1880 年前后，牛庄柞蚕丝的平均价格增加至 80 两，优等柞蚕丝的价格更高。1891—1900 年，柞蚕丝对外贸易有了快速的发展，牛庄柞蚕丝的价格也上涨到 180 两以上。②

表 4—13　　　　1860—1900 年柞蚕丝每五年平均价格统计

年份	关两/关担	占比（％）	年份	关两/关担	占比（％）
1861—1865	64.39	100	1881—1885	91.02	141
1866—1870	87.02	135	1886—1890	102.17	159
1871—1875	75.61	117	1891—1895	104.54	162
1876—1880	101.23	157	1896—1900	169.25	263

资料来源：根据历年《海关关册》计算，转引自徐新吾主编《中国近代缫丝工业史》上海人民出版社 1990 年版，第 488 页。

根据表 4—13 统计数据，不难发现：从 1860—1900 年，柞蚕丝每五年平均价格从最低时的每关担 64.39 关两上升到最高时的每关担 263 关两，翻了两番。如果我们把 1861—1865 年柞蚕丝平均价格设定为 100%，那么每隔五年柞蚕丝的平均价格都会发生变化，大致是上升的多，下降的少。到 1896—1900 年，柞蚕丝的平均价格增长至 263%。

20 世纪初，柞蚕丝价格继续保持稳步上涨的趋势。1903 年前后，

---

① 贺益文：《黔北柞蚕事业的过去和现在》，《东方杂志》1941 年第 38 卷第 6 期。
② 徐新吾主编：《中国近代缫丝工业史》上海人民出版社 1990 年版，第 516 页。

第四章 茧丝贸易：近代柞蚕茧、丝的生产与集散　173

烟台柞蚕丝价格上涨至每担 300 两，盖平柞蚕丝价格也达到每担 200 两。随后，国际市场对中国柞蚕丝需求更加旺盛，美国市场的开拓和欧洲柞丝织品的流行，刺激了柞蚕丝价格的飞涨。到 1909 年前后，四级柞蚕丝的价格也高达每担 380 两，优级柞蚕丝的价格则飙升至每担 500 两。随后不久，柞蚕丝价格开始下滑，1911—1912 年优级柞蚕丝在上海的价格下跌了 30% 左右。①

20 世纪初叶，柞蚕丝价格不仅低于桑蚕丝价格，也低于毛呢绒等纤维织物的价格。据 1934 年《河南大学学报》记载："当时野蚕丝每担价值为 200—400 元，家蚕丝每担价值为 800—1000 元，毛呢绒每担价值为 600—1500 元。"②

毋庸置疑，近代柞蚕丝价格在不同年份差异也较大。民国四年（1915）柞蚕丝价格为最低。当时使用土法缫制的柞蚕丝，每担 100 斤价值洋 151 两 1 钱 4 分；采用机器缫制的柞蚕丝，每担 100 斤价值 205 两 2 钱 7 分。民国八年（1919）柞蚕丝价格最高，土丝每担价值 276 两 9 钱 5 分，机丝每担价值 326 两 5 钱 7 分。③

柞蚕丝品质不同，价格也不相同。机器缫制的柞蚕丝价格要高于土法缫制的柞蚕丝，小扩丝的价格高于大扩丝的价格。不同地区缫制的柞蚕丝，其价格也各不相同，山东柞蚕丝价格高于东北地区柞蚕丝价格。

> 烟台柞蚕机器丝之价格最高，山东小框丝次之，辽宁小框丝又次之，大框丝最低。而一种中又有数品级，价格因之而异，其最下品与最上品相较，每 100 斤价格之差，恒有五六十两之多，甚至有达百两者。④

就国内市场而言，柞蚕丝总体价格依上海柞蚕丝出售价格而定。就

---

① 徐新吾主编：《中国近代缫丝工业史》，上海人民出版社 1990 年版，第 516 页。
② 曾慎：《改良中国野蚕丝绸业第一次三年计划书大纲》，《河南大学学报》1934 年第 1 期。
③ 蒋根尧编：《柞蚕饲养法》，商务印书馆 1948 年版，第 11 页。
④ 同上。

区域而言，山东柞蚕丝价格受烟台价格的影响，东北地区柞蚕丝价格以安东、盖平情况为准。柞蚕丝"依上海市价随时出售，东三省市场，以盖平、安东为著；山东市场以芝罘为最盛"①。

同时，柞蚕丝价格还受到供求关系的制约。每当国际市场对中国柞蚕丝制品需求大于供给之时，则柞蚕丝制品价格将会迅速上涨。反之，当国际市场需求不足之时，柞蚕丝制品的价格则会迅速回落。

> "满洲"柞蚕饲育业，近年以来因需用之途既多，其产额亦日增月加，且交通机关日益完备，运输便易，故其价格亦日加涨，即以去年而论，柞茧往岁每千个卖三元者，去岁涨至四元七八，柞丝往岁每百斤卖四百四五十元者，去岁涨至六百元，其势机丝与绢丝相抗，然近顷上海一带之柞蚕输出商家以需用之期既过，且价格过贵，均停止不买，故其反动力甚大，一时价格低落至百元之多，影响所至，芝罘地方休业者接踵而出，能支持继业者不过二三，然其所损失亦巨。②

民国初期是柞蚕丝销售最为旺盛的时期，柞蚕丝价格也呈现出规律性的变化。其中出口的柞蚕丝主要是用机械缫制的小纩丝，因此小纩丝价格的变化趋势基本可以反映柞蚕丝出口价格的总体趋势。笔者依据有关史料，对20世纪初期每担小纩丝的市场价格变动情况进行统计列表，如表4—14和表4—15所示：

表4—14　　　1913—1918年每担小纩丝市场价格变化统计　　　单位：两

月份 \ 年份	1913	1914	1915	1916	1917	1918
一月	—	290.00	230—233	350.00	480.00	335.00
二月		295.00	235.00	380.00	490.00	334.00
三月	—	270.00	195—210	345.00	570.00	337.00

---

① 《野蚕丝之产销及其贸易状况》，《工商半月刊》1930年第2卷第20期。
② 《最近之柞蚕界》，《奉天劝业报》1910年第1期。

续表

年份 月份	1913	1914	1915	1916	1917	1918
四月	—	265.00	192.50	345.00	535.00	345.00
五月	—	265.00	192.50	350.00	540.00	360.00
六月	—	257.50	200—202.50	360.00	530.00	360.00
七月	—	235.00	200.00	350.00	540.00	382.00
八月	—	—	220.00	360.00	530.00	370.00
九月	—	222.50	230—242	355.00	470.00	345.00
十月	—	—	280.00	370.00	350.00	330.00
十一月	—	170.00	330—350	450.00	300.00	257.00
十二月	173—175	175.00	360.00	440.00	340.00	260.00

资料来源：乐嗣炳编辑，胡山源校订：《中国蚕丝》，世界书局1935年版，第317、318页。

表4—15 1923—1929年每担小纩丝市场价格变化统计 单位：两

年份 月份	1923	1924	1925	1926	1927	1928	1929
一月	790	795	535	470	620	450	345
二月	790	800	540	485	620	440	350
三月	845	720	525	480	625	435	385
四月	880	590	490	465	605	410	370
五月	900	580	490	470	600	390	390
六月	810	495	490	520	600	380	470
七月	790	615	500	560	550	370	465
八月	780	650	490	545	530	370	—
九月	860	550	490	570	530	370	—
十月	800	490	485	580	495	375	—
十一月	820	510	460	630	480	365	—
十二月	755	550	470	655	420	350	—

资料来源：《野蚕丝之产销及其贸易状况（续）》，《工商半月刊》1930年第2卷第21期，第30页。

通过表4—14和表4—15统计数据不难发现：从1913—1929年，按照每担小纩丝价格变化情况可分为两个阶段。第一阶段，从1913—1918年，小纩丝价格基本呈现上升态势，因国际市场需求的变动，小纩丝价格也随之起落。第一次世界大战爆发初期，中国通常销往欧洲各国的小纩丝，必然受到战争的爆发的影响，价格走低不可避免。因此1913年小纩丝的价格最低，只有每担不到200两。在1917年前后，欧洲各国战争基本停止，恢复了对小纩丝的需求，小纩丝价格再度上涨。故1917年小纩丝的价格最高，大约为每担500两。第二阶段，从1923—1929年每担小纩丝市价呈现下降趋势。自1923年5月始，小纩丝市价每担触及900两的上限以后，日渐走低。虽然在1924年7—8月和1926年年底略见回涨，但是终不能超过700两。到1929年1月，小纩丝市价竟跌至每担345两的最低谷。

按照缫丝方法的不同，柞蚕丝大致分为灰丝（手工丝）和灰厂丝（机器丝）两种。一般而言，灰厂丝价格要稍高于灰丝的价格。20世纪二三十年代，柞蚕丝价格不仅受到日本柞蚕丝及人造丝的制约，而且也受到世界经济恐慌的影响，导致中国柞蚕丝运销欧、美、日诸国的数量骤减，柞蚕丝价格仅为最高时期的三分之一。

表4—16　　　　1912—1932年每百斤柞蚕丝平均价格情况统计

单位：海关两

年份 类别	灰丝市价	灰厂丝市价	年份 类别	灰丝市价	灰厂丝市价
1912	207	238	1923	377	662
1913	240	303	1924	287	512
1914	194	249	1925	254	422
1915	148	204	1926	274	457
1916	189	322	1927	301	471
1917	235	355	1928	276	355
1918	236	328	1929	302	350
1919	241	326	1930	235	368
1920	230	352	1931	271	338

续表

年份\类别	灰丝市价	灰厂丝市价	年份\类别	灰丝市价	灰厂丝市价
1921	305	533	1932	224	258
1922	403	673			

注：表中所列内容系柞蚕丝全年每百斤平均价格，分灰丝与灰厂丝。

资料来源：乐嗣炳编辑，胡山源校订：《中国蚕丝》，世界书局 1935 年版，第 318、319 页。

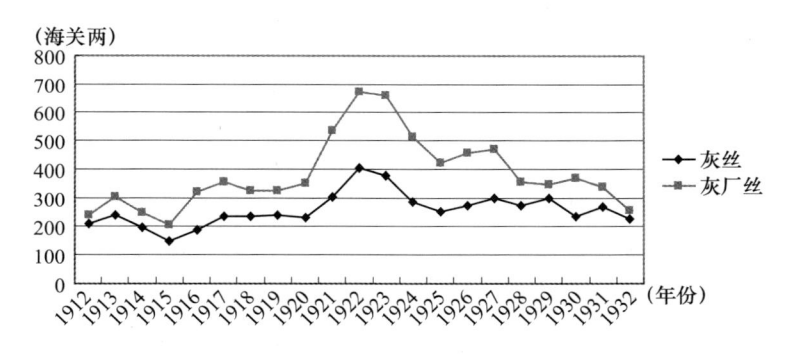

图 4—2　1912—1932 年每百斤柞蚕丝平均价格变化趋势

根据表 4—16 及图 4—2，显而易见：从 1912 至 1932 年，每百斤柞蚕丝平均价格总体趋势呈现出先由低到高，再由高至低的过程。第一，从 1912—1923 年，每百斤柞蚕丝平均价格呈现出由低到高的上升态势。在 1912 年，每百斤灰丝约值 200 余两。到 1923 年灰丝值 400 两上下，灰厂丝约值 670 余两。这一时期柞蚕丝价格不断攀升，主要原因在于"日本发生关东大地震，日丝出口和生丝货源减少，市场价格回升"[①]。第二，在 1923—1932 年，每百斤柞蚕丝平均价格日趋低落，至 1932 年为止，每百斤灰丝价格跌至 200 两，灰厂丝也仅值 300 两以下。第三，在 1912—1932 年，每百斤灰丝的平均价格均低于每百斤灰厂丝的平均价格。近代时期，柞蚕丝价格作为微观市场价格的反映，其变动的情况

---

① 刘克祥、吴太昌主编：《中国近代经济史（1927—1937）》，人民出版社 2010 年版，第 95 页。

一定程度上反映了近代中国经济运行过程的不稳定性。

二　柞蚕丝之生产和交易

1. 柞蚕丝之生产

据前人研究，柞蚕丝生产量在1840年前后估计不超过4千公担，数量至为有限。① 第二次鸦片战争之后，柞蚕丝逐渐成为世界商品。由于柞蚕丝相比桑蚕丝而言，不仅价格低廉而且品质较强韧，而在国际市场十分畅销。柞蚕丝出口的增加进一步推动了其生产的发展，其中尤以东三省最为突出。据《钱业月报》刊载："自1870年之后，丝业（柞蚕丝）极为发展，各地无不谋斯业之进行，而'满洲'亦甚活动。"②

据1876年《海关商务报告》云：

> 牛庄，本年对本省所产的丝进行了调查，我们的丝产区相当广阔：东西宽达几百里，南北长达150里……南部接近黄河的地带，可能最适宜于饲养柞蚕，但如果从事这项贸易的外国人予以足够的诱导，则生产可以几年内增至四倍；十年后的1886年，东北柞蚕丝的输出已经增长100%，出口增加3147担，而且还要继续增长，大量的丝已经收购存栈，等候第一批来到这里的轮船运走；其中熊岳、盖州、海城、辽阳、岫岩等五县柞蚕丝总产量从1884年至1886年增长的情况大致如下：1884年生产量约为3000担，1885年约增长至6000担，1886年则高达10000担，这些产丝的地区每年都吸引着许多从山东来的移民。③

又据《中行月刊》记载：

> 东北地区在20世纪30年代柞蚕丝生产量为丰年时有54000箱，平年时有36000箱，荒年时还有15000箱，每箱价值在350两

---

① 徐新吾主编：《中国近代缫丝工业史》前言，上海人民出版社1990年版，第16页。
② 颂尧：《烟台之丝业观》，《钱业月报》1922年第2卷第10期。
③ 姚贤镐编：《中国近代对外贸易史资料》第三册，中华书局1962年版，第1490页。

第四章 茧丝贸易：近代柞蚕茧、丝的生产与集散　　179

左右，则丰年时柞蚕丝价值为 18900000 两，平年时为 12600000 两，荒年时为 5250000 两。①

19 世纪末 20 世纪初，柞蚕丝的产量，最高时全国曾经出产到过 12 万市担以上（约合 600 万公斤以上，合当时全国家蚕丝产额的半数以上），在这些柞蚕丝里面除却一小部分供自己消费外，差不多全部外销。② 在 1920 年全盛时代，全国柞丝产量达 3708 万余担，价值 2886 万余元。九一八事变以后，东北柞蚕产地失之于日本人之手，其数量占全国产地三分之二，柞蚕丝产量随之迅速减少。到 1937 年为止，全国柞蚕丝产量只有 1920 年的二十分之一，价值只占 1920 年的四十五分之一。③

由于近代中国柞蚕丝生产量没有确切的数据记载，笔者只能从历年海关关册柞蚕丝出口数量来估计生产数量。

表 4—17　　　　1871—1937 年中国柞蚕丝生产量估算　　　　单位：公担

年份	生产量	年份	生产量	年份	生产量	年份	生产量
1871	8265	1888	16407	1905	30000	1922	48000
1872	7347	1889	19249	1906	30000	1923	48000
1873	10457	1890	20551	1907	30000	1924	48000
1874	9918	1891	19379	1908	34000	1925	48000
1875	9515	1892	19011	1909	34000	1926	48000
1876	7920	1893	17393	1910	34000	1927	44000
1877	7881	1894	18895	1911	34000	1928	40000
1878	8588	1895	18714	1912	38000	1929	40000
1879	8900	1896	18972	1913	39133	1930	35000
1880	9571	1897	20591	1914	39133	1931	30200
1881	10402	1898	19045	1915	39133	1932	30200

---

① 安支行、张汉超：《安东日人进行开发东边之计划》，《中行月刊》1933 年第 6 卷第 4 期。
② 方柏容：《我国柞蚕丝业的回顾》，《纺织建设》1948 年第 1 卷第 3 期。
③ 曹骥才：《柞蚕丝绸之检讨》，《企光月刊》1941 年第 2 卷第 2—3 期合刊。

续表

年份	生产量	年份	生产量	年份	生产量	年份	生产量
1882	9731	1899	23995	1916	40000	1933	30200
1883	10788	1900	24000	1917	40000	1934	30200
1884	11281	1901	24000	1918	40000	1935	30200
1885	12018	1902	24000	1919	46249	1936	32480
1886	16060	1903	24000	1920	46249	1937	30000
1887	15749	1904	30000	1921	48000		

资料来源：徐新吾主编：《中国近代缫丝工业史》附录（十八），上海人民出版社1990年版，第662—667页。

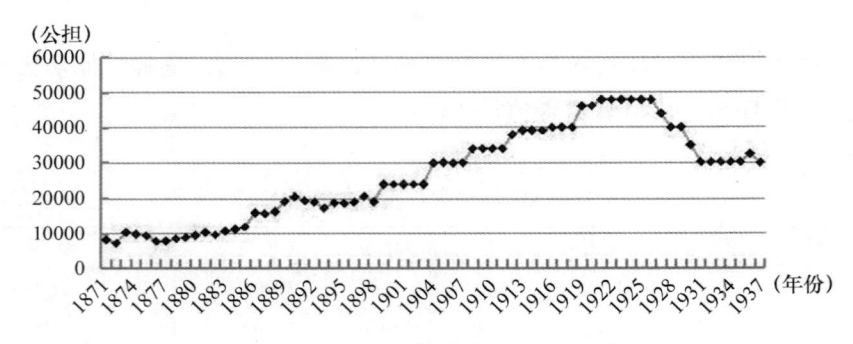

图4—3 1871—1937年中国柞蚕丝生产量趋势

据表4—17及图4—3数据显示，从1871年至1937年间，中国柞蚕丝生产量呈现先上升后下降趋势。第一，从1871—1929年，柞蚕丝生产量基本保持稳步增长趋势。从最初年产量不足8千公担增加至年产量为4.8万公担的高峰。1870年柞蚕丝生产量只有8千公担，1881年升至1万余公担，1890年间增至2万公担左右，1905年又上升到3万公担，1922年飙升至近5万公担的最高峰。第二，1929—1937年，柞蚕丝生产量总体呈现出逐步下滑的趋势。从1929年的4万公担一直下降至1937年的3万公担，下降幅度为25%。

如果把1871年柞蚕丝生产量作为基数，每五年做一次生产量变化比值，那么到1925年为止，柞蚕丝生产量直线上升至581%。随后将会逐渐下降，到1935年下降至365%，具体情况如表4—18所示：

表4—18　　1871—1935年每隔五年柞蚕丝产量变化比值统计

年份	柞蚕丝总产量 公担	定比	年份	柞蚕丝总产量 公担	定比	年份	柞蚕丝总产量 公担	定比
1871	8265	100	1895	18744	226	1920	46249	560
1875	9515	115	1900	24000	290	1925	48000	581
1880	9571	116	1905	30000	363	1930	35000	424
1885	12018	145	1910	34000	411	1935	30200	365
1890	20551	249	1915	39133	474			

资料来源：徐新吾主编：《中国近代缫丝工业史》附录（十八），上海人民出版社1990年版，第662—667页。

2. 柞蚕丝之交易

近代时期，柞蚕丝交易主要有现货和期货两种交易方式。现货交易不仅是一种最古老的交易方式，而且又是一种运用最广泛的交易方式。现货交易是指买卖双方出自对实物商品的需求与销售实物商品的目的，根据商定的支付方式与交货方式，采取即时或在较短的时间内进行实物商品交收的一种交易方式。在现货交易中，随着商品所有权的转移，同时完成商品实体的交换与流通。因此，现货交易是商品运行的直接表现方式。现货交易的最大特点是即时成交，货款两清，或在较短的时间内实行商品的交收活动。

近代时期，柞蚕丝交易大多离不开丝栈或者行户的中间人作用。柞蚕丝卖主都寄居于卖丝栈，买主以上海人、山东人、日本人居多数，则寄居于买丝栈。所有柞蚕丝交易均经丝栈来办理，丝栈皆雇有外柜，他们往来各丝栈间探问柞蚕丝市价的高低，并调查柞蚕丝存货的多少。

近代柞蚕丝交易习惯以100斤为单位，用银两计算，现金交易大多经掮客之手，佣金一厘，即价银的1%。[①]

安东各丝栈各自留意于柞蚕丝市价情形，随时进行交易，丝栈中的账房备有契约等文件。在交易之先首先要看柞蚕丝的样品并且对其品位等级进行评定，然后再决定柞蚕丝的价格。柞蚕丝的价格情况受制于柞

[①] 《野蚕丝之产销及其贸易状况》，《工商半月刊》1930年第2卷第20期。

蚕茧的市价、银的市价以及内地的需要等因素。在安东，柞蚕丝交易货币多为安东镇平银或奉票，其中镇平银在柞蚕丝交易中需要最多。因此，当柞蚕丝交易繁盛时期，镇平银特别昂贵。安东现货交易大致情况如下所示：

（一）确定买卖单位——小纩丝以100斤为买卖单位，大纩丝以1两为买卖单位；大纩丝100斤的价格，即用单位一两价格乘以1600（旧时1斤16两，100斤即1600两）可得。

（二）价格计算——盖平用盖平银两，安东用安东银两。

（三）丝栈佣金——向买卖双方各收二厘（即货物价值的2%），买卖乱丝头时亦同。

（四）打包费——归买主负担（商人向丝栈购丝时，其包装费归买主负担）。

（五）包皮重量——小纩丝安东每包1斤，盖平每包也为1斤，杂牌品1斤半。

（六）付款方法——不论现货、期货，契约成立时，概须付现银，故对于卖主有利，对于买主似略不便。①

除此之外，柞蚕丝交易还有不经过丝栈代理的特殊情况。每年农历九月至次年三月之间，部分柞蚕丝可由丝厂直接打包送内地烟台、上海等地，无须经过丝栈代理交易，②上海柞蚕丝交易多由缫制柞蚕丝的厂家派人常驻沪坐庄。

    采听市况，其交易之法与家蚕同。现今有专营此业之丝号数十家，称灰丝帮。输出灰丝之洋行，亦有一二十家。英、法、美、日、瑞士均有之，但多兼营家蚕丝业。而输出家蚕丝者，则不尽营灰丝业。③

期货交易是与现货交易相对而言，指交易双方不必在买卖发生初期

---

① 《野蚕丝之产销及其贸易状况（续）》，《工商半月刊》1930年第2卷第21期。
② 同上。
③ 蒋根尧编：《柞蚕饲养法》，商务印书馆1948年版，第12页。

第四章　茧丝贸易：近代柞蚕茧、丝的生产与集散　183

就交收实物，而双方约定在将来某一时间交收实物的交易方式。因此，期货贸易的产生正是商品贸易繁盛的重要表现。近代时期，柞蚕丝期货交易在烟台、上海等地表现得尤为明显。据《光绪二十三年烟台口华洋贸易情形论略》载：烟台缫丝"局所缫之丝，皆已预期定下。本地纩丝工作，直至（1897）秋间，皆称顺遂，所纩之丝，均为上海洋商定作之货"①。

柞蚕丝先期订货者，以在四月、五月前者最多。旧式丝则提前预约一个月左右，订货时无须先交定钱，亦不另立合同，彼此一言为定，洋行只需将所约要项记账而已。交易十分可靠，通常洋行势力高压华商，买卖一经成立，即命运货到行以自备的检验器自行检查。如果有违约的事情，也不得请求赔偿。售丝的款数，则给以"货船出洋之日发钱"的票据，不到期不能得其付款。② 可见当时期货贸易中外国洋行势力常常高高在上，柞蚕丝交易经常受制于外人。

安东灰丝交易分现货、期货两种。买卖单位习惯以百斤为准，行栈按惯例取佣钱二厘。装卸制作等费用，一般由买主负担。付价不论现货、期货，均须一次性付足。③ 盖平柞蚕丝收购商贩也采用期货的交易方式。盖平购丝方法：

> 有买进商人先到各市场之茧商处，借到蚕丝资金若干，放于产地之养蚕家，作为购茧之定银，待茧产出后，即收其货，送至附近丝厂制丝，制成后再运至各市场之卖丝栈，而丝栈对于该丝，先发行一价银，大概数目之票据，俟丝逐渐售去。即调换现金，亦有买进商人（上海商或芝罘商）到期即至盖平，委托买丝栈购货，而买丝栈受委托后，即赴卖丝栈购定成交。④

盖平在植柞树开始时即预支丝款，许多蚕户事实上据说都欠丝捎商

---

① 彭泽益编：《中国近代手工业史资料（1840—1949）》第二卷，中华书局1962年版，第327页。
② 曾同春：《中国丝业》，商务印书馆1933年版，第100页。
③ 蒋根尧编：《柞蚕饲养法》，商务印书馆1948年版，第13页。
④ 《野蚕丝之产销及其贸易状况（续）》，《工商半月刊》1930年第2卷第21期。

的债，必须以产品交付。这些捐商收丝以后便运往盖平的售丝行，由盖平的收丝行收购。①

　　一般而言，现货市场重在流通，期货市场重在调节风险。由于经营收购柞蚕丝的华商多资本有限，常常向外商借款用期货方式收购柞蚕丝，因此经常受制于人。民国时期奉天省，"惟各厂制丝每有以资金不足，先期由海城、安东丝栈向外商息贷或先期将丝低价出售谓之期货，即用此款购茧制丝"。由于在资金方面受制于人，华商获利常常有限，"就表面观之，此等办法似合办实业之手续，然详细考究，当丝价涨时，则已先期廉价售出，虽有利益并未取得，若丝价下沉，外商精于调查，必不能按时价预购期货，其不能获利明矣，凡此数因皆经济压迫所致也"②。

　　为什么在柞蚕丝交易中采用期货的交易方式呢？笔者认为柞蚕丝交易季节性特点需要期货交易来稳定交易价格。气候环境等条件制约着柞蚕丝的生产，柞蚕丝交易也具有很强的季节性，交易大多集中于冬季。"其交易时期以九月上旬至翌春三月间为最盛，其他各月交易则甚清淡。"③ 其中山东"野蚕丝交易时期自九月至五月，其最盛者为十一、十二、一月三个月，买丝者皆为府绸厂家及出口业"。为了获得最多的利润，大多缫丝厂家会第一时间把柞蚕丝运销出去，在通商开埠口岸坐庄销售。"大概丝厂家不待买主来购，各自运至市场销售，本省丝厂家，普通上海皆有坐庄。"④ 即使到 20 世纪末，期货市场仍然是保证柞蚕丝行业市场稳定的重要手段。⑤

　　由此可见，柞蚕丝生产的季节性特点使得价格经常起伏不定，容易大涨大跌，这些都不利于柞蚕丝业的稳定发展，而期货交易恰好一定程度上缓冲了柞蚕丝交易的不稳定性。

---

　　①　彭泽益编：《中国近代手工业史资料（1840—1949）》第二卷，中华书局 1962 年版，第 99 页。

　　②　王树楠、杨钟义等编纂：《奉天通志》第 121 卷《实业》九《蚕业》，中山丰 1934 年印。

　　③　《野蚕丝之产销及其贸易状况（续）》，《工商半月刊》1930 年第 2 卷第 21 期。

　　④　《野蚕丝之产销及其贸易状况》，《工商半月刊》1930 年第 2 卷第 20 期。按：坐庄即商号为采购或推销货物在外地所设的常驻机构。

　　⑤　范正斌、马莉：《茧丝绸的期货市场》，《蚕学通讯》1997 年第 3 期。

三 柞蚕丝之集散

开埠通商之后，柞蚕丝凭借物美价廉的比较优势一跃成为世界商品。国际市场对中国柞蚕丝的旺盛需求不仅刺激了柞蚕业的快速发展，而且推动了柞蚕丝集散市场的形成。

近代中国柞蚕丝集散主要集中在山东和东北地区柞蚕产地。笔者在前人研究的基础之上，结合美国学者施坚雅的市场体系理论[①]和许檀的城乡市场网络体系。[②] 试将近代中国柞蚕丝集散市场体系划分为以下三个市场层级：产地市场—中间市场—出口市场。

1. 柞蚕丝初级集散市场

柞蚕丝初级集散市场，即产地市场，主要分布在县城及其下属集镇，集市贸易是柞蚕丝集散的主要载体。"家庭自产不自用的物品通常在那里出售，家庭需用不自产的物品通常在那里购买。"[③] 近代柞蚕丝交易在产地有集市贸易，大多每五天一集，参加集市的不仅有织机户和缫丝户，而且还有大小的商贩。[④]

山东近代柞蚕丝业也比较发达，分布在柞蚕产区附近众多的家庭手工缫丝业为集市提供了较广的活动空间。[⑤] 昌邑县"莱之昌邑柳疃集，为丝业荟萃之区，机户如林，商贾骈集，溢于四远，除各直省外，至于新疆、回疆、前后藏、内外蒙古，裨贩络绎，不绝于道"。[⑥] 民国初期，柳疃街是昌邑县的贸易中心，设有商务会，柳疃商业以经营丝绸为主，

---

① 美国学者施坚雅的中国集市体系理论是目前对中国经济史研究影响深远的理论，他在所著的《中国农村的市场和社会结构》（中国社会科学出版社 1998 年版）中认为中国农村的市场按照市场层级可以划分为基层市场、中间市场和中心市场，它们依次对应基层集镇、中间集镇和中心集镇。

② 许檀在其《明清时期城乡市场网络体系的形成及其意义》（《中国社会科学》2000 年第 3 期）中将明清时期城乡市场网络体系划分为流通枢纽城市、中等商业城镇、农村集市三大层级。

③ ［美］施坚雅：《中国农村的市场和社会结构》，史建云、徐秀丽译，中国社会科学出版社 1998 年版，第 6 页。

④ 徐新吾主编：《中国近代缫丝工业史》，上海人民出版社 1990 年版，第 486 页。

⑤ 王庆成：《晚清华北的集市和集市圈》，《近代史研究》2004 年第 4 期。

⑥ （清）王元綖辑，郑辟疆校：《野蚕录》，农业出版社 1962 年版，第 89 页。

从事丝绸贸易的约有十万人。① 文登县山谷间饲养柞蚕者特多，每年向外输出柞蚕茧 900 担，多用大车牲畜运往威海卫、烟台、石岛等地。②

东北柞蚕丝初级集散市场大多位于县城以及属下的集镇。海城县属析木城"此地居民，多饲养柞蚕。虽系手工职业，然制丝亦称繁盛，物产以柞蚕丝为主品"；岫岩县柞蚕丝和茧绸则移向盖平。③ 1927 年调查显示，岫岩县输出柞蚕丝共 2000 箱，每箱 12600 元，挽手 20 万斤，每斤 35 元。④ 宽甸县，"茧丝，大宗在本境织造，并运往安东、烟台及盖平等处"⑤。民国十三年前后，奉天海城县"本境山丝为土货大宗，且产额极富，销路亦广……本境茧丝每年收获额平年可得六十万斤，丰年可得八十万斤，由盖平、安东等处输出，近年各大丝房多框招牌丝在上海销售"。⑥

表 4—19　　　　　1925 年东北柞蚕丝初级集散市场统计

县属	集散市场	县属	集散市场
盖平县	万福庄、接官厅	宽甸县	长甸、大蒲石
岫岩县	五道沟、白家堡子	海城县	栗子园、析木城、小孤山
安东县	大河岸	辽阳县	监佛寺、老母沟
凤凰厅	汤山城、草河口、通远堡、秋木庄	复县	松树、万家岭、茧厂沟

资料来源：辽宁省档案馆编：《满铁调查报告》第三辑（9），广西师范大学出版社 2008 年版，第 447、448 页。

河南省柞蚕丝初级集散市场主要分布于河南西南部伏牛山区的嵩县、伊阳、鲁山、南召、镇平等处。⑦ 清末民初，嵩县南部"丝茧行遍

---

① 宋甲其主编：《昌邑织造》，内蒙古科学技术出版社 1999 年版，第 36 页。
② 殷梦霞、李强选编：《民国铁路沿线经济调查报告汇编》第五册，国家图书馆出版社 2009 年版，第 239、245 页。
③ 熊知白编：《东北县治纪要》，立达书局印行 1933 年版，第 211 页。
④ 刘景文、高乃济修，郝玉璞纂：《岫岩县志》卷三《人事·商业》，民国二十四年铅印本。
⑤ 程廷恒修，陶牧纂：《宽甸县志略》，《物产表》，民国四年石印本。
⑥ 廷瑞修，张辅相等纂：《海城县志》卷七《人事·实业》，民国十三年铅印本。
⑦ 丁德超：《近代伏牛山区柞蚕业初探》，《中国社会经济史研究》2010 年第 4 期。

布各大集镇,如车村、孙店、一行树、两河口、栗树街、合峪、黄庄、木植街都有。商人之多,营业额之大尤以车村、孙店、两河口为最多"①。其中合峪街有"德盛永""文盛福"等八家丝行,年收柞蚕丝200市担左右,土法织丝,远销鲁山、镇平等地。②光绪年间,京庄、申庄、口庄外商相继驻鲁山,专营丝绸。当时,仅县城的丝行就有128家,经营者有两千多人。民国初期,鲁山年产柞蚕茧四万多担,缫丝4000担,城内共设有丝绸行231家联系外商收购经销。③南召素有"柞蚕之乡"的美誉,自明代以来,南召山丝产额甲于各县……民国初期,河南丝绸贸易中心曾由鲁山移至李青店。④南召县另外一个柞蚕丝绸集散地——云阳,丝绸业也十分兴盛。有丝绸行约30家,每年各行至少集散柞蚕丝100担,近则销至镇平石佛寺、拐河、鲁山、许昌等地,远则销往日本、欧美各国,享有"南召柞丝鲁山绸"的美誉。⑤

近代中国柞蚕丝初级集散市场在四川、贵州等西南地区也有少量分布。

四川綦江县扶欢坝就是附近柞蚕丝集散的初级市场。道光至同治年间,当地柞蚕丝每"斤值千三百文,而綦之丝市大聚于扶欢坝,每岁二三月,山陕之客云集,马驼舟载,本银约百余万之多。临期开手换钱,虽渝银亦为压价。乡中弟子有领其银各处换钱者,有领而代收丝者,都有首事管理,有行规"⑥。可见,当时綦江县扶欢坝活跃的柞蚕丝贸易不仅影响到重庆的银价,产生了有组织的中间行商,而且还使得綦江附近的蚕农只知售丝而不知织绸,"至今所谓川绸者皆从贵州而来"⑦。

贵州遵义山丝与府绸之名,已经能够与吴绫蜀锦相媲美,出产十分

---

① 刘梦颜供稿、陈道键整理:《嵩南柞蚕》,《嵩县文史资料》第2辑,1988年,第75页。
② 刘占杰:《漫忆栾川柞蚕生产》,《栾川文史资料》第8辑,1993年,第97页。
③ 孙永柱:《鲁山绸》,《鲁山文史资料》第17辑,2000年,第230—231页。
④ 艾廷和:《南召柞蚕"甲于各县"》,《南召文史资料》第9辑,1994年,第181—182页。
⑤ 常兴明:《云阳丝绸行的兴衰》,《南召文史资料》第13辑,2004年,第103—105页。
⑥ (清)宋灏等纂修:《綦江县志》卷之十《祥异》,同治二年据道光六年版增刻。
⑦ (清)盛康辑:《皇朝经世文续编》第三十五卷,光绪二十三年刻本。

丰富，"地方之繁荣，因利赖之"。场市贸易①是贵州等西南地区市场交换的主要方式，柞蚕丝集散市场有分布在县城场市的"如遵义县城每逢四、九场期，乡民之来此贸易者，恒在二、三千人。正安县城每逢场期，山丝亦有数千斤"。也有分散在乡镇场市的，"至各县乡场如遵义之苟江水，正安之安阳，湄潭之永兴，桐梓之扶欢场，每逢场期，乡民负茧或丝出售者，络绎不绝，亦有豫晋商贩，时载茧种来易丝绸而去。此内地贸易之梗概。至于外销情形，在清代可谓盛极一时，汉、沪等地及各省设有绸庄"②。

2. 柞蚕丝中级集散市场

柞蚕丝中级集散市场，亦是连接产地市场和出口市场的中间市场。柞蚕丝在这里进行简单加工，制成半成品后再运送至出口市场等高级市场。这些集散市场大多位于拥有柞蚕缫丝业的城镇如盖平、岫岩、海城、栖霞等地，或者是有港口的通商口岸如营口、大连等地。这些城镇中的丝栈或丝行即是中级市场的主要载体。"行商对中间市场体系比对于更大的、层次更高的市场体系更为重要"③。不同于江南桑蚕丝产区"丝栈、丝号都是设在通商口岸"④，柞蚕丝丝栈或丝行也有设在非通商口岸的柞蚕丝产区，如盖平、栖霞等地。

1880年前后，在盖平"从事丝业的商行分为出售商与收购商两类，彼此互不相犯。现有售丝商行四十家，购丝商行二十家，营业季节为十一月至五月"，在柞蚕丝集散的旺季，城镇附近极为活跃，有"来自山东各口岸，如烟台、柳疃等地的商人，来自牛庄，甚至远自上海的商人均在此收购"⑤。在此期间，柞蚕丝集散方式多种多样，既有柞蚕丝生

---

① [美]施坚雅：《中国农村的市场和社会结构》，史建云、徐秀丽译，中国社会科学出版社1998年版，第59页。按：市、集、墟和场都是市场贸易的一种名称而已，其中集及其组合流行于北方，墟及其组合流行于东南，场及其组合则流行于西南。
② 蒋德学编：《贵州近代经济史资料选辑》第一卷，四川省社会科学院出版社1987年版，第295页。
③ [美]施坚雅：《中国农村的市场和社会结构》，史建云、徐秀丽译，中国社会科学出版社1998年版，第37页。
④ 单强：《近代江南丝茧市场研究》，《中国农史》1997年第2期。
⑤ 彭泽益编：《中国近代手工业史资料（1840—1949）》第二卷，中华书局1962年版，第99页。

产者抱丝赶集或直接售于丝行,也有丝行派"买头"(跑街)先期向生产者预约代理业务或预付丝款的一部分,亦有商贩向生产者收进后售于丝行,丝行收进柞蚕丝后然后售于机户或者丝贩运销。不过盖平丝行还设有一个集散环节:售丝行(代表卖方丝场)在收进生产者或商贩的柞蚕丝之后,随即再售于购丝行(代表买方市场),由购丝行收购后卖给机户以及丝贩运销。

> 野蚕丝之批发商号称之为丝行,或丝栈,大概兼营茧行。其性质与批发字号略似,受客家之委托贩卖,在盖平地方有卖丝栈与买丝栈之分,卖丝栈受生产者之委托,买丝栈受需求者之委托,办理一切。①

由此可见,丝行只是进行柞蚕丝买卖的中介组织。在成交之后,丝行收取2%—3%的佣金。②

据1912年《南"满洲"经济调查资料》记载:"现今盖平拥有卖丝行三十五六家,买丝行十七八家;卖丝行大多为山东商人,资本额少则三千元至五千元,多则二三万元;买丝行主要是上海和烟台商人,资本比较充足。"③

表4—20　　　　　　　1912年盖平规模较大丝行统计

	商号名称
卖丝行	天盛长、德兴长、福盛德、长顺祥、同发永、和顺长、益兴隆、公顺成、万聚昌、公合兴、大德恒、永兴长、玉发祥、益兴德、德和祥、德裕祥、涌聚兴、源昌永、德源盛、福诚兴、恒昌顺、德盛栈、福和栈、益兴公、德盛永、利源长、德盛泰、德盛兴
买丝行	长源兴、义和长、谦利号、洪兴栈、阜成义、吉兴成、德盛祥、亨祥德、长兴隆、人昌厚、谦吉厚、怡兴源

资料来源:辽宁省档案馆编:《满铁调查报告》第三辑(1),广西师范大学出版社2008年版,第172页。

────────

① 《野蚕丝之产销及其贸易状况(续)》,《工商半月刊》1930年第2卷第21期。
② 徐新吾主编:《中国近代缫丝工业史》,上海人民出版社1990年版,第486页。
③ 辽宁省档案馆编:《满铁调查报告》第三辑(1),广西师范大学出版社2008年版,第171页。

根据表4—20统计可知：1912年前后，盖平较大规模丝行共有40家。其中卖丝行有28家，买丝行有12家。卖丝行商号数量要多于买丝行商号数量，不仅可以说明盖平为柞蚕丝集散的重要市场，而且也表明了盖平制丝业的发达。

民国初期，盖平柞蚕丝集散数额不仅十分庞大，而且柞蚕丝贸易左右着该县商业的盛衰。1920年前后，盖平县柞蚕丝每年输出4500余包，价值200余万元。[①] 20世纪二三十年代，盖平县"物产以柞蚕丝为最多，一年中柞蚕丝集散额有二十八万担，全年贸易额，约达四万担"。盖平县的商店主要以柞蚕丝经纪店为主，其交易范围日渐扩大，大多由大连输出。当时盖平的工商业经常为营口所左右，但是只有柞蚕丝，由于已经成为世界商品，因此柞蚕丝产出的多少直接关系着盖平县商业的盛衰。[②]

表4—21　　20世纪20年代末盖平县货物集散统计　　单位：吨

货物名称	发送数量	到着数量	货物名称	发送数量	到着数量
大豆	382	331	盐	23372	1
米	10	307	豆粕	442	63
高粱	122	5973	豆油	6	81
玉蜀黍	499	17	麦粉	446	3566
杂谷	71	328	棉布、棉纱	146	184
柞蚕茧	1139	1205	柞蚕丝	1112	41
烟草	41	567	粟	1536	100

资料来源：熊知白编著《东北县治纪要》，立达书局印行1933年版，第55—56页。

根据表4—21统计数据，不难发现：20世纪20年代末期，柞蚕制品在盖平县对外输出物品中占有较高的地位。柞蚕茧和柞蚕丝每年集散数量之和仅次于盐的集散数量。[③]

栖霞是山东柞蚕丝中级集散市场。栖霞柞蚕丝主要运销烟台，也有

[①] 崔正修峰、郭春藻纂：《盖平县乡土志》，《商务货产输出岁额表》，民国九年石印本。
[②] 熊知白编：《东北县治纪要》，立达书局印行1933年版，第54—55页。
[③] 同上书，第56页。

部分在本地制织成绸。"20世纪30年代初年，山东栖霞县柞蚕丝产额有100万两，按照当时价值1两值7角来算，其柞蚕丝总价额有70万元，主要用于织绸，由骡驴等驮运至烟台，近三年产额增加二成以上，虽然本县有柞绸厂。"① 据《民国铁路沿线经济调查报告汇编》记载：山东栖霞县缫丝工场，1930年还有89家，每年出产柞丝绸56000余匹，总值为150余万元。②

河南柞蚕丝集散市场以鲁山、南召、方城、镇平、南阳、许昌等县为主，集散方式主要是丝行代理。在柞蚕丝交易中，丝行居于经纪人的地位，就买卖两方撮合交易。鲁山、南召、镇平等县乡镇的丝行，每遇买客来行收丝，即留买客住于行内，然后派人分赴各处寻求卖主来行出售。价格由双方议定，如有悬殊，丝行则极力拉拢，尽量使其成交。丝行抽取佣金数量不一，通常卖方抽佣金1.5%—3.5%，买方1%—1.5%。③ 柞蚕丝交易最盛时，鲁山丝行多至300余家，每年输出柞蚕丝达百万金。南召的李青店，方城的拐河镇，镇平的石佛寺，均为柞蚕丝交易中心，输出价值均在五六十万两。南阳，民国初年尚有丝行百余家，银号七八十家；许昌，民国十五六年，有丝行七十余家。④

3. 柞蚕丝高级集散市场

近代柞蚕丝高级集散市场也称终点市场、出口市场。柞蚕丝出口贸易也大多集中在这一类市场中进行。终点市场大致具备以下三个特点：一是作为近代工业和金融中心，可以消费或加工大量物品。二是作为近代交通运输中心，拥有大量的工业人口，并且直接经营进出口国际贸易。三是终点市场对国内各大集散市场的物品价格有直接的影响。⑤

因此而言，终点市场基本上位于机器缫丝业分布较为集中且比较发达的城市，如烟台、安东等；同时在开埠通商的大连、上海也有分布。

---

① 《山东各县物产调查》，《工商半月刊》1934年第6卷第3期。
② 殷梦霞、李强选编：《民国铁路沿线经济调查报告汇编》第五册，国家图书馆出版社2009年版，第433、434页。
③ 夏光耀：《河南柞蚕丝之产销概况》，《中农月刊》1945年第6卷第2期。
④ 《河南蚕丝业现状》，《工商半月刊》1935年第7卷第11期。
⑤ 许道夫编：《中国近代农业生产及贸易统计资料》，上海人民出版社1983年版，第151、158页。

柞蚕丝集散市场的丝商在当地收购柞蚕丝之后，除将一部分柞蚕丝售于国内柞绸织造业之外，大部分经通商口岸的外商洋行，运销国际市场。

近代中国柞蚕丝集散的终点市场最早是烟台，后来逐渐转向上海、安东等地。据《今世中国贸易通志》载："上海、安东为两大输出港。山东之丝集中于烟台，转运上海出洋；奉天所产，曩多经由烟台转运上海，今则由安东迳运出洋矣。"① 柞蚕丝输出至上海后再装运出口。

山东柞蚕丝输出的集散市场为烟台、青岛，其中由烟台输出者尤占多数。柞蚕丝分为大纩丝、小纩丝两种，其中大纩丝大部分在本省消费，小纩丝则运至欧美专供替代生丝制织衣料之用，而且小纩丝的用途有逐渐增加的趋势。清末民初，烟台恒为柞蚕丝集散的高级市场。烟台在1893年以前，桑蚕丝比柞蚕丝占有优势地位。1893—1908年，柞蚕丝所占的出口比重从5%稳定成长到20%，桑蚕丝则由原来的10%衰退至不及1%②。到1900年前后，烟台从事柞丝买卖的丝行有40余家，③其中有的还兼营乱丝头（屑丝），有的资金积累较快，在当地还开设有柞蚕丝工场。1931年，烟台进口柞蚕茧，据东海关报记载，有36675担，在烟台缫丝后，除销售于当地各织绸工厂外，其余都运往上海、中国香港、外洋等。④

上海是柞蚕丝输出外国最多的商埠，在近代中国蚕丝业贸易中有十分重要的地位。柞蚕丝运销国外大部分由上海输出，从前由安东、大连输出的柞蚕丝，至1930年大部分移至上海。⑤ 上海输出的柞蚕丝几乎全是由烟台、安东、大连、牛庄等处运来的，而重庆方面的四川柞丝虽有出口，但数量极少。上海运输柞蚕丝极为方便，外国商行均设洋行或代理店于此进行柞蚕丝的交易。这些专营出口货品的洋行或代理店，并不直接到柞蚕丝产地采购。反之，柞蚕丝厂家多派坐庄驻在上海，注意柞

---

① 张研、孙燕京主编：《民国史料丛刊》第653册，大象出版社2009年版，第191页。
② 刘素芬撰：《烟台贸易研究（1867—1919）》，商务印书馆发行1990年版，第12页。
③ ［日］峰村喜藏：《清国蚕丝业大观》，朝日新闻出版社1902年版，第293页。
④ 殷梦霞、李强选编：《民国铁路沿线经济调查报告汇编》第五册，国家图书馆出版社2009年版，第341、324页。
⑤ 《野蚕丝之产销及其贸易状况》，《工商半月刊》1930年第2卷第20期。

蚕丝市价的变动，静候适当价格时即由坐庄直接售予洋行。交易基本为现金交易，而由中国自己经营柞蚕丝出口的商号很少。柞蚕丝交易"普通自现货装船后开船之，翌日即付现银，惟常用外国银行支票，由我国商号直接输出至国外者绝少，大概皆经外国商行之手"①。

表4—22　　　　20世纪初期上海中外柞蚕丝商号情况统计

商家	商号名称	商号地址	商家	商号名称	商号地址
外国洋行	怡和洋行	外滩27号	中国商号	恒祥同	泗泾路15号
	连纳洋行	外滩18号		和聚栈	汉口路21号
	达昌洋行	北京路43号		益丰长	泗泾路16号
	三井洋行	四川路49号		恒升公	天津路恒源里459号
	瑞泰洋行	广东路3号		同顺公	北京路福兴里75号
	乾利洋行	圆明园路24号			
	信孚洋行	爱多亚路9号			
	永兴洋行	博物院路16号			
共计	13家，其中中国商号5家。					

注：洋行即近代外商在中国从事贸易的代理行号。

资料来源：《野蚕丝之产销及其贸易状况（续）》，《工商半月刊》1930年第2卷第21期，第31、32页。

通过表4—22统计数据，可知上海柞蚕丝输出贸易大多为生丝商所兼营，其中大部分为外国洋行控制，中国商号经营柞蚕丝输出贸易的很少。上海作为柞蚕丝集散的终点市场，直接经营柞蚕丝对外输出的中国商号只有5家，而外国商号则多达13家，柞蚕丝和其他对外输出的商品一样，经营权大多被外国人所掌握。近代上海柞蚕丝对外输出经营权的丧失亦是近代中国经济被外国控制和垄断的一个缩影。

上海柞蚕丝对外贸易完全是转口性质，而上海以外各口岸输出的柞蚕丝才是真正的对外直接贸易。现将1910—1917年各埠输出柞蚕丝数量如表4-23所示，以便分析各地柞蚕丝产额的趋势。表4-23的合计

---

① 《野蚕丝之产销及其贸易状况（续）》，《工商半月刊》1930年第2卷第21期。

数量比实际输出数量多,是因为各埠柞蚕丝重复记录的结果。例如烟台、牛庄柞蚕丝输出的全部及安东、大连的一部分都是向上海输出的,因此也包括于上海对外输出的数量中。而在下表中若把上海、拱北、广州输出外国及其他的数量与由上海输出的对比来看,则可知其相差很大。①

表4—23　　　　1910—1917年各埠输出柞蚕丝数量统计　　　　单位:担

埠别	1910	1911	1912	1913	1914	1915	1916	1917
广州	585	211	120	329	298	145	1458	3
拱北	3705	2924	2840	2697	2284	2497	241	1318
上海	13397	27680	30369	23762	13717	24260	10986	11826
重庆	2003	896	612	579	290	285	582	383
汉口	96	6	31	66	12	21	21	—
安东	3773	5040	7268	5837	3794	4068	2190	1322
大连	6900	11828	8783	8298	9787	17029	13814	17237
牛庄	4205	4705	8377	4675	2703	6492	3046	2263
烟台	12508	12193	12333	13665	8344	18159	10310	9095
胶州	35	—	—	5	—	—	—	—
天津	—	—	3	—	15	—	—	—
儋州	20	22	27	43	39	86	45	40
合计	47227	65505	70763	59956	42283	73043	42683	43487

资料来源:乐嗣炳编辑,胡山源校订:《中国蚕丝》,世界书局1935年版,第322—323页。

根据表4—23统计数据不难发现:从1910年到1915年,上海一直位居中国柞蚕丝输出数量的首位,其次为烟台和大连。从1916年起,大连柞蚕丝输出数量开始超过上海,烟台输出数量也紧随上海之后。在此期间,上海在柞蚕丝输出格局中的地位开始衰退,而东北的安东、大连和山东的烟台输出地位逐渐提升。正如时人所言:

---

① 乐嗣炳编辑,胡山源校订:《中国蚕丝》,世界书局1935年版,第322页。

第四章 茧丝贸易：近代柞蚕茧、丝的生产与集散 195

从前由安东、大连输出的差不多全部运到上海，再由上海输出外国的。可是民国六年以来，大连、安东、烟台等输出日本的数目，年有增加，而由安东、大连运到上海的已大有减退的倾向。①

安东不仅是东北最大的柞蚕茧集散地，而且也是柞蚕丝最重要的生产地和集散市场。"东三省所产者十之三四皆运至安东，因该地为东省唯一野蚕茧丝集散市场。东三省所产之茧十之六在安东制丝，余四成即在产地制成灰丝，灰丝大部分亦运集安东市场，一小部分即在产地消费。"② 吉林通化县"民国十六年前，全境缫丝房共计二十余家，在城内者七家。迄今止余一家，四乡共有若干则无统计，出品若干尤不可稽，所出丝品运输安东者为多"。③

安东柞蚕丝的集散也离不开丝栈的代理作用。在安东"皆为卖丝栈，顾客即寄居栈内，每日膳宿费支出小洋三角，静观市价之高下，至相当价格脱售"。④ 民国二十年前后，安东县拥有丝厂 62 家，丝栈 32 家，茧栈 85 家。⑤ 同时还出现"丝茧市，在广济街，由总商会建筑市场；业丝茧者每日早晚两次同集于此，议价交易"。⑥

20 世纪初期，安东柞蚕丝集散主要是以内销为主，柞蚕丝大部分运往山东进行制织茧绸。20 世纪 20 年代以后，安东柞蚕丝集散情况发生了很大变化，柞蚕丝开始大量出口日本等地。1922—1926 年七成运销山东昌邑，一成售于沪埠，其余二成则输出日本；1927—1931 年所产生丝 80% 输出日本，19% 运销上海，仅余 1% 运销昌邑。⑦

因此，安东作为当时中国柞蚕丝集散的高级市场，安东柞蚕丝集散格局的变化正是当时中国柞蚕丝集散状况的真实反映。

---

① 乐嗣炳编辑，胡山源校订：《中国蚕丝》，世界书局 1935 年版，第 323 页。
② 《野蚕丝之产销及其贸易状况》，《工商半月刊》1930 年第 2 卷第 20 期。
③ 刘天成修，李镇华纂：《通化县志》卷三《实业志·公司及各企业》，民国二十四年铅印本。
④ 《野蚕丝之产销及其贸易状况（续）》，《工商半月刊》1930 年第 2 卷第 21 期。
⑤ 王介公修，于云峰纂：《安东县志》卷六《人事·商业》，民国二十年铅印本。
⑥ 王介公修，于云峰纂：《安东县志》卷一《疆域·市场》，民国二十年铅印本。
⑦ 刘辉主编：《五十年各埠海关报告（1882—1931）》（十一），中国海关出版社 2009 年版，第 91 页。

196　小丝大业：近代中国柞蚕丝业研究

表 4—24　　1917—1931 年安东柞蚕丝输出量及占全国比重统计　　单位：公担

年份	全国输出量	安东输出量	占全国比重（%）	年份	全国输出量	安东输出量	占全国比重（%）
1917	11029	1344	12.19	1925	20935	12227	58.40
1918	17290	4133	23.90	1926	18806	11058	58.80
1919	20370	8214	40.32	1927	15074	10411	69.07
1920	13175	5456	41.41	1928	17159	12860	74.95
1921	22428	10589	47.21	1929	17853	12827	71.85
1922	14359	6475	45.09	1930	15844	11963	75.50
1923	18867	9646	51.13	1931	19507	16964	86.96
1924	13651	7465	54.68				

资料来源：历年海关关册，转引自徐新吾主编：《中国近代缫丝工业史》，上海人民出版社 1990 年版，第 513 页。

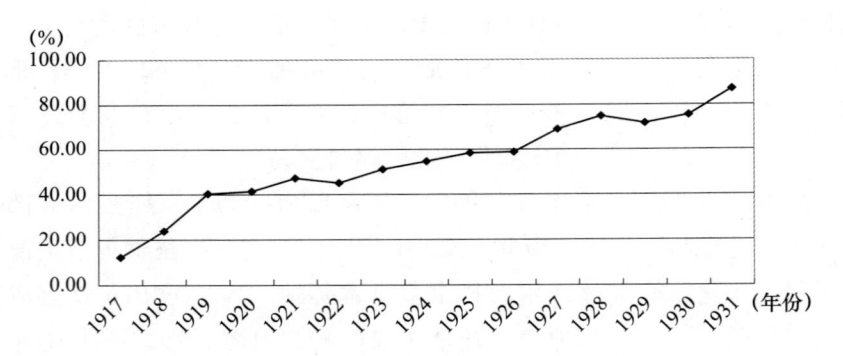

图 4—4　1917—1931 年安东和全国柞蚕丝输出量比较趋势

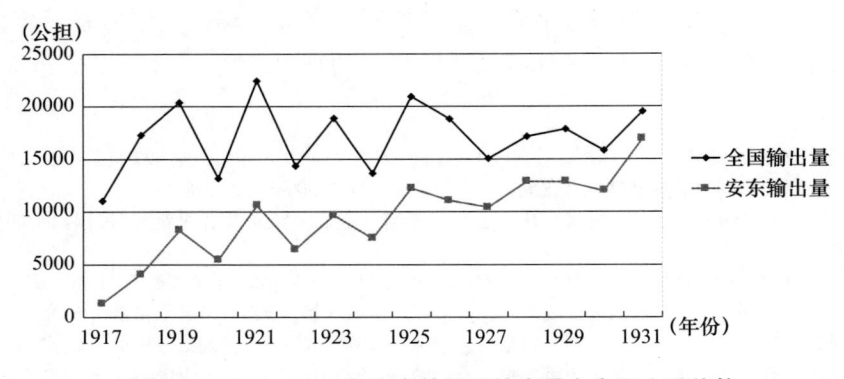

图 4—5　1917—1931 年安东柞蚕丝输出量占全国比重趋势

根据表4—24及图4—4和图4—5可知：从1917年到1931年，安东柞蚕丝输出量占全国柞蚕丝输出的比重呈现不断上升态势。自1923年起安东柞蚕丝输出量已经占据全国柞蚕丝输出量的一半以上，到1927年更接近70%，1928年进一步上升至75%，1928年增长到85%以上。当然在此期间，应该看到安东柞蚕丝输出量的增加与日本对东北柞蚕丝的疯狂掠夺密不可分。

四 柞蚕丝之销售

鸦片战争之后，外国资本主义国家对中国的经济侵略步步紧逼。针对中国土特产品的导向由以前的"丝绸并重"转变为"引丝扼绸"，在加强对中国进行蚕丝原料掠夺的同时，想尽办法遏制中国丝织品的出口。[1] 随着国际市场需求的扩大，柞蚕丝销售逐渐增多。其中内陆产区如河南、贵州等地柞蚕丝以内销织绸为主。而沿海柞蚕丝产区如山东、东北等地柞蚕丝销售最初也是供给国内织绸之用，后来则逐渐转变为以出口为主、织绸为辅的局面。近代柞蚕丝销售格局的变化正是外国资本主义列强对中国实施"引丝扼绸"政策的真实写照。

1. 柞蚕丝内销情况的分析

近代以来，柞蚕丝内销主要是国内制织茧绸的缘故。山东柞蚕丝除少数直接出口之外，大多内销本地制织茧绸后出售。东北柞蚕茧最初运销至山东烟台等地进行缫丝织绸，后来在安东、盖平等地进行缫丝，大部分运销至山东制织茧绸之用。河南和贵州等内陆地区的柞蚕丝大部分内销本地，制织成绸后再销售到各地。据《中农月刊》刊称："河南山丝除少数输出外，大都用作本地织绸用"[2]。

清末民初之际，由柞蚕茧制成柞蚕丝或织物（茧绸）的工业，以烟台为最盛，东北柞蚕缫丝业相对落后。东北地区柞蚕茧大多先输送至山东烟台等地进行缫丝、织绸，然后再出售外洋。

后来，烟台等地的柞蚕丝除部分内销制织茧绸之外，大部分则出口销售。

---

[1] 王翔：《近代中国传统丝绸业转型研究》，南开大学出版社2005年版，第154页。
[2] 夏光耀：《河南柞蚕丝之产销概况》，《中农月刊》1945年第6卷第2期。

烟台每年各丝厂用本省茧所缫之丝，约18000担；用关东茧制出之丝，约11800担；又由关东输入之丝约1600余担，不过此大宗柞蚕丝非专供本地织府绸之用；每年由烟台出口，运销欧美法意日等国者，约13000担以上。[①]

东北地区柞蚕丝最初大多内销至山东等地供织绸之用。民国初期，辽宁安东一带为柞蚕丝的主要产地，山东次之。柞蚕丝"安东所产实当我国全国所产十分之七"，最初大多销售至山东烟台等地缫丝织绸，"其初以与烟台一水相隔，所得之茧皆以供山东茧绸柞丝之原料"[②]。

山东虽然为世界茧绸业最发达的地方，但是本省茧绸原料供不应求，每年由安东、大连输入大量柞蚕丝。据《中外经济周刊》刊载，1920—1922年安东、大连内销柞蚕丝情况见表4—25所示。

表4—25　　　1920—1922年安东、大连内销柞蚕丝情况统计

	1920年		1921年		1922年	
	数量（担）	价值（两）	数量（担）	价值（两）	数量（担）	价值（两）
烟台输入净数	1393	346299	1619	474367	1505	615545
龙口输入净数	3399	764775	2251	506475	1052	263000
安东输出数	2901		3252		1586	
大连输出数	3708		4098		2211	

资料来源：《安东柞丝之楚材晋用》，《中外经济周刊》1924年第52期，第16页。

根据表4—25统计数据，显而易见：从1920—1922年，烟台和龙口输入柞蚕丝的数量之和分别为4792担、3870担、2557担。在此期间，安东、大连输出柞蚕丝数量依次为6609担、7350担、3797担。通过两者比较来看，从1920年至1922年，安东、大连柞蚕丝的内销总量分别占其输出总量的72.5%、52.7%、67.3%。由此可见，在此期间，东北柞蚕丝还是以内销山东为主。

---

① 杨立惠：《烟台调查》，《东方杂志》1924年第21卷第12号。
② 《安东柞丝之楚材晋用》，《中外经济周刊》1924年第52期。

第四章 茧丝贸易：近代柞蚕茧、丝的生产与集散　199

但是，上面分析了特定时间局部地区的柞蚕丝内销情况，那么1860年以来，中国柞蚕丝内销情况大致如何呢？迄今为止，笔者没有发现确切的材料只能以前辈学者根据历年《海关关册》对中国柞蚕丝内销和出口情况的记载作为分析的依据，其具体情况见表4—26所示。

表4—26　　1871—1937年柞蚕丝生产和销售情况估算统计　　单位：公担

年份	生产量	出口量	占生产量（%）	内销量	占生产量（%）
1871	8265	2217	26.82	6048	73.18
1872	7347	1299	17.68	6048	82.32
1873	10457	4409	42.16	6048	57.84
1874	9918	3870	39.02	6048	60.98
1875	9515	3467	36.44	6048	63.56
1876	7920	1872	23.63	6048	76.37
1877	7881	1833	23.25	6048	76.75
1878	8588	2540	29.58	6048	70.42
1879	8900	2852	32.05	6048	67.95
1880	9571	2480	25.91	7091	74.09
1881	10402	3144	30.23	7258	69.77
1882	9731	2473	25.41	7258	74.59
1883	10788	3530	32.72	7258	67.28
1884	11281	4023	35.66	7258	64.34
1885	12018	4760	39.61	7258	60.39
1886	16060	7593	47.28	8467	52.72
1887	15749	7282	46.24	8467	53.76
1888	16407	7940	48.39	8467	51.61
1889	19249	10782	56.01	8467	43.99
1890	20551	12084	58.80	8467	41.20
1891	19379	10307	53.19	9072	46.81
1892	19011	9939	52.28	9072	47.72
1893	17393	8321	47.84	9072	52.16
1894	18895	9822	51.99	9072	48.01
1895	18714	9642	51.52	9072	48.48

续表

年份	生产量	出口量	占生产量（%）	内销量	占生产量（%）
1896	18972	9900	52.18	9072	47.82
1897	20591	11519	55.94	9072	44.06
1898	19045	9973	52.36	9072	47.64
1899	23995	14923	62.19	9072	37.81
1900	24000	11411	47.55	12589	52.45
1901	24000	12398	51.66	11602	48.34
1902	24000	11599	48.33	12401	51.67
1903	24000	13383	55.76	10617	44.24
1904	30000	20277	67.59	9723	32.41
1905	30000	15473	51.58	14527	48.42
1906	30000	15456	51.52	14544	48.48
1907	30000	14452	48.17	15548	51.83
1908	34000	20653	60.74	13347	39.26
1909	34000	20570	60.50	13430	39.50
1910	34000	17565	51.66	16435	48.34
1911	34000	20461	60.18	13539	39.82
1912	38000	21871	57.56	16129	42.44
1913	39133	17939	45.84	21194	54.16
1914	39133	12744	32.57	26389	67.43
1915	39133	20565	52.55	18568	47.45
1916	40000	11299	28.25	28701	71.75
1917	40000	11029	27.57	28971	72.43
1918	40000	17290	43.22	22710	56.78
1919	46249	20370	44.04	25879	55.96
1920	46249	13175	28.49	33074	71.51
1921	48000	22428	46.73	25572	53.27
1922	48000	14359	29.91	33641	70.09
1923	48000	18867	39.31	29133	60.69
1924	48000	13651	28.44	34349	71.56
1925	48000	20935	43.61	27065	56.39

续表

年份	生产量	出口量	占生产量（%）	内销量	占生产量（%）
1926	48000	18806	39.18	29194	60.82
1927	44000	15074	34.26	28926	65.74
1928	40000	17159	42.90	22841	57.10
1929	40000	17853	44.63	22147	55.37
1930	35000	15844	45.27	19156	54.73
1931	30200	19507	64.59	10693	35.41
1932	30200	21404	70.87	8796	29.13
1933	30200	16768	55.52	13432	44.48
1934	30200	15977	52.90	14223	47.10
1935	30200	15312	50.70	14888	49.30
1936	32480	16807	51.75	15673	48.25
1937	30000	16091	53.64	13909	46.36

资料来源：徐新吾主编：《中国近代缫丝工业史》附录（十八），上海人民出版社1990年版，第662—667页。

根据表4—26统计数据可知：从1871—1937年，柞蚕丝的内销量与出口量变化趋势可分为四个阶段。第一阶段，从1871—1888年，虽然柞蚕丝的内销量均大于柞蚕丝的出口量，但是内销量占生产量的百分比已经出现逐步下降的趋势。从19世纪70年代初期占70%—80%递减至80年代末仅占50%强，当时柞蚕丝内销量和出口量均为八千公担左右。第二阶段，从1889—1915年，柞蚕丝每年出口量大于内销量。内销量由占产量50%左右下降至30%强，下降明显。在此期间，柞蚕丝出口增长相对明显。第三阶段，从1916—1930年，柞蚕丝每年出口量少于内销量。这是因为第一次世界大战前后，一方面外国资本主义国家处于保护国内经济的目的而减少了对中国柞蚕丝的进口，另一方面受到战争的影响，外国丝织业需要时间恢复元气。第四阶段，从1931年至1937年，柞蚕丝内销量和出口量均出现明显下降，不过内销量下滑幅度更大一些。原因在于九一八事变之后，日本利用东北柞蚕丝发展茧绸生产，然后再出口至欧美各国，从而导致中国柞蚕丝内销大减，其中1933—1937年柞蚕丝内销量便减少1.4万公担左右。

那么为什么会出现上述阶段性的变化呢？国际市场对中国柞蚕丝需求消长是主要原因。中国茧绸出口主要以欧美市场为主，第一次世界大战期间，中国柞蚕丝出口量减少同时茧绸出口反而增加，这种状况一直维持至20世纪20年代末，也是1916—1930年柞蚕丝内销量长期保持在2万—3万公担的原因所在。

2. 柞蚕丝出口数值的变化

近代以来，丝、茶并列为中国出口大宗物品的前列，每年出口数值巨大。"自华洋交通以来，异物内输，利源外溢，国内土产略可抵制者，除茶以外，则以丝为大宗，运售欧美者，岁值银约八千万元。"① 蚕丝出口不仅增加了大量的外汇收入，而且还一定程度上抵制了外国资本主义对中国的经济侵略。诚如美国学者赫延平所言："近代经济部门中，最大份额的利润不是来自制造业，而是来自贸易和金融业。在贸易中，最大部分的货物不是从工业获得，而是从传统部门（农业和手工业）中获得。"② 当然，传统部门中自然包括柞蚕丝业。

柞蚕丝作为中国特有的商品，广为世界市场所欢迎。世界各国所需要的柞蚕丝完全仰给于中国，每年贸易数值也十分惊人。民国时人曾言："我国每年输出海外的柞蚕丝额约达三万担以上，价额约值八百万海关两，多时达九百万海关两。"③ 但是近代柞蚕丝出口数值难有确数，现只能根据前辈学者整理的历年（1859—1931）海关关册记录的数值进行分析。

根据表4—27所示，不难发现：

第一，从1859年至1931年，中国柞蚕丝出口价值总体呈上升趋势。由最低年份1859年的40.30千关两增长至最高年份1923年的20145.60千关两，出口价值增长幅度高达500倍。如果以10年为衡量单位，则1861年柞蚕丝出口值只有232.55千关两，1871年柞蚕丝出口值增加到264.63千关两，1881年柞蚕丝出口值增加到509.40千关两，1891年柞蚕丝出口值又增加到1513.70千关两，1901年柞蚕丝出

---

① 胡宗瑷：《说柞蚕之饲养及柞树培植法》，《学生杂志》1919年第6卷第3期。
② ［美］赫延平：《中国近代商业革命》，陈潮、陈任译，陈绛校，上海人民出版社1991年版，第4页。
③ 乐嗣炳编辑，胡山源校订：《中国蚕丝》，世界书局1935年版，第311页。

表 4—27　　　　　　　1859—1931 年柞蚕丝出口值统计　　　　单位：千海关两

年份	出口额	占丝绸类出口总值（%）	年份	出口额	占丝绸类出口总值（%）
1859	40.30	0.19	1896	2403.80	5.72
1860	277.13	1.17	1897	3059.20	5.54
1861	232.55	1.23	1898	2805.30	5.00
1862	338.76	1.35	1899	5226.50	6.37
1863	258.56	1.95	1900	2659.50	5.39
1864	230.25	2.07	1901	2821.51	4.63
1865	335.79	1.94	1902	3701.52	4.67
1866	369.46	2.25	1903	4673.43	6.29
1867	459.61	2.71	1904	9861.67	12.60
1868	617.68	2.50	1905	8639.06	12.27
1869	451.80	2.32	1906	6372.97	8.94
1870	333.48	1.55	1907	6292.93	7.06
1871	264.63	1.03	1908	7571.56	9.13
1872	193.11	0.58	1909	9846.31	10.94
1873	458.71	1.63	1910	8023.10	8.07
1874	403.32	1.77	1911	9182.70	9.91
1875	618.10	2.48	1912	7957.00	8.51
1876	366.20	1.02	1913	7168.60	6.89
1877	365.20	1.61	1914	4099.00	5.15
1878	410.90	1.63	1915	6439.80	6.39
1879	409.50	1.43	1916	5285.10	4.76
1880	385.90	1.29	1917	6013.00	5.66
1881	509.40	1.90	1918	8919.30	8.32
1882	344.70	1.51	1919	10516.70	7.62
1883	511.00	2.13	1920	7073.80	6.90
1884	609.50	2.63	1921	18488.80	12.11
1885	724.00	3.62	1922	15196.30	8.77
1886	1288.70	4.47	1923	20145.60	11.15
1887	1083.80	3.42	1924	10995.10	7.46
1888	1360.90	4.23	1925	14353.00	8.04
1889	1951.60	5.36	1926	14038.60	7.32
1890	2032.40	6.72	1927	11702.30	6.98
1891	1513.70	4.10	1928	10067.90	5.36
1892	1479.20	3.96	1929	10337.80	5.43
1893	1402.60	3.68	1930	9619.50	6.71
1894	1939.60	4.55	1931	10909.30	8.65
1895	1967.00	3.88			

资料来源：历年《海关关册》；转引自徐新吾主编《中国近代缫丝工业史》附录（十九），上海人民出版社 1990 年版，第 668—673 页。

口值又增加到2821.51千关两,1911年柞蚕丝出口值又增加到9182.70千关两,1921年柞蚕丝出口值又增加到18488.80千关两,其中1923年柞蚕丝出口值达到最高峰,为20145.60千关两,此后至1931年开始逐步下滑,到1931年,柞蚕丝出口值下降为10909.30千关两。

第二,从第二次鸦片战争爆发至九一八事变期间,中国柞蚕丝出口价值占丝绸类出口总值的百分比也在不断提升。1859年中国柞蚕丝出口价值只有40.30千关两,仅占丝绸类出口总值的0.19%。1869年柞蚕丝出口价值上升为451.80千关两,占丝绸类出口总值的2.32%。1889年柞蚕丝出口价值又上升为1951.60千关两,占丝绸类出口总值的5.36%。1899年柞蚕丝出口价值又上升为5226.50千关两,占丝绸类出口总值的6.37%。1909年柞蚕丝出口价值又上升为9846.31千关两,占丝绸类出口总值的10.94%。到1921年柞蚕丝出口价值又上升为18488.80千关两,仅占丝绸类出口总值的12.11%。其中,1904年为柞蚕丝出口价值最高峰,达9861.67千关两,占丝绸类出口总值的12.60%,相比1859年而言,出口比值增长幅度也高达66倍左右。

近代柞蚕丝最初外销的数量并不多。1860—1864年平均每年不过2600公担,到1896—1900年增长至平均每年11400公担,1904年又增加到2万公担左右,这个时期外销的柞蚕丝均是灰丝(土丝)。但是自1911年开始有柞厂丝出口的记录以来,灰丝出口逐渐下降,到1923年柞厂丝出口数量为17755公担,灰丝则下降为1112公担。1931年时,柞厂丝出口数量上升为19444公担,灰丝则下滑至63公担。① 1871—1949年柞丝和灰丝出口数值的具体情况如表4—28所示。

表4—28　　　　　1871—1949年柞丝和灰丝出口数值统计

类别 年份	柞丝		灰丝	
	数量（公担）	金额（美元）	数量（公担）	金额（美元）
1871	—	—	2217	418120
1872	—	—	1299	260980

---

① 徐新吾主编:《中国近代缫丝工业史》,上海人民出版社1990年版,前言第16页。

续表

年份	柞丝 数量（公担）	柞丝 金额（美元）	灰丝 数量（公担）	灰丝 金额（美元）
1873	—	—	4409	715590
1874	—	—	3870	621110
1875	—	—	3467	927150
1876	—	—	1872	530990
1877	—	—	1833	536840
1878	—	—	2540	595800
1879	—	—	2852	552830
1880	—	—	2480	536400
1881	—	—	3144	695330
1882	—	—	2473	475690
1883	—	—	3530	692410
1884	—	—	4023	822830
1885	—	—	4760	926720
1886	—	—	7593	1572210
1887	—	—	7282	1300560
1888	—	—	7940	1565030
1889	—	—	10782	2244340
1890	—	—	12084	2581150
1891	—	—	10307	1816440
1892	—	—	9939	1582740
1893	—	—	8321	1346500
1894	—	—	9822	1493490
1895	—	—	9642	1573600
1896	—	—	9900	1947080
1897	—	—	11519	2202620
1898	—	—	9973	1963710
1899	—	—	14923	3815340
1900	—	—	11411	1994634
1901	—	—	12398	2031486
1902	—	—	11599	2331959

续表

类别 年份	柞丝 数量（公担）	柞丝 金额（美元）	灰丝 数量（公担）	灰丝 金额（美元）
1903	—	—	13383	2990998
1904	—	—	20277	6508701
1905	—	—	15473	6306515
1906	—	—	15456	5098376
1907	—	—	14452	4971417
1908	—	—	20653	4921511
1909	—	—	20570	6203174
1910	—	—	17565	5295470
1911	4759	1520740	15702	4447959
1912	8989	2624483	12882	3263765
1913	368	134947	17571	5098016
1914	62	17639	12682	2729771
1915	14651	3076888	5914	915766
1916	7962	3351445	3337	823781
1917	8655	5243825	2374	949533
1918	14108	9699243	3182	1568967
1919	16928	12705310	3442	1912915
1920	10205	7365376	2970	1406118
1921	18997	12733001	3431	1318545
1922	12575	11626159	1784	986792
1923	17755	15560995	1112	555505
1924	12135	8323042	1516	582968
1925	19979	11719221	956	337074
1926	18273	10485490	533	183820
1927	14934	8026500	140	48125
1928	17039	7109165	120	39064
1929	17730	6576685	123	39490
1930	15683	4391542	161	28864
1931	19444	3699767	63	9371
1932	6918	1006813	22	2815

续表

年份 \ 类别	柞丝 数量（公担）	柞丝 金额（美元）	灰丝 数量（公担）	灰丝 金额（美元）
1933	755	110525	2	618
1934	1092	176781	—	—
1935	1563	258735	14	1558
1936	800	122497	3	830
1937	1136	184336	5	1007
1938	613	107188	9	1252
1939	430	154776	—	91
1940	293	326761	—	—
1941	543	629841	20	20260
1942	3	363	—	—
1943	—	—	—	—
1944	—	—	—	—
1945	—	—	—	—
1946	22	27220	—	48
1947	25	9927	5	539
1948	14	2345	7	634
1949	36	4061	—	—

注：1. "柞丝"指丝厂用机械生产的柞蚕丝；"灰丝"指农村手工生产的柞蚕丝。

2. 1931年之后辽宁出口量都为伪满海关统计数：1932—1941年辽宁柞丝出口量分别为13761公担、15818公担、14245公担、12503公担、16004公担、14950公担、11989公担、7691公担、3873公担、1102公担；1932—1935年辽宁灰丝出口量分别为703公担、193公担、640公担、1232公担，均未包括在表内，因金额是伪满元，无从折合，故未列入。

资料来源：中国丝绸公司编印：《中国丝绸出口统计汇编》上册，1957年10月，第46—48页；王庄穆主编：《丝绸笔记》，中国流行色协会出版1986年版，第680—683页。

根据表4—28及所图4—6看：第一，从1871—1949年，柞丝和灰丝出口数值的变化趋势十分明显。在1911年以前，柞蚕丝出口统称为灰丝，在1871—1911年的40年间，灰丝出口呈现一枝独秀状态。在此期间，其出口数值一路上升。第二，1911年，海关统计开始把柞厂丝和灰丝分别统计，可以发现：从1911—1931年柞丝出口除了1913年、1914

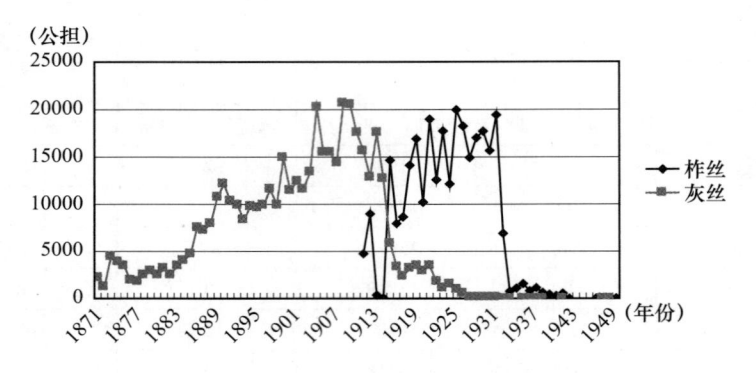

图 4—6　1871—1949 年柞丝和灰丝出口数量变化趋势

年的特殊情况外，基本呈现直线上升态势。其中 1923 年柞丝出口价值已经达到 1556 余万美元的历史最高峰，而当年灰丝则逐年锐减至 55 万余万美元，约相当于柞丝出口价值的三十分之一。第三，1931 年之后，由于外国侵略和世界经济萧条等因素的影响，柞丝和灰丝出口数值均有很大程度的下滑，尤其是灰丝出口数值微乎其微，基本可以忽略不及。

3. 柞蚕丝出口国别的变化

近代以来，从柞蚕丝出口的国别来看，最初是由英国商人垄断柞蚕丝出口，然后再转销至欧洲各国。后来，以直接出口法国占最大比重，19 世纪末时约占 60%，20 世纪初，法国仍占第一位。其次为美国，再次为意大利和日本。第一次世界大战期间及战后，出口法国和意大利的柞蚕丝逐渐减少。柞蚕丝开始主要销往美国和日本，1917 年之后销往日本的数量远超过美国，经常在一万公担以上。这一方面是由于日本机器柞绸业的发展使其大量掠夺东北柞蚕丝，织成柞绸转销美国，另一方面也有日本对柞蚕丝转口再外销的因素。到 1931 年，中国出口柞蚕丝数量 19507（其中柞丝 19444，灰丝 63）公担中，出口日本大约有 16336 公担，约占柞丝出口总数的 83.74%，位居第一位，而出口美国比例为 11.74%，法国则只占 3.87%，其余出口意大利、中国香港等处，数目微不足道。[①]

---

① 根据历年《海关关册》整理，转引自徐新吾主编《中国近代缫丝工业史》，上海人民出版社 1990 年版，前言第 16—17 页。

1900年以前，中国柞蚕丝的出口以广东及上海为主要输出口岸。1863年以前，广东输出的柞蚕丝主要是销往印度，其次是中国香港。1864年以后，绝大多数柞蚕丝由中国香港转口外销。无论是印度还是中国香港，二者都和英国联系密切。柞蚕丝的输出和桑蚕丝一样，最初之所以由英联邦各国或地区转运销售至欧美各国，这和18、19世纪英国世界霸主的地位以及发达的海运密不可分。"十八世纪末十九世纪初，英国商运在欧洲当首屈一指。故英轮多在日之横滨及吾国之上海、广东等处装载生丝，经加尔各答，绕好望角而卸于伦敦，继乃转往大陆各邦。"① 但是从1869年苏伊士运河开通之后，东方的蚕丝可以直接通过苏伊士运河，经地中海而最先到达法国，于是法国地位逐渐提升并超过英国，于是伦敦生丝营业乃逐渐衰微。②

表4—29　1859—1900年上海柞蚕丝出口国别情况统计（五年平均）

年份	出口总量（公担）	中国香港（%）	英国（%）	美国（%）	法国（%）	意大利瑞士等（%）	日本（%）	印度（%）	东南亚（%）	德国（%）	其他国家（%）
1859—1860	98.99	2.75	97.25								
1861—1865	54.43	38.23	59.56	1.11					1.10		
1866—1870	70.89		71.32		15.19	8.70	1.17		3.60		
1871—1875	206.83	6.90	76.49	0.35	14.85	0.83	0.35	0.23			
1876—1880	657.77		83.60	0.09	15.22	0.52	0.04	0.35	0.18		
1881—1885	2026.76	0.02	20.31	1.51	75.40	2.18	0.02	0.02			0.54
1886—1890	5730.98	0.05	33.04	0.41	56.40	9.94	0.11				0.05

---

① 曾同春：《中国丝业》，商务印书馆1933年版，第93页。
② 同上书，第93、94页。

续表

年份	出口总量（公担）	中国香港（%）	英国（%）	美国（%）	法国（%）	意大利瑞士等（%）	日本（%）	印度（%）	东南亚（%）	德国（%）	其他国家（%）
1891—1895	5293.37		12.62	3.22	66.26	16.18	1.02	0.04		0.31	0.35
1896—1900	7687.72	0.02	2.44	7.27	59.90	25.49	2.22	0.02		1.77	0.87

资料来源：根据历年《海关关册》统计，转引自徐新吾主编：《中国近代缫丝工业史》，上海人民出版社1990年版，第489页。

根据表4—29统计数据，不难发现：第一，1860年以前，英国基本上垄断了上海柞蚕丝的转口贸易，出口英国的柞蚕丝占出口总量的97.25%。第二，1861—1865年略有下降，但英国仍占60%强。中国香港转口比例增大，约占38%。第三，1866年之后，上海柞蚕丝出口数量进一步增多，除向英国销售之外，还出口至美国、意大利、瑞士、日本和东南亚地区。到1880年以前，英国恒为上海柞蚕丝出口数量最多的国家。19世纪70年代，柞蚕丝出口英国仍位居首位，法国紧随其后。第四，从1881年到1900年，法国超过英国位居上海柞蚕丝出口国家比例之首。瑞士、意大利及美国等国比例不断上升，英国比重逐渐下降。1896—1900年，英国仅占上海柞蚕丝出口数量的2.4%，位居法国、意大利、瑞士及美国之后。

20世纪初期，法国开始成为中国柞蚕丝最大的出口市场，约占输出额的40%，20世纪20年代以来对法输出已有渐衰之趋势，而对美输出已有长足进步，已渐超过法国。[①]

但是自1918年以后，日本开始独占中国柞蚕丝出口市场。此时，美国市场亦有长足的进展，而法国市场则有逐年衰退的趋势。意大利原来是仅次于美国的，也出现次第锐减的现象。因此，20世纪30年代柞蚕丝输出日本约占半数。[②]

[①] 《野蚕丝之产销及其贸易状况》，《工商半月刊》1930年第2卷第20期。
[②] 乐嗣炳编辑，胡山源校订：《中国蚕丝》，世界书局1935年版，第321页。

表4—30　　　　　1913—1920年柞蚕丝输出国别情况统计

年份 国别	1913 数量（担）	1913 价额（两）	1918 数量（担）	1918 价额（两）	1919 数量（担）	1919 价额（两）	1920 数量（担）	1920 价额（两）
中国香港	430	55568	63	8892	69	9084	94	12809
中国澳门	2697	512435	1540	267490	1486	354614	1601	382046
英国	443	12338	95	27634	50	9853	20	4596
法国	6284	1589408	1061	309261	602	118482	697	159180
意国	1593	400724	684	199273	61	2967	168	38352
日本	3730	791558	1811	332584	3303	847346	2249	517862
美国	13063	3321565	—	—	15	2956	6	1428
总计	29033	6983583	5261	1245212	5691	1376198	4911	1133966

资料来源：乐嗣炳编辑，胡山源校订：《中国蚕丝》，世界书局1935年版，第321页。

根据表4—30统计数据可知：第一，1913—1920年，无论从出口数量还是出口价值而言，美国、法国、日本均是中国柞蚕丝出口的主要国家。而中国香港、中国澳门则主要是承担转口贸易。第二，1913年，中国柞蚕丝对美国输出异军突起，值得注意。其原因是第一次世界大战前夕，各国忙于备战，对蚕丝需求减少。恰逢美国崛起"人口日增，国富日进，丝货之销卖亦日有起色。日本之生丝不但被其吸收殆尽，即吾国出口之丝，彼亦购买半数"。[①] 第三，第一次世界大战之后，日本开始跃居中国柞蚕丝出口市场的首位，法国、意大利等欧洲国家在出口市场中的地位迅速衰落。

19世纪末期，中国柞蚕丝出口日本数量尚属微不足道。但是从20世纪初叶开始，日本对中国柞蚕丝的掠夺日益增多，仅次于法国和美国。从第一次世界大战之后，日本迅速跃居中国柞蚕丝出口市场的首位。中国柞蚕丝：

在昔法美购买最多，近则日本居首位矣，民国十五年，计输出

[①] 曾同春：《中国丝业》，商务印书馆1933年版，第95页。

野丝三万余担,其中日本已占一万八千余担,约合百分之六十,美国占一万一千余担,等全额百分之三十三,法国仅占一千五百余担,不及总额百分之五。①

表4—31　　　　1902—1931年中国柞蚕丝出口国别情况统计　　　　单位:公担

年份	出口总量	中国香港	日本	美国	法国	意大利	英国
1902	11599	780	2526	1951	—	—	30
1903	13383	721	1526	1534	—	—	85
1904	20277	1229	928	2720	—	—	137
1905	15473	596	2645	2515	4868	2085	137
1906	15456	224	2485	2307	5265	2670	85
1907	14452	186	2158	2148	5547	1749	18
1908	20653	458	2065	3016	8765	3352	45
1909	20570	206	2953	6234	7094	1636	18
1910	17565	497	1208	4515	6021	2264	68
1911	20461	195	2008	3793	8753	2587	459
1912	21871	149	1901	4773	8796	2938	697
1913	17939	260	2260	7650	3810	963	268
1914	12744	239	3141	3316	2719	1025	566
1915	20565	172	4926	8868	4272	412	181
1916	11299	916	4607	5185	139	6	169
1917	11029	26	3735	5806	498	107	34
1918	17290	38	8035	5359	2249	617	57
1919	20370	42	12312	5487	1470	56	30
1920	13175	57	8095	2026	1668	221	13
1921	22428	51	17124	2840	1187	58	25
1922	14359	41	7995	3955	1246	32	6
1923	18867	58	10119	7486	1169	6	4
1924	13651	17	8172	3707	1439	185	12
1925	20935	8	12027	7002	1680	117	18

---

① 曾同春:《中国丝业》,商务印书馆1933年版,第124页。

第四章　茧丝贸易：近代柞蚕茧、丝的生产与集散　213

续表

年份	出口总量	中国香港	日本	美国	法国	意大利	英国
1926	18806	—	10907	6738	946	68	11
1927	15074	26	10876	3205	740	95	3
1928	17159	4	13340	2367	1254	87	—
1929	17853	—	11385	5132	1182	45	14
1930	15844	—	9510	5247	946	9	17
1931	19507	2	16336	2290	737	40	—

注：上述柞蚕丝统计数量包括柞丝和灰丝。
资料来源：中国丝绸公司编印：《中国丝绸出口统计汇编》下册，1957年10月（内部资料），第31—37页。

根据表4—31统计数据，不难发现：第一，从1902年到1912年，法国为中国柞蚕丝出口的主要国家，美国次之。第二，从1913年到1917年，柞蚕丝对美国出口成为主导。原因在于第一次世界大战期间，欧洲各国受到战争影响，对柞蚕丝的需求锐减。与此同时，美国新兴市场迅速凸显。第三，从1918年到1931年，日本力压美国、法国等国家，迅速跃居柞蚕丝出口市场的首位。正如当时《中外经济周刊》所言："野蚕缫丝几悉供输出，而其中输出日本之数，平均约居十分之七，而安东、大连两口岸出口之丝几悉为日本所吸收。"[1] 显然，日本对中国柞蚕丝的疯狂掠夺是与其试图发展本国柞丝绸业密不可分的。据当时调查显示：

> 在我国（日本）重要输出品中之世界贩路，惟绢绸（茧绸）为最广，该业之消长，关于国内福井、岐阜两邑之盛衰，影响至巨，而其所用原料柞蚕丝，除由满洲，以外无从输入。[2]

20世纪20年代，中国柞蚕丝出口日本数值的增多，在当时许多史料中都可以发现，如表4—32所示：

---

[1]《安东柞丝之楚材晋用》，《中外经济周刊》1924年第52期。
[2] 张汉超：《安东日人进行开发东边之计划》，《中行月刊》1933年第6卷第4期。

表 4—32　　　　　　1925—1928 年柞蚕丝输出国别情况统计

年份 国别	1925 数量（担）	1925 价值（两）	1926 数量（担）	1926 价值（两）	1927 数量（担）	1927 价值（两）	1928 数量（担）	1928 价值（两）
中国香港	5	2250	—	—	1	450	—	—
印度	—	—	6	2978	—	—	—	—
土、波、埃等处	25	11430	69	34250	136	64593	116	43667
英国	—	—	—	—	5	2375	—	—
德国	20	9144	—	—	—	—	2	753
法国	1641	750076	1129	560364	1118	530844	1909	735101
西班牙	32	14630	—	—	—	—	13	5629
瑞士	—	—	20	9926	—	—	—	—
意大利	114	52120	90	44669	147	69818	144	57150
朝鲜	4	1929	21	9414	11	5249	26	8189
日本	19621	7849103	17798	7637130	17971	8439759	22050	7689115
美国	11572	5260772	11081	5497967	5289	2511961	3913	1473304
南非洲	—	—	—	—	15	7560	—	—
共计	33034	13951454	30214	13796698	24693	11632609	28173	10012908

资料来源：《野蚕丝之产销及其贸易状况》，《工商半月刊》1930 年第 2 卷第 20 期，第 21、22 页。

根据表 4—32 不难发现：第一，从 1925 到 1928 年，中国柞蚕丝出口的主要国家是日本和美国。其中对日本市场的出口数量和价值均是最多的，其次是美国市场，欧洲市场再次之。第二，在此期间，中国柞蚕丝出口总数量维持在每年 3 万担左右，出口总价值则平均在 1100 万元上下。其中，每年出口日本市场的柞蚕丝数量接近 2 万担，约占出口总数量的 70%；价值为 800 万左右，约占出口总价值的 72%。在此期间，中国柞蚕丝出口的对外依赖性可见一斑。

20 世纪 30 年代初世界经济危机爆发，外国对柞蚕丝的需求急剧减少，造成柞蚕丝价突然下滑，导致柞蚕丝出口萎靡，柞蚕丝业面临衰落的危险局面。正如时人所言："经 1930 年世界经济恐慌，丝价惨跌之重大打击，迫使生产量和出口量俱见减退。"九一八事变之后，主要东北柞蚕产区被占，日本全面垄断东北柞蚕丝的生产和出口，柞蚕丝生产和出口均受到很大程度破坏，生产量和出口量迅速下滑。1937 年七七事变以后，日本把柞蚕丝列为其统制的战略物资，控制蚕丝价格。蚕农放养柞蚕无利可图，纷纷放弃经营柞蚕丝业。加之战时交通阻隔，各省柞蚕种茧未能向外输出，产量明显减退。到 1945 年抗战胜利以来，出口柞蚕丝及茧绸数额极微，且柞蚕产区大都尚未安定，其产量一时很难估计。[1] 到 1949 年中华人民共和国成立时，全国柞蚕的产量只剩下 23 万担，已经处于奄奄一息的境地。[2]

表 4—33　　　　1932—1946 年分期平均柞蚕丝出口数量统计

年　份	柞蚕丝及成品（担）	年　份	柞蚕丝及成品（担）
1932—1936	8550	1942—1945	72
1937—1941	4542	1946	269

资料来源：孙伯和：《民元以来我国之蚕丝业》，朱斯煌编：《民国经济史》，文海出版社 1988 年版，第 317 页。

根据表 4—33 统计数据可知：1932—1946 年，柞蚕丝及成品出口数量总体呈现急剧下滑的趋势。其中 1932—1936 年，柞蚕丝及成品出口数量为 8550 担。到 1937—1941 年，出口数量下降为 4542 担，出口数量同比下降为一半左右。1942—1945 年，出口数量仅剩 72 担。尽管 1946 年抗战胜利后，柞蚕丝出口有小幅增加，但是与前期相比，则显得微不足道。

小　结

柞蚕茧和柞蚕丝是近代中国特有的重要商品。北方港口开埠通商之后，一方面加快了柞蚕丝制品进入国际市场的步伐，另一方面国际市场

---

[1] 朱斯煌编：《民国经济史》，文海出版社 1988 年版，第 309—312 页。
[2] 辽宁省蚕业学校主编：《柞蚕》，农业出版社 1981 年版，第 4 页。

需求旺盛刺激了柞蚕茧和柞蚕丝的生产和出口。在此背景之下，初步形成了柞蚕茧和柞蚕丝的生产和集散中心。

总体来看，近代中国柞蚕茧的交易主要以国内市场为主，而柞蚕丝的贸易则从以内销为主逐渐转为出口为主。英国、法国、美国和日本先后成为柞蚕丝出口的主要市场。柞蚕茧和柞蚕丝销售格局的差异既有其本身属性制约的一面，更有帝国主义国家对中国工业原料掠夺的一面。

近代中国柞蚕茧丝产销的兴衰不仅与柞蚕茧和柞蚕丝生产的区域不平衡密切相关，而且更与国际市场的需求息息相关。正是对国际市场的过度依赖性导致中国柞蚕茧丝贸易经常受制于人，柞蚕茧丝贸易的主动权没有掌握在中国人手中，相反外国洋行往往垄断了中国茧丝贸易。由此可见，近代中国柞蚕茧丝生产和贸易的消长不仅是中国蚕丝业发展的真实写照，更是近代中国经济发展历程的一个缩影。

第五章　织绸销售：近代柞丝绸业的生产与销售

宋元时期，山东柞丝绸开始为人所知，无奈当时柞丝绸不仅数量稀少而且价格昂贵。明清以来，柞丝绸缫织技术及效率有了较大提高，柞丝绸以物美价廉而著称，逐渐销售于全国各地。第二次鸦片战争之后，西方人纷纷购买柞丝绸作为氢气球、夏季服饰和工业制造的原料。柞丝绸不仅运销欧美各国，而且还运至大洋洲地区。正是国际市场需求的不断扩大，刺激了近代中国柞丝绸业的快速发展。

迄今为止，学术界对于近代柞丝绸的关注虽然具备了一定的研究基础，[①] 但是前人对于近代柞丝绸的研究大多局限于泛泛而谈，缺乏针对性和深刻性。因此，本章对近代柞丝绸生产技术、经营方式、生产和销售格局的论述一定程度上将会深化近代丝绸史的研究。

第一节　柞丝绸之概况

一　柞丝绸种类及比较优势

1. 柞丝绸之种类

柞丝绸的名称多样。最早俗称毛绸、山绸，后来则有茧绸、府绸、

---

① 代表性的论著有：朱新予主编的《中国丝绸史（通论）》（纺织工业出版社1992年版）对柞蚕丝绸也有少量叙述。王庄穆主编的《民国丝绸史》（中国纺织出版社1995年版）通过织绸业和茧绸贸易对民国时期的柞丝绸业作了简要的阐述。从翰香主编的《近代冀鲁豫乡村》（中国社会科学出版社1995年版）一书针对河南、山东地区的柞丝绸业与南方的桑丝绸业进行了比较分析，研究方法值得后人借鉴。《中国近代纺织史》（中国纺织出版社1997年版）对近代辽宁、山东、河南的柞丝绸业进行了粗略的探讨。

捻绸、土绸和疙瘩绸等诸多名称。"野蚕初行时，以为不可缫，皆打线纺线为之，后缫丝织之益佳，则别乎山绸而名之曰茧绸，其实山绸乃本名也。"① 还有以区域命名的，也有以柞丝绸长短、重量称谓的等。正如《柞蚕饲养法》所载：

> 柞蚕丝织成之绸，统称曰茧绸，一名府绸。有山东绸、宁海长绸、河南莨绸、遵绸等之分。常因经丝一条或二条，而区别为单绸、双绸者。惟习俗多因制织之精粗，幅之广狭，而分为粗绸、细绸、老宽洋绸者。老宽合裁尺二尺四寸至二尺六寸，二宽合一尺九寸至二尺一寸，窄绸合一尺四寸至一尺五寸，至所谓粗绸、细绸者，显由制织之精粗而区别之也。②

如果按照柞丝绸出产的地区而言，则有山东绸、辽宁奉绸、河南鲁山绸等称谓，其中以山东绸最为驰名。据1904年王元綖在《野蚕录》曾言：

> 绸之名不一，多因其所出之地以为名：如贵州之遵义绸，河南之鲁山绸，通行南北，人所共知，近奉省如营口、岫岩、安东等处所出之绸，亦极精细，山东则以莱州之昌邑为上，登州次之，青州、沂州又次之，有单经双纬者，有双经三纬者，至用打线纺线所织之绸，粗而多类，俗名毛绸，亦曰山绸。③

另据《现代中国实业志》载：

> 茧绸来自山东、辽宁、热河、河南、陕西、四川、云南、贵州等省。山东之山东绸，山西之潞绸、泽绸，河南之鲁山绸，均为野蚕丝之织品也。④

---

① （清）王元綖辑，郑辟疆校：《野蚕录》，农业出版社1962年版，第88页。
② 蒋根尧编：《柞蚕饲养法》，商务印书馆1948年版，第13页。
③ （清）王元綖辑，郑辟疆校：《野蚕录》，农业出版社1962年版，第88页。
④ 张研、孙燕京主编：《民国史料丛刊》第562册，大象出版社2009年版，第197页。

第五章 织绸销售：近代柞丝绸业的生产与销售　　219

山东柞丝绸亦称鲁绸、府绸。"山东茧绸又名府绸，价廉耐久。"① 按照出产地区来说，又有宁海绸、昌邑绸之分。柞丝绸按照出产地域来讲，主要有：第一，昌邑产，品质粗劣，以中幅绸为多。第二，宁海产，品质上等，以老粗绸较多。第三，南山产，产于胶州附近，日照、松远、巨城（莒城）等地方，以中幅洋绸较多。② 其中，山东柞丝绸以昌邑绸数量为最多。

> 胶东柞茧一部分取给于本地，名之曰本山茧，织成之绸名之曰宁海绸，英文为 Ning Hai。其余大部分之茧则来自安东，名曰东山茧。此类茧丝之织造，多操之于昌邑工人，故名昌邑绸，英名为山东（Shan tung），实则是二者国人皆称之为山东绸。③

山东作为近代中国柞丝绸业的主要产地，柞丝绸的种类有以下几种：如果以柞丝绸的重量而分别，可分为：粗绸，一名双绸，长二十码、宽二十寸，质地厚；细绸，一名单绸或称洋绸，质地较粗绸为薄。如果按照柞丝绸幅的大小，可分为：宽绸，十九至二十寸；二宽绸，二十三至二十八寸；考宽绸，三十二至三十三寸。如果按照柞丝绸的长度区别，可分为：长绸，长五十码；短绸，长二十至三十码。④

烟台是近代山东柞丝绸出口的主要商埠，其出口的柞丝绸种类主要有下列四种：第一，二十码单老宽（胶东土称），即宽一码长十八至二十码之绸；第二，五十码长绸，即宽一码长四十八至五十码之绸，其材料与上相同；第三，三十码粗老宽（胶东土称），宽一码长二十八至三十码；第四，二十码粗二宽，宽二尺一寸之狭幅绸，长十八至二十码。⑤ 前二者为薄绸，出口者较多。后二者为重绸（厚绸），出口者较少。一般来讲，烟台出口以薄绸较多，重绸出口较少。⑥

---

① 杨立惠：《烟台调查》，《东方杂志》1924 年第 21 卷第 12 号，第 82 页。
② 延仲：《山东重要物产之生产及其销场》，《国际贸易导报》1932 年第 4 卷第 8 期。
③ 张兆麟：《胶东之丝绸业》，《工商半月刊》1934 年第 6 卷第 5 期。
④ 延仲：《山东重要物产之生产及其销场》，《国际贸易导报》1932 年第 4 卷第 8 期。
⑤ 张兆麟：《胶东之丝绸业》，《工商半月刊》1934 年第 6 卷第 5 期。
⑥ 巴又愚：《胶东之柞蚕》，《中国蚕丝》1935 年第 1 卷第 1 期。

近代河南柞丝绸主要分为干丝绸、水丝绸、杂绸三种类别。"据河南省建设厅调查，二十九年产绸163621匹，其中水丝绸88899匹，干丝绸44758匹，杂绸29964匹。"①

近代辽宁柞丝绸种类大致分为茧绸、练绸两种。据1912年11月满铁调查课《南"满洲"经济调查科资料（第一）》载："茧绸名称分为庄绸、练绸二种。庄绸系庄河附近所产出，练绸系茧绸精炼而成。除练绸之外，其他茧绸种类基本一样。"② 近代辽宁不同类型的柞丝绸不仅长宽、重量不同，而且价格也有差别。如下表5—1所示：

表5—1　　　1911—1912年辽宁茧绸种类及价格调查情况统计　　　单位：一匹

种类	长幅		重量	1911年价格	1912年价格
茧绸	裁尺5丈2尺	裁尺1尺4寸	30两内外	35—36吊	25—26吊
练绸	裁尺5丈2尺	裁尺1尺4寸	30—34两	50吊内外	41—42吊
庄绸	裁尺4丈4尺	裁尺1尺4寸	31两内外	26—27吊	28吊

资料来源：辽宁省档案馆编：《满铁调查报告》第三辑（1），广西师范大学出版社2008年版，第176页。

如果按照柞丝绸的长宽及重量而论，则有薄绸、单绸及重绸等种类。近代中国"绸之种类及名称不一，概言之，则有府绸、薄绸、单绸及重绸等类……绸之长宽及重量之多寡，亦颇有不同。其重量多视雇主定货而规定之，长宽度虽无确切之标准，然亦略有大概之规定也"③。

因制织之精粗，尺幅之宽狭而有粗绸、细绸、老宽、二宽、窄绸、洋绸等区别，老宽之尺幅由二尺四寸至二尺六寸（裁尺），二宽由一尺九寸至二尺一寸，窄绸为一尺四寸至一尺五寸……每匹长度普通为四丈与五丈二尺，亦有长130尺者，谓之长绸。④

---

① 夏光耀：《河南柞蚕丝之产销概况》，《中农月刊》1945年第6卷第2期。
② 辽宁省档案馆编：《满铁调查报告》第三辑（1），广西师范大学出版社2008年版，第176页。
③ 又愚：《胶东之柞蚕》，《中国蚕丝》1935年第1卷第1期。
④ 《茧绸产销情形与出口商应有之注意》，《中外经济周刊》1924年第89期。

如果按照柞丝绸品质的优劣，也可以分为不同的种类和名称。如贵州"出产之丝绸共分为四品，府绸为上品，其续丝织成而有皱者曰鸡皮，居于次位。再次为毛绸，而以水绸为最下"①。水绸也有多种名称，据郑珍所著《樗茧谱》记载：

> 水绸虽先于府绸，品最下，而名目独多：其双经单纬者，曰双丝；单经双纬者，曰大双丝；单经单纬者，曰大单丝；小单丝者，但疏而狭，亦曰神绸。②

如果按照柞丝绸原料丝的粗细来讲，则其种类各异，如经丝一条为单绸，二条为双绸之类。如果按照柞丝绸织制的方式而命名，则有洋绸、粗绸、细绸等种类。据1924年《中外经济周刊》载，当时柞丝绸种类有十余种之多，具体名称及差异如表5—2所示：

表5—2　　　　　　近代中国茧绸各种种类情况统计

种别	宽幅（尺）	长度（码）	重量（盎司）	种别	宽幅（尺）	长度（码）	重量（盎司）
长绸	2.50	50	95—100	小双丝绸	1.45	50	35—40
单绸	2.50	20	37—40	双宽绸	2.50	30	120—125
双老宽	2.50	20	27—30	方格绸	1.45	17—18	25—30
加重单绸	2.50	20	47—50	二宽单绸	2.05	17—18	25—29
双二宽绸	2.15	20	70—75	老宽绸（单）	2.45	17—18	33—35
窄粗绸	1.45	20	60—65	浆绸	1.45	15—16	20—25
单绸	1.45	20	20—25				

资料来源：《茧绸产销情形与出口商应有之注意》，《中外经济周刊》1924年第89期，第15—16页。

如果按照柞丝绸织造的生产工具而言，则有土绸和机绸之别。

---

① 贺益文：《黔北柞蚕事业的过去和现在》，《东方杂志》1941年第38卷第6期。
② 杨洪江、华德公校注：《柞蚕三书》，农业出版社1983年版，第36页。

待织造引进机械后，柞蚕丝绸按生产工具分土绸和机绸。机绸的品种，在河南有豫山纺、豫山绸、中华呢、丝哔叽、马裤呢等。①

2. 柞丝绸之比较优势

1817年，英国经济学家大卫·李嘉图在《政治经济学及赋税原理》提出了著名的比较优势原理。这是一项最重要的至今仍然没有受到挑战的经济学普遍原理，具有很强的实用价值和经济解释力。比较优势理论认为，国际贸易的基础是生产技术的相对差别（而非绝对差别）以及由此产生的相对成本的差别。每个国家都应根据"两利相权取其重，两弊相权取其轻"的原则，集中生产并出口其具有"比较优势"的产品，进口其具有"比较劣势"的产品。比较优势贸易理论在更普遍的基础上解释了贸易产生的基础和贸易利得，大大发展了绝对优势贸易理论。"具有效用的商品获得交换价值的来源有两个：稀缺性和获取它时付出的劳动量。有一些商品的价值只是由其稀缺性决定的……珍贵的雕像和绘画、稀有的古籍和钱币、用特殊土壤培育的葡萄酿制的数量有限的葡萄酒都属于此列商品。"② 近代柞丝绸不仅是世界的稀缺资源，而且在国际市场上比较优势十分明显。

早在两汉时期，柞丝绸优良的特性就使其引人注目。著名政论家、文学家桓宽在其所著《盐铁论》卷六《散不足》曾云："茧绸缣缣者，婚姻之嘉饰也。"宋明之际，柞丝绸凭借其质朴耐久的品质依然广为传颂。北宋诗人王禹偁曾作诗《黑裘》来歌颂柞丝绸的各种优势：

> 野蚕自成茧，缫络为山绸。此物产何许，莱夷负海州。
> 一端重数斤，裁染为吾裘。守黑异华楚，示俭非轻柔。
> 熏香则无取，风雪曾何忧。朝可奉冠带，夜以为衾裯。
> 晏婴三十年，庶几迹相侔。季子苦貂敝，吾服仍为优。
> 不耻狐貉者，亦当师仲由。况我屡迁谪，行将耕故丘。

---

① 王庄穆主编：《民国丝绸史》，中国纺织出版社1995年版，第492页。
② ［英］大卫·李嘉图：《政治经济学及赋税原理》，丰俊功译，光明日报出版社2009年版，第3—4页。

第五章 织绸销售：近代柞丝绸业的生产与销售 223

映发垂鹭顶，植杖昂鸠头。袖宽可以舞，老农即为俦。
紫绶挂君门，任尔争封侯。①

近代以来，柞丝绸凭借其物美价廉的比较优势迅速风靡世界。

首先，柞丝绸作为中国重要的特产商品，相对于桑丝绸而言物美价廉。柞丝绸风格粗犷、质地坚实、手感松软丰满、吸湿保暖良好。近代以来曾经名震全球，在国际市场十分畅销。山东文登县"抽丝织绸曰山绸，色朴近质坚韧异常"②。临朐"山绸，槲茧大如卵，丝粗而韧，一衣可二三十年不敝"③。盖平所产"此种山绸，欧美人士多乐购用以制夏衣"④。民国初年，上海鼎新裕记纺织府绸厂曾对柞丝绸优良的特性及流行的原因进行了阐述：

> 此种府绸、川纺产自山东、河南等处，流行全球，已历有年所，久蒙欧美各国所欢迎。考其原因，此绸之丝皆用柞蚕，此蚕产于秋间，饲以野桑，居风宿露，不畏侵蚀，所以服此绸者，冬可御寒，夏可避暑，此种本色，异常文雅，欧美所乐用者，以爱其卫生有益也。⑤

中国柞丝绸在世界市场是以山东府绸而开始闻名的。柞丝绸主要供欧美各国作夏季衣服之用，取其凉爽和轻便，同时价格也相当公道。欧美人士因为本国并不出产这类的产品，所以柞蚕丝和府绸一入他们市场，就被认为是极新鲜的东西，一时争相购买的情形很是热烈。⑥

其次，柞丝绸的突出优点在于物美价廉，不仅便于洗涤，而且价格也不比好的棉布贵。虽然相对于桑丝绸柔软品质而言，柞丝绸质地较为粗糙，但是柞丝绸凭借其低廉的价格优势，在国际市场上仍占有一席之

---

① （清）王元綎辑，郑辟疆校：《野蚕录》，农业出版社1962年版，第26页。
② 李祖年修：《文登县志》卷十三《土产》，光绪二十三年修，民国二十二年铅印本。
③ 周钧英修，刘仞千纂：《临朐县志》卷十一《食货略·物产》，民国二十四年铅印本。
④ 汉声：《盖平县之丝业谈》，《协和报》1914年第5卷第9期。
⑤ 中华国货维持会：《国货调查录》1915年第3期。
⑥ 方柏容：《我国柞蚕丝业的回顾》，《纺织建设》1948年第1卷第3期。

地。"美国为世界之第一茧绸需要国,其大部分皆仰给于中国及日本。然数年来中国茧绸售价较廉,日货之销路颇受影响。"柞丝绸物美价廉的比较优势使其产品为社会中产阶级所欢迎。"茧绸之出产历史已久,故货色虽不及绸缎之美好,但以其质坚而价廉,颇为社会中等阶级所乐用。"①

> 盖茧绸质地虽粗,仅限于中流人士使用,然以其价格低廉,耐于洗涤,故印度及欧美诸国需要日盛……近年染料价昂,毛织物及丝织物皆随之腾贵,茧绸赖自然之色,不假染饰,相形益廉,且其长在切于实用,非如他种丝绸,仅为一时流行之品。②

正因为柞丝绸具备天然的光泽、物美价廉的品质,从而使其用途十分广泛,不仅可以作为衣料之用,而且还可以在近代工业上大显身手。

> 柞蚕绸虽不能如桑丝绸之精细华丽,但据有天然之美,质地坚牢,价值低廉,用途至广,厚者可作西服大袍,薄者长衣短衫尤为相宜,有资者服之雅洁,无资者服之经济,非特便于衣料之需,帷幄、台布、雨伞、轻气球以及电气事业等等之需要尤繁,因其雅洁经济,故为中外人所乐取焉。③

最后,正是由于中国柞丝绸显著的比较优势,不仅使其赢得了国际市场,而且国际市场上还出现了不少专门模仿中国柞丝绸的赝品。

> 欧美市场上所流行之中国茧绸,细察之,亦多仿制品,掺杂其间,以德、法两国之模仿为最盛,德国之格里菲尔(Grefield)市为仿造茧绸之中心点,仿冒者多,对于吾国茧绸销路之推广,亦颇多障碍。④

---

① 《茧绸产销情形与出口商应有之注意》,《中外经济周刊》1924 年第 89 期。
② 《中国茧绸输出及生产情形》,《中外经济周刊》1923 年第 8 期。
③ 巴又愚:《胶东之柞蚕》,《中国蚕丝》1935 年第 1 卷第 1 期。
④ 《茧绸产销情形与出口商应有之注意》,《中外经济周刊》1924 年第 89 期。

第五章　织绸销售：近代柞丝绸业的生产与销售　　225

这种在外国市场上专门模仿中国特产的现象在近代中国经济史上并不多见，这也从另一角度反映了中国柞丝绸比较优势的魅力所在。

二　柞丝绸产区及产量

近代中国柞丝绸产区除主要分布在山东、河南等地之外，四川、广东也有少量出产。其中以山东柞丝绸产量最多，占全国柞丝绸产量的八成多。中国制织茧绸业以山东为最盛，其次则河南、四川、广东。山东所产茧绸据《海关贸易册》各关原货出口数目推计，约占全国产额85%。[①]

另据1929年《今世中国实业通志》载：

> 吾国著名之茧绸多来自山东一省，山东之主要茧绸产地为昌邑、栖霞、牟平等县，约共有织机六七千具，每年织茧绸一百余万匹。合省内其他出茧绸区域计算，则全省之总产额约达一百五十万余匹，约占全国茧绸总产额80%。[②]

山东柞丝绸生产由来已久，有学者认为乾隆初年，山东茧绸已经大行天下，是当时较具有时代性和地方性的特产。[③] 如果说清代茧绸的流行是因为清代衣冠之制，不尚华艳、低沉敛抑，那么近代茧绸的专业化生产则是国际市场大量需求的推动。

> 夫由茧成丝，犹由棉成纱，均为半制品，其最后目的，为编织物及装饰品，而用柞丝织成之织物，在国际贸易上素享盛名者为山东府绸，原色淡褐，可作夏季西服，料韧而耐穿，胜过家蚕丝。[④]

[①] 《中国茧绸输出及生产情形》，《中外经济周刊》1923年第8期。
[②] 张研、孙燕京主编：《民国史料丛刊》第561册，大象出版社2009年版，第442页。
[③] 王宪明：《茧绸小考》，《红楼梦学刊》1999年第3辑。云：茧绸一物，清代小说中往往提及，其流行的原因一方面是因为清代服饰之制不尚华丽，另一方面是因为柞蚕业的广为传播。
[④] 曹骥才：《柞蚕丝绸之检讨》，《企光月刊》1941年第2卷第2—3期合刊，第45页。

近代山东柞丝绸业的主要产地为昌邑、栖霞、宁海诸县及烟台附近。其中出产尤以昌邑县最为显著。"茧绸之出产以山东为最盛……山东产额约占全国输出额之八成半,其主要产地在昌邑、栖霞、宁海诸县及芝罘附近一带。"[1]"山东茧绸为我国一重要出口货,每年出口达一万四五千担,产地以昌邑县为最盛,栖霞、宁海、灌水等次之。"[2] 山东昌邑虽非放柞蚕区,但是近代山东柞丝绸业多操昌邑手中,昌邑县柞丝绸生产则主要集中在柳疃镇。昌邑的柳疃居于胶潍平原,濒临渤海,并不出产山茧,那为什么能够成为中国柞丝绸的生产中心呢?这在1919年孙钟亶编的《山蚕辑略》中可以找到答案:

> 我栖自嘉庆初年,以纺车纺线而盛行焉。至十七年,岁大凶,乡人或纺线,或织绸,以易有无,而赖以生活者益众。其线名曰山线,织出之绸有二种:其次者曰小绸,亦曰黑绸。高者曰大绸,亦曰白绸。山西、昌邑俱到桃村、安庄收买。小绸至张家口、西口兑换羊皮、口蘑等,否则或贩卖于乌兰察布盟。大绸销行南地并北京。[3]

据上述可知,昌邑柳疃柞丝绸的传入与当时昌邑柳疃籍的商人在胶东贩卖柞丝绸有关。由于其丰厚的商业利益,昌邑柳疃一带的商人由异地坐庄转变为本地织造,最终带动了柳疃本地柞丝绸的生产。

近代山东柞丝绸每年生产额无确实统计数据可查。鉴于柞丝绸业习惯于每年农历新年和暑伏时节,各休息一月,因此每年工作日数可假定为 300 日,按照每机一日所织数量,虽然由于匹幅宽、窄、厚、薄及织工巧拙不免差异,大约平均一机一日可织半匹,今按此数照每机年织 150 匹推算。据日本在 1917 年出版的《中国省别全志》调查记载:

---

[1] 《茧绸产销情形与出口商应有之注意》,《中外经济周刊》1924 年第 89 期。
[2] 延仲:《山东重要物产之生产及其销场》,《国际贸易导报》1932 年第 4 卷第 8 期。
[3] 杨洪江、华德公校注:《柞蚕三书》,农业出版社 1983 年版,第 82 页。

栖霞拥有织机数273台，昌邑298台，宁海174台，全部共计745台；今织机生产数额，大概为一台织机一日平均生产10码，按照20码为一匹来算，假定一年中工作日数为300日，那么茧绸生产数额则有11750匹。①

按照上述同样的标准，20世纪20年代山东省柞丝绸年产数额，统计见表5—3和表5—4所示：

表5—3　　　　　　1923年山东柞丝绸生产情况统计

产地	户数	织机（台）	生产量（匹）	产地	户数	织机（台）	生产量（匹）
昌邑	70	4300	675000	栖霞	50	900	135000
宁海	70	1200	180000	芝罘	10	190	28000
总计	200	6590	1018000				

资料来源：《中国茧绸输出及生产情形》，《中外经济周刊》1923年第8期，第7—8页。

表5—4　　　　　　1924年山东柞丝绸生产情况统计

产地	户数	织机（台）	生产额（匹）	产地	户数	织机（台）	生产额（匹）
昌邑	70	4300	645000	栖霞	50	900	135000
宁海	70	1200	180000	芝罘	10	190	28500
总计	200	6590	988500				

资料来源：《茧绸产销情形与出口商应有之注意》，《中外经济周刊》1924年第89期，第14页。

通过表5—3和表5—4统计数据来看：第一，当时山东柞丝绸生产的主要产地依次为昌邑、宁海、栖霞、芝罘（烟台）。烟台是柞蚕缫丝业的中心，但是柞丝绸业并没有随着缫丝中心而转移到烟台，仍以原来的昌邑、宁海、栖霞为主要产地。这其中的原因，据台湾学者研究指出，除了原有的工场作坊的设备之外，更重要的是当地优良的水质和干

---

① ［日］东亚同文会编纂：《中国省别全志》第四卷《山东省》，1917年版，南天书局1988年影印，第830—831页。

燥的气候，最适于织造茧绸。① 第二，山东柞丝绸生产数量增长趋势十分明显，从 1917 年的一万多匹增加到 1923 年的一百多万匹，增长幅度有百倍之多。

20 世纪 30 年代初期，由于人造丝，世界经济危机以及外国侵略的影响，导致柞丝绸业生产和出口数量均出现下降趋势。根据表 5—3、表 5—4 及表 5—5 统计数据，30 年代山东柞丝绸生产情况相比前两年有明显下降趋势。

表 5—5　　　　　20 世纪 30 年代山东柞丝绸生产情况统计

县份	户数	机只（台）	生产额（匹）	县份	户数	机只（台）	生产额（匹）
昌邑	65	4290	643500	宁海	65	1170	175500
栖霞	51	900	135000	灌水	9	180	117000

资料来源：延伸：《山东重要物产之生产及其销场》，《国际贸易导报》1932 年第 4 卷第 8 号。

1931 年，九一八事变之后，日本占领东北地区，山东柞丝绸业面临原料断绝的危险局面，加之世界经济萧条等诸多因素的影响，致使山东柞丝绸业迅速衰落。据民国《胶济铁路经济调查报告分编》称，1933 年栖霞县：

> 初各厂年出柞绸，计 56000 余匹，总值约为 150 余万元，每匹价格平均在 25 元以上。现在情形，截至年终，估计所有出品，不过 2 万匹，每匹价值平均仅在 17 元左右，出品总值约计 30 余万元，较前减少五分之四。②

1931 年之后，烟台柞丝绸业衰落情况如表 5—6 所示：

---

① 刘素芬撰：《烟台贸易研究（1867—1919）》，商务印书馆发行 1990 年版，第 112 页。
② 殷梦霞、李强选编：《民国铁路沿线经济调查报告汇编》第五册，国家图书馆出版社 2009 年版，第 434 页。

表 5—6　　　　1932—1933 年烟台六家柞丝绸工厂生产情况统计

厂　名	1932 年 上机数（台）	1932 年 织绸数（匹）	1933 年 上机数（台）	1933 年 织绸数（匹）
汇昌泰	60	6000	30	3000
协　昶	40	4000	25	2500
东顺昶	30	3000	20	2000
益　泰	20	1500	15	1000
裕　盛	40	4000	25	2500
长　盛	40	4000	25	2500
合　计	230	22500	140	13500

资料来源：张兆麟：《胶东之丝绸业》，《工商半月刊》1934 年第 6 卷第 5 期，第 45 页。

从表 5—6 统计数据，可以发现：烟台六家柞丝绸工厂上机数量从 1932 年的 230 架减少到 1933 年的 140 架，织绸数量从 1932 年的 22500 匹下降至 1933 年的 13500 匹。由此可见，很短时间之内，烟台柞丝绸工厂生产衰落状况已经非常明显。

另据《烟台手工副业之衰落》记载：

> 烟台工商业最繁盛时期，为欧洲大战后三、四年中，烟台之花边、发网、丝绸等手工业品，极受国际市场上之欢迎。民七、八、九三年中，丝绸每年出口达一千五六百万元，为烟台出口业之最高峰。其后各国渐受经济恐慌之影响，而丝绸业亦濒于全部破产。年来出口丝绸亦难出一百万之谱，高低之差达十数倍之巨。[1]

关于河南柞丝绸生产起源问题，有学者研究认为，"唐、宋时期，河南柞蚕丝的利用已相当盛行，主要产区在南阳、许昌、洛阳等地"[2]。北宋徽宗政和元年，河南府野蚕成茧，绵四十两，织绸五匹。[3] 明代中

---

[1] 《烟台手工副业之衰落》，《农村副业》1936 年第 1 卷第 1 期。
[2] 顾贤章：《漫话河南柞丝绸》，《丝绸》1994 年第 2 期。
[3] 胡兆量：《豫西的柞蚕生产——沙、汝、澧河流域经济地理调查报告之一》，《教学与研究》1955 年第 8—9 期。

叶,河南柞丝绸贸易十分兴盛。"绸分山丝绸和家丝绸两种,家丝绸以南阳为最,近已衰落;山丝绸则南召、镇平、内乡、方城、泌阳、桐柏、舞阳、叶县俱有所出,而南召、镇平最盛",其中"南召有栎坡五、六十处,山丝产额甲于各县,石佛寺为丝绸聚处,贸易极盛"①。近代河南柞丝绸生产主要分布在各个柞蚕放养地区。

清末民初,河南柞丝绸被国际市场誉为"珠光宝石",大量销于"英、美、法等国,每年销数约值银四百万两,占出口总数的百分之六十五"②。当时河南"茧绸产地首推鲁山、南召、镇平、密县、临汝为多,禹县、许昌、内乡、林县次之"③。据《中蚕通讯》所言:

> 豫省产绸县份,战前甚多大都产丝地区,均能织绸,但其中产量最多者,为镇平、鲁山、南召、南阳等县。战后因蚕种缺乏,产区缩小,目前惟镇平、鲁山、南召产绸最多。④

另据《河南省政府年刊》云:"南阳一带,及豫西鲁山等县,山岭重叠,居民多植柞养蚕,每年丝绸之行销国外及各埠者,为数甚多。"⑤20世纪20年代,河南省共有柞丝绸织机两千多架,每年产量为30万—40万匹。同时,近代河南柞丝绸品质要优于山东柞丝绸。

> 河南所产茧绸无浆粉而光泽充足,较山东产者为佳,全省织机约2500架,年产额在40万匹左右,每年出口约3000担,其重要生产地为汝州、鲁山、南召、镇平等处。⑥

近代河南柞丝绸出口地点有上海、天津、东三省、张家口等处,因

---

① 杨应奎修,张需补遗,张嘉谋校注:《南阳府志校注》卷三《土产》,民国三十一年张嘉谋据嘉靖三十三年刻本校注本。
② 《清末民初河南绸商为振兴蚕业的两次尝试》,《丝绸史研究》第3卷第3期。
③ 吴世勋编:《河南》第二章《人文·茧绸》,中华书局印行1927年版,第34页。
④ 《河南省柞蚕丝绸工业考察报告》,《中蚕通讯》1948年第2卷第1—2期(合刊),第21页。
⑤ 《改良山蚕》,《河南省政府年刊》1935年,河南省政府秘书处,第225页。
⑥ 《茧绸产销情形与出口商应有之注意》,《中外经济周刊》1924年第89期。

此柞丝绸生产数值情况调查统计非常困难。现笔者根据民国时期学者访讯南召县商会及镇平县自治办公处所得的数据，列表5—7和表5—8所示：

表5—7　　　　1925—1933年南召县柞丝绸生产数值情况统计

年份	出产柞蚕绸价值（约计银圆）	年份	出产柞蚕绸价值（约计银圆）
1925	500万	1932	120万
1930	200万	1933	30万
1931	150万		

资料来源：曾慎：《改良中国野蚕丝绸业第一次三年计划书大纲》，《河南大学学报》1934年第1期，第3页。

表5—8　　　　1925—1933年镇平县柞丝绸生产数值情况统计

年份	出产柞蚕丝绸价值（万元）	织绸手工业价值（万元）	年份	出产柞蚕丝绸价值（万元）	织绸手工业价值（万元）
1925	380余	70余	1932	200余	20余
1930	300	60余	1933	十余	极少
1931	200余	40余			

资料来源：曾慎：《改良中国野蚕丝绸业第一次三年计划书大纲》，《河南大学学报》1934年第1期，第3页。

根据表5—7和表5—8统计数据，不难发现：在1925—1933年，无论是南召县还是镇平县，两县的柞丝绸出产价值都呈现逐年下降的趋势，而且下降幅度十分明显。这也反映出在20世纪二三十年代，河南柞丝绸生产情况由盛转衰的变化，这种变化与当时全国柞丝绸在此期间的变化状况基本吻合。

东北柞丝绸生产以安东为最盛。关于东北生产柞丝绸的历史，学术界有不同的看法。有学者通过古代史籍中"紬"记载最早源于《新唐书·渤海传》，而强调"紬"并非仅仅是"绸"的异体字，而是利用柞蚕茧织成的丝织物，从而认为，"东北柞蚕茧丝的利用历史至少应追溯至距今1300年前的唐代"①。也有学者研究指出,"19世纪以前,丹(安)东几乎不生产柞丝绸"②,直到20世纪初,"辽宁的柞丝织物生产历史才开始"③。笔者赞同东北柞丝绸业兴起于20世纪初期。据1912年《南"满洲"经济调查科资料(第一)》报告:"现今茧绸输出数额为85000匹。"④ 到20世纪30年代,东北"丝织业者散在各地,而以安东为最盛,共有工厂17家,资本121200元,织机186具,年中买入原料226380斤,制出绸绢31700匹"。同时,沈阳、盖平等地也有柞丝绸生产。沈阳的纯益繅织公司规模最大,兼营制熟丝及织绸,资本50万元,有纺机200架,织机105架,年中生产熟丝可25000斤,绸绢30000匹,实东三省丝织业之翘楚也,全东三省之丝布生产额约在十万匹左右。⑤ 民国十九年,奉天盖平县"近今所制之山茧练绸五彩十锦被面均有可观,每年产额约可一万数千匹"⑥。海城县属虎庄屯"物产以练绸著名,系柞蚕丝屑所织,染黄色、赤色两种,可制蒙古喇嘛僧之法衣,因此与蒙古有相当贸易"⑦。

  西南地区柞丝绸生产以贵州为中心,四川、云南等地也有少量分布。贵州柞丝绸业兴起于乾隆年间,尤以遵义府绸生产为主。遵义柞丝绸业在前清嘉道间,盛极一时,销达秦晋闽粤诸省,岁值约千万元。⑧ 1837年,郑珍在《樗茧谱》中称:"遵绸之名,竟与吴绫、蜀锦争价于中州。"⑨ 鸦片战争之后,贵州柞丝绸生产量呈现逐步下降趋势。据1939年《贵州省农业概况调查》载:

---

① 顾韵芬、陈锦湖、张夏:《从"䌷"这个丝绸品种追溯东北柞蚕茧丝的利用历史》,《丝绸》1993年第11期。
② 陈志华、姜淑媛:《丹东近现代柞丝绸业的发展变化之启迪》,《四川丝绸》2004年第1期。
③ 姜淑媛、王文莉:《辽宁柞丝织物品种发展简史》,《丹东纺专学报》1997年第2期。
④ 辽宁省档案馆编:《满铁调查报告》第三辑(1),广西师范大学出版社2008年版,第179页。
⑤ 雷雨:《东三省之养蚕业与制丝业》,《东省经济月刊》1931年第7卷第7期。
⑥ 石秀峰修,王郁云纂:《盖平县志》卷十二《实业志·工业》,民国十九年铅印本。
⑦ 熊知白编:《东北县治纪要》,北平立达书局印行1933年版,第67页。
⑧ 贺益文:《黔北柞蚕事业的过去和现在》,《东方杂志》1941年第38卷第6期。
⑨ 杨洪江、华德公校注:《柞蚕三书》,农业出版社1983年版,第20页。

至清末，因商民作弊，如上胶、掺麻、加浆及上硝加重等，而丧失信用，加以兵匪四起，致销路日衰。光绪二十九年，减为一百万两，宣统至民国十年间，年产府绸十四、五万匹，值银一百余万元，民十以后，一以蚕病流行，一以山民伐柞烧炭，至生产更减，年仅出府绸四、五万匹，值银四、五十万元，嗣后更逐年减少，至二十一年为数已甚微矣。近年虽稍见起色，然不及清末之产量远甚。①

三 柞丝绸价格及地位

1. 柞丝绸之价格

近代柞丝绸的销售价格不仅存在区域差异，而且品质不同的柞丝绸，其价格也互不相同。

首先，近代中国柞丝绸价格存在地域差别，不仅不同省份价格不同，而且同一省内不同地区价格也有差别。河南柞丝绸价格一般低于山东。"豫产府绸，因有色泽光亮，丝质柔韧之特点，加之内地工价较贱，成本较轻，故颇得外洋之欢迎。"② 山东昌邑出产的柞丝绸价格要低于宁海绸。柞丝绸"价格以宁海产为标准，昌邑地方所产价格较廉"③。

近代柞丝绸同一地区价格在不同年份亦不相同。如乾隆年间，辽宁朝阳地区"茧成之后捻线织绸，名曰山绸，与内地茧绸无异。丰年茧多丝贱，每匹市价不过二两四五钱，可为袍服二。歉岁茧少丝贵，每匹市价二两八钱有差"④。

20世纪20年代，正值柞丝绸出口的旺盛时期，其价格呈现上升趋势。"近年山东茧绸以输出日盛，价格颇长，去年（1922）以蚕稼不

---

① 蒋德学编：《贵州近代经济史资料选辑》（上）第一卷《人口、农业篇》，四川省社会科学院出版社1987年版，第292页。

② 《河南省柞蚕丝绸工业考察报告》，《中蚕通讯》1948年第2卷第1—2期（合刊），第22页。

③ 《中国茧绸输出及生产情形》，《中外经济周刊》1923年第8期。

④ （清）哈达清格纂：《塔之沟纪略》卷九《土产》，乾隆三十八年刻本，民国二十三年铅字重印本。

良，原料价高，益形腾贵。"① 据1922年《山东之农业概况》记载，莱阳县：

> 茧绸每匹自十元至二十元不等，每年约出三千匹左右，以每匹十五元计，每年尚有四万元之进款，诚该县良好副业焉。②

20世纪30年代之后，柞丝绸价格出现下滑趋势。据1932年《胶济铁路经济调查报告》记载：

> 初各厂年出柞绸，计56000匹，总值约为150余万元，每匹价格平均在25元以上。现在情形，截至年（1932）终，估计所有产品，不过2万匹，每匹价值平均在17元左右，出品总值约计30余万元，较前减少五分之四。③

其次，近代柞丝绸价格同柞丝绸的长度和重量关系十分密切。1837年成书的《樗茧谱》曾云："售绸，权轻重为价，铢两同，价相若。"④"茧绸之价格，殊无一定，普通长四丈八尺至五丈，幅宽而身分薄者，每匹售银5两至12两，长五丈幅宽而身分厚者，每匹10两至33、34两。"⑤另据1932年《胶济铁路经济调查报告》调查：柞丝绸"分粗细两种，其价格因长度重量而异，长由18码至20码，重由40两至90两，现时价格自15元至40元不等"⑥。

1914—1922年，同样长度的柞丝绸，如果其重量不同，柞丝绸的平均价格也会因之出现差异。具体情况见表5—9所示：

---

① 《中国茧绸输出及生产情形》，《中外经济周刊》1923年第8期。
② 张研、孙燕京主编：《民国史料丛刊》第504册，大象出版社2009年版，第368页。
③ 殷梦霞、李强选编：《民国铁路沿线经济调查报告汇编》第五册，国家图书馆出版社2009年版，第434页。
④ 杨洪江、华德公校注：《柞蚕三书》，农业出版社1983年版，第36页。
⑤ 蒋根尧编：《柞蚕饲养法》，商务印书馆1948年版，第15页。
⑥ 殷梦霞、李强选编：《民国铁路沿线经济调查报告汇编》第五册，国家图书馆出版社2009年版，第342页。

表5—9　　　　　1914—1922年烟台茧绸平均价格统计　　　　单位：烟台两

规格 年份	长（码） 19—20 重（两） 90	宽（时） 27—28 38—40	长（码） 28—30 重（两） 80—85	宽（时） 27—28 120—125	长（码） 48—50 重（两） 125—130	宽（时） 27—28 95—100
1914	12.00	8.00	12.00	17.00	18.50	21.00
1915	10.00	6.00	10.00	17.50	18.50	16.00
1916	13.00	8.20	12.80	18.50	19.50	21.00
1917	16.00	9.70	16.00	23.50	24.50	24.00
1918	14.80	8.10	12.80	17.75	18.75	21.10
1919	12.50	8.00	12.00	16.00	16.80	19.50
1920	17.50	11.50	18.00	23.50	24.50	27.00
1921	15.00	8.70	14.50	21.00	21.50	22.50
1922	19.50	12.30	13.00	28.00	29.50	29.00

资料来源：《中国茧绸输出及生产情形》，《中外经济周刊》1923年第8期，第8—9页。

最后，近代中国柞丝绸价格决定权不在国人手里，而是掌握在外国洋行手中。"烟台一埠，有洋行十余家，其广厦大楼奴仆千万者，何莫非取自国人之手，然其对国外之信用，则稳定不变，而胶东丝绸之价值，几为外人所定。因是一切权利，尽操之于外人，然烟埠之丝绸家，视之若自然趋势，其不觉悟甚矣。"①

20世纪20年代以后，由于人造丝在纺织业中的迅速发展，国际市场对中国柞丝绸需求减少，致使中国柞丝绸价格日趋下滑。"在民国十五年时，柞绸每匹20码、长宽20寸者，值银36两；迄民国十八年，茧绸价格均行低落，绸20码、长20寸宽者，值银32两；最近优等20码绸值24元。"②

2. 柞丝绸之地位

1860年之前，中国柞丝绸在国际市场上无人问津，几乎没有地位可言。"溯自1818年前，仅烟台有一二家创制极劣之野蚕丝出品，不但

---

① 张兆麟：《胶东之丝绸业》，《工商半月刊》1934年第6卷第5期。
② 《山东柞蚕业调查》，《工商半月刊》1935年第7卷第3期。

外国商人不欲过问,即本国商家亦无注意之者。"①

1860 年之后,柞丝绸"逐渐改良治丝方法,至 1900 年始有销行于欧之势,及自 1915 年至 1920 年,据烟台海关出口之野蚕丝绸之价值统计,有年达 7800 万两以上,河南、安徽、四川等省闻风而兴起之"②。从此之后,中国柞丝绸出口逐渐增多,在近代对外贸易中的地位日趋重要。"中国茧绸输出之额,岁有增加,民国十年输出茧绸之价达 1300 万两,在出口货中渐占重要地位。"③ 中国柞丝绸"自民初以迄二十年间,均有大量生产,并大都运销外洋,在我国之出口贸易中,亦居相当地位"④。

柞丝绸作为中国的特产,物美价廉的比较优势十分明显,在国际市场上广为畅销。茧绸质地虽较粗恶,但坚固耐用,且价格低廉,颇受印度及欧美一般中等阶级之欢迎。除缝制男女衣服之外,又多以之作室内装饰、窗幕、椅套及汽车坐垫等,又因其质料坚固,飞机之翼近亦多用之。⑤

同时,近代柞丝绸业作为中国的特产,其品质优劣也代表着中国丝绸的形象。"夫鲁东丝绸固会在欧美享有好誉,今以斯业凋落之故,胶东工人被迫失业,直接间接不下 20 万人。继此以往鲁东之繁荣,国产丝绸之名誉,将受莫大之损失。"⑥

柞丝绸在近代中国农村经济上占有举足轻重的地位。1922 年前后,昌邑县"迩年来虽屡遭天灾,其所以能支持者,全赖织绸布、编草辫以谋生活"⑦。"在战前最盛的时代,最著名的区域依出产数量的多寡为序有山东、河南和辽宁等省,以此为生的人大约有 2000 多万人口。"⑧ 山东有许多依赖柞丝绸的商业城镇,柞丝绸的兴衰不仅关

---

① 曾慎:《改良中国野蚕丝绸业第一次三年计划书大纲》,《河南大学学报》1934 年第 1 期。
② 同上。
③ 《中国茧绸输出及生产情形》,《中外经济周刊》1923 年第 8 期。
④ 《河南省柞蚕丝绸工业考察报告》,《中蚕通讯》1948 年第 2 卷第 1—2 期(合刊)。
⑤ 《茧绸产销情形与出口商应有之注意》,《中外经济周刊》1924 年第 89 期。
⑥ 张兆麟:《胶东之丝绸业》,《工商半月刊》1934 年第 6 卷第 5 期。
⑦ 张研、孙燕京主编:《民国史料丛刊》第 504 册,大象出版社 2009 年版,第 345 页。
⑧ 方柏容:《我国柞蚕丝业的回顾》,《纺织建设》1948 年第 1 卷第 3 期。

系到手工业生产者的现金来源，而且也决定着这些商业城镇的兴衰。烟台"每年海关在柞蚕绸上抽的税为数很可观，衰落以后，海关税收随之减少。中外商人都以丝绸业的盛衰和胶东的市面繁荣有很密切的关系"①。

> 吾人所知者，即胶东野蚕丝事业之逐渐发达，至清末民初而造于极盛之域，丝绸一项，殆为胶东繁荣之所寄，过此则斯业凋敝，一落千丈。②

> 当胶东绸业最盛之时，烟台一埠，有大小绸厂五十余家，附近各县有绸厂五百余家，共约五百五六十家，织机不下万余台，出口之绸每年约百余万匹，约值海关银1600余万两，似此区区一隅，得此巨额之进利，当与农村之经济，不无极大之补助也。③

柞丝绸在近代河南工业发展过程中也占有不可忽视的地位，对于产绸区域的经济发展也起到了十分重要的作用。河南"镇平之家庭劳工，赖织山绸得以活者，全境每年约有五千男妇左右，收入利息，每年亦约有二三十万元不等，周转金融扶助其他商业，裨益民生，实非浅鲜也"④。镇平县"在那里有家庭式的小作坊集中经营，颇足为地方自豪，机户倒有四五千家以上……从事织染业的人数估计有七八万，相当于全县人口的五分之一"⑤。

> 查豫省西南各县之丝绸工业，在战前曾作为出口物资，已于国际市场建立基础，在抗战期间，又曾替国家生产抗战物资，充实力量。更忆民国十八年，河南大旱，灾民流徙，产绸区域，因有工业之维持，得度巨厄。此可见该省该项工业之重要。⑥

---

① 方柏容：《我国柞蚕丝业的回顾》，《纺织建设》1948年第1卷第3期。
② 张兆麟：《胶东之丝绸业》，《工商半月刊》1934年第6卷第5期。
③ 巴又愚：《胶东之柞蚕》，《中国蚕丝》1935年第1卷第1期。
④ 《通令提倡镇平县山绸》，《河南省政府公报》1934年第1124期。
⑤ 方柏容：《我国柞蚕丝业的回顾》，《纺织建设》1948年第1卷第3期。
⑥ 《河南省柞蚕丝绸工业考察报告》，《中蚕通讯》1948年第2卷第1—2期，第23页。

第二节　柞丝绸业生产技术的缓慢变化

柞丝绸即用柞蚕丝织成的丝绸，也叫茧绸、府绸、山绸等。织造柞丝绸的行业即是柞丝绸业，或叫柞绸业、茧绸业。柞丝绸生产由来已久。秦汉时期，古人就有采集柞蚕茧，作丝絮或丝棉之用。《晋书》曾载："土人缲丝织之，名曰山绸。"清代之前，制织山绸或茧绸一般是人工捻线而成，即捻线织绸。这种捻线织绸，绸幅窄，质地粗而多皱纹，俗称疙瘩绸。茧绸以结实耐穿著称，多用做小褂和被面，最初只是自产自用，数量不多。"从前收茧为絮之法，渐改为收茧治丝，以丝为绸，名曰'府绸'。明朝称为'茧绸'，故崇祯以茧绸制衣服，可见历代帝王提倡野蚕丝绸之意旨也。"[①]

鸦片战争之后，华洋通商渐趋频繁，柞丝绸物美价廉的特点很快被外国人发现，于是开始大量收购。为了满足国际市场对柞丝绸的大量需求，柞丝绸业生产技术的改良随之提上日程。

一　土法织绸为主

1. 土法织绸业

土法织绸业，在本书中专指用旧式手工技术和木制生产工具织成的柞丝绸，不包括桑丝绸。一般来说，中国传统木制丝织机被称为"木机"，而西方新式机械丝织机则被称为"铁机"或"洋机"。

纵观中国历代丝绸生产技术的变迁，可以发现：历代丝绸生产经验的摸索、总结和积累，为明代丝绸科技发展高峰期的到来准备了各种有利条件。到明代，中国传统的丝绸生产技术已经达到了顶峰，在当时的世界上可以说处于领先的地位。[②] 有清一代，丝绸生产技术再也没有什么大的进展可言。[③] 土法织绸业最初仍停留在自足自给的家庭手工业生

[①] 曾慎：《野蚕学之商讨》，《河南大学学报》1934年第1卷第3期。
[②] 王翔：《近代中国传统丝绸业转型研究》，南开大学出版社2005年版，第2、5页。
[③] 施敏雄在其所著《清代丝织工业的发展》（中国学术著作奖助委员会1968年版，第75页）也曾言："清代丝织品制造技术上的变革几近于无……丝织业到汉代就已相当发达……从汉到清一千余年的岁月里，丝织业制造技术因墨守成规与隐技自秘无甚进步。"

产阶段。农家机户自己合练成线后用于织绸，其工艺简单。其操作过程是：将柞蚕茧置于草木灰浓液中浸泡数日，或将蛹茧煮沸，然后将过水茧晾干，剥成絮绒状上锤打线。"以手捻锤子而线轸大，名锤子线。用此线织绸，曰捻线绸。"①

乾隆三十二年（1767），韩梦周在《养蚕成法》中对土法织绸业捻线织绸有详细的阐述：

> **捻线** 线要细匀。将茧套茧叉上，捻法不一，或用手抽、或用轴，或用车，各随其便。棉车亦可为之，络线做穗，与桑蚕同。再春茧丝细，秋茧丝粗，织绸用春丝作经、秋丝作纬更佳。
>
> **晾绸** 织完绸下机后，拣平坦洁净地场，舒展晒晾。下用草衬，上用石压，使见日光。不然，绸色不亮。②

这种家庭手工缫丝方法甚至在南方少数出产柞蚕的地区也有记载。广东香山县"茧绸，乌石平岚乡，以大蛾茧织成，绉纹蹙起，久服不敝，远胜程乡茧绸"③。江西赣州"茧绸，出信丰、安远、长宁，安远尤佳，多食乌桕叶，或茧蛾生于树上，即成茧，以灰水煮，柔其性，缫丝织成匹，韧软通体"④。后来，随着手摇式缫丝车和脚踏式纩丝车的使用，单纯织制捻线绸的状况有所改变。

近代以来，柞丝绸业中旧式生产技术仍占主导地位。土法织绸业的生产过程除织绸生产工具十分落后之外，织绸之后的熏炼过程也比较原始而简单。"府绸之煮炼，向用土法，先用清水煮熟，再以猪胰浸润。约一昼夜，取出洗净，干燥，乃用硫磺熏之，以求光泽，后即以巨石重压，作为轧光整理工程，法至简单，行之已久。"⑤ 土法织绸业不仅在内陆地区的河南、贵州几乎全部采用，而且位于沿海的山东、辽宁等地

---

① 杨洪江、华德公校注：《柞蚕三书》，农业出版社1983年版，第82页。
② 同上书，第9—10页。
③ （清）祝淮、黄培芳等纂修：《香山县志》卷二《舆地下·物产》，道光八年刻本。
④ （清）朱宸、林有席纂修：《赣州府志》卷二《地理志·物产》，乾隆四十七年刻本。
⑤ 《河南省柞蚕丝绸工业考察报告》，《中蚕通讯》1948年第2卷第1—2期（合刊），第22页。

织绸业也大多沿用此法。民国时人著述曾言：

> 茧绸，以山东为第一，昌邑、栖霞、牟平之机房，有181家，织机约7000余架。烟台亦有机房10家，织机180架。河南全省织机约2500架，辽宁推安东，四川推重庆，贵州、广州亦有相当产额，惟均旧式。①

近代山东柞丝绸也叫鲁绸、府绸。府绸最初用手工捻线织成，有自然的疙瘩花纹，风格粗犷而豪放，活泼而自然，并且带有珍珠般的光泽。道光之际，山东绸多为捻线绸。"牟平南乡蚕农多自行捻丝织绸，土名曰捻绸，销售本地，约五百户，蚕农自织捻绸者年可织2500匹，捻绸价格每匹不过五六元。"② 光绪年间，缫丝取代了捻线，绸幅渐宽，先加宽到1.6尺，称为"一·六绸"，主要运销西北、蒙古和苏联；继而加宽至2.2尺幅宽，后来又生产2.6尺门幅的"老宽绸"等品种，老宽绸经烟台至上海、中国香港，销往日本、印度、南洋诸国及荷兰等地。③ 府绸由于坚牢耐用，穿着舒适，因此在国际上享有盛誉。"山东府绸为战前鲁省之著名特产，系由一种柞蚕的丝所缫成，畅销美国及南洋各地。"④ 在其全盛时代，用土制手摇机以山东茧丝织成的绸子的质量是无与伦比的。⑤

近代山东柞丝绸大部分仍属于土法织绸业，生产工具仍旧沿用旧式木机制作。据《海关特种产品调查报告》显示："1880年左右，山东地区的昌邑、宁海、栖霞、烟台四地共有织机950台，柞丝绸年生产量为6650担，价值约为1796000元。"⑥ 在1880年山东柞丝绸中，约有80%为土机绸，每匹（重32两）价格3—6元，按4.5元计算，

---

① 龚俊编：《中国新工业发展史大纲》，商务印书馆1933年版，第167页。
② 《山东柞蚕业调查》，《工商半月刊》1935年第7卷第3期。
③ 朱新予主编：《中国丝绸史（通论）》，纺织工业出版社1992年版，第344页。
④ 《筹谋复兴山东特产府绸》，《中蚕通讯》1948年第2卷第1—2期（合刊）。
⑤ 彭泽益编：《中国近代手工业史资料（1840—1949）》第二卷，中华书局1962年版，第360页。
⑥ 同上书，第100页。

则每担价格为 225 元；另有 20% 为洋机绸，价格约为土机绸的一倍，即每担 450 元。① "胶东一带用土法织造的绸厂曾经有过 500 多家，织机到过 8000 多台，年产 20 码黄绸到过 70 多万匹。"②

民国初期，山东柞丝绸生产方式十分落后，生产效率极低。柞丝绸生产仍旧以传统方式为主。③ 柞丝绸"生产方法大都用旧式手织机，原料之丝亦系用手工纺出，接节甚多，粗细不一，故织绸之时须时时留心，补修节目，整理乱丝，以求绸面光泽，以故制织甚缓"④。这种土法织绸不仅生产工具落后，而且生产过程也较为粗糙。

> 织绸法皆用旧式木机，经线多 25 茧头丝，纬线用 15 茧头丝，20 码作一匹，上机时加面糊浸之，使织成之绸硬度大，将织成之绸用锅煮之，名曰炼绸，约炼五六小时，绸即成黄白色，压平打包运烟台出口。⑤

20 世纪 20 年代，昌邑县为山东茧绸业最为发达之地，但是"此项茧绸在昌境并非有工厂制造，其从事工作者多系一般贫民与老妇幼女之家庭工艺"⑥。昌邑县"织绸者皆属家庭工业，以柳疃区辛邵区、大安区及县城附近为最盛，立木区次之"⑦。20 世纪 30 年代初，山东土法织绸工厂仍然占据柞丝绸业的主导地位。"胶东各县属有土法织绸工厂五百余家，织机不下八千台"⑧。由于土法织绸业技术落伍，内不能改变产品式样，外不能与国外机械织绸业相竞争，从而导致销售市场逐渐丧失，丝绸业衰落也是必然趋势。

---

① 许涤新、吴承明主编：《中国资本主义发展史》第二卷，人民出版社 2003 年版，第 929 页。
② 方柏容：《我国柞蚕丝业的回顾》，《纺织建设》1948 年第 1 卷第 3 期。
③ 刘素芳撰：《烟台贸易研究（1867—1919）》，商务印书馆 1990 年版，第 112 页。
④ 《中国茧绸输出及生产情形》，《中外经济周刊》1923 年第 8 期。
⑤ 《山东柞蚕业调查》，《工商半月刊》1935 年第 7 卷第 3 期。
⑥ 陈鸾：《呈山东省政府》，《山东工商公报》1929 年第 3 期。
⑦ 《山东省之织业》，《中外经济周刊》1924 年第 93 期。
⑧ 张兆麟：《胶东之丝绸业》，《工商半月刊》1934 年第 6 卷第 5 期。

> 胶东之织造悉用手工，墨守陈法，千载不变，国外市场需要之长宽厚薄与夫花样之变迁不问也。①

河南柞丝绸工业全部沿用土法生产方式，生产工具也全是用竹木制作，生产的产品比较粗劣。"豫省农民所用之织机，窳劣异常，一切器材，悉以竹木为之。"②近代时期，河南柞丝绸手工生产过程主要分为五个工序，即选丝、络丝、整经、打纬和织绸。③鲁山为近代河南柞丝绸主要产区，由于交通不便、思想保守，鲁山的柞丝绸生产也一直沿用旧法。

> 鲁山地处闭塞，交通不便，老百姓保守性特别强，故对各种手工业不求改良，因之丝绸虽有悠久历史，然至今日仍停留于土法制造的小手工业状态，出品亦极粗糙。④

鲁山传统的土法织绸生产效率低下，甚至不及织布业。"织绸机与旧式织布机相同，亦为脚踏手投梭机，惟织绸时则较织布烦琐……织绸比织布费时多，大概布可两天织一匹，而织绸须三天织一匹。"⑤

东北土法织绸业也较为普遍。近代东北的丝织业中心——盖平，在丝绸销售的旺季，城镇及其附近的极为活跃。"来自山东各口岸，如烟台、柳疃等地的商人，来自牛庄，甚至远自上海的商人均在此收购大半都是家庭生产的丝绸。"⑥辽宁凤城县，在九一八事变之前，柞蚕丝大多在本地用土法捻线织绸。"所产柞蚕丝，多在本地用以编织腰带、腿带子和宽约2.3市尺的捻线绸（疙瘩绸）。"⑦

---

① 张兆麟：《胶东之丝绸业》，《工商半月刊》1934年第6卷第5期。
② 《河南省柞蚕丝绸工业考察报告》，《中蚕通讯》1948年第2卷第1—2期（合刊）。
③ 刘振经：《手织柞绸生产须知及操作要点》，《镇平文史资料》第11辑，1993年，第104页。
④ 马克勤：《鲁山之丝绸》，《战地工合》1941年第1卷第5期。
⑤ 同上。
⑥ 彭泽益编：《中国近代手工业史资料（1840—1949）》第二卷，中华书局1962年版，第99页。
⑦ 赵万兴主编：《凤城市志》方志出版社1997年版，第674页。

贵州柞绸业也全是土法操作生产，产品品质较差，花样单一，只能在邻近地区销售。其"制丝机械均系旧式，织工墨守陈法，不知改进，生产迟滞，货品不精，且幅面太窄，不合特式裁剪。土法染色费工耗时，又仅限于黄、蓝、灰、黑诸色，配色单纯，推销困难，市场日狭"①。

近代时期，即使是位于中国丝织业中心的江南地区，柞丝绸生产也摆脱不了土法生产的窠臼。例如南京"利民柞绸工厂办理已经四年，每年出品柞绸约4000余匹，花绸约2000余匹，纯系行销外洋，所值约十余万元，其织机一切纯系旧式"②。

2. 土法织绸业的弊端和影响

首先，土法织绸业这种落后的生产技术水平，决定了近代中国柞丝绸质量低劣，种类单一，式样单调，不能适应国际市场对柞丝绸不断更新的要求，因此走向衰落将是必然的结果。由于织造的技术落后——织品向来只有府绸一种，毫无新品；有分量轻重和幅面宽窄的分别，并没有组织变化和式样的不同。③ 柞丝绸业"本身织品之欠精，在昔原料充足，正适其有为之时，奈老守旧法，不知改良，只图目前之利益，未顾异日之进展，以致织品不能统一"④。即使是近代中国柞丝绸业最为发达的山东地区，土法织绸业仍不能满足市场的需要。

> 虽山东绸有勉强可作夏季西装材料之用，然因未经科学方法之制造，不但花样、颜色全无，尤其易于染污、发毛、走纱，是又不能使人长久欢迎。⑤

其次，土法织绸业生产效率低下，生产的产品品质粗劣，在国际市

---

① 贺益文：《黔北柞蚕事业的过去和现在》，《东方杂志》1941年第38卷第6期。
② 江苏省长公署第四科编：《江苏省实业视察报告书》（江宁县），民国八年刊印，第2页。
③ 方柏容：《我国柞蚕丝业的回顾》，《纺织建设》1948年第1卷第3期。
④ 巴又愚：《胶东之柞蚕》，《中国蚕丝》1935年第1卷第1期。
⑤ 曾慎：《改良中国野蚕丝业第一次三年计划书大纲》，《河南大学学报》1934年第1期。

场上不能与日本等国的机械织绸相抗衡。山东诸城县"织茧绸者,其所织之茧绸,工拙品劣,不甚受时人之欢迎,因而获微"①。近代日本"纺缫织造悉用科学方法,其长宽花样以及染印整理皆能迎合国外市场之所需。彼以机械工作,故其生产率增大,其成本减轻。国人手工工业虽人工低廉,亦难与其生产十倍之机械比"②。

> 中国茧绸概系手织,质地稍粗,又种类过多,品质不齐,难于辨识;日本茧绸仅有松、梅、竹三牌,品质齐一,外观较美,故日本茧绸在外国市场较占优胜。③

再次,中国土法织绸业各自为政,缺乏大规模统一的贸易机构,部分产品甚至有作伪造假,欺骗消费者的行为。如山东半岛柞丝绸业"非但不思应用科学方法力图改良,以与东邻抗衡,乃相率为伪,以图成本之减轻,甚至有以30两生丝加以豆浆、土粉而制成百两之绸者",而国外增加柞丝绸重量的方法大多利用技术手段,而非类似中国简单的土笨方法。"夫丝绸加重,欧美率皆行之,然皆应用化学药品,如氯化锡、磷酸钠或醋酸铅为之。"④ 近代土法织绸业"只图目前之利益,未顾异日之进展,以致织品不能统一,且间有无知商人,以优劣不同之原料,混杂取巧,尤有欲绸重,而额加浆量者,似此皆为我织品失信之点"⑤。

> 胶东一带柞绸工厂,缫丝时即加浆,织绸时亦加浆,所用之浆为浆糊、白垩土等,用十两重的纯丝能织成加浆的绸重70两之绸,有浆绸用水冲洗之,所加之浆即被水冲去,绸之厚度、光泽、硬度即行失去,变成软薄之绸,有浆绸受潮后,即行发酵并腐朽,有臭味,所定20码之绸,所织成者往往减少1—2码,因以短少尺寸。有浆之绸代替纯丝尺寸足的绸,以资充替,因此,信用遂失,所织

---

① 田荫堂:《调查山东诸城县柞蚕报告书》,《直隶实业杂志》,1915 年第 8 期。
② 张兆麟:《胶东之丝绸业》,《工商半月刊》1934 年第 6 卷第 5 期。
③ 《中国茧绸输出及生产情形》,《中外经济周刊》1923 年第 8 期。
④ 张兆麟:《胶东之丝绸业》,《工商半月刊》1934 年第 6 卷第 5 期。
⑤ 巴又愚:《胶东之柞蚕》,《中国蚕丝》1935 年第 1 卷第 1 期。

成之绸往往长期间不能售出。①

同时，中国柞丝绸业群龙无首，信用丧失和欺诈行为致使中国柞丝绸业的出口销售受制于人。

> 胶东丝绸界，自昔即各自为政，而不相联络，虽有所谓丝绸业各公会者，但每次开会所讨论之问题，率皆对付捐税，敷衍强横军队之事，对于本业应兴应革不问也。丝绸之出口营业，机关虽多，但类皆不顾国际信义，动辄欺诈，是以丝绸之出口，率操之于外人。②

正如徐秀丽所言："近代湖州地区蚕丝业的状况才反映出近代中国农村家庭手工业的共同特征。"③ 因此，土法织绸业的落后性也反映了近代中国柞丝绸生产领域的共同特征。

二 机械织绸为辅

1. 机械织绸业

18世纪60年代到19世纪中期，欧美各国先后爆发了工业革命，即以机器生产逐步取代手工劳动，以大规模工厂化生产取代个体工场手工生产的一场生产与科技革命。工业革命使得欧美各国纺织工业领域发生了前所未有的根本变革，丝织工业迅速崛起。19世纪中期，动力丝织机开始在欧洲出现，到19世纪末期动力丝织机在欧洲丝织业的应用已经基本普及。紧随欧洲各国之后，20世纪初期，电力织机已经在日本丝织业界得到普及，使用电力织机生产的丝绸产量已经占到日本丝绸总产量的一半以上，日本的机械织绸业比较优势日趋明显。"手工业皆改成机械工业，采用机器纺织，管理既便，成本又轻，生产量多，故能充

---

① 《山东柞蚕业调查》，《工商半月刊》1935年第7卷第3期。
② 张兆麟：《胶东之丝绸业》，《工商半月刊》1934年第6卷第5期。
③ 徐秀丽：《试论近代湖州地区蚕丝业生产的发展及其局限（1840—1937）》，《近代史研究》1989年第2期。

斥市场，低价出售。"① 正是在这种国际大背景之下，近代中国柞丝绸业也将面临一次新的发展机遇。

中国机械织绸业出现在第一次世界大战之后。"第一次世界大战以前，我国丝绸生产都是手工木机织造。到第一次世界大战以后，才有机器生产的丝绸出现。"② 20世纪初叶，中国丝织行业生产工具出现了更新换代的浪潮，沿用了数百年的旧式木制织机逐渐向电力织机过渡，完全的手工操作逐步向半机械化、机械化生产方向发展。电力织机的引进和传播，不但大大提高了丝绸生产的劳动生产效率，而且也增强了柞丝绸的市场竞争力。"从来机织视为农家副业者，至是多扩张规模，为独立之营业，易手织为机械，个人组织易为公司，人之发动，易为电力，一时极形繁盛。"③ 机械生产技术的引进，不仅提高了劳动生产率，而且也使得产品品质大为提升。

<blockquote>
茧绸之织造方法，昔时多系旧式手织机，因原料丝（柞蚕丝）亦多为土法缫制者，结节甚多，且丝缕长短厚薄不匀，不能以汽力及机械织造。近日工业渐有进步，柞蚕丝之缫制亦多改良，故茧绸之织造已有采用新式织机者矣，其生产力较之手织机约可增加三倍，且无厚薄不匀之弊，光泽又极平滑，亦茧绸之进化也。④

土法织绸之弊不待赘述，今已由专家改用机械织绸，经过绞纱机即免发生绒毛之弊，规定一定无移之密度，遂无走纱之可能，至于花样之翻新，只由设计者之选择，故能织出各种花绸、花缎或各季各样之西装材料。⑤
</blockquote>

柞丝绸业引进机械生产工具的时间不仅要比桑丝绸业晚得多，而且也没有像桑丝绸业一样成为主要的生产方式。沿海桑丝绸工厂逐渐推广

---

① ［日］迁村次郎：《日本近代染织史》，汲古书院1973年版，第176页。
② 张保丰：《中国丝绸史稿》，学林出版社1989年版，第76页。
③ 《奉天方面本国机织业之现状》，《中外经济周刊》1925年第95期。
④ 《茧绸产销情形与出口商应有之注意》，《中外经济周刊》1924年第89期。
⑤ 曾慎：《改良中国野蚕丝绸业第一次三年计划书大纲》，《河南大学学报》1934年第1期。

电力织机之时，内陆各省仍停留在使用土法织机生产丝绸的阶段；当沿海机械柞丝绸工厂出现之时，内陆土法柞丝绸业仍旧大行其道。

山东是近代中国机械织柞绸业的发轫之地。烟台最先引进外国机械织机进行织绸生产。"烟台的工厂有用新式电力机的，也有用土法手抛的，大小的约有10余家，织机370余台。出品没有统计，估计每年总在三四万匹以上。"① 登州"物产以山绸为大宗，从前均用土机制造，行销不广，自去岁境内所有矿丝局一律改用新机，且另出新色花样，因之货物能畅销于境外者，计有十余万匹，约值银20余万，较前大有起色矣"②。另据《海关特种报告——丝》记载：

> 以柞丝织造茧绸的织机，现在开工者约有950台，分在下列各地：计昌邑500台，宁海州100台，栖霞县150台，烟台Messrs Crasemann & Hagen洋行现有洋机200台。③

由此可见，在报告提及的950架织机中，洋机只有200架，大约占五分之一。是故，近代山东使用洋机的情况，主要集中在烟台、登州等地，而且所占比重较小。

民国初期，烟台虽然大多丝绸工厂用旧法纺织，但是也出现了新式丝绸工厂。如广义绸厂：

> 该厂纺织机现用五匹马力之电机引动，计有纺丝机八、织绸机六，每机每日可出绸一匹，因纺织机少，出品不多，无利可获。现经理人正谋扩充，该厂现有基地70余亩，苟能力阔发展，前途甚可乐观。④

自九一八事变之后，日本垄断了东北柞蚕茧丝的生产和销售，山东

---

① 方柏容：《改良我国柞蚕丝纺织染业》，《染织纺周刊》1936年第1卷第26期。
② 《山东：登绸进步》，《广益丛报》1905年第83期。
③ 彭泽益编：《中国近代手工业史资料（1840—1949）》第二卷，中华书局1962年版，第95页。
④ 杨立惠：《烟台调查》，《东方杂志》1924年第21卷第12号。

织绸厂面临原料缺乏的局面。1933年，烟台大小绸厂未停工者只余6家，然其营业范围也不断缩小，这6家绸厂共有织机370架（其中有电力机28架）。① 由此可知，当时使用电力机的机械织绸数量只占总数的7.6%，机械织绸数量只占很小的一部分。

东北机械织绸业主要出现在安东等地。民国初期，安东在东北率先引进机械织绸，不仅大大提高了劳动生产效率，而且所织柞丝绸品质优良，大多销往欧美市场。

> 民国十二年三月，本埠八道沟和聚正丝厂添设……汽机三台，专织平绸，销行欧美，并得驻安美国领事所赞许。近年陆续添设专织平绸电机共五十台，纹织电机十二台，所织各种茧绸，品料优美，行销中外，供不给求。天后宫街同昌顺丝厂于民国十四年置电机十二台，专织各种平绸。益丰丝厂于民国十五年置电机十台，专织平绸。政源丝号于民国十五年置电汽马达机二十五台，专织府绸，行销欧美，每台机日织绸二十三码余。②

近代河南西南部柞丝绸生产曾经十分兴盛，一度流传着"妇孺会经络，满山梭子声"的谚语，实际上只不过是土法织绸业的真实写照。直到1929年，河南土法丝绸在面临着机织丝绸竞争压力之下，才开始引进铁拉织机进行改良。"不一月间，四方响应，豫省产绸区域，闻风兴起，共谋奋斗，以图彻底改革。"③

> 据最近调查，河南各地山蚕丝织业工厂，尚有南阳恒升明工厂，公泰昌工厂，相比家蚕丝工厂资本较小，山蚕丝南阳两厂资本较大，均在二三万元以上，且均改用铁机，能织湖绉线春等花纹，染色均仿浙省。④

---

① 张兆麟：《胶东之丝绸业》，《工商半月刊》1934年第6卷第5期。
② 王介公修，于云峰纂：《安东县志》卷六《人事·工业》，民国二十年铅印本。
③ 赵魁编纂：《南阳蚕业志》，中州古籍出版社1990年版，第228页。
④ 《蚕丝：河南蚕丝业现状》，《工商半月刊》1935年第7卷第11期。

2. 土法织绸和机械织绸的比较分析

首先,机械织绸不仅生产效率高于土法织绸,而且柞丝绸品质也好于土法织绸。使用机械动力牵引的力织机与手织机相比较,具备以下四点优越性:可得制织阔幅织物;生产额大;所织织物较为匀齐;一人能兼管二台以上,虽设备费较为高昂,犹能广被采用。① 正因为如此,甚至地处内陆的贵州柞丝绸业也尝试引进机械织绸生产技术。"今贵州丝织公司采用丝力织机及全部准备机,拟改进遵义之丝绸以为倡",② 其中"贵州丝织厂投资已达四五十万元,目前缫丝织绸均用改良木机,该厂去年已在沪订购铁机六部,正在运黔途中,不久当可安置应用"。③

其次,机械织绸虽然种类多样,容易染色,但价格比土绸高;土法织绸尽管种类单一,品质粗糙,不易染色,但是价格低廉,因而机械绸不能与土产竞争。"烟台公司所织茧绸分量重,织工好,花纹种类多,为土产所不及,惟其价格较土产高甚,每码四至八角不等。"④ 另据《海关特种调查报告——丝》报告载,山东绸,是柞丝织成的,每匹20码价格为3—6元,这种山东土绸的一大缺点为不易加染,而"烟台Messrs. Crasemann & Hagen 洋行的织绸工厂所织的山东绸即避免了此一缺陷。在出厂之前要经过一道化学处理,处理以后,就和桑蚕丝织的绸子一样,容易加染了",不过这种洋行所织的洋绸价格为"每匹八元至十六元,比土法织的当然要贵得多,质量优良得多,而且织的很细,同时织出了很多花样,而土法织的全系平织,一无例外"。⑤

最后,虽然机械织绸在质量和花样方面优于土法织绸,但是就光泽和弹性而言,机织织绸不如土法织绸。正如当时欧洲鉴定家所言:"山东(土)绸织得很坏,但就光泽和弹性而言,我从未见过比它更好的了。"⑥ 因此,近代中国柞丝绸业的改良并没有获得成功。

---

① 《力织机漫谈》,《企光月刊》1941 年第 2 卷第 2—3 期合刊。
② 同上。
③ 贺益文:《黔北柞蚕事业的过去和现在》,《东方杂志》1941 年第 38 卷第 6 期。
④ 孙毓棠编:《中国近代工业史资料》第 1 辑,中华书局 1962 年版,第 77 页。
⑤ 彭泽益编:《中国近代手工业史资料(1840—1949)》第二卷,中华书局 1962 年版,第 96 页。
⑥ 同上书,第 95 页。

（山东茧绸）其生产方法大都用旧式手织机，原料之丝亦系用手工纺出，接节甚多，粗细不一，故织绸之时须时时留心，补修节目，整理乱丝，以求绸面光泽，以故制织甚缓，且厚薄长短往往不一，间有用机器织造者，而所用者往往为外国织他种丝绸之机器，不尽合宜，据斯业中人言，机织较手织约速三倍，长短厚薄较为齐一，而不如手织者之光泽平滑。今日山东茧绸以机器织者甚少，大半仍用手织云。①

第三节　柞丝绸业生产经营方式的突破

近代柞丝绸业生产经营方式大致有三种类型。第一种，即传统家庭生产经营方式，织户作为独立的生产经营者。虽然这种生产方式较为落后，但是分布较为广泛，采用该法的织户最多。同时，生产的产品除了自足自给之外，部分产品还在市场上出售。第二种，即包买制生产经营方式，虽然生产和销售免不了受包买商的控制，但是这种生产方式有利于扩大柞丝绸的生产规模，一定程度上可以弥补个体生产者资本和原料不足的缺陷。不过织户不再是独立的生产经营者，除了获得一定的收入之外，大部分利润还是被包买商占有，从长远来看，也不利于柞丝绸业的扩大再生产。第三种，即带有资本主义性质的手工工场或工厂制生产经营方式，是较高类型的生产组织形式。对于柞丝绸业而言，这种使用雇佣工人进行生产经营的形式只存在于柞丝绸业较为兴盛的城市之中。由于第一种生产方式是最为初级的形式，也是在柞丝绸业中比较常见的生产经营方式。因此本书不再对此进行赘述，只对后两种生产形式进行分析和探讨。

一　包买制下的柞丝绸生产方式

包买制，亦称商人雇主制，② 是一种新型的生产和市场组织制度。具体来说，包买制是指农户从商人处领取原料，带回家中做成产品后交

---

① 《中国茧绸输出及生产情形》，《中外经济周刊》1923 年第 8 期。
② 盛朝迅、徐从才：《商人雇主制的历史演进与现代发展》，《商业经济与管理》2010 年第 3 期；刘洁：《商人雇主制：历史演进与现代发展》，硕士学位论文，南京财经大学，2007 年；胡昊：《分工深化与商人雇主制》，硕士学位论文，南京财经大学，2008 年。

第五章 织绸销售：近代柞丝绸业的生产与销售 251

换给原料商，并从原料商处领取工钱的制度。① 即在商人雇主制之下，商人不仅控制了原料的供给，而且也垄断了商品的销售。这种新型商业组织，如果从商人角度来看，即为商人雇主制；如果从生产过程来讲，则就是撒机制，或者称为包买商制度。②

包买制在中国传统丝织业中由来已久。这些包买商名称因地而异，在杭州叫作"绸庄"，在南京名为"缎庄"，在苏州称为"纱缎庄"，俗名"账房"。据学者研究考证，"账房"即"账房放料，机工代织"的生产经营方式，其最早出现在康熙年间。③ 王翔认为，账房制实际就是包买主制度。清朝初叶，账房制在江南丝织业中开始出现，到鸦片战争之后，逐渐发展成为桑丝绸业主要的生产经营方式。④

不可否认，包买制是一种比家庭生产高级的生产和组织形式，因为其解决了农民织户的原料、销售和资本等问题。就产品的生产和销售而言，包买制相对于传统的家庭手工业简单再生产是具有优越性的，但是无法与资本主义工厂制相比拟。柞丝绸业领域的包买制，类似于江南桑丝绸业领域的"账房"制。

迄今为止，学术界对包买制的观点大致有两种。第一，否定论，即包买制是一种商业和高利贷资本介入生产而剥削织户的制度。持这种观点有彭泽益、徐新吾等前辈学者。⑤ 第二，肯定论，肯定包买制对扩大商品生产的积极作用，如赵冈、彭南生、周飞舟、王翔等。⑥ 其中，彭

---

① 周飞舟：《制度变迁和农村工业化：包买制在清末民初手工业发展中的历史角色》，中国社会科学出版社2006年版，第26页。
② [日] 顾琳：《中国的经济革命——二十世纪的乡村工业》，王玉茹等译，江苏人民出版社2009年版，第23页。
③ 王翔：《晚清苏州丝织业"账房"的发展》，《历史研究》1988年第6期。
④ 王翔：《中国近代手工业的经济学考察》，中国经济出版社2002年版，第245页。
⑤ 彭泽益编：《中国近代手工业史资料（1840—1949）》第三卷，中华书局1962年版；徐新吾主编：《江南土布史》，上海社会科学院出版社1992年版。徐新吾、张守愚：《江南丝绸业历史综述》，《中国经济史研究》1991年第4期。徐新吾认为商人支配生产是最坏的资本主义道路，因为它妨碍生产工具的革新、手工工场的出现，使小生产者无法摆脱分散落后的生产状况。
⑥ 赵冈、陈钟毅：《中国棉业史》，联经出版公司1977年版；周飞舟：《制度变迁和农村工业化：包买制在清末民初手工业发展中的历史角色》，中国社会科学出版社2006年版。彭南生：《包买主与近代乡村手工业的发展》，《史学月刊》2002年第9期；储丽琴：《包买商制与20世纪初期中国农村手工业的兴衰》，《学术论坛》2008年第2期。王翔在其所著《中国近代手工业的经济学考察》（中国经济出版社2002年版，第89页）曾言："一般而言，包买主在组织生产上的贡献显然要大于他们的道德欠缺。"

南生先生对包买制的研究较为中肯，他认为"城市丝织业中包买主制下的依附经营形式早在明末清初就已经存在，鸦片战争后这种经营形式开始向乡村渗透"。① 因此，包买制在近代中国有其存在的合理性。

首先，近代中国家庭手工业一般缺乏充足的资本，但是有廉价劳动力供应，从而为包买主制提供了必要的条件。"家庭手工业既是缺乏资本，出卖劳力的制作，也就成为商人雇主制的良好对象。"②

其次，包买制下的原料供应与产品销售的双重依附是明清以来中国乡村手工业中最为普遍的现象。生产者生产的目的仅仅是为了获得工钱，被称为散处工人。据《清代刑部抄档》记载：

> 乾隆四十二年，直隶遵化州王维珍将王景顺荐给李琅家织山绸，讲定一匹绸子两吊东钱的工价，到二十六日织完一匹绸子。③

近代山东柞丝绸业中也存在包买制生产。据1917年《中国省别全志》记载：

> 山东各地农户织机数台，作为家庭副业，闲暇时间生产，此点即为家庭小规模生产。同时各地拥有织机数量稍多的织户，当地商号提供这些农家织户以原料，最后商号取走制品，并支付给织户一定的报酬。④

通过表5—10可知：1917年前后，栖霞县共有包买制的商号54家，拥有织机372架。这些织机大多情况下生产状况比较稳定，虽然商号控制下的织户不再是独立的生产者和销售者，但是毕竟有利于工场化组织

---

① 彭南生：《半工业化——近代中国乡村手工业的发展与社会变迁》，中华书局2007年版，第315页。
② 陈洪进：《论中国手工纺织业之经济基础及其战时趋向》，《农本月刊》1942年第61期。
③ 彭泽益编：《中国近代手工业史资料（1840—1949）》第一卷，中华书局1962年版，第411页。
④ ［日］东亚同文会编纂：《中国省别全志》第四卷《山东省》，1917年版，南天书局1988年影印，第825页。

生产方式的形成。

表5—10　1917年前后栖霞县包买制商户拥有的织机情况统计

商号	织机数量（架）	商号	织机数量（架）	商号	织机数量（架）
义和成	5	聚祥德	5	广成德	5
仁兴德	5	泰丰合	4	广生祥	3
福生永	4	裕顺德	5	豫恒恭	5
协顺和	4	蚨丰德	5	宏记	5
双合成	3	裕盛恒	10	同德和	4
总盛记	5	新兴利	3	尚汰堂	5
长兴永	8	总茂顺	4	增兴谊	5
吉顺兴	5	源聚成	5	总盛永	5
新兴利	3	福隆盛	4	万顺利	10
同美号	4	三合成	8	恒丰泰	5
三合兴	3	义和永	10	公和成	5
丰德利	4	公顺和	5	公兴成	5
恒德成	10	德茂永	5	同兴德	3
恩庆堂	5	顺兴隆	4	永顺生	5
公和成	10	同德成	5	益顺兴	4
同生隆	4	意兴合	5	同生成	3
裕德号	5	同春成	3	恒金和	5
德记	4	同和成	5	同德祥	5

资料来源：［日］东亚同文会编纂：《中国省别全志》第四卷《山东省》，1917年版，南天书局1988年影印，第826—827页。

近代河南柞丝绸业中也出现包买制生产。其中一少部分机户自己购买柞蚕丝然后织绸，将织完的茧绸再售于丝行或绸庄。"此机户称为自织自卖户，为数甚少"，然而大多织绸生产程序都离不开包买制的作用。调查显示，当地盛行一种商人雇主制，即由绸庄收买山丝，然后交给织户织绸，最后依据织绸的重量，绸庄向织户支付一定数量的工价，俗称"包机"或"放包机"。

"放包机"适于清末民初，放包机是由商户或绸庄提供原料并付加工费，由机户加工成品，机户织成货交商户后再进行结算的生产组织形式。镇平县"放包机"的最盛时期，县城和石佛寺的丝绸行，"放包机"总计有近万户之多，遍及全县各地。①

为了控制机户的生产和销售，绸庄放丝给机户需具备以下三个条件："第一、机户领丝须有保证人；第二、机户领丝若干斤，将来缴绸亦须若干斤，如有损耗，由机户负责赔偿；第三、自领丝之日起限45日缴绸。"②

不可否认，包买制下的织绸生产使得商人雇主与机户处于互相对立的地位，各为自身的利益着想。机户方面，只求取巧速成多获工资，并偷工减料以博利润，不管生产技术的先进与落后，以及产品质量的好坏。同时，商人雇主则极力压低工资，遂使柞丝绸品质日益低劣。

> 通常缴绸时，并不立验重量，因织绸时经纬均已浆过，须俟煮炼后再秤。炼过之后，则称熟丝，熟丝分量按八五折计算，名曰"八五回生"，即八斤半熟丝折合生丝十斤。如果丝质佳者尚可赚丝少许，惟年来缫丝多不纯净，煮炼之后，减少甚多，不足之数，均由机户赔偿，通常一机绸，赔丝一两至四两不等，甚至有赔八九两者。③

包买制下柞丝绸生产和销售均受制于包买商人，因此受到很大剥削，这也是前辈学者诟病于包买制的最大之处。笔者现根据民国期刊对河南鲁山丝绸调查资料的记载，对包买商人剥削织户的现象进行分析和解读。

表5—11　河南鲁山织绸成本估计（以五匹绸计，每万茧织绸五匹）

原料、工资及其他	数量	单位	金额（元）
茧	10000	个	120

---

① 吕金典：《对丝绸行业放包机的回忆》，《镇平文史资料》第11辑，1993年，第86页。
② 夏光耀：《河南柞蚕丝之产销概况》，《中农月刊》1945年第6卷第2期。
③ 同上。

续表

原料、工资及其他	数量	单位	金额（元）
缫丝工	20	个	10
蒸茧工	2	个	1
刷经工	2	个	1
浆落丝工	18	个	9
织绸工	15	个	7.5
伙食	75	天	40
碱	5	斤	5
机器消耗及其他			1.5
总计			195
平均每匹成本			39

资料来源：马克勤：《鲁山之丝绸》，《战地工合》1941年第1卷第5期，第91页。

表5—12　　河南鲁山作坊和包买商利润（以一匹绸子计）

类别＼项目	成本	售价	盈余	利润（%）
作坊	39	42	3	7.2
包买商	42	45	3	6.7

资料来源：马克勤：《鲁山之丝绸》，《战地工合》1941年第1卷第5期

据表5—11、表5—12的统计数据，我们对织绸的成本利润和商人从中剥削的利润作为一个比较分析。表5—11数据显示，织户织绸平均每匹成本估计为39元。表5—12数据告知，当时每匹柞丝绸售出价为42元。因此每匹柞丝绸盈余3元，利润比率为7.20%；当时包买制商人从织户作坊中以每匹42元购得，然后以每匹45元出售，因此可以计算包买制商人的盈余也为3元，利润比率是6.70%。显而易见，包买制商人的盈余和利润率基本和织户作坊持平，如果再加上"商人买绸子时抽卖主每元3分，商人再将绸子卖出时又抽买主每元3分"[①]，则包买制商人所得的利益远远大于织户作坊的收入。我们知道织绸工作非常繁

---

① 马克勤：《鲁山之丝绸》，《战地工合》1941年第1卷第5期。

重，而且手工业生产不如机器生产快，织户为了生活所迫，他们不知花了多少劳力和时间，可是终天辛苦的结果，所得到的收获很少，大部分所得被包买制商人剥削。

二 工场手工业下的资本主义生产方式

明朝后期，在某些手工业领域中已经出现工场手工业的生产形式，即手工业中的资本主义萌芽。资本主义萌芽的出现不仅是生产力的进步，而且是生产关系的变革。

许涤新和吴承明研究认为："手工业中的资本主义萌芽主要有两种形式，一是商人支配生产，一是工场手工业。"① 其中商人支配生产，就是指那些支配着小生产劳动的包买商制度。包买主制和商人直接投资于工场手工业的区别在于商业资本是否转化为产业资本。包买主制缺点在于，既没有劳动分工，也没有改变旧有落后的生产方式；而工场手工业则不仅雇工生产（10人以上），进行劳动分工，而且改变了原有落后的家庭生产方式。因此而言，工场手工业是手工业中主要的资本主义生产方式，对于近代丝织业而言亦是如此。近代柞丝绸不仅在生产技术层面出现了机械生产，而且在生产经营层面也出现了向工场手工业或者工厂制过渡的现象。

19世纪末20世纪初，相对于江南丝织业"账房放料""机工代织"资本主义萌芽性质的手工工场而言，北方的柞丝绸业基本上停留在农民家庭手工业生产阶段。"旧式丝织业之置有工场者，殊不多见。在各丝织业发达之都市中，只见人民于其家中置木机二具或四具，以从事于织造，无所谓织丝工场也。"② 但是到20世纪二三十年代，在柞蚕中心产区的城市和农村市镇上柞丝绸业的经营方式已经转变为资本主义性质的手工工场。③

1920年山东昌邑县有机户65，织机4290台，平均每户拥有织

---

① 许涤新、吴承明主编：《中国资本主义发展史》第一卷，人民出版社2003年版，第24—25页。
② 张研、孙燕京主编：《民国史料丛刊》第561册，大象出版社2009年版，第441页。
③ 从翰香主编：《近代冀鲁豫乡村》，中国社会科学出版社1995年版，第390页。

机 66 台；牟平县有机户 65 台，织机 1170 台，平均每户有织机 18 台；栖霞县有机户 51，织机 900 台，平均每户有织机 17.6 台。①

1924 年前后，栖霞"柞蚕茧绸为本县重要工业，织绸工厂有二百三十余处，男女织工不下万余人，出品运销海外各国"，莱阳"东北两乡柞蚕甚形发达，有茧绸工厂四处"，牟平"柞蚕丝业最盛，织茧绸者有百余家"，海阳"有织茧绸者四十余家，以北乡为多，出品行销海外，获利颇巨"②。昌邑是山东柞丝绸业最为发达的地区，其"织业以茧绸为大宗，向极茂盛"。③ 1935 年前后，山东的牟平、烟台、栖霞三地共有柞丝绸工厂近 50 家，资本总数为 81900 元，每年产量共计 61450 匹。④ 每个织绸厂具体情况，见表 5—13 所示：

表 5—13　　　1935 年牟平、烟台、栖霞开工织绸厂统计

织绸厂名称	资本（元）	每年产量（匹）	织绸厂名称	资本（元）	每年产量（匹）
东海关附设蚕校工厂		2000	和兴泰	5000	3500
龙泉汤织绸厂	4000	1300	和盛德	6000	4000
兴利机坊	2000	1500	和盛源	1500	1000
谦益成西记	4000	2500	裕盛号	500	300
仁立成	1500	1000	同德和	600	300
永泰隆	1600	1000	长盛福	600	300
永增祥	1700	1100	福生祥	800	500
同泰成德记	1000	700	福增德	700	400
同生利	3000	2500	长盛德	1000	600
和兴东	2500	1900	同聚东	1200	700
同兴东	6000	4000	复盛和	500	300

---

① 陈重民编：《今世中国贸易通志》第二编《出口货物》，商务印书馆 1924 年版，第 46—47 页。

② 《山东省之织业》，《中外经济周刊》1924 年第 93 期。

③ 同上。

④ 《山东柞蚕业调查》，《工商半月刊》1935 年第 7 卷第 3 期。

续表

织绸厂名称	资本（元）	每年产量（匹）	织绸厂名称	资本（元）	每年产量（匹）
广生利	600	350	协顺昌	500	300
广泰裕	700	300	广聚隆	700	500
广泰顺	800	400	和盛长	5000	12000
广兴利	700	300	广兴隆	2000	1000
公顺德	800	500	泰记	2000	1000
同兴德	600	400	谦益成	4000	2500
德茂永	900	400	长胜利	500	300
裕兴东	700	300	新东记	1000	800
广顺恒	1000	600	裕生盛	1000	700
德兴泰	2000	1000	义顺祥	900	600
益兴长	500	300	源生东	1000	700
德兴东	900	400	公兴福	2000	1000
公聚成	900	600	长兴机坊	1000	800
聚丰工厂	3500	2000			

注：昌邑虽非放柞蚕区，但织柞茧绸记缫丝坊达62家，厂名未列，昌邑绸因掺水过重在外洋销路不好。

资料来源：《山东柞蚕业调查》，《工商半月刊》1935年第7卷第3期，第64—65页。

相对于柞丝绸业发达的山东而言，东北柞丝绸手工工场不仅数量和规模较少，而且资本也较薄弱，主要分布在安东、盖平等地。如安东"织造茧绸之工厂，则规模尤小，统计17家之资本总数不过97700元，织机总数共216部，各家最多不过65部，少者仅三五部"[①]。据1912年11月满铁调查课《南"满洲"经济调查科资料（第一）》报告：

> 盖平有（柞丝绸）织场两家，织机沿用中国旧式织机，制织方法同样沿袭旧法。每年工场有职工五六人，其中一二人使用织机，一二人配丝，其他工人从事操丝、给料，各自分担不同业务。工资

[①] 龚俊编：《中国新工业发展史大纲》，商务印书馆1933年版，第162页。

第五章　织绸销售：近代柞丝绸业的生产与销售　259

为织机工人80吊，其他工人30—50吊（一吊为一千个制钱）。①

贵州遵义以盛产府绸而著称，工场手工业生产经营方式也曾经崭露头角。

1921年贵州有生产府绸的机房62家，有150多部织机，产值约50万元，其后递减，仅数万元。其中城区较大的工场手工业有：同昌行——资历最老，由李静泉集股开办，置机十多部，雇工七八十人，专织宽府绸，主销云南一带；协记号——由曹永昌开办，有织机十多台，雇工二三十人，专门生产府绸和油绸……任氏作坊——有机十几部，雇工十余人，专门生产"质厚耐用，人争购之"的提花府绸。除此之外，还有土洋结合名著一时的"义安公司"，它在当时可谓规模最大，曾雇工200余名，由留日学生况良士指导，使用摇机等先进生产工具，主织府绸，有资金四万多银元。②

由于多种因素的制约，近代丝绸工场手工业生产方式始终没有发展起来。笔者认为，首先，主要原因是帝国主义侵略造成的。20世纪20年代末，烟台有大小绸厂50余家，多用辽宁柞蚕丝。九一八事变之后，辽宁柞蚕丝来源断绝，烟台柞丝绸厂数量锐减。"烟台一埠，昔日大小绸厂亦不下50余家，今除少数小厂（家庭工业式）时开时停无从统计外，继续不断工作者只余6家，然其营业范围亦时以缩小，闻此6家绸厂共有织机370台（其中有电力机28台）。"③ 其次，帝国主义国家对中国丝织业实施"引丝扼绸"政策的阻碍。日本在这方面表现得尤为突出。

此外尚有一事，足为华商丝厂隐忧者，则日本之操纵我国蚕茧

---

① 辽宁省档案馆编：《满铁调查报告》第三辑（1），广西师范大学出版社2008年版，第176页。
② 林兴黔：《贵州工业发展史略》，四川社会科学院出版社1988年版，第45—46页。
③ 张兆麟：《胶东之丝绸业》，《工商半月刊》1934年第6卷第5期。

贸易是也。盖自欧战以后，欧美各国需要茧绸日增，日本织业界乘机而起，输入我国之野蚕丝，织成茧绸再输出于欧美各国。即由东三省运往日本之茧绸，亦系经日商之手贩往欧美各国销售。大抵我国输出丝茧，除野蚕茧及乱丝头外，所有野蚕丝及茧绸均以往日本为多。辽宁上等丝多往上海，下等丝则全往日本。近数年来，日本茧绸商均因此获利甚厚，辽省之缫织家，至多不过能略沾其余沥而已。①

第四节　柞丝绸业的集散和销售分析

一　柞丝绸业之集散

清朝乾隆年间，山东就已经出现柞丝绸集散市场。兰山县青驼寺、新泰之敖阳店、泰安之崔家庄都是较重要的茧绸集散市场，"商人入山采买，贩鬻四方"②。

近代柞丝绸的集散方式，"除了和前期一样，利用传统的市场结构逐渐集散到烟台出口之外，还出现出口商直接赴产地交易的方式。出口商包括洋行雇佣的买办，以及和洋商直接交涉的行商。直接赴产地交易又可分为直接收购和贷放资金预买两种方式"③。如"上海达昌洋行，经营柞蚕丝绸有年，有鉴于斯，因特派笔者赴豫考察，供述外销情形，以备参考。并函请中国蚕丝公司备函转河南省建设厅介绍产地当局，赐予便利"④。河南柞丝绸集散方式主要有直接收购和发放原料给机户代织二种形式，大多设置绸庄进行柞丝绸集散。"查豫府绸之交易情形，经营者在主要产区设庄办理，或收现货（由农民投资自织供应），或自办原料，发放机户代织。"⑤绸庄主要有上海设置的申庄和本地经营的本庄两种。

---

① 龚俊编：《中国新工业发展史大纲》，商务印书馆1933年版，第163—164页。
② （清）吴中孚辑：《商贾便览》卷八《天下水陆路程》，乾隆五十七年刻本。
③ 刘素芬撰：《烟台贸易研究（1867—1919）》，商务印书馆发行1990年版，第135页。
④ 《河南省柞蚕丝绸工业考察报告》，《中蚕通讯》1948年第2卷第1—2期（合刊），第21页。
⑤ 同上书，第23页。

第五章　织绸销售：近代柞丝绸业的生产与销售　　261

绸庄有申庄与本庄之分，凡收买山丝放于机户织绸后运往上海者，则称申庄；在本地转卖于申庄者，则称本庄。本庄资本大多不如申庄雄厚。①

近代河南丝茧绸集散的流程如图5—1所示。

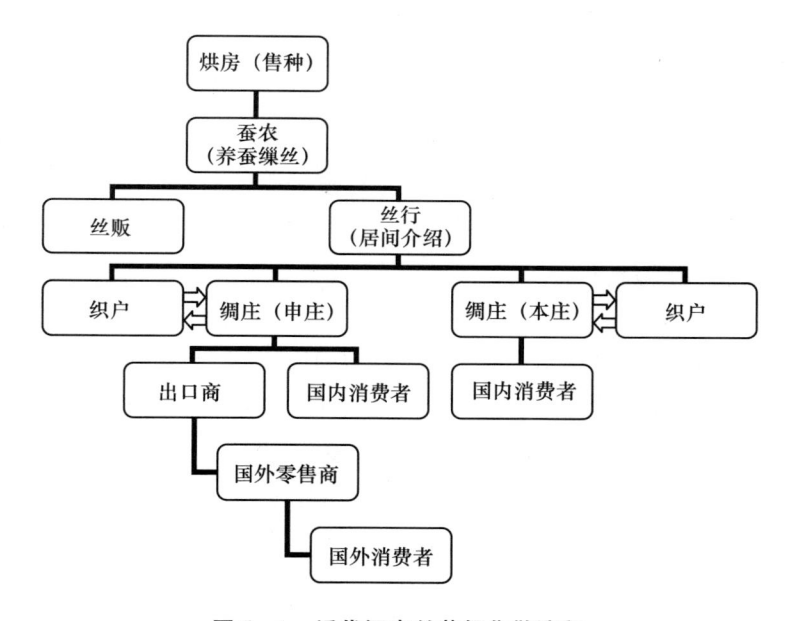

```
         烘房（售种）
             │
         蚕农
        （养蚕缫丝）
             │
      ┌──────┴──────┐
    丝贩          丝行
                （居间介绍）
      ┌──────┬──────┬──────┐
    织户 ⇄ 绸庄（申庄）  绸庄（本庄）⇄ 织户
           │        │        │
        出口商   国内消费者  国内消费者
           │
        国外零售商
           │
        国外消费者
```

图 5—1　近代河南丝茧绸集散流程
资料来源：夏光耀：《河南柞蚕丝之产销概况》，《中农月刊》1945年第6卷第2期，第59—60页。

近代柞丝绸业的集散市场主要分布在通商口岸或交通便利的城市，如山东的烟台、昌邑，辽宁的安东，河南的许昌、石佛寺，以及四川的重庆，广东的三水等地。

河南……以许昌为聚散市场，由平汉铁路运至汉口，每年出口约3000担左右。四川茧绸，聚于重庆，每年出口约70万担。广东

---

① 夏光耀：《河南柞蚕丝之产销概况》，《中农月刊》1945年第6卷第2期。

茧绸，聚于三水，每年出口约 150 担左右。①

如果按照任放先生的观点，那么近代中国柞丝绸业的集散市场大多也是柞丝绸业的专业市镇。② 烟台不仅是柞丝绸业重要生产地和集散市场，也是柞丝绸主要出口市场。据《民国山东通志》载："烟台为山东茧绸、发网之集散市场，以对东三省商务为盛"，③"山东茧绸输出县份计有栖霞、昌邑、文登、牟平、莱阳、海阳等县，多运至烟台出口"。④

芝罘为茧绸输出之重要地，民国十年度，占中国全部输出之六成七分，青岛、汉口次之。由汉口所输出者，多系河南、四川所产，其输向地，在战前以香港及英国、法国为最多，近来之输往美国者亦渐增加。⑤

烟台集散的柞丝绸大多出口国外，为了可以长时段地分析烟台柞丝绸出口情况，笔者依据历年海关关册统计记录，对烟台自 1863 年到 1938 年茧绸出口大约每隔三年作为一次量化分析，列表 5—14 绘图 5—2 所示，希望可以发现烟台港在此期间茧绸出口的变化情况。

表 5—14　　　　1863—1941 年烟台出口茧绸情况统计　　　　单位：担

年份	数量	年份	数量	年份	数量	年份	数量
1863	203	1866	648	1869	572	1872	1175
1875	1083	1878	2435	1881	1722	1884	1981
1887	2829	1890	2130	1891	2165	1894	3068
1897	2270	1900	2588	1903	7164	1906	3726

---

① 蒋根尧编：《柞蚕饲养法》，商务印书馆 1948 年版，第 14—15 页。
② 任放：《明清长江中游市镇经济研究》，武汉大学出版社 2003 年版，第 165 页。作者称专业市镇，是指以生产或销售某一类商品或几类商品为主的市镇。
③ 《民国山东通志》编辑委员会编：《民国山东通志》卷十四《商业志》，山东文献杂志社 2002 年版，第 1404 页。
④ 同上书，第 1425 页。
⑤ 《茧绸产销情形与出口商应有之注意》，《中外经济周刊》1924 年第 89 期。

续表

年份	数量	年份	数量	年份	数量	年份	数量
1909	9460	1911	5876	1914	7328	1917	12676
1920	15642	1923	11143	1926	10454	1929	7356
1932	5418	1935	137583	1938	227477	1941	1616

注：1 担 = 60.453 公斤；1934 年之后重量单位为公斤，为了便于比较分析，笔者将 1935 年、1938 年、1941 年出口数量换算为担。1935 年为 2293 担，1938 年为 3791 担，1941 年为 27 担。

资料来源：交通部烟台港务管理局编：《近代山东沿海通商口岸贸易统计资料（1859—1949）》，对外贸易教育出版社 1986 年版，第 137、138、139、189 页。

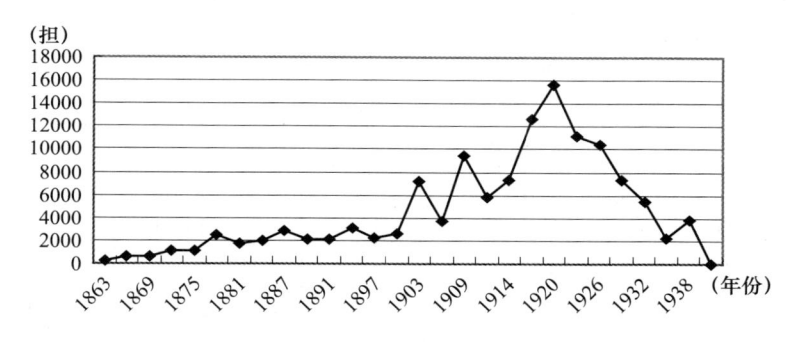

图 5—2 1863—1941 年烟台茧绸出口情况变化趋势

据表 5—14 及图 5—2 可知：从 1863—1941 年，根据烟台茧绸出口数量变化情况可分为两个阶段。第一阶段，即从 1863 年至 1926 年，烟台茧绸出口态势基本呈上升趋势，出口数量从 1863 年的 203 担增长至 1920 年的 15642 担，增长幅度高达 77 倍之多。第二阶段，从 1929 年至 1941 年，烟台茧绸出口趋势直线下滑，从 1929 年的 7356 担减少至 1941 年的 27 担。至此，烟台茧绸出口几乎奄奄一息。

近代时期，青岛也是山东柞丝绸集散市场，但是集散比重不如烟台。

山东茧绸以出口为最多，出口埠昔为烟台之独占，近年以来，虽有青岛勃起，为烟台之一劲敌，但仍不及烟台之多也，大约自烟台出口者，占山东茧绸 70% 以上，自青岛出口者占 16% 左右。①

当时青岛集散输出茧绸情况，据《中行月刊》载："1928 年，青岛输出国外茧绸价值为 222055 海关两，输出国内各地茧绸价值为 152400 海关两。"② 为了更好地比较烟台、青岛在柞丝绸集散出口中的地位和作用，笔者依据历年海关统计资料，绘制表 5—15，以期直观形象地观察二者在柞丝绸集散出口的变化趋势。

表 5—15　1898—1941 年烟台、青岛茧绸出口数值及占全国比重统计

地区 年份	烟台 出口量（担）	占全国（%）	出口值（海关两）	占全国（%）	青岛 出口量（担）	占全国（%）	出口值（海关两）	占全国（%）	全国海关 出口量（担）	出口值（海关两）
1898	2176	?	309270	?	—	—	—	—	?	?
1899	2931	?	457595	?	—	—	—	—	?	?
1900	2588	?	791928	?	—	—	—	—	?	?
1901	3311	?	827750	?	—	—	—	—	?	?
1902	4782	?	1239347	?	110	?	32877	?	?	?
1903	7164	99.0	2005920	99.0	5	0.07	1521	0.07	7232	2028506
1904	3660	94.7	1178587	94.5	172	4.4	56735	4.5	3866	1246959
1905	3402	90.9	1076519	90.6	235	6.3	79401	6.7	3742	1188333
1906	3726	81.9	1178906	76.3	535	11.8	271000	17.6	4548	1544158
1907	4275	61.6	1352610	52.7	2479	35.7	1136414	44.3	6937	2567202
1908	5689	67.9	1807395	58.2	2515	30.0	1225782	39.4	8374	3107726
1909	9460	61.0	5439500	69.1	2874	18.5	1380278	17.5	15520	7867476
1910	7394	50.4	3133207	51.5	4392	29.9	1949817	32.0	14665	6086332
1911	5876	48.1	2655731	52.8	3490	28.6	1396870	27.3	12208	5029235
1912	6414	49.9	2705809	53.3	3945	30.7	1499397	29.5	12847	5075260
1913	7198	39.1	2928037	40.1	6897	37.5	2883608	39.5	18414	7292745
1914	?	?	?	?	?	—	?	?	?	?

---

① 延伸：《山东重要物产之生产及其销场》，《国际贸易导报》1932 年第 4 卷第 8 号，第 48 页。

② 《青岛贸易状况调查》，《中行月刊》1930 年第 2 期。

第五章 织绸销售：近代柞丝绸业的生产与销售

续表

地区 年份	烟台 出口量（担）	占全国（%）	出口值（海关两）	占全国（%）	青岛 出口量（担）	占全国（%）	出口值（海关两）	占全国（%）	全国海关 出口量（担）	出口值（海关两）
1915	20141	75.5	7170196	77.8	2121	8.0	867692	9.4	26678	9209199
1916	16199	65.0	6803580	75.6	4682	18.8	1191990	13.3	24932	8995761
1917	12676	66.9	4574642	67.9	3273	17.3	1311382	19.5	18952	6740526
1918	14134	66.6	4152568	62.0	3347	15.5	1432507	21.4	21532	6693160
1919	15094	67.7	5884396	71.7	1679	7.5	722630	8.8	22294	8212474
1920	15642	66.5	7200141	76.3	835	3.6	281395	3.0	23520	9441587
1921	18544	66.9	9642880	76.6	1958	7.1	753830	6.0	27700	12586063
1922	12027	72.9	6964835	78.8	722	4.4	346560	3.9	16508	8836825
1923	11143	68.3	7185007	76.3	997	6.1	408470	4.3	16307	9413843
1924	9290	63.3	4435046	64.3	1625	11.1	747500	10.8	14683	6900963
1925	10007	57.0	4579701	57.6	1884	10.7	885480	11.1	17569	7951543
1926	10454	74.7	4319280	72.6	2302	16.4	920800	15.5	14000	5946901
1927	6849	63.5	2244417	52.4	1549	14.4	743520	17.4	10785	4283748
1928	7364	65.0	2290471	51.6	924	8.2	323400	7.3	11329	4439097
1929	7356	52.9	2287716	49.0	1750	12.6	1575000	6.2	13918	25263301
1930	8076	64.7	2737764	55.5	1196	9.6	598000	12.1	12484	4931547
1931	9343	73.8	6374726	80.0	1552	12.3	744500	9.3	12667	7964517
1932	5432	53.4	3997467	53.8	334	3.3	80381	1.1	10175	7434283
1933	2902	40.2	1677696	40.6	116	1.6	33014	0.8	7214	4128028
1934	3385	38.3	1113496	39.2	67	0.8	20076	0.7	8848	2840873
1935	2293	38.0	759289	39.1	835	13.8	253716	13.1	6042	1942874
1936	2675	39.5	890241	38.6	95	1.4	27253	1.2	6772	2306246
1937	4154	49.6	1352975	48.0	20	0.2	5839	0.2	8374	2818613
1938	3794	46.2	1336649	50.1	—	—	—	—	8212	2667933
1939	690	10.1	270656	8.3	0.35		138		6861	3272379
1940	?	?	?	?	—	—	—	—	?	?
1941	27	2.1	20594	1.0	—	—	—	—	1254	2212587

注：原表在重量栏里，1934年之后重量单位为公斤；在价值栏里，1898—1931年为海关两，1932年之后为国币元。换算单位：一担＝60公斤；1海关两＝1.558国币元。为了便于比较，笔者统一把重量单位换算为担，价值单位换算为海关两。

资料来源：交通部烟台港务管理局编：《近代山东沿海通商口岸贸易统计资料（1859—1949）》，对外贸易教育出版社1986年版，第187—189页。

据表 5—15 可知：第一，从 1898 年至 1941 年，烟台、青岛茧绸出口数量和出口价值均占全国茧绸出口数量和价值的大部分。烟台茧绸出口数量从 1898 年的 2176 担增长至 1915 年为最高值 20141 担，增长幅度近 10 倍之多。烟台茧绸出口价值也从 1898 年的 309270 海关两增加到 1921 年为最高值 9642880 海关两，增长幅度有 30 倍之多。在此期间，烟台茧绸出口数量和出口值均高于青岛茧绸出口数值。第二，从 1898 年至 1941 年，烟台茧绸出口数量平均占全国茧绸出口总数量的 60% 以上，最高比重甚至高达 99%。20 世纪 30 年代之后，烟台茧绸出口数量逐渐下滑，占全国比重也下降至 40% 以下。在此期间，青岛茧绸出口无论数量还是价值都无法企及烟台，在全国茧绸出口中的比重和地位也难望烟台项背。

山东昌邑县也是柞丝绸业重要集散市场，该县柳疃镇柞丝绸集散最为突出，从翰香曾称之为以丝织业著称的集镇。① 昌邑县：

> 织业以茧绸为大宗，向极茂盛，现受日本绸业影响，渐次退缩，每年尚可获利五百余万元……茧绸交易咸集于柳疃镇，西乡王耨区商人多营输出业，从前多运往俄国，自俄乱以后，转往印度南洋一带者居多。②

光绪二十八年，王元綎在《野蚕录》曾言：

> 今之茧绸，以莱为盛，莱之昌邑柳疃集，为丝业荟萃之区，机户如林，商贾骈阗，茧绸之名，溢于四远，除各直省外，至于新疆、回疆、前后藏、内外蒙古，裨贩络绎，不绝于道。镶车之来，十数里衔尾相接，其银价比邻境恒低之一二百文，邻境之购银者，无不唯柳疃之是趋，以区区一市镇，而有鑪房八家，其输入者可知矣。③

---

① 从翰香主编：《近代冀鲁豫乡村》，中国社会科学出版社 1995 年版，第 174 页。
② 《山东省之织业》，《中外经济周刊》1924 年第 93 期。
③ （清）王元綎辑，郑辟疆校：《野蚕录》，农业出版社 1962 年版，第 89 页。

第五章　织绸销售：近代柞丝绸业的生产与销售　　267

近代河南柞丝绸集散市场受多种因素制约，常不固定。早期以许昌为中心，后来转移至鲁山、方城拐河镇、南召李青店等地，最终定在镇平石佛寺。

> 河南山绸贸易之中心，最早为许昌，相传山西商人于逊清宣统年间，即在许昌设庄收买山绸，运至蒙古及俄国出售。其后则由平汉路南运经汉口转上海，销往外洋，当时丝绸产区以鲁山境内最盛，由鲁山至许昌交通不便，于是绸商渐移往鲁山。后因地方不靖，辗转迁移于方城之拐河镇、南召之李青店、南阳之潦河镇等，其后镇平倡办自治，地方安靖。遂又移往镇平之石佛寺，相沿至今，仍在该处。①

东北作为山东柞丝绸的原料来源地，柞丝绸业发展一向滞后，柞丝绸集散市场相对较少。据1933年《东北县治纪要》记载，笔者曾做过定量的分析，在对辽宁一共56个县份中，有柞蚕茧输出的县份有15个，既有柞蚕茧和柞蚕丝输出的县份有6个，记载有柞丝绸的县份有7个。通过上述分析，不难发现：到20世纪30年代为止，东北仍然是以输出柞蚕茧和柞蚕丝绸为主的原材料产区。

二　柞丝绸业之销售

近代中国柞丝绸销售包括内销和出口两种形式。晚清以来，柞蚕缫丝业得到改良，原来不能缫的柞蚕丝也能像桑蚕丝一样缫制，然后再织为绸，从而使柞丝绸物美价廉的比较优势得到充分显示，在国内外市场上都比较受欢迎。据1904年《野蚕录》载："今以缫家蚕者缫之，绸精致而价半，而茧绸遂遍被于内地矣。通商后，泰西人以为轻气球用，或以为夏令粗衣，争购之。"②

1. 柞丝绸之内销

近代中国柞丝绸内销主要指内陆柞丝绸产区的销售，即河南、贵州

---

① 夏光耀：《河南柞蚕丝之产销概况》，《中农月刊》1945年第6卷第2期。
② （清）王元綎辑，郑辟疆校：《野蚕录》，农业出版社1962年版，第95页。

等地柞丝绸的内销。这些地区由于深居内陆腹地，交通不便，所产柞丝绸大多数在国内各地出售。诚如1904年《野蚕录》所言："夫豫之鲁山，黔之遵义，皆有野蚕，以距通商口岸较远，故只销于内地。"① 四川、贵州等地的柞丝绸大多是在本地或邻近省份销售。四川新繁县，"茧绸，本县茧绸机坊共五六家，每年约出茧绸三千匹，销行松茂夷人"。②

贵州自从乾隆年间遵义知府陈玉璧把山东柞蚕引入遵义以来，"遵绸之名，竟与吴绫、蜀锦争价于中州"。③ 1872年前后，野蚕丝为遵义府唯一有价值的出产，这种丝都用来织成各种绸子。最好的绸子每年贸易额约达五十万两，二等及三等绸子贸易额一共也有五十万两。头等和二等绸子大部分都运往重庆府，再由重庆运往其他地区，主要是陕西、山西和北京。有很大一部分直接运往湘潭，还有一些由陆路运往广西。④ 桐梓县"芦溪民曾设绸行于鸭塘，并塑玉璧像于官坟嘴庙祀之，以报其德。时织双丝，名桐绸，立同心号于汉、沪间销售，而豫、蜀商贩时载茧来货绸去，通计岁入不下数十万金"。⑤ 遵义：

> 府绸行销最旺，远省无不乐售，以其质厚而经久也。湘、豫、滇省利市为销场，年入金钱三、四十万，故人之津津言利不出此……有取最劣之品筑以粉或泥，染作棕绛色，以行西蜀边夷，尝取倍蓰利。⑥

东北和山东等地所产柞丝绸也有相当一部分内销国内各地。东北盖平附近有少量织茧绸的织机，东北"织绸的产量年约1500担，合90702公斤，即七万五千匹，其中一万九千匹销于本地"。⑦ 山东柞绸业

---

① （清）王元綎辑，郑辟疆校：《野蚕录》，农业出版社1962年版，第90页。
② （清）余慎修，陈彦升等纂：《新繁县乡土志》卷十《商务门》，光绪三十三年铅印本。
③ （清）平翰等修，郑珍等纂：《遵义府志》卷十六《农桑》，道光二十一年刻本。
④ 彭泽益编：《中国近代手工业史资料（1840—1949）》第二卷，中华书局1962年版，第93页。
⑤ 李世祚修，犹海龙等纂：《桐梓县志》卷十一《实业志·蚕业》，民国十八年铅印本。
⑥ 周恭寿等修，赵恺等纂：《续遵义府》卷十二《物产·货类》，民国二十五年刻本。
⑦ 彭泽益编：《中国近代手工业史资料（1840—1949）》第二卷，中华书局1962年版，第98页。

多操昌邑手中，在昌邑所设工厂约 63 家，但因信誉扫地，昌邑几乎不能销外洋，只销关内。①

2. 柞丝绸之外销

鸦片战争之后，国外对丝绸商品需求日益旺盛，刺激了丝绸商品的外销。在此背景之下，柞丝绸的销售主体也出现了重大的变化，从内销向外销方向发展。"灰丝、茧绸之贸易，全赖销售于外洋。出口发达之时，为清末民初，绸之出口则于民国初元始旺。是二者以民七、八时为最盛。"②

> 国外对蚕茧和各种废丝的需求大量增长，废丝的出口比上期增加了 65%。起初几年的丝织品出口波动很大，以后几年不断扩大，显然进入了一个向更高水平发展的时期。无疑，这是由于以前不为人知的纺织品茧绸在国外越来越受欢迎。③

笔者现依据史料，针对 1887—1904 年柞丝绸出口状况进行考察。列表 5—16 并绘制图 5—3 和图 5—4：

表 5—16　　　　　　1887—1904 年中国柞丝绸出口情况统计

年份	数量（石）	价值（两）	年份	数量（石）	价值（两）
1887	2210	339090	1896	2590	589874
1888	1854	297065	1897	1963	419788
1889	1901	300348	1898	1782	367283
1890	1281	201374	1899	2418	566531
1891	1280	202035	1900	2453	683561
1892	2751	471944	1901	2737	684226
1893	2523	405589	1902	4483	1250907
1894	2718	435425	1903	5499	1688737
1895	2621	419701	1904	3487	1162568

资料来源：（清）王元綎辑，郑辟疆校：《野蚕录》，农业出版社 1962 年版，第 96—97 页。

---

① 《山东柞蚕业调查》，《工商半月刊》1935 年第 7 卷第 3 期。
② 张兆麟：《胶东之丝绸业》，《工商半月刊》1934 年第 6 卷第 5 期。
③ 徐雪筠等编译：《上海近代社会经济发展概况（1882—1931）》（《海关十年报告》编译），上海社会科学院出版社 1985 年版，第 335 页。

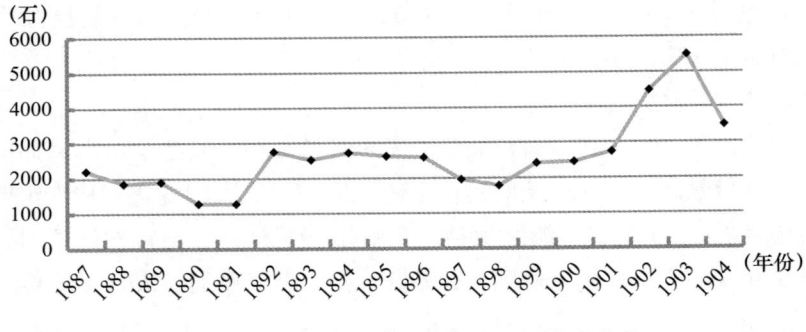

图5—3　1887—1904年柞丝绸出口数量趋势

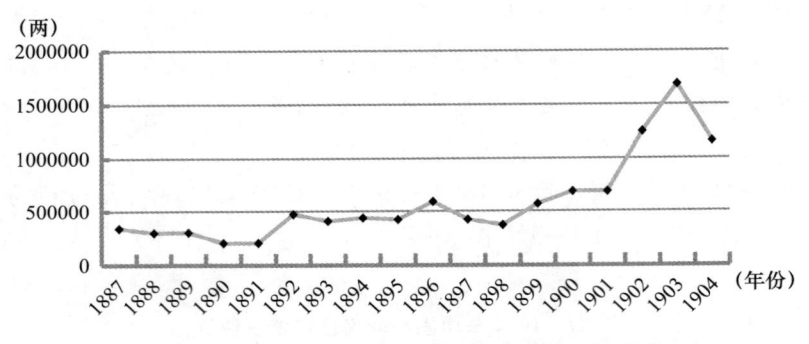

图5—4　1887—1904年柞丝绸出口价值变化趋势

根据表5—16及图5—3和5—4，可知：从1887年至1904年，中国柞丝绸不论出口数量还是出口价值都有不同程度的增长。其中出口数量从不足2000石上升至5000石以上，增长幅度为一倍之多。出口价值则从30万两左右增加至160万两上下，增加幅度为四倍之多。在此期间柞丝绸出口数值的增长恰好反映了当时"国外对蚕茧和废丝的不断增长的需求，达到了出乎预料的程度，而茧绸一类的丝制新产品，在国外已打开销路"[1]。

同时，近代中国柞丝绸的大量出口还引起了苏联学者的关注，见表5—17所示：

---

[1] 徐雪筠等编译：《上海近代社会经济发展概况（1882—1931）》（《海关十年报告》编译），上海社会科学院出版社1985年版，第325页。

表 5—17　　　　1892—1926 年中国茧、丝、绸出口情况统计　　　　单位：千担

年份	生丝（千担）	野丝（千担）	茧（千担）	丝织物（千担）	府绸（千担）
1892	84	16	6	13	2.7
1901	107	20	8	17	2.7
1911	95	33	20	16	11.2
1916	103	18	30	14	24.7
1921	114	36	33	16	26.7
1925	131	34	23	14	17.2
1926	135	30	21	—	—

注：野丝：在这里主要指柞蚕丝。府绸：指野丝的织物。

资料来源：［苏联］马札亚尔：《中国农村经济研究》，陈代清、彭桂秋译，神州国光社 1934 年版，第 513 页。

据表 5—17 统计数据可知：从 1892 年到 1925 年，中国野蚕丝出口数量增加了一倍，从 16 千担增至 30 千担。在此期间，中国生丝出口数量增产了约 62%，中国蚕茧出口数量增加了 3 倍多，中国丝织物（桑丝绸）出口数量基本保持不变。相比之下，中国府绸出口数量的增长幅度十分明显，从 1892 到 1921 的 30 年增加了十倍左右。

20 世纪初期是近代中国柞丝绸出口的黄金时期。茧绸输出：

> 在民国元年之际，平均每年约有 12000 石之输出额，价值总在 500 万海关两左右，及至欧战发生，世界经济状态顿生变化，而茧绸之销路亦因之骤长，其后输出逐年增加，民国十年度竟达 26000 余担，价值 1300 余万两之巨。[①]

当时中国柞丝绸出口数量开始赶上并逐渐超过桑丝绸出口数量，达到了历史时期的最高峰。

---

① 《茧绸产销情形与出口商应有之注意》，《中外经济周刊》1924 年第 89 期。

表5—18　　1912—1937年中国绸缎、茧绸、丝绣货出口数值统计

类别 年份	绸缎 数量（担）	绸缎 价值（千元）	茧绸 数量（担）	茧绸 价值（千元）	丝绣货 数量（担）	丝绣货 价值（千元）
1912	16424	17871	12115	7219	—	—
1913	17179	20974	16749	10342	576	1211
1914	13613	16939	14269	7976	276	589
1915	16382	20022	24776	12566	160	319
1916	14855	19018	24266	12173	128	242
1917	12981	16989	17228	9855	166	303
1918	14789	19883	19772	9581	125	241
1919	17719	24530	21745	11709	154	303
1920	16851	24619	20602	13267	283	559
1921	16108	26638	26716	20530	317	701
1922	13270	23221	17676	13596	307	731
1923	14533	26220	13962	12027	544	1335
1924	13303	24532	14019	10212	971	2460
1925	14072	24078	17223	12071	771	1850
1926	18763	33285	19948	14791	523	1348
1927	16915	28223	15906	10993	1172	2829
1928	15671	25987	17454	11255	1546	3743
1929	12222	20484	17384	12285	2120	5387
1930	10747	17827	19146	12654	2667	6422
1931	11017	17695	23137	20339	3379	8187
1932	14647	19024	13207	9727	2371	4724
1933	18946	21012	8967	5142	2687	5139
1934	—	14323	—	—	—	4887
1935	9020	6980	12380	5026	1530	3333
1936	11174	7613	11822	5385	1921	4291
1937	8226	5678	14626	6908	1834	4266

注：本表中绸缎主要是指桑丝绸，茧绸即柞丝绸的俗称。

资料来源：《中国蚕丝业之总检讨》，《经济研究》1940年第1卷第9期，第15、16、32页。

根据表 5—18 可知：从 1912 年至 1937 年中国绸缎、茧绸、丝绣货出口数量来看，茧绸出口数量不少年份在 2 万担以上，而绸缎出口数量从未超过 2 万担。充分说明在此期间，柞丝绸出口数量力压绸缎和丝绣货，一直位居出口数量的首位，达到了历史时期柞丝绸出口的最高峰。但是由于柞丝绸价格相对桑丝绸低廉，其出口价值较少突破 2 千万元大关，而绸缎（桑丝绸）出口价值则大多年份高于这个数值。

表 5—19　　　1900—1949 年中国桑、柞丝绸出口数值比较统计

单位：数量（公担）　金额（美元）

类别 年份	柞绸总计 数量	柞绸总计 金额	山东柞绸 数量	山东柞绸 金额	河南柞绸 数量	河南柞绸 金额	辽宁柞绸 数量	辽宁柞绸 金额	桑绸 数量	桑绸 金额
1900	1484	512671	—	—	—	—	—	—	9582	6258368
1901	1655	492643	—	—	—	—	—	—	10861	6870637
1902	2711	788071	2711	788071	—	—	—	—	9764	5292505
1903	3326	1080792	3326	1080792	—	—	—	—	8895	7741551
1904	2109	767295	2109	767295	—	—	—	—	8580	6996528
1905	2018	760020	2018	760020	—	—	—	—	7493	6495268
1906	2263	1023283	2263	1023283	—	—	—	—	7109	6779800
1907	3534	1835674	3534	1835674	—	—	—	—	8813	8375986
1908	4486	1798645	3778	1551338	—	—	708	247307	10026	7371434
1909	7442	3968319	6444	3625530	—	—	998	342789	10736	7646247
1910	7774	3836781	6422	3009429	—	—	1352	827352	11540	8800126
1911	6796	3006036	—	—	—	—	—	—	10183	8077030
1912	7327	3428857	—	—	—	—	—	—	9580	7919679
1913	10130	4845790	—	—	—	—	—	—	10390	9827277
1914	7953	3163012	—	—	—	—	—	—	8208	7263786
1915	14985	5398403	—	—	—	—	—	—	9908	7967601
1916	14677	6172568	—	—	—	—	—	—	8984	9643205
1917	10419	6511977	—	—	—	—	—	—	7851	11231682
1918	11958	7748292	—	—	—	—	—	—	8943	16079879
1919	18151	10446747	—	—	—	—	—	—	10716	21884970
1920	12460	10559423	—	—	—	—	—	—	10191	19594248

续表

类别 年份	柞绸总计 数量	柞绸总计 金额	山东柞绸 数量	山东柞绸 金额	河南柞绸 数量	河南柞绸 金额	辽宁柞绸 数量	辽宁柞绸 金额	桑绸 数量	桑绸 金额
1921	16158	1014684	—	—	—	—	—	—	9742	12994051
1922	10690	7243299	—	—	—	—	—	—	8026	12370667
1923	8444	6175448	—	—	—	—	—	—	8790	13463438
1924	8479	5309244	6577	4175139	1850	1106234	52	27871	8046	12754673
1925	10417	6508292	7189	4601141	3215	1893725	13	13246	8511	12981839
1926	12065	7215698	7496	3834517	4369	3252928	200	127643	11348	16236751
1927	9620	4868461	5508	2229754	3644	2438212	468	200945	10230	12499484
1928	10556	5128970	5317	2059265	4351	2344336	888	725369	9478	11842723
1929	10515	5046458	5888	2761146	2686	1224136	1941	1061176	7392	8414597
1930	11579	3735955	6056	1743810	3809	1367617	1714	624528	6500	5263558
1931	13994	4438602	6673	2167782	5441	1656099	1880	614721	6663	3861630
1932	7487	2122602	4897	1276616	1837	530170	1254	342816	5457	3218704
1933	5423	1354713	3320	839032	1068	268936	1035	246745	6720	4122601
1934	6181	1752166	3832	1116200	1477	379239	872	256727	5597	3808925
1935	6197	1821591	3625	1097075	1482	395841	1090	328675	4511	2529664
1936	5911	1600120	4063	1067591	616	170887	1232	361642	4272	1844562
1937	7313	2024863	5024	1286899	1526	498881	763	239163	2878	1242615
1938	4971	1391120	3609	954832	1318	292160	435	144128	2784	1153982
1939	4596	1639869	3001	907852	478	110359	1107	621658	3035	1880112
1940	1417	1409819	656	518665	103	82019	658	809135	2611	3846285
1941	1056	1571101	752	1034163	69	108584	235	428354	2715	6533087
1942	69	—	—	—	—	—	69	—	683	—
1943	26	—	26	—	—	—	—	—	432	—
1944	88	—	—	—	—	—	88	—	259	—
1945	—	—	—	—	—	—	—	—	62	—
1946	247	721662	22	52901	27	83378	198	584987	541	1528018
1947	602	546676	67	35141	357	385940	178	125595	910	1296987
1948	504	239328	29	9469	32	159454	153	70405	548	425783
1949	2010	706833	154	68423	1502	486364	354	152046	1004	531580

资料来源：王庄穆主编：《丝绸笔记》，中国流行色协会1986年版，第676—683页。

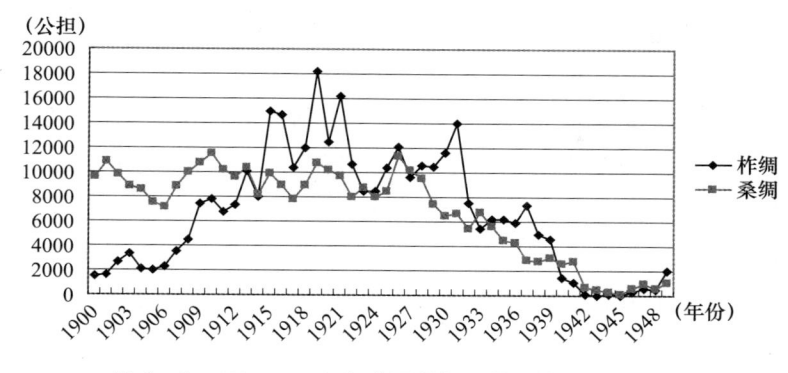

第五章　织绸销售：近代柞丝绸业的生产与销售　275

图 5—5　1900—1949 年中国柞绸、桑绸出口数量比较

通过表 5—19 及图 5—5，不难发现：从 1900 到 1949 年，桑绸出口数量呈现持续下滑态势，由最高时的 1 万公担下降至几十公担。在桑丝绸出口数量不利的背景之下，柞丝绸出口数量在 1930 年之前呈现上升态势，从 1900 年的 1484 公担增加至 1921 年的 16158 公担，增长幅度为十倍之多。其中山东柞丝绸在全国柞丝绸出口数量一直保持领先地位，其次为河南，再次为辽宁。1930 年之后，由于受到世界经济危机和日本侵略等因素的影响，桑丝绸和柞丝绸的出口数量均出现迅速下滑的趋势。

近代中国外销柞丝绸主要来自山东和河南，其中以山东府绸外销数值最多。"我国出口之茧绸，几全出于山东、河南二省，而河南与山东所出之数，又为一与五六之比也。"[①] 山东、河南柞丝绸出口价值多则有一千多万两，少则也有五百万两，"然以山东、河南两省论之；山东之胶东，在十年前，织品出口达 1600 余万两，河南之织品，价值亦达四五百万两以上"[②]。山东柞丝绸外销始于清末。

　　鲁绸，清同治初，始通洋庄时，销路极微，每年不过数万金，其所销绸匹种类亦甚少。至光绪十年左右，逐渐发达，销数日增，每年约四五十万金。迨至光绪二十年后益形发达，所销种类，亦渐

---

① 蒋根尧编：《柞蚕饲养法》，商务印书馆 1948 年版，第 15 页。
② 巴又愚：《柞蚕饲育研究》，《农民半月刊》1936 年第 1 卷第 3 期。

繁多。①

据统计到 1921 年，山东柞丝绸的出口值达到了 1300 万海关两，而当时所有其他种类匹头的出口值只有 1700 万海关两。可知，当时山东柞丝绸出口价值在各种不同种类匹头出口总价值中占有半壁江山。山东莱阳县"茧绸，向亦为出口货大宗……纩工纩之，织工织之，质坚且良，每年运往烟台，转输外洋，获利约十余万金"②。河南柞丝绸比较优势十分明显，深受国际市场欢迎。

> 豫产府绸，因有色泽光亮，丝质柔韧之特点，加之内地工价较贱，成本较轻，故颇得外洋之欢迎，运销地点，遍及欧美及地中海各口岸。③

上海是近代中国柞丝绸重要的外销口岸。柞丝绸外销"以上海一埠而论，每年销数已增至百余万金。其后逐年增加，上海销数已达二百余万，其中营业最盛之年，出口总数，约有六七百万金"④。"1920 年至 1931 年间，河南年产绸二十五万匹，经上海输出。"⑤ 据 1915 年《国货调查录》记载，当时上海共有经营各种府绸的公司 20 家，大多批发经营山东、河南出产的柞丝绸。见表 5—20 所示：

表 5—20　　　　　1915 年前后上海发行府绸情况统计

商标（牌名）	公司牌号	厂基（厂址）	发行所批发处	创办人经理人
虎球	鼎新裕记织绸庄	上海曹家渡老勃生路	上海福州路永康里	王震生

---

① 彭泽益编：《中国近代手工业史资料（1840—1949）》第二卷，中华书局 1962 年版，第 97 页。

② 王丕煦等纂，梁秉锟等修：《莱阳县志》卷二《政治志·实业·特产》，据民国二十四年铅印本。

③ 《河南省柞蚕丝绸工业考察报告》，《中蚕通讯》1948 年第 2 卷第 1—2 期（合刊），第 22 页。

④ 彭泽益编：《中国近代手工业史资料（1840—1949）》第二卷，中华书局 1962 年版，第 97 页。

⑤ 任醇修：《河南柞蚕事业的过去》，《河南文史资料》1979 年第 2 辑，第 151 页。

第五章 织绸销售：近代柞丝绸业的生产与销售　277

续表

商标（牌名）	公司牌号	厂基（厂址）	发行所批发处	创办人经理人
狮球	益昌号	山东	上海河南路40号	汪惠和
	运昌宏丝绸号	河南许昌县	上海南京路集益里	张芳齐 张翰臣
双虎	三晋川号	河南鲁山县	上海天津路	杨润林
	久昌号		上海河南路	庞竹卿
	久成号		上海福州路中和里	
	怡成号		上海福州路福华里	
	川记号		上海天津路福利栈	
	大丰号		上海河南路兆福里	
	同茂成号		上海广东路公顺里	
	协丰号		上海交通路	
	文记号		上海二摆渡清远里	
	怡源仁号		上海汉口路朝宗坊	
	万顺隆号		上海福州路永康里	
	德源号		上海天主堂街泰和里	
	复顺隆号		上海淞江路怡顺昌	
	敦源号		上海南京路德馨里	
	同和栈		上海福州路	
	协成隆号		上海南京路20号	
	德厚祥号		上海美租界天潼路	

资料来源：中华国货维持会：《国货调查录》1915年第3期，第48—49页。

山东柞丝绸外销口岸则以烟台、青岛为主，河南柞丝绸最初由烟台出口，后来则改为汉口出口。清末之际，烟台即为山东柞丝绸出口的主要口岸。据1904年《野蚕录》记载："登莱茧绸，皆以烟台出口，近有由胶州出口者"[1]。民国时期：

茧绸输出，以烟台为最多，胶州、汉口次之。此三处输出之

---

[1] （清）王元綎辑，郑辟疆校：《野蚕录》，农业出版社1962年版，第97页。

数，约当全输出数 97%—98%。山东茧绸，系由烟台、胶州及龙口三关出口。河南茧绸，在昔亦有烟台出口，自平汉铁路通车后，则取道汉口出口，由各关出口之类视之。①

据《中外经济周刊》记载，20 世纪 20 年代初，山东柞丝绸出口主要有烟台、龙口、胶州三大口岸，而其中茧绸出口数值的十分之九是由烟台出口。见表 5—21 所示：

表 5—21　　1920—1922 年山东诸口岸茧绸出口价值情况统计　　单位：两

地区 \ 年份	1920	1921	1922
烟台	7200141	9642880	6964835
龙口	31850	58240	20350
胶州	281395	753830	346560

资料来源：《安东柞丝之楚材晋用》，《中外经济周刊》1924 年第 52 期，第 16 页。

同时，需要注意的是近代烟台柞丝绸的出口大多为外国洋行所控制。"烟台后期的出口贸易，由于出口大宗的茧绸、花边、发网、野蚕丝等多以外国市场为主，所以出口业多操于洋行之手"②。据 1933 年《民国铁路沿线经济调查报告汇编》报告："烟台大小商号共约 3500 余家，内洋商约百余家，设有中外商会各一，分三十余业。商业发达，首推土产商，次为进口洋货，所有贸易大半操于外人之手。"③

近代东北柞丝绸外销主要通过安东、大连出口，销售邻近诸如俄国、蒙古、朝鲜等国。据 1904 年《野蚕录》载："由海参崴至伊古尔斯克，华商贩运茧绸，向来免税。"④ 安东县"织绸，以灰丝织成大小茧绸，行销蒙古、俄国、朝鲜各地实多，而山东之府绸尤早销行

---

① 蒋根尧编：《柞蚕饲养法》，商务印书馆 1948 年版，第 15 页。
② 刘素芬撰：《烟台贸易研究（1867—1919）》，商务印书馆发行 1990 年版，第 135 页。
③ 殷梦霞、李强选编：《民国铁路沿线经济调查报告汇编》第五册，国家图书馆出版社 2009 年版，第 357 页。
④ （清）王元綖辑，郑辟疆校：《野蚕录》，农业出版社 1962 年版，第 97 页。

于美洲"①。

表 5—22　　　1920—1922 年安东、大连出口茧绸情况统计　　单位：海关两

年份 地区	1920	1921	1922
安东	73164	59750	6500
大连	21208	39729	17111

资料来源：《安东柞丝之楚材晋用》，《中外经济周刊》1924 年第 52 期，第 17 页。

由表 5—22 统计数据可知，从 1920 年至 1922 年，东北柞丝绸经安东出口的数值在 6000—70000 海关两不等，经大连出口的数值大致也在 2 万至 4 万海关两不等。在此期间，东北柞丝绸出口结构基本上呈现以安东出口为主，大连为辅的局面。

近代中国柞丝绸外销国别最初以英国、法国为主，不过大多需要经过中国香港转运。据《现代中国实业志》载：

> 吾国因产丝极多，丝织品亦随之而发达，故丝织品遂为输出货物之大宗，而尤以绸缎为最多，每年几值海关银二千余万两。惟绸缎有普通绸缎与茧丝绸缎之分，前者为家蚕丝产品，后者为野蚕丝产品。前者少时约千余万两，多时一千七百余万两；后者少时五百余万两，多时一千三百余万两。其大部分运至香港，再由香港转运南洋、印度各地。②

第一次世界大战之后，美国逐渐成为中国柞丝绸出口的主要国家。"出口茧绸运往之地，战前以香港及英、法、印度为多，近年向美国输出渐盛，美国每年用茧绸甚多，一部分由中国及日本输入。"③

---

① 关定保等修，于云峰纂：《安东县志》卷六《人事·工业》，民国二十年铅印本。
② 张研、孙燕京主编：《民国史料丛刊》第 562 册，大象出版社 2009 年版，第 200 页。
③ 《中国茧绸输出及生产情形》，《中外经济周刊》1923 年第 8 期。

表5—23　　1916—1949年中国柞丝绸出口主要国家和地区统计　　单位：匹

年份 出口地区	1916	1926	1929	1936	1946—1948	1949
法国	38763	71693	107989	14198	2440	313
英国	94657	48228	43929	39063	986	208
瑞士	—	—	200	—	1024	5757
意大利	—	—	433	—	1836	18582
美国	84558	54494	58994	6466	1991	3452
澳洲	58927	3833	2433	467	10	47
印、巴	46428	75893	132720	28997	1716	1004
越南	1966	33	—	3333	22	—
新加坡	533	2166	—	4033	—	—
马来亚	4566	4533	12199	1400	38	135
埃及	21264	33763	49362	6466	381	95
中国香港地区	90457	94157	78325	53595	991	12117
苏联	—	266	—	8032	—	—
欧洲其他国家	566	4166	32997	5000	2303	23694
美洲其他国家	30730	3500	8399	1366	139	1032
亚洲其他国家	9032	3433	6833	10799	415	541

资料来源：中国丝绸公司：《柞蚕丝参考资料》，1953年12月。转引自王庄穆主编《民国丝绸史》，中国纺织出版社1995年版，第500—501页。

根据表5—23可知：第一，从1916年至1949年，中国柞丝绸出口的主要国家和地区是英国、法国、美国、印度、巴基斯坦和中国香港地区。香港主要起到贸易中转作用，主要是中转至英联邦国家和地区。其中1916年，英国位居中国柞丝绸出口的首位；1926年，香港的中转贸易位居柞丝绸出口的前列；1929年，印、巴地区位居中国柞丝绸出口的第一位；1936年，经过香港中转的柞丝绸数量位居首位；抗战爆发之后，柞丝绸出口数量迅速减少。第二，1916—1929年为中国柞丝绸出口的鼎盛时期，每年的出口数量在40万匹以上。1936—1949年，由于多种因素的制约，中国柞丝绸出口数量迅速下滑，出口数量再也没有超过20万匹的规模。

表 5—24　　　　　　1917—1921 年中国茧绸输出情况统计

年份 出口地区	1917 百担	1917 千海关两	1918 百担	1918 千海关两	1919 百担	1919 千海关两	1920 百担	1920 千海关两	1921 百担	1921 千海关两
中国香港	23	832	39	1185	33	1280	52	2263	63	2990
印度	14	421	20	605	51	1619	35	1283	29	1172
土、波、埃	5	147	12	334	20	591	23	726	36	1240
英国	40	1544	61	1951	35	1252	30	1343	42	2479
法国	13	467	9	303	28	976	15	644	11	554
朝鲜	1	14	4	117	9	326	5	153	4	149
日本	5	193	6	220	3	127	4	118	1	51
加拿大	10	381	9	276	1	43	2	87	5	305
美国	50	1931	19	619	23	817	17	796	59	3401
澳洲	9	321	13	387	8	319	16	733	10	544
其他各国	2	74	6	153	6	166	7	370	7	292
共计	172	6325	198	6150	217	7516	206	8516	267	23177

资料来源：《中国茧绸输出及生产情形》，《中外经济周刊》1923 年第 8 期，第 10—11 页。

根据表 5—24 数据可知：第一，从 1917 年至 1921 年，中国柞丝绸出口地区主要是英国、法国、印度和美国，中国香港只是作为一个主要的转运口岸。前期出口国别以英国、印度、法国为主，英国常年保持进程茧绸 4000 担上下，印度则有 3000 担左右，法国则维持在 2000 担水平。后期美国进口柞丝绸数量激增，成为中国柞丝绸的第一输出国。如 1921 年美国进口茧绸将近 6000 担，这大概与美国没有受到第一次世界大战的直接破坏密不可分。第二，在此期间，中国柞丝绸出口国别价值情况，前期以出口英国、印度为主，出口价值恒在 300 万海关两以下。后期则美国位居首位，1921 年中国出口美国柞丝绸价值超过 300 万海关两。

1921 年之后，中国柞丝绸出口国别逐渐从英联邦国家转向美国。柞丝绸"输向地，在战前以香港及英国、法国为最多，近来之输往美国者亦渐增加。美国为世界之第一茧绸需要国"。[1] 柞丝绸为中国特产，

---

[1] 《茧绸产销情形与出口商应有之注意》，《中外经济周刊》1924 年第 89 期。

物美价廉，世界柞丝绸市场大多仰赖于中国。日本虽然从中国大量进口柞蚕丝来织造柞丝绸，但是由于成本较高，不具有比较优势，因此在世界市场销路仍不及中国。世界柞丝绸市场"其大部分皆仰给于中国及日本。然数年来中国茧绸售价较廉，日货之销路颇受影响"。[1]

表 5—25　　　　1921—1923 年茧绸输出地区情况统计

年份 出口地区	1921 数量(担)	1921 价值(海关两)	1922 数量(担)	1922 价值(海关两)	1923 数量(担)	1923 价值(海关两)
中国香港	6326	2989809	3618	1963137	2658	1615465
新加坡等处	205	77456	62	27063	63	31123
印度	2856	1171516	1114	496290	1578	780859
土、波、埃等处	3638	1240106	1989	820813	1261	574460
英国	4194	2478983	3267	1619892	2651	1499935
法国	1115	553696	1540	732983	1205	673828
朝鲜	418	148540	75	31079	55	29009
日本	115	51230	341	153116	173	93748
加拿大	502	304824	112	56567	86	49251
美国	5935	3401409	3278	1553142	3393	1852768
澳洲	1029	553630	1907	1087635	571	467464
南非洲	140	68095	94	47482	155	90424
其他各国	645	104741	279	137667	113	60876

资料来源：《茧绸产销情形与出口商应有之注意》，《中外经济周刊》1924 年第 89 期，第 17、18 页。

据表 5—25 数据显示可知：第一，就柞丝绸出口地区而言，从 1921 年至 1923 年，中国柞丝绸出口国别仍是以欧美国家为主，但是美国市场地位逐渐增强。中国香港在中国柞丝绸出口市场中一直扮演者中转市场的角色。第二，就柞丝绸出口数值而论，在此期间，中国柞丝绸出口美国数量和价值都赶上并超过欧洲英、法等国。其中 1923 年，柞丝绸出口美国的数值位居各国之首。因此，1921—1923 年中国柞丝绸出口

---

[1] 《茧绸产销情形与出口商应有之注意》，《中外经济周刊》1924 年第 89 期。

国别的数值变化情况也直接反映出第一次世界大战后世界经济中心由欧洲移向美国的历史事实。

山东是近代中国柞丝绸生产和出口的主要地区。山东柞丝绸出口国家是近代中国柞丝绸出口国别的主要组成部分。

表5—26　　　　1929—1931年山东茧绸出口国别统计　　　　单位：担

出口地区＼年份	1929	1930	1931
中国香港	1322	2590	3566
英国	1203	1472	2019
法国	1689	2051	1905
印度	2309	1838	1527
美国	467	598	517
澳洲	—	—	258
埃及	—	—	204
菲律宾	143	134	143
南非洲	23	160	143
出洋合计	9735	10014	11033

资料来源：延仲：《山东重要物产之生产及其销场》，《国际贸易导报》1932年第4卷第8号，第48—49页。

近代山东柞丝绸出口国家主要是英国、法国、印度等国，也有出口至美国、澳洲、南非洲等地。清末之际，山东柞丝绸就已经出口到世界各国，甚至出口至大洋洲者。据1904年《野蚕录》载："近年登莱所出之绸，其幅面较宽，销路益远，至有运往澳大利亚者，此后倘能加意织造，亦出口货物一大宗也。"[1]

据表5—26统计数据可知：第一，就柞丝绸出口国别而言，从1929年至1931年，山东柞丝绸出口国别主要以英国、法国和印度为主，美

---

[1] （清）王元綖辑，郑辟疆校：《野蚕录》，农业出版社1962年版，第95页。

国次之，中国香港显然是作为柞丝绸出口的主要转口集散市场，而非消费市场。第二，就柞丝绸出口数量而论，从1929到1931年，山东柞丝绸出口数量增长趋缓，从9735担至11033担，基本维持在1万担左右。在此期间，中国柞丝绸出口数量锐减的事实显然是与世界经济危机期间主要资本主义国家对柞丝绸需求的疲软密切相关。

小　结

　　本章主要分为四个层面来分析近代柞丝绸业生产和销售的变化。

　　第一，近代以来，由于国际市场需求的增加，柞丝绸种类更加多样。柞丝绸产区主要集中在山东、河南两地。柞丝绸的价格不仅在时间和空间上差异较大，而且不同品质的柞丝绸，其价格也不相同。

　　第二，柞丝绸业生产技术的进步相比缫丝业而言进展缓慢。虽然引进了机器生产，但是大多产区仍停留在手工土法织绸的阶段。其原因既有传统技术的优势，也有柞蚕丝本身织制的独特性。

　　第三，近代柞丝绸业的生产经营方式不仅有家庭手工织绸，更重要的是出现了包买制生产经营方式和带有资本主义萌芽性质的工场手工业生产经营方式。二者均是在近代柞丝绸日益走向国际市场下的可喜变化。

　　第四，近代柞丝绸业集散主要向柞丝绸产区的大城市集中。集散方式既有传统的市场输送，也有洋行及买办的介入。柞丝绸的销售主要以出口为主，内销的数量较少。清末民初为柞丝绸出口销售的鼎盛时期，出口国别逐渐由欧洲市场向北美市场发展。日本始终不是柞丝绸出口的主要市场，这一点也充分暴露了日本对中国施行"引丝扼绸"政策的险恶目的。

第六章 余论

第一节 近代柞蚕丝业的发展特征

近代柞蚕丝业的发展特征大致可以归纳为四个方面：第一是柞蚕生产的不稳定性，第二是柞蚕丝业区域发展的不平衡性，第三是柞蚕丝业生产和管理的落后性，第四是柞蚕丝业对外贸易的过度依赖性。

一 柞蚕生产的不稳定性

柞蚕俗称野蚕，它的种性比较刚强，多数为"二化生蚕"（在一年内发生二代）。柞蚕饲育宜于高燥温暖而忌风湿的环境，以柞、槲、楢等树叶为主要食料来源。由于在野外露天放养，受制于天气、疾病、虫害等自然因素的影响。因此，柞蚕生产十分不稳定。

首先，自然条件的制约是柞蚕生产的根本原因。柞蚕在野外露天放养，容易受到天灾及鸟虫灾害的影响，致使生长不稳定。一般而言：

> 柞蚕之饲育，系放养于野外林中，因一般农村经济，农村习惯之关系，保护未尽周到，故当受鸟虫天气等之侵害，年中收获因而不能一定。[1]

---

[1] 雷雨：《东三省之养蚕业与制丝业》，《东省经济月刊》1931年第7卷第7期。

如果以"一把剪子"① 来衡量柞蚕生产,那么大概一把剪子平常一年的收成在 5.5 万—6 万粒,丰收时则 8 万—10 万粒,凶年则为 2 万—4 万粒。大抵平均五年间可有两年丰收,其他三年是平常年份收成。②"惟饲育之时,蚕之一二成往往因病而僵,或为鸟类所啄食,此弊总不能免。"③ 因此,可以发现在平常年份,柞蚕饲养往往只能收成总放蚕量的十之八九。

东北是柞蚕生产的主要产区。在 20 世纪 20 年代,就奉天全境而言,"山茧产额丰年可得茧一亿五六千万(粒),去年(1924)年况不佳,仅五六分收成,产茧尚达九千余万(粒)"④。我们再以奉天东部的安东地区为例,考察柞蚕生产的不稳定情况。

> 柞蚕因野外饲养关系,易受天灾及鸟虫害至影响,其产额难有正确统计。但据各处业此者至常年经验估计之,大约每一把剪子之蚕产面积,可得下列之茧量收获:平年有 55000—60000 枚,丰年为 80000—100000 枚,凶年为 20000—40000 枚。⑤

为了能够长时段地分析柞蚕生产的不稳定性,我们依据民国时期有关报刊所载的统计数据,制表 6—1、图 6—1。

根据表 6—1 及图 6—1 统计数据来看不难发现:1916—1928 年,东北柞蚕茧产量十分不稳定,最低时 1917 年只产 50 亿粒,最高时 1916 年达 106 亿粒,悬殊有一倍之多。

天气异常情况和传染病是柞蚕生产不稳定的外部原因。"收成的丰歉差不多全任天然的机遇,如遇气候不良,或蚕病的灾害发生的时候,

---

① 柞蚕放养习惯用"剪"作为计算当地柞蚕场面积的计量单位,一把剪子即是足够一人放养柞蚕的山场面积。租场纳税亦以剪计,而不以亩计。由于树有疏密,叶有多寡,因此每剪的山地面积不等。一般来说,一把剪子的管理面积达 150 亩左右,柞树有 3500—5000 株,收茧 4—10 万粒,即 260—650 公斤。参见王庄穆主编《民国丝绸史》,中国纺织出版社 1995 年版,第 467 页。
② 雷雨:《东三省养蚕业与制丝业》,《东省经济月刊》1931 年第 7 卷第 7 期。
③ 《中国柞蚕饲育法》,《重庆商会公报》1908 年第 108 期。
④ 《奉天之山茧情况》,《中外经济周刊》1925 年第 130 期。
⑤ 陈隽人:《安东灰丝之研究》,《中行月刊》1930 年第 5 期。

产额便骤减了。"[1] 天气的异常时常导致传染病的流行，对柞蚕生产影响甚大。

表6—1　　　　　1916—1928年东北柞蚕茧产量统计　　　　单位：亿粒

年份	产量	年份	产量	年份	产量
1916	106	1921	102	1926	88
1917	50	1922	81	1927	75
1918	66	1923	95	1928	83
1919	90	1924	59	总计生产量	1081
1920	82	1925	104	平均年产量	83

资料来源：孔德明：《东北柞蚕丝业之概况》，《物调旬刊》1948年第36期，第3页。

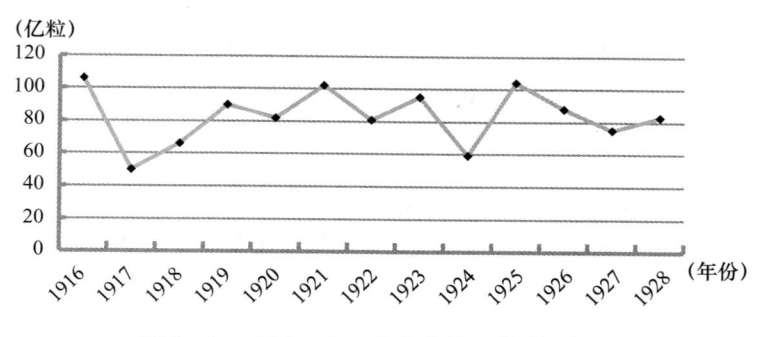

图6—1　1916—1928年东北柞蚕茧产量趋势

据土人言：霖雨有害于蚕，小雨反能助蚕之发育，又暴雨及早霜皆有害于蚕者。新孵化之蚕，初移上树之际，尤畏大风。故初上树时，须择风少地方之树，后来再行均匀分配于各树。一树放蚕大概三十条，惟蚕既生长则所食亦必日加。故有时此树嫌于不足，必须移置他树，其移也必将树枝割断，连枝带蚕置于他树，无摘取此树之蚕而放之他树者。蚕畏风雨，此外却鲜有疾病。按其病亦有三种：一黑点病，即皮肤现有黑点；一变色病，即变其本来之淡绿色而为黄色；一漏粪病，即遗漏白粪。又能啄蚕者，鸟、蛙、蜂等，

---

[1] 乔峰：《柞蚕与府绸》，《自然》1926年第1卷第3期。

又苍蝇之子,若寄生于蚕间,其蚕必死。①

气候异常不仅致使柞蚕生产减产,而且经常导致害虫丛生,从而危及柞蚕的食物来源,进而致使柞蚕产量下降。

(1898年)春蚕因降雨颇多,气候不和,比前年减十分之一,若二至七八月,秋蚕之期,又因毛虫发生,凡饲蚕之料,尽为所害,故所放之蚕,因饲料缺乏,饿死者颇多,九月之末,天气条变,朔风凛冽,寒气逼人,蚕之受冻而毙者尤多,总计去年收成不过前年之半。盖平熊岳城得前年十分之四五,岫岩州、凤凰厅及宽甸县得前年十分之七八,海城县得前年十分之三四。②

近代东北柞蚕放养甚至出现为了避免病虫害的威胁而迁徙至邻国放养柞蚕的现象。如民国二十年前后,奉天安东县:

农民兼营此业者固多,专营者亦复不少,分春秋两季。春季为蚕种计,多往朝鲜各地,岁约三千余人租赁山场育蚕,春蚕亦有赴辑安、本溪各县者,因近年境内春蚕多有蛆绞虫害,故转徙远方以避之;秋蚕多在本境,为收获大茧计,亦有鬻种者蛆绞虫害,虽比春蚕为少,而亦不能尽绝。③

其次,帝国主义侵略是柞蚕生产不稳定的另一主要原因。据《民国经济史》所载:

柞蚕丝产,在九一八以前,柞蚕丝及茧绸出口额曾达38586公担之最高峰,最低亦有21374公担,常年在25000公担以上……九一八以后,主要东北柞蚕产区被占,柞蚕丝产量及出口量顿见减

---

① 《中国柞蚕饲育法》,《重庆商会公报》1908年第108期。
② 《客年辽东野蚕情况》,《湖北商务报》1899年第6期。
③ 王介公修,于云峰纂:《安东县志》卷六《人事·蚕业》,民国二十年铅印本。

少,战时以交通阻隔,各省柞蚕种茧未能向外输入,产量更见减退。胜利以来,出口柞蚕丝及茧绸为数极微,且柞蚕产区大部尚未安定,其产量一时殊难估计。①

帝国主义的经济侵略和价格垄断,导致柞蚕丝茧价格较低,最终影响到农民放养柞蚕的积极性。清朝末年至民国十九年前后,奉天盖平县:

> 出产向以山茧、豆粮为大宗,每因异国经济侵略关系,时受垄断操纵之患。盖豆、茧二项,销路悉仰洋庄,故价值亦不得不任其低昂,即或自行贩销,亦不免被其团体之牵,抑除自行直运欧美直接交易,别无良策。②

最后,粗放式的放养是柞蚕生产不稳定的内部原因。柞蚕生产可以划分为丰年、平年和荒年三种情况。近代柞蚕放养"均系粗放式,采取'广种待收'主义,丰收即以为时来运转,否则归诸天年,不知以人力补救之"③。

据统计:东北柞蚕生产在丰年、平年和荒年时期相差较大。以山茧产量而言,丰年时期可以收获27万笼,荒年时期则只有7万多笼,相差近4倍。柞蚕丝、挽手和蛹产量亦是如此,柞蚕生产不稳定也直接导致放养柞蚕农民及缫织工人收入的不稳定。

近代时期,河南等地的柞蚕生产也是非常不稳定的。清末民初,河南柞蚕生产十分不稳定的原因主要有以下五个方面:

第一,蚕种退化。河南柞蚕种多来自盖平等处,多年饲养、不加选种,因此退化、病毒充斥。

第二,柞树培养不善。柞蚕以柞叶为主要饲料,多年老柞不事培养

---

① 朱斯煌编:《民国经济史》,文海出版社1988年版,第312页。
② 石秀峰修,王郁云纂:《盖平县志》卷十二《实业志·商业》,民国十九年铅印本,第568页。
③ 迟德超:《鲁省柞蚕客岭种之现况及其推销区域》,《中国蚕丝》1936年第2卷第6期。

更新以致不适于做柞蚕饲料。

第三，技术守旧。山民知识浅薄，对于柞蚕饲养不知改良，致使品质恶劣、产量减低。

第四，柞坡租价过高。柞蚕区域的农村破产，柞坡多属于大地主，所有饲柞蚕户，每因柞坡租价过高、丝价跌落、多有赔累，而放弃养蚕，改谋他业。

第五，土匪骚扰。河南柞蚕区域距省城较远，交通不便，常有土匪骚扰，常数十里无人烟，柞坡因以荒废。①

从上面的史料来看，河南柞蚕生产状况可以视为近代中国柞蚕生产不稳定的一个缩影，其他诸如贵州、陕西等地柞蚕生产不稳定情况基本与上述情况类似。

二 区域发展的不平衡性

众所周知，丝、茶是中国传统的出口大宗物品，近代亦然。② 就丝而言，中国传统出口的主要是家蚕丝，也就是桑蚕丝。这种格局在近代出现了变化，柞蚕丝也加入出口物品行列。但是，近代时期，桑蚕和柞蚕生产区域有何差异呢？

桑蚕，主要生产在南方地区，即秦岭—淮河以南地区。不可否认，近代中国桑蚕丝业也具有明显的区域性色彩，主要集中在以上海为中心的长江三角洲、以广州为中心的珠江三角洲和四川平原地区。③

柞蚕则主要生长在北方地区，同时其分布也十分不平衡。④ 大致以辽宁为主，山东、河南次之，南方地区仅有贵州等局部地区有少量柞蚕出产。中国柞蚕生产区域遍及七省，按其重要次序排列，则为辽宁、山东、吉林、河南、四川、贵州、广东等省。辽宁一省的产额占全国总数

---

① 冯自荣：《河南柞蚕》，《中国蚕丝》1936 年第 1 卷第 10 期。
② 严中平：《丝绸流向菲律宾，白银流向中国》，《近代史研究》1981 年第 1 期。
③ 王翔：《近代中国传统丝绸业转型研究》，南开大学出版社 2005 年版，第 105 页。
④ 李令福：《明清山东省柞蚕业发展的时空特征》，《山东师范大学学报》（社会科学版）1995 年第 2 期；李令福：《清代东北地区经济作物与蚕丝生产的区域特征》，《中国历史地理论丛》1992 年第 3 辑。

之七成，故当推为第一产区。①

> 吾国输出品首推丝、茶，而丝、茶两项则皆以大江以南，此外，如大江以北、黄河以南亦间有养蚕业丝之地。至若黄河以北各省，虽明知丝业有厚利可图，而终因气候寒冷未克振兴，盖以地势使然也。然有山蚕一种，如果推广而振兴之，亦殊有利可图。山蚕之种类，虽亦甚多，要以橡蚕为大宗。即生于橡树者是也，而生养且易。盖凡童山石田等不毛之地，到处皆可种植橡树，而四五年内即可割取其树之嫩芽，以饲蚕也，而所获之收成，比之种植五谷，约计超过有两倍至五倍之多。②

就上述史料分析可知：由于气候和地形等因素造成中国南北不同区域出产蚕丝种类的不同。桑蚕业在北方没有比较优势，而柞蚕业在北方具有明显的比较优势。

那么是什么原因造成近代中国柞蚕业主要分布在北方地区呢？依笔者浅见，主要是由于以下两个方面的因素。

第一，气候变迁和市场需求的因素。

柞蚕是中国的特产，起源于山东地区。明清之前，柞蚕大多生长在北方野外，自生自灭。明清之际，一方面北方气候逐渐干冷，不适于桑蚕和桑树的健康成长，进而导致桑蚕丝业在北方地区趋于衰落。③ 咸丰年间，山东沂水县知县吴树声曾言："北地较寒，树桑发叶甚迟，往往蚕出无桑。故育蚕者率同儿戏，以柳筐盛之，甚不如法，利益亦微。"④ 另一方面，明清时期，北方棉花种植逐渐普及，棉花逐渐取代桑蚕丝成为人们衣料的主要来源之一。始自近代，在北方桑蚕丝业逐渐走向衰落的同时，北方柞蚕丝业由于国外的需求而得到迅速发展。

南北区域气候差异较大，北方地势高燥、降雨较少。相反南方高温

---

① 陈隽人：《安东灰丝之研究》，《中行月刊》1930年第1卷第5期。
② 汉声：《盖平县之丝业谈》，《协和报》1914年第5卷第9期。
③ 马雪芹：《明清河南桑麻业的兴衰》，《中国农史》2000年第3期；陈冬生：《明清山东种植结构变化及对农业的影响》，《古今农业》2001年第2期。
④ 沂水文史精粹编委会编：《沂水文史精粹》，山东文艺出版社1999年版，第290页。

多雨，蚕性恶湿，因此南方大多地区不利于柞蚕野外放养。"咸谓浙中多雨，非奉天可比，柞蚕露处山野，恐非所宜。"① 加之"蚕场最忌湿气，以地势高燥，不受北风侵害之处为佳"②。因此，南方地区气候湿热，不仅不利于柞蚕的健康成长，而且也不利于柞蚕种子的储藏和保护，更容易导致柞蚕种感染传染病。放养柞蚕的生产实践认为"平均温度在22—25℃时，收蚁结茧率高，茧质好。温度高于28℃时，蚕多不食，到处爬行，结茧率降低，茧质也差"③。

兹以南方柞蚕发展较有成效的贵州为例。虽然自乾隆年间经官方倡导，贵州遵义柞蚕事业发展成效显著，但是气候湿热仍然不利于贵州柞蚕事业的持续发展。

> 考本（贵州）省不能留种之最大原因实缘于黔省冬季气候之过于温暖，不适于种茧之储藏及微粒子病蔓延之所致。近据黔农所柞蚕试验地之历年显微镜检查报告：河南种茧之有病毒者约占60%至70%之间，四川种茧之有病者约在80%至90%之间，本地土种之有病毒者恒在90%左右。历来外省种子之饲育成绩较土种为优者，实以此故。④

同时，南北区域地理差异使得南方柞蚕天敌分布较北方多，同样也不利于柞蚕放养。

> 惟查此间饲蚕情形与北方微有不同，北方蚕场无论平地、山冈，竹菁甚少，此间以种竹为业，露叶风枝所在皆是，竹中最易藏蛇，尤难捕捉，现在试养之场，橡竹相参，因暂时借用，未便芟去修篁，而蛇虺出没其间，不免为山蚕之害，并严加守护，究属防不

---

① 《浙抚柞蚕之成功》，《通问报》1909年第369期。
② 白眉初编纂：《山东省志》第七卷《实业》第三章《农业·柞蚕》，泰州新华书店古旧部抄本，1925年，第23页。
③ 张国德、姜德富主编：《中国柞蚕》，辽宁科学技术出版社2003年版，第100页。
④ 陈午生：《黔北之柞蚕业》，《农业推广通讯》1943年第3卷第5期。

第六章　余论　293

胜防。①

最后，北方柞蚕丝业在近代的勃兴与开埠通商之后国际市场对柞蚕丝旺盛需求密切相关。国际市场对柞蚕丝的需求日益增加，使得柞蚕丝成为时尚，日益流行。正如美国学者李明珠所言："近代山东省蚕丝业的突然发展要归因于野蚕丝或柞蚕丝的流行，东北也受到柞蚕丝流行的影响。"②柞蚕丝作为中国特产，以其物美价廉的比较优势在国际市场上广受欢迎。"现在我国之野蚕丝已成为世界商品，声誉极佳，该丝较家蚕丝价格既廉，品质又强韧，用途已渐有扩大之趋势。"③民国《今世中国贸易通志》载："我国为世界产野蚕丝第一大国，故至今仍独占世界市场，每年出口约在1000万两左右。"④宣统年间，奉天海城县，"近因海外输出量渐增，而该乡之蚕业次第推广矣"⑤。民国初期，山东柞蚕丝业因市场需求而得到迅速发展。"近日茧绸需用之途开，各方面研究柞蚕饲育者日盛一日。因之，山东省之柞蚕颇为世人所注意。"⑥

第二，比较优势的因素。

关于比较优势理论，前面也有论述。有学者认为，总体来看，清代是封建经济走向成熟的时期，18世纪经济出现繁荣的重要原因可以用比较优势理论予以解释，而19世纪中国面对经济全球化的新情况，可以用国际和国内两个市场、两种资源来推动经济发展。⑦对于近代中国柞蚕丝业而言，笔者认为比较优势理论能够解释其兴衰的历史变迁过

---

①《公牍：农工商矿局发野蚕丝茧通札十一府文》，《农工杂志》1909年第5期。
②［美］李明珠：《中国近代蚕丝业及外销（1842—1937）》，徐秀丽译，上海社会科学院出版社1996年版，第115页。
③《野蚕丝之产销及其贸易状况（续）》，《工商半月刊》1930年第2卷第21期。
④张研、孙燕京主编：《民国史料丛刊》第653册，大象出版社2009年版，第190页。
⑤（清）管凤龢、张文藻编纂：《海城县志》，《实业·蚕业》，宣统元年铅印本。
⑥白眉初编纂：《山东省志》第七卷《实业》第三章《农业·柞蚕》泰州新华书店古旧部抄本，1925年。
⑦2008年4月19日，国家清史编委会在京召开"清代经济宏观趋势与总体评价学术研讨会"。会上，戴逸主任首先就清代经济发展大势谈了自己的看法。他认为，清代经济发展总体上呈现两头低、中间高的"驼峰型"趋势。同时，各位专家、学者围绕清代经济发展，特别是晚清经济宏观发展趋势展开热烈讨论。一些专家结合晚清经济总量增长、新经济因素的进入等相关研究，进而提出晚清经济发展出现"翘尾巴"的观点。来源：http://www.qinghistory.cn/qszx/xwzx/2009—11—12/4252.shtml。

程。正是由于比较优势的客观存在，从而使得南北双方人们在发展农村副业中不自觉地运用，最终出现了南北地区在蚕丝业中各自分工不同的局面：即桑蚕丝业主要分布在南方地区，而柞蚕丝业则主要分布在北方地区。

上溯历史渊源可知：唐宋至明清，一方面由于北方气候逐渐趋向干冷。① 南方温暖湿润的气候十分适宜桑蚕丝业的发展，加上唐宋之际北方长期战乱不断，大量掌握养蚕缫丝技术的人员迁徙至南方。另一方面，元明之际，棉花在北方得到扩展和普及，逐渐代替了蚕丝业。这些原因共同造成中国古代桑蚕丝业发展的重心在唐宋之后逐渐转移到南方地区。正如张丽所言："蚕桑在中国大部分地区的衰退和消失与北宋后棉花的引进和元以来棉纺织业的发展密切相关。"② 因为桑蚕在南方具有明显的比较优势，柞蚕在南方发展就显劣势。如时人所言："江南以桑蚕著称于世，固不必提倡柞蚕。"③ "蚕丝在我国分家蚕、野蚕二种，家蚕以长江下游一带饲育者最多，吐丝色白，纤度匀细，俗称白丝。"④ 而"至于柞蚕丝系属北产"⑤。

同时，近代北方也有少量饲养家蚕缫丝织绸者，但是相比南方大规模饲养家蚕而言，北方饲育家蚕没有比较优势可言。"北方干燥多尘的气候，不是种桑和养蚕的适宜环境，而且北方人民也不能适应养蚕业的高度劳动密集及其季节性。"⑥ 因此，在北方即使有适宜生长桑树的地方，附近农民饲育家蚕的数量却很少。如东北的辽宁虽然适宜桑树生

---

① 关于唐宋至明清之际，北方地区气候变干冷的论述主要有：竺可桢：《中国近五千年以来气候变迁的初步研究》，《考古》1972年第1期；倪根金：《论气候变迁对中国古代北方农业经济的影响》，《农业考古》1988年第1期；满志敏：《唐代气候冷暖分期及其各期气候冷暖特征的研究》，《历史地理》第8辑，上海人民出版社1992年版；邹逸麟：《明清北部农牧过渡带的推移和气候变化》，《复旦学报》1995年第1期；蓝勇：《唐代气候变化与唐代历史兴衰》，《中国历史地理论丛》2001年第1期；马强：《唐宋时期西部气候变迁的再考察》，《人文杂志》2007年第3期。
② ［美］张丽：《非平衡化与不平衡——从无锡近代农村经济发展看中国近代农村经济的转型（1840—1949）》，中华书局2010年版，第63页。
③ 朗山：《柞蚕事业之检讨》，《中日文化月刊》1941年第1卷第5期。
④ 孔德明：《东北柞蚕丝业之概况》，《物调旬刊》1948年第36期第2页。
⑤ 《生丝》，《中行月刊》1931年第7期。
⑥ ［美］李明珠：《中国近代蚕丝业及外销（1842—1937）》，徐秀丽译，上海社会科学院出版社1996年版，第154页。

长，但是人们却很少饲养家蚕，从而充分说明桑蚕丝业在东北的比较优势不如柞蚕丝业突出。

> 辽宁南部雨少风干，昼夜温度无大差，且少暴风雨，颇适于家蚕之饲育，七月间雨量充足，亦利于桑树之发育，但向来饲养家蚕者甚少。①

清末民初，北方各省地方官方曾经提倡农民进行桑蚕养殖，但是由于没有明显的比较优势而收效甚微。

> 我国蚕桑事业生产的虽是很早，然多半是在内地各省。尤以江浙各省为最，东省各处向来没有任何的成绩。虽有养蚕的民户，也都是利用野生的桑树。专为养蚕而栽桑的，可以说是极少。民国改元的时候，曾有一度栽桑的提倡，只是官样文章，并未有任何的结果。惟有柞蚕一项，在东省可称极盛……但是此项柞蚕素有这样优良的成绩，也是听任自然，并没有加以人工的培植与科学的改良。桑蚕一项，安东、辽阳等县，虽设立蚕桑学校，附有桑场，实亦毫无成绩可言。②

为什么北方适合发展柞蚕丝业？笔者以为北方具备柞蚕丝业发展的比较优势。以东北地区为例，柞蚕丝业的引入和发展主要在清末民初之际，归结其原因除了市场的旺盛需求刺激之外，柞蚕在东北地区的适应性也密不可分。③ 北方地势高亢，不仅柞蚕食物资源充足，而且土地辽阔、气候适宜，也非常适宜柞蚕的放养，其中以辽宁山区最为突出。

---

① 余微：《东三省蚕业概况》，《东省经济月刊》1931年（六周年纪念）专刊，第195页。
② 天君：《东省的蚕桑事业》，《东省经济月刊》1928年第4卷第1期。
③ 郎庆龙，王广运：《论辽宁柞蚕业与东部山区生态环境的相关性》，《中国蚕业》2003年第5期。毕伯钧：《辽东山地气象要素垂直分布与垂直农、林带》，《地理研究》1982年第10期。

饲育柞蚕之青枫林，俗称蚕坡或蚕场，其土质之如何及林地之位置，关系于将来育蚕之成败甚巨。土地不宜过湿或过肥沃，适于高燥之地。①

奉天之秋蚕宜野，浙省之秋蚕宜家。盖东省壤地辽阔，土广人稀，故能以一人放茧种 40 个，而占山场 30 亩；浙省人烟稠密，即饲养野蚕亦不能与东省媲美，故仍以家蚕为宜。若河南气候平和，野蚕、家蚕俱可，山场既多，可以推广饲育，即饲于家中，亦不至于因炎热而伤蚕。②

近代时期，东北地区柞树资源丰富，具备放养柞蚕的自然条件。

柞，属壳斗科，树色灰褐，皮粗而厚，叶与栗相似，光滑而坚韧，两边有锯齿，为饲山蚕之主要树，株有大叶小叶之别，全境山林弥望皆是。③

三 生产和管理的落后性

关于近代中国农业生产和管理的落后性，美国学者珀金斯曾有断言："大部分在 20 世纪初期还使用的技术，中国在 14 世纪时的某些地方就已经为人们所熟悉。这一点是比较容易证实的。"④ 也就是说，从 14 世纪末到 20 世纪 50 年代，中国农业在技术上和制度上没有突破性的发展，这种情况在近代中国柞蚕丝业中也表现得较为普遍。

近代中国缫丝工业一直以来被称为迈向近代化最早的行业。近代中国蚕丝业尽管在走向近代化的过程中，出现了先进生产技术和西方组织管理方式的输入，但是这种现象只是在局部地区。正如美国学者李明珠所言："机器缫丝业在很大程度上是一种通商口岸现象"，"缫丝被组织在装备着现代机器和蒸汽动力的工厂里的事实仅仅是技术上的现代化。如果没有诸如现代银行和信贷组织那样的措施帮助降低风险，没有由政

---

① 章和生：《柞蚕饲育须知》，《企光月刊》1941 年第 2 卷第 2—3 期合刊。
② 陈扬编：《筹豫近言》，成文出版社 1968 年版，据民国三年石印本影印，第 130 页。
③ 王介公修，于云峰纂：《安东县志》卷二《物产·木类》，民国二十年铅印本。
④ ［美］珀金斯：《中国农业的发展（1368—1968）》，宋海文等译，上海译文出版社 1984 年版，第 99—100 页。

府发起的控制蚕种生产减少疾病的规划,技术上的变化就是不充分。"①

目前学术界关于近代中国桑蚕丝业在生产技术和组织管理改良的论述成果较多,②但是较少关注柞蚕丝业的技术和管理状况。笔者以为,近代柞蚕丝业的生产技术和组织管理的落后性更为显著。

第一,生产技术的落后性。

近代中国柞蚕丝业在生产技术上的落后性主要表现在选种、育种、育蚕、缫丝、织绸等方面。"我国野蚕丝之制造,已有悠久历史,但缫丝方法不知改良,故至今未见进步。"③ 原因在于上则没有政府的倡导,下则农民没有能力改进。正如时人所言:

> 惜乎农民之知识有限,政府亦未尝注意改进,故其所制之野蚕丝,决不能与家蚕丝相埒,至如江浙之绫罗绸缎,更为野蚕丝制品所望尘莫及,故不能使人重视。④

山东虽然为柞蚕业起源地,但是在柞蚕丝业生产技术上的进步并没有太多起色,最终影响到柞蚕丝业生产的整体效益。如"胶东植柞育蚕向抱一听天命主义,对于柞树之栽培与柞蚕种子之改良,从不用科学方法加以研究"⑤。而农民缺乏改进的科学方法是重要原因。

---

① [美]李明珠:《中国近代蚕丝业及外销(1842—1937)》,徐秀丽译,上海社会科学院出版社1996年版,第226、202页。
② 高景岳:《无锡缫丝工业的发展和企业管理的演变(1904—1956)》,《中国社会经济史研究》1983年第1期。曲从规:《陈启源与中国近代机器缫丝业》,《史学月刊》1985年第3期。徐新吾等:《中国近代缫丝工业的有限发展与全面破产》,《上海社会科学院学术季刊》1986年第1期。严学熙:《生丝外贸与中国丝业大王薛寿萱》,《民国档案》1988年第1期。汪敬虞:《从中国生丝对外贸易的变迁看缫丝业中资本主义的产生和发展》,《中国经济史研究》2001年第2期。王翔:《对外贸易与中国丝绸业的近代化》,《安徽师范大学学报》1992年第1期;王翔:《近代中国传统丝绸业转型研究》,南开大学出版社2005年版。
③ 《野蚕丝之产销及其贸易状况》,《工商半月刊》1930年第2卷第20期。
④ 曾慎:《改良中国野蚕丝业第一次三年计划书大纲》,《河南大学学报》1934年第1期。
⑤ 张兆麟:《胶东之丝绸业》,《工商半月刊》1934年第6卷第5期。

威海卫向为柞蚕重地，十年前每年产额约在一二百万元以上。惟因业柞蚕者缺乏科学知识，对于选种、育种、育蚕、缫丝、织绸，不知改良，致近数年蚕病蔓延成绩日劣。往昔经营斯业者，渐陷于窘迫状态。①

近代山东不仅柞蚕放养技术停滞不前，而且柞蚕缫织技术也是墨守成规。"胶东之织造悉用手工，墨守陈法，千载不变，国外市场需要之长宽厚薄与夫花样之变迁不问也。"②"织绸，以灰丝织成大小茧绸，行销蒙古、俄国、朝鲜各地实多，而山东之府绸尤早销行于美洲，惟皆用手工所织，守旧而不知改良，故销路渐滞，所织粗绸销售本地而已。"③

近代时期，相对山东而言，河南柞蚕业生产技术则更为滞后。

首先，柞蚕制种业长期不知改良。"其墨守旧业之良民……不知改良，蚕种日坏，所出丝质日见退化，大资本客商亦裹足不前，以致山蚕业一落千丈。"④

其次，柞蚕缫丝业技术严重落后。河南省出产山丝（柞蚕丝）的鲁山、镇平等县在缫丝生产技术上比较滞后，生产的生丝因粗糙而销路受阻。"河南之丝分家丝、山丝两种，鲁山、镇平等县谋生之业也，因缫丝乏研究之术，所出之料甚粗，故畅销甚难耳。"⑤

本地缫丝旧法甚为古拙，每日一人只可缫千枚，今则新法多用机器缫丝。通都大邑多效用之，丝品良而工力省，诚为至便。然鲁山尚未有用之者，亦不可不求改良也。⑥

最后，柞蚕织绸业技术更为守旧落后。"鲁山地处闭塞，交通不

---

① 《威海卫之柞蚕业》，《昆虫与植物》1936 年第 4 卷第 23 期。
② 张兆麟：《胶东之丝绸业》，《工商半月刊》1934 年第 6 卷第 5 期。
③ 王介公修、于云峰纂：《安东县志》卷六《人事·工业》，民国二十年铅印本。
④ 《河南蚕丝业现状》，《工商半月刊》1935 年第 7 卷第 11 期。
⑤ 陈扬编：《筹豫近言》，成文出版社 1968 年版，民国三年石印本，第 132 页。
⑥ 同上书，第 135 页。

便，老百姓保守性特别强，故对各种手工业不求改良，因之丝绸虽有悠久历史，然至今日仍停留于土法制造的小手工业状态，出品亦极粗糙。"①

东北地区情况亦是如此。民国初期，奉天安东县柞蚕业为山区农民生活重要来源，获利者固属不少，连年赔累者亦间有之。究其原因，在于养蚕法落后，不知道如何选种与择场。② 不仅放养柞蚕是墨守旧法，而且缫丝织绸的技术也没有多少变化。据民国《奉天通志》载：

> 缫丝之法如安东、盖平、海城各矿房大抵墨守旧规，不能改良，以求合洋商好尚之心理，甚至包裹夹杂不纯，藉以增重分量，图利一时受损不可数计，前在民国六年，牛庄税务司报告谓"满洲"产绸之缺点在制织粗杂，其丝粗而不整，又无光泽，缺得拉姆或俄路撒丁撚质，其故在缫丝时过……遂成黑暗色、灰色云云，以本省特殊之土产，中外最广之销路，十余年间未见充分之发展，直是故耳。③

第二，组织管理的落后性。

19世纪末20世纪初，外国商人经常诟病中国蚕丝业落后。笔者认为，阻碍近代中国蚕丝业落后的原因不仅仅是技术性的，而且缺乏统一有效的组织管理。正如美国学者李明珠所言："它们所需要的是集中的领导、权力和组织。这些关键性因素在中国的缺乏，意味着近代中国蚕丝业问题是经济性的，组织性的，而不是技术性的。"④

迄今为止，针对近代中国蚕丝业中生产组织管理的论述并不鲜见，大部分是分析桑蚕丝业的。如张丽认为："从19世纪上半叶到20世纪初，中国是从一个丝织品生产大国沦为了一个为欧美丝织工业提供原材

---

① 马克勤：《鲁山之丝绸》，《战地工合》1941年第1卷第5期。
② 王介公修、于云峰纂：《安东县志》卷六《人事·蚕业》，民国二十年铅印本。
③ 王树楠、杨钟义等编纂：《奉天通志》第121卷《实业》九《蚕业》，中山丰1934年印。
④ ［美］李明珠：《中国近代蚕丝业及外销（1842—1937）》，徐秀丽译，上海社会科学院出版社1996年版，第34页。

料的生丝出口大国；而日本则是从一个蚕桑业远没有中国发达的国家发展成为了一个在蚕茧质量上远超过中国的蚕丝生产大国，并在生丝生产的国际市场竞争中击败了中国。究其原因，日本政府在日本蚕桑业发展中的积极规划参与以及其有效有力的组织贯彻能力是日本蚕桑业生产能够标准化、规范化，实现技术改革、在国际市场上打败中国的主要原因。"① 笔者同意上述观点，柞蚕丝业作为近代蚕丝业的组成部分和桑蚕丝业类似，也带有组织管理上的滞后性。近代柞蚕丝业生产组织主要有两种形式，一是农村家庭手工生产形式，农民自己放养柞蚕，自己缫丝出售或织绸，分散且数量最多；二是资本主义性质的工场手工业形式，雇工生产，数量较少。②

首先，近代柞蚕丝农村家庭手工业生产形式组织管理十分落后，生产设施简陋异常。近代柞蚕丝业由于管理方法的不善，织造工场的管理和设备设施始终没有脱离家庭手工业的范围。大多制丝工场光线恶劣，空气污浊而不流通，空间狭小没有布置的计划，更谈不到防灾的设备了。③ 如山东莱阳县：

> 工业，有手工、机械之分。吾国科学幼稚，向所谓工皆手工业也。县境地处偏僻，物产不丰，故无大工厂。惟北部旧产山茧，城乡设工厂十余缫丝作绸，然亦无大组织，每厂不过数十人而已，近以销路日滞，税额复重，相率歇业。④

其次，近代柞蚕制丝工场管理组织大多沿袭落后的管理模式，而根本没有现代意义的工厂制或公司制。正如英国学者科大卫所声称的那样："当工厂制最初被引入中国的时候，中国人用他们最擅长的方式进行工厂管理。直至20世纪20年代，中国的工厂主还是通过包工头来管

---

① ［日］张丽：《非平衡化与不平衡——从无锡近代农村经济发展看中国近代农村经济的转型（1840—1949）》，中华书局2010年版，第354页。
② 王翔：《清末民国年间的"土丝"与"厂丝"》，《民国春秋》1998年第6期。
③ 方柏容：《我国柞蚕丝业的回顾》，《纺织建设》1948年第1卷第3期。
④ 王丕煦等纂，梁秉锟等修：《莱阳县志》卷二《政治志·实业·工业》，民国二十四年铅印本。

理工人。"① 近代柞蚕丝工场之组织无一般股份有限公司者，除少数系合资者外，全为个人经营。工场中置大堂柜一人，大概为场主的亲信，场中一切事物均归其管理。其下有二堂柜、三堂柜等……普通工人即受此等堂柜之指挥，进行工作。② 同时，近代柞蚕丝业出口贸易大多是各自为政，不仅缺乏国人自己组织的大规模海外贸易机关，而且由于没有严格的组织管理而时常出现欺诈现象。

> 胶东丝绸界，自昔即各自为政，而不相联络，虽有所谓丝绸业各公会者，但每次开会所讨论之问题，率皆对付捐税，敷衍强横军队之事，对于本业应与应革不问也。丝绸之出口营业，机关虽多，但类皆不顾国际信义，动辄欺诈，是以丝绸之出口，率操之于外人。烟台一埠，有洋行十余家，其广厦大楼奴仆千万者，何莫非取自国人之手，然其对国外之信用，则稳定不变，而胶东丝绸之价值，几为外人所定。因是一切权利，尽操之于外人，然烟埠之丝绸家，视之若自然趋势，其不觉悟甚矣。③

20世纪30年代初世界性经济危机，中国柞蚕丝业因为没有团体组织维护权益而遭受重创。一如时人所言，"中国野蚕丝绸业之产销情形，素乏团体组织，故有今日之失败"④。因此，近代柞蚕丝业的发展，"必要时须改良生产组织与习惯，否则必然失败"⑤。

最后，近代柞蚕丝业组织管理之所以落后的原因，笔者以为一方面是政府组织监督不力，柞蚕丝制品没有用科学方法生产；另一方面在于组织管理的人才缺乏，二者共同致使近代柞蚕丝业在组织管理上落后于西方各国。"虽山东绸有勉强可作夏季西装材料之用，然因未经科学方

---

① [英]科大卫：《近代中国商业的发展》，周琳、李旭佳译，浙江大学出版社2010年版，第172页。
② 雷雨：《东三省之养蚕业与制丝业》，《东省经济月刊》1931年第7卷第7期。
③ 张兆麟：《胶东之丝绸业》，《工商半月刊》1934年第6卷第5期。
④ 曾慎：《改良中国野蚕丝绸业第一次三年计划书大纲》，《河南大学学报》1934年第1期。
⑤ 张玉法：《中国现代化的区域研究——山东省（1860—1916）》，"中研院"近代史研究所1982年版，第553页。

法之制造，不但花样、颜色全无，尤其易于染污、发毛、走纱，是又不能使人长久欢迎。"①

缺少经营的人才——无论在制造或者推销方面都缺乏有能力和有学识的人作领导，替他们筹划改进；新的方法不单是不容易被接受，根本也没有机会输入和他们接触。无论外面的情形如何进步，经营这般事业的人大都只知道他们因袭下来的旧法。②

美国学者李明珠在分析近代中国蚕丝业面临的困境时，曾明确指出近代蚕丝业中组织管理的滞后性，"问题在于既没有通过自下而上的集体行动，也没有通过自上而下的政府行动，去采取步骤克服风险和不稳定性"③。由此可见，近代中国柞蚕丝业组织管理上的滞后性是与其从政府到民间组织管理的双重缺失密切相关的。

四 对外贸易的过度依赖性

鸦片战争以来，中国经济被迫卷入资本主义世界市场体系中，逐渐沦为资本主义国家的原料产地和商品销售市场。同其他出口物品一样，柞蚕丝业也过度依赖于对外贸易。

关于近代中国蚕丝业对对外贸易的过度依赖性，学术界关注颇多。如李平生研究指出："长期以来洋行控制了中国生丝出口贸易和生丝检验。"④ 汪敬虞认为，从1840年至20世纪初，中国生丝对外贸易主要按照以下步骤进行：内地各省出口的生丝通过丝栈或丝号出售给外国洋行，由于中国丝商资本有限，外国洋行经常以抵押贷款或以预卖贷款的方式贷款给华商丝号，以便为其收购生丝。⑤ 笔者完全赞同汪敬虞的论断，对

---

① 曾慎：《改良中国野蚕丝绸业第一次三年计划书大纲》，《河南大学学报》1934年第1期。
② 方柏容：《我国柞蚕丝业的回顾》，《纺织建设》1948年第1卷第3期。
③ ［美］李明珠：《中国近代蚕丝业及外销（1842—1937）》，徐秀丽译，上海社会科学院出版社1996年版，第227页。
④ 李平生：《世界经济大危机与中国蚕丝业》，《中国经济史研究》1989年第4期。
⑤ 汪敬虞：《从中国生丝对外贸易的变迁看缫丝业中资本主义的产生和发展》，《中国经济史研究》2001年第2期。

于近代柞蚕丝而言,其过度依赖对外贸易主要表现在以下几个方面:

首先,近代时期柞蚕丝和柞丝绸的生产和贸易过分依赖于出口贸易。柞蚕丝出口市场由依赖欧美发展为依赖日本。"灰丝、茧绸之贸易,全赖销售于外洋。"① 据民国报刊记载:"柞蚕丝的产量……最高时全国曾经出产到过12万市担以上(合600万公斤以上,占全国家蚕丝产额的半数以上),在这些柞蚕丝里面除却一小部分供自己消费外,差不多全部都是销到国外去的。"② 第一次世界大战以前,中国柞蚕丝制品主要是销往欧洲市场,第一次世界大战期间,欧洲各国因战事减少对中国柞蚕丝的进口,而此时日本市场异军突起,成为最大的柞蚕丝出口市场。"至于对日本战前尚微不足道,亦以大战之机会,突然增加,为次于美国之消费市场,近且超过美国矣。"③

> 安东、大连两口岸出口之丝几悉为日本所吸收,国内得微沾余润者,惟有烟台输入之茧耳,然日本近因其国内福井、岐阜诸地茧绸制丝之业日盛,仍苦丝茧之不足,自去春以来,即有在安东设中日柞蚕协会以改良发达柞蚕业之提议。④

表6—2　　　　　1920—1922年柞蚕丝出口和进口情况统计　　　　单位:担

年份 出口地及数额	1920	1921	1922
(甲)各关原货出口总额	18955	30884	20236
由安东出口额	9021	17508	10706
由大连出口额	2729	1716	3050
由牛庄出口额	958	649	358
由烟台出口额	6247	11011	6122
(乙)出口总额	16540	31232	20053
输出日本额	11136	25873	12722

---

① 张兆麟:《胶东之丝绸业》,《工商半月刊》1934年第6卷第5期。
② 方柏容:《我国柞蚕丝业的回顾》,《纺织建设》1948年第1卷第3期。
③ 《野蚕丝之产销及其贸易状况》,《工商半月刊》1930年第2卷第20期。
④ 《安东柞丝之楚材晋用》,《中外经济周刊》1924年第52期。

续表

年份 出口地及数额	1920	1921	1922
输出美国额	3344	4687	6457
输出英国额	2060	672	874
（丙）国内各关进口额	1539	—	—

资料来源：《安东柞丝之楚材晋用》，《中外经济周刊》1924年第52期，第18页。

据表6—2统计数据可知：第一，1920—1922年的三年间，柞蚕丝基本全部供给出口之用。1920年，各关原货出口总额为18955担，而出口总额为16540担，出口总额约占各关原货出口总额的88.9%。1921年各关原货出口总额为30884担，而出口总额则高达31232担，当年出口总额约占各关原货出口总额的101.6%。1922年各关原货出口总额有20236担，而出口总额则高达20053担，当年出口总额约占各关原货出口总额的102.7%。第二，1920—1922年的三年中，柞蚕丝出口国家中以输出日本为最多，平均约居70%。由此可见，柞蚕丝出口对外贸易的依赖性之大。

其次，近代柞蚕丝制品的定价权不在中国人手里，而是掌握在外国洋行手中。这种柞蚕丝制品非正常地受不等价交换的剥削，也充分说明了近代中国柞蚕丝业的半殖民地化。在近代对外贸易过程中，中国丝厂或丝商没有定价权，完全受制于人，生丝的市场价格是由纽约和里昂决定的，而不是中国的上海和广州所能改变的。而鸦片战争以前，包括生丝贸易在内的对外贸易主动权是掌握在中国人自己手里的。[①]

烟台是近代柞丝绸贸易的重要商埠。据张利民、许檀等研究指出，当时仁德、益斯、百多、和记、捷成和敦和六家洋行基本控制了烟台的丝绸输出。[②] 其中以英国洋行为最多，当时中国出口的"生丝贸易差不多全部操在英国人手里，英国人经手供给法国丝织业以生丝

[①] 汪敬虞：《从中国生丝对外贸易的变迁看缫丝业中资本主义的产生和发展》，《中国经济史研究》2001年第2期。

[②] 张利民、许檀等：《近代环渤海地区经济与社会研究》，天津社会科学院出版社2003年版，第333页。

原料"①。中国的"丝厂、丝栈直接办理出口者竟无之"②。如民国九年前后，奉天盖平县：

> 吾邑出产以豆粮与山茧为大宗，然虽有大宗出产，而利权每受损失，如豆粮售于外人，价值任其低昂，则损失者一；山茧一宗，或运赴上海，或贩往烟台，每遭赔累。③

到民国十九年前后，奉天盖平县柞蚕丝定价权依然为外人所操控，因而不能得到合理的价格。"全境工业，铺户约三百家有奇，可记载者无几。惟缫丝一项，近年出货悉贩外邦，往往为对方剔驳难求善价。"④ 据1933年《民国铁路沿线经济调查报告汇编》报告：

> 烟台大小商号共约3500余家，内洋商约百余家，设有中外商会各一，分三十余业。商业发达，首推土产商，次为进口洋货，所有贸易大半操于外人之手。⑤

总之，近代中国柞蚕丝业过度对外依赖性与同时期的桑蚕丝业基本类似，正如学者张丽所言："由于中国近代蚕桑业完全是仰靠着国际市场的需求而生存，一旦国际市场的大量需求不复存在，这种仰人鼻息的原材料生产便难以维系。"⑥

第二节 近代柞蚕丝业的地位和作用

鸦片战争之后，蚕丝业的对外贸易，不仅增加了农民的经济收入，

---

① 彭泽益编：《中国近代手工业史资料（1840—1949）》第一卷，中华书局1962年版，第488页。
② 陈隽人：《安东灰丝之研究》，《中行月刊》1930年第5期。
③ 崔正峰修，郭春藻纂：《盖平县乡土志》，《商政》，民国九年石印本。
④ 石秀峰修，王郁云纂：《盖平县志》卷十二《实业志·工业》，民国十九年铅印本。
⑤ 殷梦霞、李强选编：《民国铁路沿线经济调查报告汇编》第五册，国家图书馆出版社2009年版，第357页。
⑥ ［美］张丽：《非平衡化与不平衡：从无锡近代农村经济发展看中国近代农村经济的转型（1840—1949）》，中华书局2010年版，第153页。

活跃了城乡市场,而且推动了城镇的近代化历程,一定程度上弥补了贸易逆差,在近代中国经济史上占有举足轻重的地位。

到目前为止,学术界对近代中国桑蚕丝业经济地位和作用的论述颇多。如章楷先生认为:"近代江浙地区蚕桑业的经济收益和当地蚕业的兴衰紧密相联系。"① 王翔指出:"丝绸出口的增长,是中国在刚刚打开国门后的一段时期内维持国际贸易平衡的主要因素之一。"②

相比较而言,学术界对于柞蚕丝业在近代经济发展过程中的地位和作用大多语焉不详。③ 鉴于此,笔者在文献史料考证的基础之上对之进行分析和探讨,以飨读者。

一 在农家经济中的地位

柞蚕丝业作为北方山区农民的主要副业,在农家经济中占有不可忽视的重要地位。正如美国学者李明珠所言:"尽管养蚕业是一种副业,但它仍然属于农户在经济上赖以生存的重要手段。"④ 如果没有柞蚕丝业,近代北方农民的生活有可能面临更为贫困的境地。因此而言,近代柞蚕丝业在农家经济生活中占有十分重要的地位。

首先,柞蚕丝业是近代北方农村家庭中有利可图的副业。农家经营柞蚕丝业不仅劳动强度较小,操作方便,而且从中获得的现金收入高于粮食作物。因为农民对饲蚕所得的酬报,比耕种来得多并且容易,所以他们十分重视蚕场的收获。正因为如此,蚕业的失败,足以破坏他们一年中生活的安定。他们的经济来源一旦短少,购买力也就随之薄弱起来。⑤ 因此,近代柞蚕丝业的发展不仅解决了农村中富余劳动力的就业机会,而且提高了农民的收入水平,一定程度上增强了他们对天灾人祸的抵抗能力。

---

① 章楷:《江浙近代养蚕的经济收益和蚕业兴衰》,《中国经济史研究》1995 年第 2 期。
② 王翔:《近代中国传统丝绸业转型研究》,南开大学出版社 2005 年版,第 52 页。
③ 史建云:《农村工业在近世中国乡村经济中的历史作用》,《中国经济史研究》1996 年第 1 期。
④ [美] 李明珠:《中国近代蚕丝业及外销(1842—1937)》,徐秀丽译,上海社会科学院出版社 1996 年版,第 164 页。
⑤ 方柏容:《改良我国柞蚕丝纺织染业》,《染织纺周刊》1936 年第 1 卷第 26 期。

相比桑蚕饲育复杂冗繁而言，柞蚕放养简单易行的特点决定了其在农家经济生活中的不可或缺性。"野蚕，俗名山蚕，放养山场柞树之上，最为简易。以土地论，则仅需山场；以劳力论，则妇孺所能；以资本论，则所需不过茧种。出蛾后一律出丝，于本金毫无损失。种种便利，较种桑饲蚕尤为特别。"①

> 饲育柞蚕比家蚕来得简单，因为柞蚕放养山野，自求柞叶，不费多大人力，又不似家蚕要合理的蚕室和复杂的蚕具，设备亦可节省，而且饲料就是山坡上天然生长的柞叶，培养柞林不比桑田要占去肥沃的稻田，也无须大量的肥料与资本，所以经营起来简单易行，本小利大，确是农村最好的副产。②

农民不仅放养柞蚕比较容易，而且培植柞树也不困难。"柞树为深根植物之一种，富于抵抗力，无论山势之高下，土质之肥瘠，均可发育自如，砍伐得当，饲蚕适宜，且不费耕锄之劳，勿需肥培之资，只防害敌之损伤，按期以饲蚕，行之极易，毫无烦难，诚为经济之农村副业也。"③ 柞蚕放养简单易行的特点使其在北方农村地区得到迅速推广，最终成为农家理想的副业。诚如当时日本人谷口龟太郎所言：

> 盖柞蚕之性质为野生最强健之昆虫，不论气候如何，皆适于饲育。且一年可养春秋两造，诚农家副业中之最稳当最有利之事业也。家蚕与柞蚕之比较：第一，柞蚕者于租税最廉之楢槲栎栗等之山林，皆为其适好之饲料。第二，止于饲育期中，须人驱除害虫及鸟害而已，余外不用多数之人。第三，如在饲育林广大之处，多多可以饲育，亦不为难，此皆柞蚕之优点也。④

山东柞蚕丝业也是当地农民的重要副业。牟平县"县境多山，柞、

---

① 《农工商部劝种美棉蓝靛并放养山蚕札文》，《商业杂志》1910年第2卷第1期。
② 贺益文：《黔北柞蚕事业的过去和现在》，《东方杂志》1941年第38卷第6期。
③ 巴又愚：《胶东之柞蚕》，《中国蚕丝》1935年第1卷第1期。
④ ［日］谷口龟太郎：《柞蚕饲育之实验》，《广东劝业报》1910年第98期。

栎等木，最为易生之物，故养柞蚕者，成为农家普通副业"①。

  当胶东绸业最盛之时，烟台一埠，有大小绸厂五十余家，附近各县有绸厂五百余家，共约五百五六十家，织机不下万余台，出口之绸每年约百余万匹，约值海关银 1600 余万两，似此区区一隅，得此巨额之进利，当与农村之经济，不无极大之补助也。②

东北柞蚕丝业获得的收入要高于粮食作物的收益。在柞蚕兴盛时期，"一把剪子之地，可得纯利润 71 元"③。放养柞蚕的收入要远高于种植粮食作物获得的报酬。"以奉天而论，平地 30 亩所产之粮可得银 70 余两，山茧 30 亩所产之丝，至次者亦可得银 100 两，是平地所产粮食不及山蚕十分之八。"④ 光绪三十四年（1908）前后，奉天辽阳州：

  蚕丝亦本境殖产之一大宗，除粱、豆外，余皆不及。特野蚕多，家蚕少。野蚕饲以柞叶，山村僻地如城南兴隆沟、吉洞峪、浪子山以南，城东牛棚沟、茨沟一带，土人设场养蚕，资为农家之副业，输出额近日渐增，约岁出茧七十万两。⑤

民国十九年前后，奉天盖平县"惟城之东南，正东以迄东北，山林丛杂，宜于种柞养蚕，故除山场之外，可耕者平芜参半，地虽瘠薄，而饶有山场蚕茧之利，亦不啻农商富庶区焉"⑥。民国二十三年前后，奉天庄河县"北鄙一带山林聚集，山地多梯田，虽苦心耕植，而所获无多，不得不种柞养蚕，以裕生计，且知利用天然化荒田而为

---

  ① 宋宪章等修，于清泮等纂：《牟平县志》卷一《地理志·物产》，民国二十五年石印本。
  ② 巴又愚：《胶东之柞蚕》，《中国蚕丝》1935 年第 1 卷第 1 期。
  ③ 徐丽生：《东三省之柞蚕》，《东北新建设》1928 年 10 月第 1 期。
  ④ 《柞蚕杂志（续）》，《浙江教育官报》1908 年第 5 期。
  ⑤ （清）洪汝冲修，白永贞编：《辽阳县乡土志》，《物产·蚕桑》，光绪三十四年铅印本。
  ⑥ 石秀峰修，王郁云纂：《盖平县志》卷十二《实业志·农业》，民国十九年铅印本。

有用"①。民国二十四年前后,奉天岫岩县:

> 良以土田硗瘠,产额无多,即如木棉、旱稻、大小麦等类,邑中农民昔时常有耕种者,恒以产额锐减,遂致无人播种,迩来山茧、水稻日见增加,而缫丝制稻之业亦随之兴腾。②

河南柞蚕丝业的兴盛,增强了人们对自然灾害的抵抗能力。"更忆民国十八年,河南大旱,灾民流徙,产绸区域,因有工业之维持,得度巨厄。此可见该省该项工业之重要。"③

其次,柞蚕丝业是山区农民主要的收入来源。近代柞蚕丝业的兴衰不仅直接影响到以柞蚕业为生的农民的生活来源,而且也左右着农村市场的兴衰。就全国而言,近代以柞蚕丝业为主要经济来源的有两千万人之多。

> 现在且让我们说明一下柞蚕丝在我国农村经济上究竟处于何等地位。我国出产柞蚕的地方很多,在华南有广东、广西;华中有四川、湖南;华北有山东、河南、陕西,以及东北有辽宁等省。在战前最盛的时代,最著名的区域依他的出产数量的多寡为序有山东、河南和辽宁等省,依此为生的人大约有2000多万人口。④

在山东半岛,柞蚕丝业不仅是农家富足之源,而且也是附近农村市场兴盛的源泉。如文登县"全境山岭所至,即富源所在,柞树丛生,一望无际,燃料所资,而养蚕之利尤溥,谚云'家有百亩田,不及一把剪'。诚信者也,每至初秋,柞茧下山,茧商云集,市镇顿盛"⑤。昌邑

---

① 王佐才等修,杨维嶓等纂:《庄河县志》卷九《实业志·农业》,民国二十三年铅印本。
② 郝玉璞纂,刘景文等修:《岫岩县志》卷三《人事·工业》,民国二十四年铅印本。
③ 《河南省柞蚕丝绸工业考察报告》,《中蚕通讯》1948年第2卷第1—2期(合刊)。
④ 方柏容:《我国柞蚕丝业的回顾》,《纺织建设》1948年第1卷第3期。
⑤ 白眉初编纂:《中华民国省区全志》第四卷《山东省志》第四章《胶东道·文登县》,泰州新华书店古旧部抄本1925年。

县"境内素以织绸织布著称，故民间经济，尚不十分拮据"[1]。境内"一般商业，尤恃此种家庭工业之兴替为转移"[2]。

河南省柞蚕业都集中在西南部，以此为收入来源的农民也不在少数。"河南乃柞蚕丝重要生产省区，年产值达六七百万两以上，其影响河南经济，裨益河南农村之大，尤非鲜浅。"[3] 河南西南伏牛山、嵩山和崤山互相蟠结，五谷的出产很少，而且当地气候土壤都适于柞树的生长，所以当地的人民都以栽植柞树以及桐树、漆树等为唯一的收入富源，柞蚕事业也因此特别繁荣。[4]

> 兹查南召、鲁山等县，均为产山丝区域，镇平之家庭劳工，赖织山绸得以活者，全境每年约有五千男妇左右，收入利息，每年亦约有二三十万元不等，周转金融扶助其他商业，裨益民生，实非浅鲜也。[5]

东北是近代柞蚕丝业发展最为迅速的地区，山区农民对山林资源的利用从伐木烧炭到放养柞蚕，农家经济逐渐依赖于柞蚕丝业。据民国《奉天通志》载：

> 只缘省区东北部各县境，土地硗薄，罕有平原旷野，居民生计多仰赖于山林，从前伐木、烧炭以易谷食，而补不足，厥后渐知饲蚕之利，咸争趋之，且山地高亢，雨少晴多，蚕性恶湿，气候甚属适宜，又山皆宜柞木，本天然之生产，加以人力栽培，爰养其蚕场之扩展，固所当然。[6]

---

[1] 殷梦霞、李强选编：《民国铁路沿线经济调查报告汇编》第五册，国家图书馆出版社2009年版，第658页。
[2] 同上书，第677页。
[3] 巴又愚先生演讲，王理传笔记：《柞蚕饲育研究》，《农民半月刊》1936年第1卷第3期。
[4] 方柏容：《我国柞蚕丝业的回顾》，《纺织建设》1948年第1卷第3期。
[5] 《通令提倡镇平县山绸》，《河南省政府公报》1934年第1124期。
[6] 王树楠、杨钟义等编纂：《奉天通志》第121卷《实业》九《蚕业》，中山丰1934年印。

宣统元年前后，奉天海城县"蚕业，本境丝产为土货大宗，每年产额极富。东山土地硗薄，生民不致大困，仰此而已"①。到民国初期，海城县依赖柞蚕丝业已经获得厚利。

> 本境山丝为土货大宗，且产额极富，销路亦广。东山土地硗薄，生计艰窘，人民皆赖此业以谋生活。近年丝业大昌，山茧骤贵，凡业此者均获厚利。②

民国九年前后，奉天复县以放养柞蚕为生的农民也不在少数。"柞叶饲蚕得丝，为复县之一种特产……居斯土者多以养蚕为生计。"③岫岩县山多地少，农民多依赖柞蚕为生。"本邑山多地少，居民惟恃山蚕以为生活……硗薄之区，赖有此以资补助。"④据民国时期熊岳城农事试验场的调查来看：

> 盖平县暖泉村龙王庙屯，柞蚕饲育户数约占该屯总户数37.5%，每户每年柞蚕饲育之收入，最高达全（县）农业收入88%，平均为25.9%，且此等山岳地带之农民，除柞蚕外，无其他适当副业可资经营。⑤

20世纪二三十年代，柞蚕丝业在辽宁南部农家生活中地位逐渐上升，大约有十分之一的农民以此为主要的经济来源。据民国《奉天通志》载："柞蚕缫丝近年来为本省南部各县主要工业之一，农民恃蚕业为生活者约占人口数10%，南部出口货亦以此为大宗"。⑥

---

① （清）管凤龢、张文藻编纂：《海城县志》，《实业·蚕业》，宣统元年（1909）铅印本。
② 廷瑞修、张辅相等纂：《海城县志》卷七《人事·实业》，民国十三年铅印本。
③ 程廷恒修，张素等纂：《复县志略》第三十六《柞蚕略》，民国九年石印本。
④ 郝玉璞纂，刘景文等修：《岫岩县志》卷三《人事·蚕业》，民国二十四年铅印本。
⑤ 王福山、胡仲本：《东北柞蚕业调查报告》，《中蚕通讯》1947年第1卷第5—6期（合刊），第16页。
⑥ 王树楠、杨钟义等编纂：《奉天通志》第121卷《实业》九《蚕业》，中山丰1934年印。

> 今辽宁省柞蚕常年产额虽无精确数目,参之日本著述,则每年产额总数约在 3000 万元左右,赖之以营生计之人民自不在少,即不以此为营生者,大之对于国家之贸易,小之关于辽宁一省生产之输出为益匪浅。①

即使在九一八事变之后,柞蚕丝业对东北山区农村经济的作用依然十分明显。"柞蚕实为满洲国独特之产物,其每年产额 30000 担,价值 1000 万元乃至 1500 万元以上;居农产物大豆、粟之次位,乃一重要之输出品也。柞蚕为山岳地带农民之主要生产业。"②

由此可见,柞蚕丝业不仅可以增加农民收入,活跃农村市场,而且不占耕地,不夺农时,优化了农副产业结构,增加了农产品的对外输出,在近代农村经济中占有十分重要的地位。

二 在地方城镇近代化历程中的推动作用

近代以来,工业化和城镇化趋势不可阻挡,二者互相促进,相互联系,共同推动了中国走向近代化的步伐。近代柞蚕丝业的发展,一方面促进了近代缫丝和织绸工业化的发展,另一方面也客观推动了地方城镇走向近代化的历程。

第一,近代柞蚕丝业对地方城市发展的作用。

近代柞蚕丝业兴盛的地方,地方经济大多依赖于此。"山东方面以烟台为中心,事业中的一切活动都集中在此。辽宁的安东和营口出丝也不少,大都织成制品后运到烟台供出口之用。"③

> 柞蚕乃我国特产,占输出品之大部,其分布区域,首推辽宁、山东,次为河南,至安徽、贵州等亦颇有名,其出产虽无详细统计,然以山东、河南两省论之;山东之胶东,在十年前,织品出口达 1600 余万两,河南之织品,价值亦达四五百万两以上,

---

① 张富春:《改良辽宁省柞蚕方案》,《东北新建设杂志》1929 年第 1 卷第 8 期。
② 陆宝丽译:《满洲蚕丝业开发论》,《农报》1936 年第 3 卷第 31 期。
③ 方柏容:《我国柞蚕丝业的回顾》,《纺织建设》1948 年第 1 卷第 3 期。

如再加非织品之灰丝，两省最低亦在二三千万余两，全国统计之当达四五千万元以上，因而凡业柞蚕之地方，其经济泰半赖此以饶足。①

近代柞蚕丝业在城市发展中的作用比较显著。以烟台为例，1870年之后，由于山东柞蚕茧不能满足本地柞蚕丝业发展的需要，东北柞蚕茧用船载至烟台加工转运，烟台也因此成为当时最大的柞蚕缫丝中心。1900年以后，烟台柞蚕丝业更为繁荣，缫丝业逐渐从以家庭手工业为主转变为以工场工业为主，生产技术也得到逐步改进。柞蚕丝业在烟台出口产业中的作用和地位，也在一定程度上推动烟台由一个小渔村到城市的近代化转型。

1868年至1919年，以蚕丝在烟台出口总值中所占比重变化趋势来看，桑蚕丝出口比重呈现逐渐下降的趋势，柞蚕丝出口比重则呈现迅速上升态势。1900年之后，柞蚕丝出口值大约占烟台出口总值的五分之一到四分之一。可知，柞蚕丝业在烟台生丝出口中日益重要。柞蚕丝业在烟台走向近代化过程中的作用只是山东半岛的一个缩影。正如"吾人所知者，即胶东野蚕丝事业之逐渐发达，至清末民初而造于极盛之域，丝绸一项，殆为胶东繁荣之所寄，过此则斯业凋敝，一落千丈"②。

安东自1907年开商埠后，迅速成为东北柞蚕丝业集散中心。"灰丝为中国之特别天然产品……对于安东一地之经济而论，实为唯一重要产业，亦即辽宁全省人民之生计所关。"③ 当时柞蚕丝业是安东重要的产业。"安东，地居冲要，木材、丝茧实为安埠商业兴衰之大端……商会提倡丝业改良，各丝厂所缫之丝立有商标（如政源之柞蚕商标和聚正之金魁星商标等），各招牌丝为各国商人所欢迎。"④

---

① 巴又愚先生演讲，王理传笔记：《柞蚕饲育研究》，《农民半月刊》1936年第1卷第3期。
② 张兆麟：《胶东之丝绸业》，《工商半月刊》1934年第6卷第5期。
③ 陈隽人：《安东灰丝之研究》，《中行月刊》1930年第5期。
④ 王介公修，于云峰纂：《安东县志》卷六《人事·商业》，民国二十年铅印本。

表 6—3　　　　　　20 世纪 30 年代安东工商业户数情况统计

行业类别	丝厂	丝栈	茧栈	织工厂	绸缎庄	机器行	木行	油房	木铺
户数	62	32	85	38	15	8	117	24	45

资料来源：王介公修，于云峰纂：《安东县志》卷六《人事·商业》，民国二十年铅印本，成文出版社 1974 年影印，第 779—784 页。

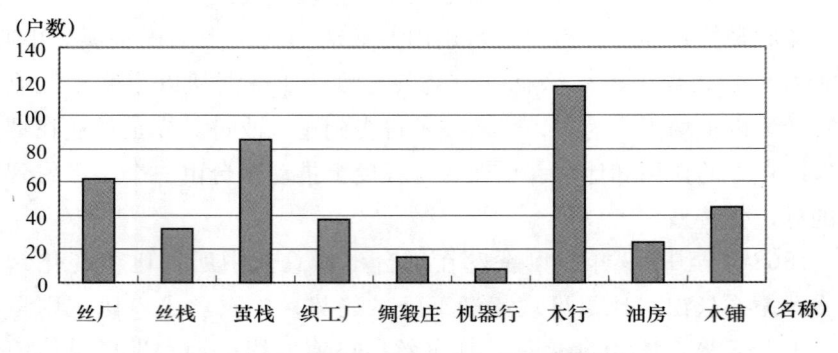

图 6—2　20 世纪 30 年代安东工商业户数情况

根据表 6—3、图 6—2 可知：20 世纪 30 年代，安东工商业户数中主要分为丝厂、丝栈、茧栈、织工厂、绸缎庄、机器行、木行、油房、木铺九种。其中，隶属于柞蚕丝业的工商业有丝厂、丝栈、茧栈、织工厂、绸缎庄五种，这五种户数共计有 232 户，占当时安东主要工商业总户数（426 户）的 54.5%。由此可见，柞蚕丝业在安东工商业中占有十分重要的地位。

东北地区除了安东之外，还有许多城市发展和柞蚕丝业紧密相连，如盖平、庄河、岫岩等城市的发展也与柞蚕丝业的贡献密不可分。据《奉天通志》所言："遇蚕茧丰收之岁，兼之出口销路畅旺，生丝输出外资输入，则市面经济自呈充裕之象，即其他实业亦得资此以助长。"[1]庄河"工业以缫丝、豆油为最，近日富商竞起，丝、油生理多移于城镇"[2]。民国十九年前后，奉天盖平县：

---

[1] 王树楠、杨钟义等编纂：《奉天通志》第 121 卷《实业》九《蚕业》，中山丰 1934 年印。

[2] 廖彭、李绍阳等纂：《庄河县志》卷十《实业·工业》，民国十年铅印本。

> 惟缫丝一项……出产亦为本邑之大宗。春秋两季，山茧登市时，缫丝为邑中优良之实业，复能利及金融，裨益市面，经济所系，百业交兴，计每年交易额约值国币三百万元。①

同时，近代柞蚕丝茧税收为地方城镇的发展提供了重要的经济来源。柞蚕丝茧税收不仅增加了地方的财政收入，而且推动了以缫丝、织绸为业的城镇走向近代化的步伐。柞蚕丝茧税收除了上缴国库之外，还用于维护地方城市治安，保障地方教育经费等支出方面，在一定程度上也弥补了地方城镇的日常开支。"茧税是地方收入的重要来源。"② 自乾隆至民国年间，奉天岫岩县一直对柞蚕放养征收山茧和蚕场税，以供县城治安、教育等机关经费支出。咸丰年间，岫岩县"城北分水岭及西南猫儿岭诸山俱产蚕，城守尉衙门征收蚕厂茧税"③。

> 前清乾隆年间，县境剪子二百十四把，每把征市钱六吊，谓之红剪子（现仍照征）至宣统二年全境山剪子增至六千九百把，是年因警学经费不敷，兼之地方各自治机关成立需款甚急，每把剪子征收捐欵洋一元，年收六千九百元，以一成作自治经费，以一成补警学（均禀请财政厅核准有案）。嗣以自治机关裁撤，此一成之剪捐，仍按年征收，提解财政厅存储，民国七年因民间山剪多系私种私放，并不纳捐，名曰黑剪子，奉省令由县署派员清赋浮多者，一律加报，照章纳捐，逐年递增，至十五年停止派员，民间自动加报，现已新旧剪子一万七千五百五十一把，每把收现洋一元，以十六年度计算，共收现洋一万七千五百五十一元，除提解财政厅自治款现洋六千九百元，净支现洋一万零六百五十一元，均归地方警学及各机关混合动支。④

---

① 石秀峰修，王郁云纂：《盖平县志》卷十二《实业志·工业》，民国十九年铅印本。
② ［美］李明珠：《中国近代蚕丝业及外销（1842—1937）》，徐秀丽译，上海社会科学院出版社1996年版，第199页。
③ （清）台隆阿修，李翰颖纂：《岫岩志略》卷五《食货·物产》，咸丰七年刻本。
④ 郝玉璞纂，刘景文等修：《岫岩县志》卷二《政治·财政》，民国二十四年铅印本。

民国四年前后，吉林集安县，"山茧，每笼（150斤）估价231吊；山丝，每100斤估价800吊。以上过秤货物出口，按照估价每100吊抽收东钱二吊"①。民国十九年前后，奉天盖平县，"山剪税，剪税有定额，计每把现洋五角，每年总收共7302元。（此项剪税除国税外，尚有地方捐）学款杂捐，山绸、挽手现洋10600元。保甲杂捐，剪场捐现洋8763元4角"②。民国二十年前后，奉天安东县，"剪捐，自（民国）度起以10%存储除保甲附加捐，专为保甲用矣，其余为学务专矣"③。民国二十四年，山东临朐县，"北关丝行（民国）五年征费54元，每年税额45元。北关手丝行（民国）五年征费215元，每年税额160元"④。

第二，近代柞蚕丝业在北方养蚕地区农村市场发育过程中的作用

近代时期，柞蚕丝业对农村市场发育的作用主要体现在增加农村市场商品交易量，活跃农村市场贸易，促进农村集镇地位的提升等方面。

> 若能推广，将各处荒山荒地尽为蚕场，地产日富，生计日裕，则乡村气象自当焕然改观，而市镇交易亦必渐见繁盛，因此而获间接之利者，不可胜机，故推广遍于一乡，则一乡之人无一不沾其利益，推行遍于一府，则一邑一府之人无不沾其利益，谓予不信，请观贵州之遵义府，贵州全省病瘠，惟遵义有柞蚕繁富，冠于各郡，富商贵官，文武科甲均遵义独占多数，为省城所不及，何一非获蚕业之余荫也哉？⑤

山东昌邑县柳疃镇是依靠柞蚕丝业而远近闻名的一个典型集镇。当地民风"人心机巧，勇于冒险，尤属民性特长。故年来在海外贸易及各口岸都会之经营绸业、布业者踵相接，且境内素以织绸织布著称"⑥。

---

① 吴光用编辑：《辑安县乡土志》，《税厘》，民国四年版。
② 石秀峰修，王郁云纂：《盖平县志》卷七《财政志》，民国十九年铅印本。
③ 王介公修，于云峰纂：《安东县志》卷四《财政·杂税》，民国二十年铅印本。
④ 周钧英修，刘仞千纂：《临朐县志》卷十一《食货略·杂税》，民国二十四年铅印本。
⑤ 《柞蚕十利说》，《农工杂志》1909年第6期。
⑥ 殷梦霞、李强选编：《民国铁路沿线经济调查报告汇编》第五册，国家图书馆出版社2009年版，第658页。

在柳疃镇工商业中，经营柞丝绸业的商号占据绝对优势，是一个以柞丝绸业为专业的集镇。

> 柳疃在城北 20 里，为绸业发祥之地。附近居民千余户，约六七千人，商界占 70%，商号 400 余家，仅经营绸业者即有 300 家之多，尽属收买附近各村织成之绸，以便运销国内外各处，每年总交易不下 200 万元。运出之货，由潍县转者，占 80%，由烟台转者，占 20%。该项商号中较大者，为锦成玉、天源永、瑞升公、源记、义和堂、三义堂等数家。①

柞丝绸业的发展增强了柳疃镇的经济实力，提高了柳疃镇在昌邑县内的商业地位。"在昔绸业发达时期，足以左右其他各业势力，一切商业，亦无不仰承鼻息，随以周转，故柳疃遂为该县商业中心，商会设焉，县城商业，视之反若集镇。"② 即使在九一八事变之后，柞蚕丝业仍在柳疃占有主导地位。

据表 6—4 可以看出：第一，从商业家数来看，柳疃镇商业铺户共有 667 家，而经营柞丝绸业的商业家数则达 300 家，基本上每两家商号中就有一家是经营柞丝绸业的。第二，从每家商号资本规模来看，最高资本以经营绸业的商号 10 万元居首，普通每家经营绸业的商号资本也有 3 万元，与布业并列每家普通资本之首。第三，从交易总值来看，柳疃每年交易总值为 456 万元，而每年绸业交易总值有 200 万元，约占全镇每年交易总值的 43.9%。

表 6—4　　　　　　　　1932 年前后柳疃商业概况统计

各业名称	家数	资本（元） 最高	资本（元） 最低	资本（元） 普通	每年交易总值（元）
杂货业	60	3000	500	1000	300000

---

① 殷梦霞、李强选编：《民国铁路沿线经济调查报告汇编》第五册，国家图书馆出版社 2009 年版，第 672 页。

② 同上书，第 667 页。

续表

各业名称	家数	资本（元） 最高	资本（元） 最低	资本（元） 普通	每年交易总值（元）
布业	50	80000	1000	30000	2000000
绸业	300	100000	10000	30000	2000000
煤油业	4	2500	1000	1500	70000
酒业	140	2000	500	1000	60000
烟纸业	3	3000	1000	2000	30000
药业	40	800	200	500	15000
油业	60	5000	1500	2500	60000
饭馆业	10	2000	500	1000	25000
共计	667				4560000

资料来源：殷梦霞、李强选编：《民国铁路沿线经济调查报告汇编》第五册，国家图书馆出版社2009年版，第667页。

由此可见，柞丝绸业的繁荣促使柳疃镇成为全县商业中心。在昌邑，房地价格以柳疃为最贵，县城稍次之，而南乡、北乡又次之。见表6—5所示：

表6—5　　　　　1932年前后昌邑县房地价格统计

房地	每亩价格（元） 最高	每亩价格（元） 最低
柳疃	390	300
县城	380	300
北乡	260	210
南乡	250	200

资料来源：殷梦霞、李强选编：《民国铁路沿线经济调查报告汇编》第五册，国家图书馆出版社2009年版，第662页。

从表6—5统计数据，不难发现：1932年前后，昌邑县房地价格主要分为四个等级。其中以柳疃镇房地价格为最高，每亩房地价格高达390元，不仅高于一般乡镇房地价格，而且高于县城房地最高价格。这也从一个侧面反映出柳疃镇在全县经济中的最高地位。

近代柞蚕丝业的兴盛也一定程度上加速了农村市场的金融流通。柳疃镇属昌邑县一集镇,不仅为县境茧绸集散地,① 而且"为纺织绸业中心,亦即本县商业及金融之中心"②。柳疃在山东昌邑境内,距离潍县约 80 华里,是丝绸和棉布的重要产地。这两种商品在直隶、河南两省都有很大销路。它们仅和北京一处每月通过银行汇票付款的营业额就达到关银 30 万两(每年贸易额约有 800 万两)③。柳疃"在昔绸业发达时期,足以转移金融流转力量,故钱庄尚称繁盛。嗣以绸业日就衰微,钱业遂亦逐渐停歇,现时仅有三家,经营汇兑存放款项业务"④。

> 潍县钱业金融来源多仰给于昌邑柳疃、黄县沙河镇各处。……潍县共有线庄二十四家,存款放款及资本均较钱业为多,故范围也较钱业为大,其资本多来自昌邑柳疃。⑤

同时,近代柞蚕丝业的勃兴不仅促进了农村专业化集镇的出现,而且推动了农村市场地位的提升。正如彭南生所言:"乡村半工业化的发展带动了农村市场的繁荣,出现了与手工业生产相关的专门交易市场。"⑥

石佛寺是河南镇平县一个以寺得名的集镇,以出产柞丝绸而兴盛。1906 年石佛寺设立了邮政代办所,因开展丝绸对外贸易,邮局业务量逐渐增加,1918 年升格为二等邮局,而该镇所属镇平县城仍为三等邮局。鉴于当时国内以石佛寺为名的地方较多,为了更好地发展柞丝绸

---

① 白眉初编纂:《中华民国省区全志·山东省志》第四卷《第四章·胶东道·昌邑县》,泰州新华书店古旧部抄本 1925 年,第 30 页。
② 殷梦霞、李强选编:《民国铁路沿线经济调查报告汇编》第五册,国家图书馆出版社 2009 年版,第 664 页。
③ 青岛市档案馆编:《帝国主义与胶海关》,档案出版社 1986 年版,第 55 页。
④ 殷梦霞、李强选编:《民国铁路沿线经济调查报告汇编》第五册,国家图书馆出版社 2009 年版,第 669 页。
⑤ 常之英、刘祖干纂修:《潍县志稿》卷之二十四《实业志·商业》,民国三十年铅印本。
⑥ 彭南生:《半工业化:近代中国乡村手工业的发展与社会变迁》,中华书局 2007 年版,第 418 页。

业，扩大其社会影响与知名度，在异地外商与本地绅商的共同努力下，从石佛寺邮局开始，逐级上报，后于1930年由国民政府批准，石佛寺改称"新民市"，邮政地图与邮戳同时施行。① 因此，近代柞蚕丝业对于农村集镇的作用之大，可见一斑。

三 在近代蚕丝业史上占有举足轻重的地位

鸦片战争以来，中国被迫纳入资本主义世界市场体系，日益沦为资本主义国家倾销商品和掠夺原材料的场所。茶叶和丝绸在国外茶叶和丝绸的激烈竞争下，先后败下阵来。而柞丝绸作为中国特产，世界性的稀缺资源，在传统桑丝绸面临困境之时，异军突起，不仅在一定程度上弥补了近代贸易逆差的漏卮，而且也提高了国人振兴实业、抵御外来经济侵略的信心。

> 今日世界之需要，几全仰赖于我国之供给，我国每年灰丝输出至海外者，约有30000担，价值关平银1200万两以上，实为我国输出品之大宗。②
>
> 然此种山绸，欧美人士多乐购用以制夏衣，倘能推广，不但可以挽回利权，且亦可与世竞争。③

为了更为具体分析柞蚕丝业在近代中国蚕丝业中的地位，笔者以1912—1927年中国各种丝经出口数量情况为个案进行考察。见表6—6所示：

表6—6　　　1912—1927年中国各种丝经出口数量情况统计　　单位：担

类别 年份	白丝	黄丝	经丝	厂丝	灰丝	合计
1912	20876	19414	22430	59157	36161	158038

---

① 件仲坚：《丝绸之市石佛寺》，《河南文史资料》1994年第3辑，第101页。
② 《野蚕丝之产销及其贸易状况》，《工商半月刊》1930年第2卷第20期。
③ 汉声：《盖平县之丝业谈》，《协和报》1914年第5卷第9期。

续表

类别 年份	白丝	黄丝	经丝	厂丝	灰丝	合计
1913	11617	17633	20553	69541	29662	149006
1914	6491	14659	9601	56766	21072	108589
1915	6780	13145	26029	63139	34004	143079
1916	5947	13867	15461	68286	18682	122243
1917	4612	14492	15377	73103	18236	125820
1918	4159	12361	15659	64187	28588	124954
1919	4468	18669	18331	90038	33681	165187
1920	3482	13410	9595	56043	21785	104315
1921	2248	13967	10281	87484	37084	151064
1922	2593	14433	18463	89248	23471	148208
1923	3111	12613	14033	77470	31196	138423
1924	2928	13276	11452	81047	22572	131275
1925	2836	11445	15833	103289	34614	168017
1926	2641	12532	13084	107297	31096	166632
1927	5143	14236	11388	101889	24924	157580

据表6—6不难发现：从1912年至1927年，中国各种丝经出口数量总体变化呈现平稳增长的态势。其中以厂丝增长幅度最为明显，因为厂丝是用机器生产，符合国际市场的要求。灰丝（柞蚕丝）的出口数量在此期间一直位居第二位，白丝、黄丝和经丝均是桑蚕丝的不同种类，这三者位居最后。

在此期间，不同种类的蚕丝在出口量的变化曲线基本反映了近代蚕丝业内部的结构组成以及柞蚕丝的重要地位。

开埠通商以后，随着国外市场对中国柞蚕丝制品需求的增加，柞蚕丝业才迎来了前所未有的繁荣。对于中国蚕丝整体行业而言，柞蚕丝制品凭借其物美价廉的比较优势，在国内外市场独领风骚，不仅扩大了蚕丝业出口的数量，而且也优化了蚕丝业的内部结构，为蚕丝业的兴盛增添了一支新力军。"近来洋货盛行，夺我利源，极宜广种，以图抵制，至山蚕则尤为大利。"①

> 我国自昔亦农桑并称,民间蚕事,惟桑是赖。桑蚕之外,知者甚鲜,尤以江南为然。然衣被天下之丝,固不限于依桑为命之蚕也。野生之蚕,食柞叶以代桑者,曰柞蚕,亦曰山蚕。其利与桑蚕同。②
>
> 我国的蚕丝在输出国外以后,培植了很多在事业上的劲敌,后起之秀如意大利和日本等,都在国际上和我们分庭抗礼,所以我国蚕丝在国际上的地位早已不能唯我独尊;惟有柞蚕丝一项,直到今天为止,各国中能够和我们竞争的是没有发现。③

柞蚕丝、桑蚕丝、毛呢绒每担成本不同,柞蚕丝每担200—400元,桑蚕丝800—1000元,毛呢绒600—1500元,柞蚕丝每担成本是每担桑蚕丝成本的三分之一,也是每担毛呢绒成本的五分之一④。

正是由于柞蚕丝业明显的比较优势,从而使得其在近代中国蚕丝业发展历程中占有举足轻重的地位。因受自然和社会条件制约,柞蚕丝业在其他国家发展滞缓。外国虽有桑蚕丝业而无柞蚕丝业,使得中国柞蚕丝制品在国际市场上占有垄断地位。

> 柞蚕饲育,以天时、地利、人和的关系,至今成为我国独占的事业,在桑蚕丝业发达的国家,如日本、意大利等国,以环境的限制,均付缺如;近年以世界人造丝业进步,品质增进,成本减低,益以世界经济不景气,故天然桑蚕丝事业大受打击,在我国以生产技术落后,经营不合科学,蚕种不优良,对于桑树培育不注意,生产运销不合作,以及资本不雄厚等原因,故桑蚕丝业尤受痛苦,以与往日相较,殊不胜今昔之感,因此,一般人鉴于桑蚕丝业前途之不可乐观,同时柞蚕事业在我国反有蒸蒸日上之形势,大家均把目

---

① 《公牍:农工商部劝种美棉蓝靛并放养山蚕札》,《农工杂志》1909年第2期。
② 《柞蚕事业之检讨》,《中日文化月刊》1941年第1卷第5期。
③ 方柏容:《我国柞蚕丝业的回顾》,《纺织建设》1948年第1卷第3期。
④ 曾慎:《改良中国野蚕丝绸业第一次三年计划书大纲》,《河南大学学报》1934年第1期。

光集中于柞蚕一事业上。①

山东半岛丘陵面积多于平原，除了发展鱼盐产业之外，柞蚕丝业也是一种利用地利之便的不错选择。

> 胶东普通饲蚕者，春一人可饲500只蛾，秋一人可饲1000只蛾，以柞场面积及获利之比例计之，虽不及桑蚕之丰，但以荒山及人工之价值论之，其地位当不出桑蚕之右也，总以柞蚕系利用不可耕之荒山，虽利较薄，亦极经济，况我国面积辽阔，童山秃岭，比比皆是，如遍植柞林以饲蚕，每年最低获利当可在数万万元以上之巨也。②

当时全国"倚这柞蚕业为生的人为数有1000—2000万人，在烟台一带的工厂有几百家，在鼎盛时这事业不仅替国家每年挹注一大批抵销因舶来品损失的漏卮，并且使鲁东一带的人民生活安定而富足，人人乐业"③。

综上所述，近代柞蚕丝业的发展和繁荣，不仅优化了蚕丝业的产业结构，丰富了蚕丝业的内涵，而且提高了近代蚕丝业的市场竞争力，增加了蚕丝业的对外出口数值，一定程度上对近代中国经济的恢复和发展做出了自己的贡献。

第三节　近代柞蚕丝业兴衰的原因与启示

迄今为止，学术界关于近代蚕丝业兴衰原因的阐述并不鲜见，但尚缺乏对柞蚕丝业系统而深入的专题研究。近代柞蚕丝业兴衰的原因虽然与桑蚕丝业有相似的方面，但是也有差异的地方。

---

① 巴又愚先生演讲，王理传笔记：《柞蚕饲育研究》，《农民半月刊》1936年第1卷第3期。
② 巴又愚：《胶东之柞蚕》，《中国蚕丝》1935年第1卷第1期。
③ 方柏容：《我国柞蚕丝业的回顾》，《纺织建设》1948年第1卷第3期。

一 近代柞蚕丝业兴盛的原因

关于近代柞蚕丝业兴盛的因素，学术界对此也有简要的探讨。传统观点强调近代柞蚕业的发展是帝国主义对中国进行农副产品掠夺的客观作用。① 如陈冬生研究认为，近代时期，帝国主义国家加强对我国农副产品的掠夺，柞蚕产品商品化程度进一步加深。② 笔者同意前人的论断，同时认为近代柞蚕丝业兴盛的原因还有以下三个方面：

第一，开埠通商后，国际市场对中国柞蚕丝制品（柞蚕丝和柞丝绸）的巨大需求，刺激了柞蚕丝业的兴盛和发展。19世纪中期，欧洲蚕业暴发瘟疫，蚕丝产量大减，客观上增加了对中国蚕丝的需求。"欧洲自有蚕疫之后，始需用外来之丝。其丝之佳，亦未尝逊于欧种，而自1870年之后，其佳妙益著。"③ 据台湾学者张玉法研究认为："1900年以前，约在1870年代，由于欧洲市场的看好，山东生丝的出口有显著增加。"④ 柞蚕丝在国际市场上突然畅销的原因，据1909年《四川官报》收录《中外日报》云：

> 中国所产柞蚕丝，织以为绢，向来销路不甚畅旺，罕有用以制衣者，乃近日欧美风气行之，空中飞行器莫不以柞蚕丝质为气囊，于是中国柞蚕丝商及绢商之在芝罘者，忽得大宗主顾，洋商则纷纷加价，每丝百斤目下开盘须银530两，照此情形，恐须腾至700两左右，芝罘之制丝工场亦已新添15户之多，盖亦实业上新发明之药品也。⑤

近代国际市场对柞蚕丝的需求几乎全部来源于中国。"世界今日之

---

① 陈万明、王希贤：《中国近代生丝出口贸易兴衰探略》，《南京农业大学学报》1986年第2期。
② 陈冬生：《清代山东柞蚕的生产发展与传播推广》，《古今农业》1994年第1期。
③ 颂尧：《烟台之丝业观》，《钱业月报》1922年第2卷第10号。
④ 张玉法：《中国现代化的区域研究——山东省》，"中研院"近代史研究所1982年版，第551页。
⑤ 《柞蚕获利》，《四川官报》1909年第33期。

需要，几全仰给于中国"①。当时日本也大量进口中国柞蚕丝进行纺织。

> 近来京都越后及丹波等处之机业家，每年输入柞蚕丝甚多，混入于各种织物。盖柞蚕丝之比生丝价格低廉，其效用则与生丝相类，故织业家多喜用之也。②

柞丝绸在国际市场上也十分畅销。柞丝绸质坚而价廉的比较优势，使得"欧美之需要极广，消费用途缘以扩大"③。其中以山东柞丝绸在国际市场上需求最为旺盛，"山东之茧绸因价廉耐久，故其名甚高，且需要之增加，年盛一年"④。据王玉茹研究认为，从1899年开始，府绸（柞丝绸）开始畅销国际，并且大多时间呈现需求大于供给的趋势，⑤原因就在于柞丝绸的特殊品质。

> 柞蚕丝近来已为世界的需用品，又丝质比家蚕的丝强韧而切实用，故国内所产的府绸，也极畅销。不特制夏衣极为适宜，即做棉夹衣服也很适用。府绸的质地比官纱较软而比纺绸则较刚，不容易褶皱，故近来常有取为做洋服的，如果能够加以选择蚕种，制法改良，能够做出更纯净的绸来，用途决不会在现在极通销的哔叽之下的。⑥

第二，相对于桑蚕业而言，北方地区发展柞蚕业不挤占农业耕地，需用的人工劳力较少。相对于饲养桑蚕而言具有明显的比较优势，从而使得柞蚕丝业在北方地区具有很大的发展空间。

---

① 陈隽人：《安东茧丝之研究》，《中行月刊》1930年第5期。
② ［日］谷口龟太郎：《柞蚕饲育之实验》，《广东劝业报》1910年第98期。
③ 《茧绸产销情形与出口商应有之注意》，《中外经济周刊》1924年第89期。
④ 白眉初编纂：《山东省志》第七卷《实业》第三章《农业·柞蚕丝》，泰州新华书店古旧部抄本，1925年，第35页。
⑤ 王玉茹、张玮：《府绸市场变动趋势与商人行业组织：1899—1930》，《山西大学学报》（哲学社会科学版）2007年第6期。
⑥ 乔峰：《柞蚕与府绸》，《自然》1926年第1卷第3期。

柞蚕之饲养亦为国人所注意，盖饲育柞蚕，既不需大量之资本与劳力，又可利用山野之荒地，更不必具有如饲养家蚕之脑力，以此低度之生产要素，而同样可获美满之效果，是近年柞蚕之饲育所以勃兴于破产农村之原因也。①

灰丝之价虽不及湖丝，但统计工本，其利更优，譬如桑蚕得茧百斤，人工至少必须三人，而叶价、灯烛、炭火等杂用，更益以添补器具，除去叶价，尚须十余元之血本，而柞蚕则每须工人一人，丰年可得茧四五十斤，两相比较，盈绌自见，其便利者八。②

柞蚕丝制品的比较优势主要体现在坚韧耐用和价格低廉。"近来柞蚕丝为世界的需用品，较之家蚕丝强韧实用"③。具体来说，柞蚕丝相比桑蚕丝具有五种比较优势。"第一、较为强韧；第二、富于光泽适于交织；第三、有收缩性，故得适于制绸利用，此性质之细工物；第四、价格低廉；第五、对于各种药品，耐久力甚强。"④ 显而易见，柞蚕丝这种优良的品质特点使其不仅可以用于纺织工业，而且还广泛应用于国防、电气和化工等工业领域。1917年，日本东亚同文会编纂的《中国省别全志》曾载：

柞蚕丝与桑蚕丝相比虽然劣点较多，但是其价格低廉，耐久力强。中国内地多用此织造茧绸之外，极少用作其他用途；还有在辫绳、辫发时将其辫入，用于制作纽扣、腰带、制靴、袋子等，在欧美各国还用于衣服装饰品、编织物，及绢绵交织物等。⑤

可见，在当时对柞蚕丝的利用价值还没有充分挖掘。"灰丝为中国

---

① 周占梅：《柞蚕》，《农报》1936年第3卷第35期。
② 《柞蚕十利说》，《农工杂志》1909年第6期。
③ 白眉初编：《山东省志》第七卷《实业》第三章《农业·茧绸》，泰州新华书店古旧部抄本，1925年，第41页。
④ 《野蚕丝之产销及其贸易状况》，《工商半月刊》1930年第2卷第20期。
⑤ [日]东亚同文会编纂：《中国省别全志》第四卷《山东省》，1917年版，南天书局1988年影印，第816页。

之特别天然产品,其用途已广达于世界各国,历年享受美名,盖以其成本低廉而品质强韧故也"①。但是不久以后,随着化学、航空工业的发展,柞蚕丝的用途逐渐扩大,其制品除了物美价廉之外,还有区别于桑蚕丝制品的独特优势,即柞蚕丝制品耐酸碱性、绝缘性、坚韧性都非常优良,不仅适合作为纺织原料,而且适宜应用到工业领域。

> 盖其所吐之丝,除在中国可为绢绸之材料外,尚可用之丝绳、腰带、腿布等。而在欧美各国则用途更广,如用作剪绒、窗帘、装饰用飘带、来司、衬衫、夏衣等。此外可作毛或棉毛交织,妇女披肩、伞类、奈克他等,并可供飞机之翼或火药包装,电信至考特等用,其效用固甚广也。②

正是由于柞丝绸具备特殊的物理化学性能,使其成为人们喜闻乐购的产品。"茧绸之所以广为受欢迎,有两个特点是其他绢织物不能比拟的,一是价格低廉,二是品质坚固。从而使其成为中下层家庭最爱用的物品之一。"由于其独特的物理化学特性,其制品在"最近流行的汽车、气球、飞行机上被广泛利用,旺盛的需求刺激了柞丝绸的输出,呈现不断扩大的趋势"③。柞丝绸质坚耐牢的特性还可用于国防工业的原料。如日占东北期间,"曾利用柞蚕制作大批军需物品,如柞蚕丝织落下伞材料,成绩极优,而尤以挽手制防弹背心,及防弹帽子,亦颇著成效"④。

第三,地方士绅和工商业团体的提倡和支持。近代柞蚕丝业的兴盛除了旺盛的国外需求之外,也与当时官方和民间的倡导密不可分。虽有学者如于春英等⑤对此进行过阐述,但是过于简略。笔者在此拟作进一

---

① 陈隽人:《安东灰丝之研究》,《中行月刊》1930年第5期。
② 李公衡:《东北农业地理》,《新亚细亚》1936年第6期。
③ [日]东亚同文会编纂:《中国省别全志》第四卷《山东省》,1917年版,南天书局1988年影印,第832页。
④ 孔德明:《东北柞蚕丝业之概况》,《物调旬刊》1948年第36期。
⑤ 于春英、衣保中:《近代东北农业历史的变迁》,吉林大学出版社2009年版。苑朋欣:《清末新政时期柞蚕业的发展及其原因》,《中国社会经济史研究》2011年第1期。栾学钢:《晚清吉林的实业教育》,《中国科技史杂志》2005年第9期。

步的分析。清末民初，为了发展地方实业和挽回利源，山东、东北、四川、浙江等地方官绅大力倡导发展柞蚕事业。主要体现在设置专门机构发展柞蚕事业，积极创办蚕业教育，组织产销团体等方面。

近代以来，山东柞蚕丝业不仅受惠于地方官绅和海关部门的关照，而且也受到中外慈善团体的鼓励和支持。民国初期成立的烟台丝业促进委员会，专门负责对柞蚕丝业的研究和推广。其主要推广柞蚕丝业的办法是分发橡种、提倡培柞、研究蚕种及饲法、改良缫丝及织染、在烟台设蚕丝专科学校和培植专门人才等方面，又在牟平、文登、栖霞各县内，附设五处蚕业传习所，指导农民切实进行，效果十分显著。

> 往年烟台丝业促进会，曾自民国二十年（1931）起，每年从该省购办大宗橡种，分发民间种植，若于土质肥沃之处，播种后四年即可饲蚕，若于土质瘠薄之处，约经六、七年方可饲蚕，现在烟台丝业促进会所分发之橡种，已大部充为饲蚕用矣。①

牟平县"烟台海关在本县分设蚕业讲习所三处，在下雨镇、凤凰崖等地，本年放蚕者约有 7300 户"②。据《民国山东通志》所载："在柞蚕区，烟台华洋义赈会曾大批购买柞树种子无价分配农民栽种，发展柞树，以提倡柞蚕饲育。"③

近代辽宁柞蚕事业也得到政府士绅的积极支持和倡导。"近数年来，国民知识既已渐开，而地方官绅亦多以振兴实业为务，于是乎辽东半岛之橡蚕一业，遂亦大著于世矣。"④ 民国九年前后，奉天盖平县对放养柞蚕由以前不提倡向积极倡导政策转变。

> 吾邑东南多山，最利养林放蚕，然从前不予提倡，居民以余地，包括山场而剪子最少，近年以奖励之法催报剪场，风气渐开，

---

① 巴又愚：《胶东之柞蚕》，《中国蚕丝》1935 年第 1 卷第 1 期。
② 《山东柞蚕业调查》，《工商半月刊》1935 年第 7 卷第 3 期。
③ 《民国山东通志》编辑委员会编：《民国山东通志》卷十五《农业志》，山东文献杂志社 2002 年版，第 1516 页。
④ 汉声：《盖平县之丝业谈》，《协和报》1914 年第 5 卷第 9 期。

遂将所有山场渐次和盘托出，计原有红剪不过五千余把，近以原报期满，催促将红剪浮多及黑剪并荒山三项报至一万一千三百四十余把之多，统计本县剪场可有两万把之谱。①

民国二十三年前后，奉天庄河县也以奖励方法来鼓励农民包租山场，放养柞蚕。

清朝末期，辽宁柞蚕事业逐渐向吉林等地推广。1907年，试办山蚕委员许鹏翊奏请农工商部批文保护柞蚕业的发展。"吉省山林产橡极多，拟仿奉天放养山蚕之法，收茧、缫丝。恳求咨饬地方保护，以兴丝业，而辟利源，并开具章程禀请批示遵行等情前来。"② 1908年成立山蚕局，并鼓励放养柞蚕。"吉省山蚕局，现在出示晓谕民间劝种橡树，养放山蚕并晓谕办法数端。"③ 而后，在地方绅商的带领和鼓舞之下，吉林地区开办研究所、讲习所招收工徒。

> 委员等拟招徒二十名，在各场帮同作活，以资学习，复稍给工食，以资劝勉。一年毕业之后，由局发给文凭，次年愿留局熟习者，即酌加工食，不愿留局者，即归家自放或转荐各州、县充当蚕长。④

同时，地方绅商还积极发明蒿柳饲蚕及刊发《柳蚕新编》。"吉省山蚕，本为天然美利，只以橡柞多在山冈，平原尚少，蚕事或未遍兴。该委员复查得蒿柳一种，亦可饲养山蚕，倘能布种，日多自属有俾蚕业。"⑤ 如是之故，吉林柞蚕事业才得到迅速发展。

在西南各地，地方士绅倡导及模范推广作用也较为积极有效。陕西石泉县令通过刊印有关放养柞蚕书籍来提倡放养。

---

① 崔正峰修，郭春藻纂：《盖平县乡土志》，《山剪》，民国九年石印本。
② 吉林省档案馆编：《清代吉林档案史料选编·蚕业篇》，农业出版社1984年版，第12页。
③ 《别录：劝民试办山蚕（北洋官报）》，《四川教育官报》1908年第6期。
④ 吉林省档案馆编：《清代吉林档案史料选编·蚕业篇》，农业出版社1984年版，第212页。
⑤ 同上书，第174页。

卑职随即捐廉将教种山蚕之法十一则，刊刷成本，先印四百本，传集城乡绅粮，林鸿藻、段家楣、吴文翰、段国圻、刘淦明、吴华沛、刘光荣、尹照荣等各领五十本，转散四乡六十九团，明白团，保殷实①。

四川合江县士绅王文献对柞蚕事业曾经大为提倡。

合江县……山蚕……近年颇著成效。该县附贡生王文献对于斯业尤为热心，日昨于宅内自立蚕业传习所，特具禀劝业道宪恳请立案，闻周观察禀之后，嘉尚不已……合江提倡山蚕，该绅之功为最，此次又于自宅实录尘竹里馆，自立蚕业传习所，热心实力，极堪嘉许。使该县人人皆如该绅，则合江一县之利无穷；使四川人人皆如该绅，则四川一省之利无穷矣。②

为了保护柞蚕事业，当地政府也极力支持士绅的倡导行为。

山蚕为四川急切待兴之大利，该县为山蚕发起之地，该绅又为山蚕发起之人。不但该绅所办各厂，该县旧有各厂不容他人阻挠破坏。即各属办理山蚕之人，本道无不力予保护，维持有树不养之人，本道亦必先劝后迫，惟放蚕所以兴利，凡因放养蚕为害之事，亦必力为禁止，勿使民间视放蚕之业为畏途，放蚕之人为仇怨。③

清末之际，云南保山地方官绅对于柞蚕事业的倡导也比较积极。

保郡山蚕自瑞鹤庄太守提倡以来，成效大著。……兹据最近调查详录于下：计阆中26厂，收茧750万有奇；南部5厂，210万有奇；苍溪3厂，120万有奇；通江南江共60万有奇，总计共收茧

---

① 《石泉县仿办黔省教养山蚕成法禀》，《四川官报》1904年第22期。
② 《四川：提倡山蚕之宪批》，《广益丛报》1909年第209期。
③ 同上。

1100 余万颗，以每千茧取丝 8 两计算，约可取丝 10 万两，今春卒业学理生共 20 余名，实习生 700 余人，来年山蚕必更有进步也。①

贵州地区柞蚕事业曾在清朝中期发展较为迅速，后来由于鸦片种植的替代效应，柞蚕事业逐渐衰落。自抗战以来，东北、河南、山东等地柞蚕事业受到严重破坏，而此时贵州的柞蚕事业在政府的劝导之下又逐渐得到复苏。

自民国二十七年以来，黔省府暨遵义县府，即着手办理贷款购种，散发黔北各县农民。二十八年度，贵州省农业改进所指导改进黔北各县柞蚕事业，划定遵义一县为柞蚕示范区。并成立黔北之桐梓、正安、绥阳、湄潭四县柞蚕指导区。派定人员，负责指导。②

抗战时期，贵州还积极成立柞蚕事业指导机关，以此来推动柞蚕事业的快速复苏。其具体情况如表 6—7 所示：

表 6—7　　　　　1939 年前后黔北各县柞蚕丝机关情况统计

名称	所属机关	事业性质	地址
遵师附设蚕桑科	贵州省立遵义师范学校	培养蚕桑人才	遵义老城
柞蚕试验地	贵州建设厅农业改进所	制种及研究	遵义老蒲场
柞蚕指导区	贵州建设厅农业改进所	推广工作	桐梓、正安等县
贵州丝织厂	贵州企业公司	缫丝织绸	遵义城郊
中国蚕桑研究所	中英庚款董事会	研究工作	遵义城郊

资料来源：贺益文：《黔北柞蚕事业的过去和现在》，《东方杂志》1941 年第 38 卷第 6 期，第 17 页。

不能否认，近代柞蚕丝业兴盛的与各地丝绸公所等商业行会组织团体的密切支持不无关系。九一八事变之后，柞蚕丝业整体处于内失原

---

① 《四川：山蚕进步》，《广益丛报》1910 年第 239 期。
② 贺益文：《黔北柞蚕事业的过去和现在》，《东方杂志》1941 年第 38 卷第 6 期。

料，外失市场的不利情况。上海作为柞丝绸出口贸易的中心，丝绸行会也在想方设法挽救柞蚕丝业的衰颓局面，其中上海柞丝绸公所积极要求国民政府对柞丝绸出口免税的请示是为明证。

> 府绸公所致财政部关务署电云：南京财政部关务署张署长赐鉴，政府实行裁厘加税。敝业山东、河南所产府绸，纯用野丝织造。国内并无销场，专销国外，为出口土货之一。近因辽宁大宗出产之野丝原料，被东邻吸收，计占全额十之六七，仗彼南满出口税轻，与吾国竞销欧美，业已被夺将尽。应请钧部订立税率时特加注意，于原料野丝税率，国内周流特予减轻，出口酌为加重。并请对于府绸出口，援照茶叶成例，准予免税。除专函呈请外，特再电呈。上海、山东、河南丝绸业事务所叩梗（飨）。①

上海商会还积极要求国民政府对柞丝绸业避免重复征收赋税。诸如下述史料所述，在征收蚕丝税时，退还茧税；在征收丝织品税时，发还蚕丝税等，从而扶持柞蚕丝绸工业的健康发展。

> 沪市商会电财政部云。案据十七日报载，财政部特税筹备处，对于蚕类征收范围原规定茧丝绸并征。现税则会以三种并征，类似复税，决定将丝免征，仅征茧、绸两项等语。查民国十七年十二月五省裁厘会时，议决通过经钧部公布之特种消费税条例。其第四条规定有云，本条例所列货品有重税时，即按照货品性质分别发还原税。其办法如下：（一）征收蚕丝税时，发还茧税。（二）征收丝织品税时，发还蚕丝税各等语。规定极为详明，既有还税之制，以资调剂。则所谓重税情弊，自无虑其实现。今如原电所云，不以还税为避免重税之资，而以仅征茧、绸两税为避免复税途径。则既完茧税，再完绸税，讵非重复。且论其实际，惟由茧丝而织成绸缎，方足供人消费。是以各国消费税制，大抵课制成品而不及原料。窃意传此电者，非特于税则并未采讨。即对于部颁消费税条例，似亦

---

① 《府绸业呈请注意原料野丝税率》，《工商半月刊》1931年第3卷第2期。

并无所闻，以致有此揣测之论。属会本未敢据为典要。惟绸业自闻此耗，即未免纷纷疑虑，以为一物一税之原则，深恐因此动摇，为慰藉商情起见，用敢不揣冒昧，电呈钧部俯赐查示真相，以安群情，实为公便，上海市商会叩养。①

近代河南地区柞丝绸生产的兴盛也与当地丝绸业组织团体的管理密不可分。光绪三十一年，《河南官报》第三十一期刊登了镇平试办丝绸商会《章程》，是目前所知镇平县丝绸行业的最早文献。该《章程》提出引进沿海先进的生产技术，实行包机，严格规定产品质量规格，杜绝伪劣产品，为客商提供资金服务等措施。② 20 世纪 30 年代初，沪商庞藻又针对河南柞丝绸管理不善的弊端，亲自撰写《豫绸整顿方略》，受到当时镇平自治领导彭禹廷先生的重视。1932 年，镇平县丝绸改良委员会正式成立，推举彭禹廷为会长。③ 可知，这些措施均为镇平柞丝绸业的稳定发展做出了重要贡献。

二 近代柞蚕丝业衰落的原因

正如"历史学家常常要面临这样一个问题，究竟中国社会的何种特质阻碍了这个国家在 19 世纪的经济发展"。④ 本书也要面对的一个不可回避的问题是，什么原因导致了近代柞蚕丝业的衰落。关于近代柞蚕丝业衰落的原因，目前学术界主要有以下三种观点：

一是受 20 世纪 30 年代世界经济危机的影响，经济危机导致了柞蚕丝业出口的下滑，进而造成柞蚕丝业的整体衰落。如李平生研究认为 20 世纪 30 年代，是中国近代蚕丝业史上的一个重要转折时期，而造成中国蚕丝业全面衰落的重要原因即是 1929—1934 年的世界经济大危机。⑤

---

① 《沪市商会电询仅征茧绸两特税问题》，《工商半月刊》1931 年第 3 卷第 4 期。
② 《镇平试办丝绸商会〈章程〉》，《镇平文史资料》第 11 辑，1993 年。
③ 吕金典：《镇平县丝绸改良委员会始末》，《镇平文史资料》第 11 辑，1993 年。
④ ［英］科大卫：《近代中国商业的发展》，周琳、李旭佳译，浙江大学出版社 2010 年版，第 165 页。
⑤ 李平生：《世界经济大危机与中国蚕丝业》，《中国经济史研究》1989 年第 4 期。

章楷在《我国近代柞蚕业发展史探析》[①] 中略述柞蚕丝外销对柞蚕业兴衰的影响，并提及近代中国柞蚕丝业的衰落和 1929 年爆发的世界经济危机密不可分。

二是近代动荡不安的政治环境不利于柞蚕丝业的发展，例如日本侵华战争对柞蚕丝业的破坏作用。如古开弼研究强调，近代中国柞蚕丝业的盛衰与时局的影响直接相关，处于严重起伏不定的状态，在抗日战争之后呈现逐步下降的趋势。[②] 史建云研究认为日军侵占东北对柞丝绸业的打击也是灾难性的。[③] 周匡明研究也指出，20 世纪 30 年代初以来我国蚕业所走的坎坷道路，主要原因就是日本统治集团的阻挠和破坏。[④]

三是柞蚕丝制品替代产品如人造丝、尼龙的出现，也加速了柞蚕丝业的衰落。有学者认为，人造丝的发明严重削弱了柞蚕丝制品的竞争力。[⑤]

笔者比较赞同学术界对近代中国衰落原因的看法，但是上述三种观点皆为柞蚕丝业衰落的外部原因。笔者认为，近代柞蚕丝业的衰落应该是多种原因综合作用的结果，不仅受制于政治、经济等大背景的影响，还与其自身产业体制等方面的不健全息息相关。

首先，近代中国柞蚕放养区域和柞丝绸生产区域的严重分离，也直接影响了柞蚕丝业的长远发展。近代中国柞蚕放养区域主要在东北地区，而柞丝绸织造区域主要在一海之隔的山东地区。这种柞蚕生产和柞丝绸织造互相分离的特点不利于柞蚕丝整个行业的良性发展，尤其是处于近代时局动荡、商品经济虚假繁荣、投机性大的社会背景之下。

如史料所载"我国山东虽为柞蚕丝与茧绸业发达最早之地，然本省原料供不给求，每年由安东、大连输入茧丝甚多"。[⑥] 而近代东北地区

[①] 章楷：《我国近代柞蚕业发展史探析》，《蚕业科学》1991 年第 4 期。
[②] 古开弼：《我国柞蚕业发展史考略》，《农业考古》1995 年第 3 期。
[③] 史建云：《论近代中国农村手工业的兴衰问题》，《近代史研究》1996 年第 3 期。
[④] 周匡明：《中国近代蚕业史概论》，《蚕业史论文选》，中国文史出版社 2006 年版，第 115 页。
[⑤] 周德华：《人造丝与中国近代丝绸》，《丝绸》2004 年第 6 期。
[⑥] 《安东柞丝之楚材晋用》，《中外经济周刊》1924 年第 52 期。

柞蚕丝原料逐渐由输往国内到输出国外，也直接导致了山东柞丝绸业的衰微。

> 野蚕缫丝，几悉供输出，而其中输出日本之数，平均约居十分之七。而安东、大连两口岸出口之丝，几悉为日本所吸收；国内得微沾余润者，惟有烟台输入之茧耳。①

近代东北大部分柞蚕茧产区，在收获蚕茧经过缫丝之后，大多出口销售。"东边所属各地，每年春秋两季收获之柞茧，尽数运来安埠，售于各缫丝工厂，缫成灰丝，分列等次，再行转销西欧及日本各地。"② 山东烟台作为近代中国柞丝绸的缫织中心，其原料大部分来自东北柞蚕产区，一旦东北地区柞蚕茧输入受阻，山东柞丝绸产业势必呈现衰微之势。

> 烟台缫丝所用之原料茧，一部取自本地，大部则购自安东，缫用小框而出口，乡间缫丝之原料茧，一部购自安东，大部则取自本地，缫用大框而自用，因有安东茧之充分供给，故彼时烟台丝市之隆盛，极有可观也，此后丝业中人，鉴于土产原料茧，既不敷需用，且以安东茧运费之巨，遂有移缫丝厂于安东，就地采茧制丝，运回烟台织绸，比较省费，故烟台之丝市遂由是而渐衰。迨自"九·一八"事变之后，安东蚕茧不能运烟，致烟台之丝厂，大部沦入破产，其资本雄厚之家，亦尽搬至安东，而所缫之丝遂皆为日人所利用矣，至于烟台附近之文登、栖霞、海阳一带之丝厂，因此较前大减，此种现况，胶东丝业之破产，可指日而待也。③

烟台作为近代柞蚕丝缫制的中心，其原料主要来自东北地区。后来由于柞蚕茧运费昂贵，大多在东北地区缫丝，直接导致烟台柞蚕缫丝业的衰落。山东的柞丝绸产业也遇到与缫丝业类似的状况。

---

① 《安东柞丝之楚材晋用》，《中外经济周刊》1924 年第 52 期。
② 《安东柞丝渐有起色》，《工商半月刊》1931 年第 3 卷第 10 期。
③ 巴又愚：《胶东之柞蚕》，《中国蚕丝》1935 年第 1 卷第 1 期。

> 惟山东织品之原料，不敷需用，本地仅可供给一部，而大部尚须购自安东，现在原料渐感受缺乏，故烟埠及附近，各县绸厂及织台，大部停业。①
>
> 自东北沦亡，东北柞茧不再输入烟台，烟台各丝绸厂之原料三分之二以上为自东北入口者，今以原料缺乏，柞茧丝绸工厂皆行停工。②

其次，近代中国柞蚕丝业衰落的内部原因还与其产业内部信用丧失、生产技术陈旧落后、组织管理缺失、沉重的剥削制度等密切相关。

近代时期，柞蚕丝业欺诈现象的出现导致行业信用的缺失，也加速了柞蚕丝业整体衰落的趋势。近代柞蚕丝业的短暂繁荣，致使许多缫织工厂盲目追求利润，而放弃对产品质量的监管，最终使得产品声誉日低，销路日塞。

> 茧绸业亦感同病，内地制织之家，见近年销路之旺，惟冀多售获利，不计品质，故绸质有退无进，声价日落，而内地织业尚不自知其非，谓以廉价售劣货，较以高价售良品为有利，后见销路日塞，存货日多。③

昌邑、栖霞作为山东柞丝绸的生产中心，也因产品质量问题而导致外销困难。"山东柞绸业多操昌邑手中，在昌邑所设工厂约六十三家，但因信用扫地，昌邑几乎不能销外洋，只销关内。"④ 栖霞县在"民国十一年，各厂贪图一时微利，参用浆粉过多，绸质太劣，信用丧失，销路遂大减"⑤。不仅昌邑、栖霞所产柞丝绸质量欠佳，而且整个山东半岛出产柞丝绸产区都曾出现制品质量低劣的现象。

---

① 巴又愚：《胶东之柞蚕》，《中国蚕丝》1935 年第 1 卷第 1 期。
② 《山东柞蚕业调查》，《工商半月刊》1935 年第 7 卷第 3 期。
③ 《烟台上半年贸易之不振》，《中外经济周刊》1923 年第 42 期。
④ 《山东柞蚕业调查》，《工商半月刊》1935 年第 7 卷第 3 期。
⑤ 殷梦霞、李强选编：《民国铁路沿线经济调查报告汇编》第五册，国家图书馆出版社 2009 年版，第 434 页。

胶东一带柞绸工厂,缫丝时即加浆,织绸时亦加浆,所用之浆为浆糊、白垩土等,用十两重的纯丝能织成加浆的绸重70两之绸,有浆绸用水冲洗之,所加之浆即被水冲去,绸之厚度、光泽、硬度即行失去,变成软薄之绸,有浆绸受潮后,即行发酵并腐朽,有臭味,所定20码之绸,所织成者往往减少1—2码,因以短少尺寸。有浆之绸代替纯丝尺寸足的绸,以资充替,因此,信用遂失,所织成之绸往往长期不能售出。①

近代柞蚕丝业内部生产技术严重落后,组织管理缺失,也是柞蚕丝业衰落的重要原因。"胶东之织造悉用手工,墨守陈法,千载不变,国外市场需要之长宽厚薄与夫花样之变迁不问也。"② 其中,烟台作为近代中国缫丝业的中心,大多缫丝工厂生产技术仍系旧法。1924年前后"烟台共有缫丝厂30余家,机械纩车共13000余副,不过各厂家皆用土法缫丝"③。不仅缫丝工厂生产技术落后,而且织绸工厂亦是如此。"中国茧绸概系手织,质地稍粗,又种类过多,品质不齐,难于辨识",相比之下"日本茧绸仅有松、梅、竹三牌,品质齐一,外观较美,故日本茧绸在外国市场较占优胜"④。

近代柞蚕丝业在组织管理上的缺失主要表现在生产管理环节中没有形成集中的规模生产,大多是处于分散的家庭手工业阶段,因此生产的丝绸往往出现种类不一,花样单调,色泽、款式不合市场需求等诸多弊端。如东北地区柞蚕缫丝业随着柞蚕放养地带而分散各处,"一般农家自备手缫机一二具,自行缫制"⑤。河南省"柞蚕丝之生产,因散布各县,未有大规模之造丝工厂,不过为农民家庭工业……豫绸织造,系农民之副业,不能集中生产,又因技术不精,缺点甚多,以致阻碍销路"⑥。因此经常出现织工不精的状况,"机户织绸,常无固定之

---

① 《山东柞蚕业调查》,《工商半月刊》1935年第7卷第3期。
② 张兆麟:《胶东之丝绸业》,《工商半月刊》1934年第6卷第5期。
③ 杨立惠:《烟台调查》,《东方杂志》1924年第21卷第12号。
④ 《中国茧绸输出及生产情形》,《中外经济周刊》1923年第8期。
⑤ 雷雨:《东三省之养蚕业与制丝业》,《东省经济月刊》1931年第7卷第7期。
⑥ 《河南省柞蚕丝绸工业考察报告》,《中蚕通讯》1948年第2卷第1—2期(合刊)。

工作人员，已经上机织造者，每多替换；故因技术之不同，易生松紧稀疏之弊病"①。

> 东北柞蚕事业在过去恰如一盘散沙，任其自然发展……加工方面虽有丝业同业公会之组织，但饲育方面于地方上毫无组织。②

近代柞蚕丝业组织管理的缺失不仅体现在生产管理环节上，还充分暴露在出口贸易上，即缺乏国人自己组织的大规模出口贸易机构。

> 胶东丝绸界，自昔即各自为政，而不相联络，虽有所谓丝绸业各公会者，但每次开会所讨论之问题，率皆对付捐税，敷衍强横军队之事，对于本业应与应革不问也。丝绸之出口营业，机关虽多，但类皆不顾国际信誉，动辄欺诈，是以丝绸之出口，率操之于外人。烟台一埠，有洋行十余家，其广厦大楼奴仆千万者，何莫非取自国人之手，然其对国外之信用，则稳定不变，而胶东丝绸之价值，几为外人所定。因是一切权利，尽操之于外人，然烟埠之丝绸家，视之若自然趋势，其不觉悟甚矣。③

近代河南柞蚕丝业衰落的原因，除商人雇主制之沉重剥削外，当地盛行的"租坡"制，也是阻碍柞蚕业健康发展的重要因素。河南种植柞栎的山地为蚕坡，有蚕坡者多不直接饲蚕，每届蚕期，由贫农以赊欠方法购得蚕种后，再向蚕坡主任租赁蚕坡，从事饲育。租坡条件多为收茧后坡主抽30%，亦有将一切费用除外，其余之丝，由蚕农与坡主平分者。贫农购种尚须赊欠，更无余力垫款经营，且收获后又须付出大部分作为坡主的报酬，如此遂使经营粗放，茧质低劣，而多数蚕坡亦因此逐渐衰落，蚕农坡主两蒙其害。如果想要铲除这两种弊端，则必须倡导组织生产及运销合作社，由国家金融机关贷予资金，使能合作生产，共

---

① 《河南省柞蚕丝绸工业考察报告》，《中蚕通讯》1948年第2卷第1—2期（合刊）。
② 王福山、胡仲本：《东北柞蚕业调查报告》，《中蚕通讯》1947年第1卷第5—6期（合刊）。
③ 张兆麟：《胶东之丝绸业》，《工商半月刊》1934年第6卷第5期。

同营运，避免中间商人和地主的剥削。①

综上所述，笔者认为近代柞蚕丝业衰落的主要原因应该是外国的侵略和世界经济危机所造成的。但是，柞蚕丝业内部缺乏行业自律，生产区域和缫织中心的严重分离等因素也加剧了整个行业的衰落态势。

三　近代柞蚕丝业兴衰的历史启示

目前全国柞蚕茧年产量 10 万余吨，产丝绵量 9000 吨，仍然占世界总产量近 90％。② 为了充分发挥中国特有的蚕丝业资源优势，贯彻落实党中央、国务院关于继续推进西部大开发、促进中部地区崛起的战略方针，商务部决定在"十一五"（2006—2010）期间实施"东桑西移"③ 工程。"东桑西移"工程的总体目标是建设 200 个技术先进、市场服务网络体系健全、万亩以上的生态蚕茧基地，形成全国九大新兴蚕茧出口产区。即桂、滇黔、陕甘宁、赣皖及浙西与苏北、湘鄂及粤西、豫晋及鲁西、川渝、新疆和辽吉黑（柞蚕）产区。可知，柞蚕业也是"东桑西移"工程中的重要组成部分。

在东北地区，柞蚕生产的比较优势可以从表 6—8 中的数据看出，在东北地区柞蚕的平均日产量和平均日产值都高于桑蚕的数量。

表 6—8　　　　　1980 年东北地区柞、桑蚕生产经济效果比较

种类	数量	饲养量（把、张）	产茧量（担）	单产（公斤/把、公斤/张）	平均日产量（公斤）	平均日产值（元）
柞蚕		99507	1018516	512	4.25	5.10
桑蚕		6001	3149	26	0.85	3.06

注：1. 柞蚕每把用工以 120 个工，桑蚕每张用工以 30 个工算，两者都不包括柞、桑管培用工。2. 柞蚕茧公斤均价以 1.20 元，桑蚕以 3.60 元算。

资料来源：全国蚕业区划研究协作组编：《中国蚕业区划》，四川科学技术出版社 1988 年版，第 47 页。

---

① 夏光耀：《河南柞蚕丝之产销概况》，《中农月刊》1945 年第 6 卷第 2 期。
② 《振兴中国柞蚕丝业再筑东北亚丝绸之路》，节选自《中国茧丝绸网》http：//www.silk-e.org/zyxw/24644.htm。
③ "东桑西移"的"桑"不是狭义的桑田或桑树，而是指整个茧丝绸产业。参见金菊花《基于产业转移理论的"东桑西移"战略》，《丝绸》2008 年第 5 期。

六十多年前，黄炎培先生曾经提出著名的"其兴也勃焉，其亡也忽焉"的历史周期律。笔者认为，近代柞蚕丝业兴盛与衰落的变化，可用黄炎培的名言进行概括。近代柞蚕丝业的兴衰起伏实际上是近代中国经济发展历程的一个典型缩影，赋予当今柞蚕丝业的复兴以许多历史启示。

首先，稳定的社会环境是柞蚕丝业发展的根本保障。近代以来，柞蚕丝业虽然获得快速的发展，但是由于政局动荡，外国侵略频仍，严重影响到柞蚕丝业的正常发展。

拿东北柞蚕丝业的发展情况来讲，清末民初，东北柞蚕丝业迎来了发展的辉煌时期。当时东北柞蚕茧产量位居全国首位，大量输出到山东进行缫丝和织绸，区域贸易非常活跃，刺激了中国柞蚕丝制品的出口贸易。但是，九一八事变之后，东北地区柞蚕茧生产被日本军国主义控制和垄断，对输出山东的柞蚕茧课以重税，直接导致山东柞蚕缫丝工业的衰落，也间接影响到山东柞丝绸行业的健康发展。1937年，日本全面侵华，山东和河南柞蚕生产区域相继被占领，柞蚕丝业正常的贸易往来被迫终止，农民放养柞蚕无利可图，纷纷改就他业。1945—1949年间，国民党发动内战，民不聊生，也影响到柞蚕丝业的恢复。直到中华人民共和国成立之后，政局趋于稳定，党和政府积极扶植柞蚕丝业的恢复和发展，从而使得柞蚕丝业迎来了又一个春天。

其次，技术改良是柞蚕丝业发展的重要推动力。近代柞蚕丝业的兴衰历程启示我们，只有依靠技术改良才能促进柞蚕丝业的大发展。

对于柞蚕丝业而言，技术改良主要包含三个方面。第一，对柞蚕种的改良培育是发展柞蚕丝业的首要任务。近代以来，柞蚕土种质量很差，发蚕率低，病毒率高，严重制约了柞蚕丝业的发展。第二，对柞蚕缫丝工业进行技术升级是发展柞蚕丝业的关键因素。近代柞蚕缫丝工业大多处于落后的手工工场缫丝阶段，缫丝工具落后，缫丝方法不科学都限制了柞蚕丝业的进一步发展。第三，对柞丝绸工业的技术改造是发展柞蚕丝业的重要因素。近代柞丝绸工业相比缫丝行业来讲，更为落后。由于机器织绸业发展受限，近代柞丝绸生产完全依赖手工织造，不仅生产效率低下，而且式样单一，款式不符合市场需求，也一定程度上降低了柞丝绸的市场竞争力。

最后，组织管理是柞蚕丝业发展的关键环节。近代柞蚕丝业的衰落与柞蚕丝行业生产组织管理的严重缺失不无关系。第一，加强对柞蚕生产的组织管理，实现规模化、专业化生产模式。第二，加强对柞蚕缫丝行业的组织管理，采取现代化工业管理模式进行组织生产，提高劳动效率。第三，加强对柞丝绸工业的组织管理，由家庭手工织绸过渡到工厂化织绸。第四，加强对柞蚕丝业对外贸易的组织管理，成立全国性统一的柞蚕丝业贸易团体，重视对柞蚕丝制品的质量监督，提高柞蚕丝制品在国际市场上的竞争力，牢牢控制柞蚕丝制品的定价权。

小　结

本章是全文的余论部分，主要针对近代中国柞蚕丝业发展的特征、柞蚕丝业的地位和作用、柞蚕丝业兴衰的原因进行分析和探讨，希冀能够为当今祖国柞蚕丝业的复苏和发展提供历史启示和借鉴。

第一，总结近代中国柞蚕丝业发展的特征。笔者认为，柞蚕生产的不稳定性，柞蚕生产的区域不平衡性，柞蚕生产管理的落后性和柞蚕贸易的对外依赖性等共同构成近代中国柞蚕丝业发展的特征。

第二，总结近代中国柞蚕丝业的地位和作用。近代以来，柞蚕丝业的勃兴不仅增加了农民收入，活跃了农村市场，而且带动了地方城镇的发展，推动了柞蚕丝业产区的社会转型，在近代中国蚕丝业史上占有举足轻重的地位。

第三，总结近代中国柞蚕丝业兴衰的原因。笔者认为，近代中国柞蚕丝业兴盛的原因与开埠通商后，国际市场对柞蚕丝制品旺盛的需求密切相关。其中，柞蚕丝制品在国际市场上的比较优势是影响需求的至关重要的因素。近代中国柞蚕丝业的衰落与近代外国侵略以及人造丝的出现直接相关。同时，柞蚕丝业内部结构性原因也是导致其衰落的重要原因。

第四，简要阐述近代中国柞蚕丝业兴衰对当今柞蚕丝业复兴的历史启示。近代柞蚕丝业发展的历程启示我们，当今柞蚕丝业的复兴离不开稳定的社会环境，技术的进步和管理的提升以及贸易组织的创建。

参考文献

一 类书、方志、史书和档案

（宋）李昉等编纂：《太平御览》，中华书局1960年影印。
（明）承天贵辑：《汝州志》，上海古籍书店1963年影印。
（明）陆钶纂修：《山东通志》，嘉靖十二年刻本。
（明）杨应奎纂修：《南阳府志校注》，嘉靖七年修，三十年补修，民国三十一年校注本。
（明）孙铎纂修：《鲁山县志》，上海古籍书店1982年影印。
（明）熊元修，马文炜纂：《安丘县志》，万历十七年刻本。
（明）龙文明修，赵耀、董基纂：《莱州府志》，万历三十二年刻本。
（清）吕耀曾等修，魏枢等纂，雷以諴补修：《盛京通志》，乾隆元年刻、咸丰二年补刻本。
（清）严有禧、张桐纂修：《莱州府志》，乾隆五年刻本。
（清）包桂编纂：《海阳县志》，乾隆七年刻本。
（清）周来邰纂修：《昌邑县志》，乾隆七年刻本。
（清）卫苌纂修：《栖霞县志》，乾隆十九年刻本。
（清）金忠济修，祝旸纂：《遂平县志》，乾隆二十四年刻本。
（清）李希贤等纂修：《沂州府志》，乾隆二十五年刻本。
（清）颜希深、成城编纂：《泰安府志》，乾隆二十五年刻本。
（清）宫懋让、李文藻纂修：《诸城县志》，乾隆二十九年刻本。
（清）陈之焜纂修：《南召县志》，乾隆十一年刻本。
（清）康基渊纂修：《嵩县志》，乾隆三十二年刻本。
（清）潘相纂修：《曲阜县志》，乾隆三十九年刻本。
（清）哈达清格纂：《塔之沟纪略》，乾隆三十八年刻本，民国二十三年铅字重印本。
（清）平翰等修，郑珍等纂：《遵义府志》，道光二十一年刻本。
（清）张同声修，李图等纂：《胶州志》，道光二十五年刻本。
（清）张云龙等修，张凤羽纂辑：《招远县志》，道光二十六年刊本。
（清）常恩、邹汉勋纂修：《安顺府志》，咸丰元年刻本。
（清）周作楫、萧琯、邹汉勋纂修：《贵阳府志》，咸丰二年刻本。
（清）台隆阿修，李翰颖纂：《岫岩志略》，咸丰七年修，民国二十三年铅印本。
（清）舒孔安、王厚阶纂修：《宁海州志》，同治三年刻本。
（清）王敬勋、李尔梅、王兆腾纂修：《海阳县续志》，光绪六年刻本。
（清）姚延福、邓嘉缉、蒋师辙纂修：《临朐县志》，光绪十年刻本。
（清）何宗轮修，赵彝凭纂：《桐梓县志》，光绪年间抄本。
（清）马毓华修，郑书香等纂：《重修宁羌州志》，光绪十四年刻本。
（清）俞渭等修，陈瑜等纂：《黎平府志》，光绪十八年刻本。
（清）爱必达纂修：《黔南识略》，光绪三十二年据道光二十七年刻版重修。
（清）李祖年修：《文登县志》，光绪二十三年修，民国二十二年铅印本。
（清）洪汝冲修，白永贞纂：《辽阳县乡土志》，光绪三十四年铅印本。
（清）张锳、邹汉勋、余厚墉纂修：《兴义府志》，宣统元年铅印本。
（清）雷飞鹏修，段盛梓等纂：《西安县志略》，宣统三年石印本。
（清）徐世昌撰：《东三省政略》，宣统三年铅印本。
裴焕星等修，白永贞等纂：《辽阳县志》，民国十七年铅印本。
程廷恒修，张素等纂：《复县志略》，民国九年石印本。
崔正峰修，郭春藻纂：《盖平县乡土志》，民国九年石印本。
廷瑞修，张辅相等纂：《海城县志》，民国十三年铅印本。
张绍勋等纂修：《许昌县志》，民国十三年石印本。
裴焕星等修，白永贞等纂：《辽阳县志》，民国十七年铅印本。
文镒修，范炳勋等纂：《绥中县志》，民国十八年铅印本。
李世祚修，犹海龙等纂：《桐梓县志》，民国十八年铅印本。
刘景向编纂：《河南新志》（民国十八年），中州古籍出版社1988年版。

周铁铮修，孙庆璋纂：《朝阳县志》，民国十九年铅印本。
石秀峰修，王郁云纂：《盖平县志》，民国十九年铅印本。
刘天成等修，张拱垣等编：《辑安县志》，民国二十年铅印本。
王介公修，于云峰纂：《安东县志》，民国二十年铅印本。
黄星垣、赵家琛等编纂：《蒙阴县志》，民国二十年前后稿本。
王佐才等修，杨维嶧等纂：《庄河县志》，民国二十三年铅印本。
刘景文、刘乃济修，郝玉璞纂：《岫岩县志》，民国二十四年铅印本。
刘天成修，李镇华纂：《通化县志》，民国二十四年铅印本。
周钧英修，刘仞千纂：《临朐县志》，民国二十四年铅印本。
梁秉锟等修，王丕煦等纂：《莱阳县志》，民国二十四年铅印本。
卢少泉等修，庄陔兰等纂：《重修莒志》，民国二十五年铅印本。
宋宪章等修，于清泮等纂：《牟平县志》，民国二十五年铅印本。
林传甲纂：《大中华河南省地理志》，商务印书馆1920年版。
白眉初纂：《中华民国省区全志》，北京师范大学史地系1924年版。
方城县地方志编纂委员会编：《方城县志》，中州古籍出版社1992年版。
赵万兴主编：《凤城市志》，方志出版社1997年版。
文德政主编：《遵义县志》，贵州人民出版社1993年版。
鲁山县地方史志编纂委员会：《鲁山县志》，中州古籍出版社1994年版。
烟台市地方史志编纂委员会办公室编：《烟台市志》，科学普及出版社1994年版。
南召具地方史志编纂委员会：《南召县志》，中州古籍出版社1995年版。
《民国山东通志》编辑委员会编：《民国山东通志》，山东文献杂志社2002年版。
朱批奏折，档号04—01—01—0164—007，缩微号04—01—01—025—0797。档案来源于中华文史网数字图书馆 http：//124.207.8.21/qinghistory/。
吉林省档案馆：《清代吉林档案史料选编·蚕业篇》，农业出版社1984年版。

二 报刊和文史资料

《山东烟台地方产有一种野蚕》,《万国公报》1878 年第 508 期。

《客年辽东野蚕情况》,《湖北商务报》1899 年第 6 期。

《威海野丝》,《湖北商务报》1899 年第 23 期,

《黔省山茧之利影响极大该省绅商未能设法扩充》,《商务报（北京）》1903 年第 1 期。

中华国货维持会:《国货调查录》1915 年第 3 期。

田荫堂:《调查山东诸城县柞蚕报告书》,《直隶实业杂志》1915 年第 8 期。

胡宗瑗:《说柞蚕之饲养及柞树培植法》,《学生杂志》1919 年第 3 期。

久道:《投机与期货交易》,《钱业月报》1922 年第 3 期。

颂尧:《烟台之丝业观》,《钱业月报》1922 年第 10 期。

《中国茧绸输出及生产情形》,《中外经济周刊》1923 年第 8 期。

杨立惠:《烟台调查》,《东方杂志》1924 年第 12 期。

郭寿生:《烟台调查》,《向导周报》1924 年第 65 期。

《安东柞丝之楚材晋用》,《中外经济周刊》1924 年第 52 期。

《茧绸产销情形与出口商应有之注意》,《中外经济周刊》1924 年第 89 期。

《山东省之织业》,《中外经济周刊》1924 年第 93 期。

陈鸢:《呈山东省政府》,《山东工商公报》1929 年第 3 期。

陈隽人:《安东灰丝之研究》,《中行月刊》1930 年第 5 期。

《青岛贸易状况调查》,《中行月刊》1930 年第 2 期。

《野蚕丝之产销及其贸易状况》,《工商半月刊》1930 年第 20 期。

《野蚕丝之产销及其贸易状况（续）》,《工商半月刊》1930 年第 21 期。

《府绸业呈请注意原料野丝税率》,《工商半月刊》1931 年第 2 期。

《沪市商会电询仅征茧绸两特税问题》,《工商半月刊》1931 年第 4 期。

雷雨:《东三省之养蚕业与制丝业》,《东省经济月刊》1931 年第 7 期。

延仲:《山东重要物产之生产及其销场》,《国际贸易导报》1932 年第 4 卷第 8 期。

安支行、张汉超:《安东日人进行开发东边之计划》,《中行月刊》1933

年第 4 期。

曾慎：《改良中国野蚕丝绸业第一次三年计划书大纲》，《河南大学学报》1934 年第 1 期。

《通令提倡镇平县山绸》，《河南省政府公报》1934 年第 1124 期。

张兆麟：《胶东之丝绸业》，《工商半月刊》1934 年第 5 期。

《山东各县物产调查·烟台》，《工商半月刊》1934 年第 10 期。

《日货倾销长江流域》，《银行周报》1934 年第 37 期。

巴又愚：《胶东之柞蚕》，《中国蚕丝》1935 年第 1 期。

斐丹：《日本之蚕丝与人造丝》，《申报月刊》1935 年第 2 期。

《河南蚕丝业现状》，《工商半月刊》1935 年第 11 期。

《改良山蚕》，《河南省政府年刊》1935 年。

《山东柞蚕业调查》，《工商半月刊》1935 年第 3 期。

迟德超：《鲁省柞蚕客岭种之现况及其推销区域》，《中国蚕丝》1936 年第 6 期。

《烟台手工副业之衰落》，《农村副业》1936 年第 1 期。

马克勤：《鲁山之丝绸》，《战地工合》1941 年第 5 期。

贺益文：《黔北柞蚕事业的过去和现在》，《东方杂志》1941 年第 6 期。

曹骥才：《柞蚕丝绸之检讨》，《企光月刊》1941 年第 2—3 期合刊。

夏光耀：《河南柞蚕丝之产销概况》，《中农月刊》1945 年第 2 期。

王福山、胡仲本：《东北柞蚕业调查报告》，《中蚕通讯》1947 年第 5—6 期（合刊）。

方柏容：《我国柞蚕丝业的回顾》，《纺织建设》1948 年第 3 期。

《河南省柞蚕丝绸工业考察报告》，《中蚕通讯》1948 年第 1—2 期（合刊）。

《筹谋复兴山东特产府绸》，《中蚕通讯》1948 年第 1—2 期（合刊）。

三 史料汇编

（清）吴中孚辑：《商贾便览》卷八《天下水陆路程》，乾隆五十七年刻本。

（清）王元綖辑，郑辟疆校：《野蚕录》，农业出版社 1962 年版。

（清）王培荀：《乡园忆旧录》，齐鲁出版社 1993 年版。

山东省农业厅统计局编印：《山东省农业生产统计资料1949—1952》，1955年（内部资料）。

严中平等编：《中国近代经济史统计资料选辑》，科学出版社1955年版。

中国丝绸公司编印：《中国丝绸出口统计汇编》上册，1957年（内部资料）。

李文治编：《中国近代农业史资料》第一辑，生活·读书·新知三联书店1957年版。

章有义编：《中国近代农业史资料》第二辑，生活·读书·新知三联书店1957年版。

孙毓棠编：《中国近代工业史资料》（共四辑），中华书局1962年版。

姚贤镐编：《中国近代对外贸易史资料1840—1895》（共三册），中华书局1962年版。

沈云龙主编：《近代中国史料丛刊》（共三辑），文海出版社影印出版，1966—2005年版。

许道夫编：《中国近代农业生产及贸易统计资料》，上海人民出版社1983年版。

徐雪筠等编译：《上海近代社会经济发展概况（1882—1931）》（《海关十年报告》编译），上海社会科学院出版社1985年版。

蒋德学编：《贵州近代经济史资料选辑》（上）第一卷《人口、农业篇》，四川省社会科学院出版社1987年版。

中国近代经济史丛书编委会编：《中国近代经济史研究资料》（7），上海社会科学院出版社1987年版。

《中国农业百科全书》编委会编：《中国农业百科全书》，农业出版社1987年版。

王庄穆主编：《丝绸笔记》《丝绸笔记》（续）、《丝绸笔记》（再续）三卷，中国流行色协会出版1986年、1991年版，中国丝绸协会、《丝绸》杂志社1996年版。

交通部烟台管理局编：《近代山东沿海通商口岸贸易统计资料（1859—1948）》，对外贸易教育出版社1986年版。

戴鞍钢、黄苇主编：《中国地方志经济资料汇编》，汉语大词典出版社

1999 年版。

辽宁省档案馆编：《满铁调查报告》第三辑，广西师范大学出版社 2008 年版。

张研、孙燕京主编：《民国史料丛刊》，大象出版社 2009 年版。

李文海等主编：《民国时期社会调查丛编》（二编）乡村经济卷，福建教育出版社 2009 年版。

刘辉主编：《五十年各埠海关报关（1882—1931）》（十一册），中国海关出版社 2009 年版。

殷梦霞、李强选编：《民国铁路沿线经济调查报告汇编》第五册，国家图书馆出版社 2009 年版。

"国史馆"史料处编：《中华民国通商各关华洋贸易总册》，1982 年"国史馆"影印。

四 近人著述

（民国）徐曦：《东三省纪略》，上海商务印书馆 1915 年版。

（民国）中国银行总管理处编：《东三省经济调查录》，中国银行总管理处 1919 年印。

（民国）陈重民编纂：《今世中国贸易通志》，商务印书馆 1924 年版。

（民国）吴世勋编：《河南》，中华书局 1927 年版。

（民国）周志骅：《中国重要商品》，华通书局 1931 年版。

（民国）东北文化社年鉴编印处编：《东北年鉴·工业（1931 年）》，东北文化社 1931 年版。

（民国）曾同春：《中国丝业》，商务印书馆 1933 年版。

（民国）龚俊编：《中国新工业发展史大纲》，商务印书馆 1933 年版。

（民国）熊知白编：《东北县治纪要》，立达书局印行 1933 年版。

（民国）行政院农村复兴委员会编：《河南省农村调查》，商务印书馆 1934 年版。

（民国）实业部国家贸易局：《中国实业志（山东省）》第五编，宗青图书公司据 1934 年版影印。

（民国）乐嗣炳编，胡小源校：《中国蚕丝》，世界书局 1935 年版。

（民国）缪毓辉：《中国蚕丝问题》，商务印书馆 1937 年版。

（民国）王成敬：《东北之经济资源》，商务印书馆 1947 年版。

（民国）巫宝三主编：《中国国民所得（1933 年）》，中华书局 1947 年版。

（民国）朱斯煌编：《民国经济史》，文海出版社 1988 年版。

（民国）彭迪先：《世界经济史纲》，生活·读书·新知三联书店 1949 年版。

（民国）蒋根尧编：《柞蚕饲养法》，商务印书馆 1948 年版。

杨洪江、华德公校注：《柞蚕三书》，农业出版社 1983 年版。

辽东省人民政府农林厅编：《东北柞蚕概论》，辽东人民出版社 1951 年版。

吴承明：《帝国主义在旧中国的投资》，人民出版社 1956 年版。

孙敬之主编：《华北经济地理》，科学出版社 1957 年版。

中共中央马克思、恩格斯、列宁、斯大林著作编译局编：《马克思恩格斯选集》，人民出版社 1972 年版。

章楷主编：《蚕业史话》，中华书局 1979 年版。

中国古代农业科技编纂组编纂：《中国古代农业科技》，农业出版社 1980 年版。

辽宁省蚕业学校主编：《柞蚕》，农业出版社 1981 年版。

林兴黔：《贵州工业发展史略》，四川社会科学院出版社 1988 年版。

全国蚕业区划研究协作组编：《中国蚕业区划》，四川科学技术出版社 1988 版。

张保丰：《中国丝绸史稿》，学林出版社 1989 年版。

徐新吾主编：《中国近代缫丝工业史》，上海人民出版社 1990 年版。

孔经纬主编：《清代东北地区经济史》，黑龙江人民出版社 1990 年版。

王翔：《中国丝绸史研究》，团结出版社 1990 年版。

朱新予主编：《中国丝绸史（通论）》，纺织工业出版社 1992 年版。

陈龙飞主编：《山东省经济地理》，新华出版社 1992 年版。

孔经纬主编：《新编中国东北地区经济史》，吉林教育出版社 1994 年版。

从翰香主编：《近代冀鲁豫乡村》，中国社会科学出版社 1995 年版。

王庄穆主编：《民国丝绸史》，中国纺织出版社 1995 年版。

陈桦：《清代区域社会经济研究》，中国人民大学出版社1996年版。

乔志强、行龙主编：《近代华北农村社会变迁》，人民出版社1998年版。

许檀：《明清时期山东商品经济的发展》，中国社会科学出版社1998年版。

沂水文史精粹编委会编：《沂水文史精粹》，山东文艺出版社1999年版。

宋甲其主编：《昌邑织造》，内蒙古科学技术出版社1999年版。

汪敬虞主编：《中国近代经济史（1895—1927）》，人民出版社2000年版。

严中平主编：《中国近代经济史（1840—1894）》，人民出版社2001年版。

刘克祥、吴太昌主编：《中国近代经济史（1927—1937）》，人民出版社2010年版。

王翔：《中日丝绸业近代化比较研究》，河北人民出版社2002年版。

王翔：《中国近代手工业的经济学考察》，中国经济出版社2002年版。

王翔：《近代中国传统丝绸业转型研究》，南开大学出版社2005年版。

张国德、姜德富：《中国柞蚕》，辽宁科学技术出版社2003年版。

任放：《明清长江中游市镇经济研究》，武汉大学出版社2003年版。

张利民、许檀等：《近代环渤海地区经济与社会研究》，天津社会科学院出版社2003年版。

许涤新、吴承明主编：《中国资本主义发展史》，人民出版社2003、2005年版。

吴承明：《经济史：历史观与方法论》，上海财经大学出版社2006年版。

张萍：《地域环境与市场空间——明清陕西区域市场的历史地理学研究》，商务印书馆2006年版。

周飞舟：《制度变迁和农村工业化：包买制在清末民初手工业发展中的历史角色》，中国社会科学出版社2006年版。

彭南生：《半工业化：近代中国乡村手工业的发展与社会变迁》，中华书局2007年版。

于春英、衣保中：《近代东北农业历史的变迁（1860—1945）》，吉林大学出版社2009年版。

施敏雄：《清代丝织工业的发展》，中国学术著作奖助委员会1968年版。

吴聪贤：《中国农业发展史》，文物供应社1984年版。

陈慈玉：《近代中国的机械缫丝工业（1860—1945）》，"中研院"近代史研究所专刊1989年版。

刘素芬：《烟台贸易研究（1867—1919）》，商务印书馆1990年版。

张瑞德：《平汉铁路与华北的经济发展（1905—1937）》，"中研院"近代史研究所专刊1998年版。

五 相关论文

胡兆量：《豫西的柞蚕生产——沙、汝、沣河流域经济地理调查报告之一》，《教学与研究》1955年第8、9期。

张仲礼：《1834—1867年我国对外贸易的变化与背景》，《学术月刊》1960年第9期。

中山大学生物系：《柞蚕研究》，《中山大学学报》1966年第1期。

朱士嘉：《中国地方志的起源、特征及其史料价值》，《史学史研究》1979年第2期。

章楷：《我国的古蚕书》，《中国农史》1982年第2期。

章楷：《我国放养柞蚕的起源和传播考略》，《蚕业科学》1982年第2期。

章楷：《我国近代柞蚕业发展史探析》，《蚕业科学》1991年第4期。

章楷：《江浙近代养蚕的经济收益和蚕业兴衰》，《中国经济史研究》1995年第2期。

严中平：《丝绸流向菲律宾，白银流向中国》，《近代史研究》1981年第1期。

王志瑚、华德公：《我国柞蚕业起源问题的探讨》，《蚕业科学》1981年第4期。

谢彬如：《清代贵州的蚕丝业》，《贵州文史丛刊》1981年第4期。

周匡明：《养蚕起源问题的研究》，《农业考古》1982年第1期。

徐新吾、韦特孚：《中日两国缫丝手工业资本主义萌芽比较研究》，《历史研究》1983年第6期。
徐新吾等：《中国近代缫丝工业的有限发展与全面破产》，《上海社会科学院学术季刊》1986年第1期。
严学熙：《蚕桑生产与无锡近代农村经济》，《近代史研究》1986年第4期。
华德公：《人工放养柞蚕以鲁中南山区为早》，《蚕业科学》1987年第3期。
于天福：《丹东柞蚕生产发展与布局》，《经济地理》1988年第2期。
严学熙：《生丝外贸与中国丝业大王薛寿萱》，《民国档案》1988年第1期。
从翰香：《从区域经济的角度看清末民初华北平原冀鲁豫三省的农村》，《中国经济史研究》1988年第2期。
徐秀丽：《试论近代湖州地区蚕丝业生产的发展及其局限》，《近代史研究》1989年第2期。
张晓辉：《广东近代蚕丝业的兴衰及其原因》，《暨南学报》（哲学社会科学版）1989年第3期。
李平生：《世界经济大危机与中国蚕丝业》，《中国经济史研究》1989年第4期。
李平生：《论民初蚕丝业改良》，《中国经济史研究》1993年第3期。
李平生：《论近代山东蚕丝业改良》，《中国社会经济史研究》1994年第2期。
李平生：《论晚清蚕丝业改良》，《文史哲》1994年第3期。
萧正洪：《清代秦巴山区的柞蚕放养》，《中国农史》1992年第4期。
李令福：《清代东北地区经济作物与蚕丝生产的区域特征》，《中国历史地理论丛》1992年第3辑。
亦然、洪钧：《略谈营口开埠设关及其经济地位的兴衰》，《社会科学辑刊》1993年第2期。
陈桦：《清代东北地区经济的发展与特点》，《清史研究》1993年第4期。
吴承明：《论工场手工业》，《中国经济史研究》1993年第4期。

顾韵芬、陈锦湖、张夏：《从"䌷"这个丝绸品种追溯东北柞蚕茧丝的利用历史》，《丝绸》1993年第11期。

陈冬生：《清代山东柞蚕的生产发展与传播推广》，《古今农业》1994年第1期。

顾贤章：《漫话河南柞丝绸》，《丝绸》1994年第2期。

侯杨方：《"过密化"论与小农经济决策行为分析——以湖州小农家庭缫丝业为个案》，《学术月刊》1994年第7期。

李令福：《明清山东省柞蚕业发展的时空特征》，《山东师范大学学报》（社会科学版）1995年第2期。

古开弼：《我国柞蚕业发展史考略》，《农业考古》1995年第3期。

张伟：《清代辽宁的柞蚕缫丝业》，《辽宁师范大学学报》（社会科学版）1990年第2期。

张伟、俞彤：《丹东柞蚕缫丝业史略》，《丹东师专学报》1995年第4期。

许檀：《明清时期山东经济的发展》，《中国经济史研究》1995年第3期。

许檀：《明清时期城乡市场网络体系的形成及其意义》，《中国社会科学》2000年第3期。

王翔：《论近代中国资本主义发展的两难抉择》，《中州学刊》1990年第4期。

王翔：《日本侵华战争对中国丝绸业的摧残》，《抗日战争研究》1993年第4期。

王翔：《十九世纪中日丝绸业近代化比较研究》，《中国社会科学》1995年第6期。

王翔：《近代中国手工业行会的嬗变》，《历史研究》1998年第5期。

王翔：《中国近代手工业与工业结构》，《中国经济史研究》1999年第2期。

王翔：《中国近代手工业的结构与功能》，《近代史学刊》2001年第1辑。

史建云：《农村工业在近世中国乡村经济中的历史作用》，《中国经济史研究》1996年第1期。

单强：《近代江南丝茧市场研究》，《中国农史》1997 年第 2 期。
袁杰铭：《近代四川丝绸贸易（续）》，《四川丝绸》1997 年第 4 期。
袁杰铭：《近代四川丝绸贸易》，《四川丝绸》1998 年第 2 期。
吴承明：《传统经济—市场经济—现代化》，《中国经济史研究》1997 年第 2 期。
李伯重：《中国全国市场的形成，1500—1840 年》，《清华大学学报》（哲学社会科学版）1999 年第 4 期。
王宪明：《茧绸小考》，《红楼梦学刊》1999 年第 3 辑。
王连珍：《现代中国柞蚕的地理分布》，《辽宁丝绸》2000 年第 4 期。
马雪芹：《明清河南桑麻业的兴衰》，《中国农史》2000 年第 3 期。
汪敬虞：《从中国生丝对外贸易的变迁看缫丝业中资本主义的产生和发展》，《中国经济史研究》2001 年第 2 期。
朱鸿伟：《当代比较优势理论的发展及其启示》，《暨南学报》（哲学社会科学）2001 年第 2 期。
彭南生：《包买主制与近代乡村手工业的发展》，《史学月刊》2002 年第 9 期。
夏明方：《发展的幻象——近代华北农村农户收入状况与农民生活水平辨析》，《近代史研究》2002 年第 2 期。
夏明方：《中国近代历史研究方法的新陈代谢》，《近代史研究》2010 年第 2 期。
江凌：《中国丝绸对外贸易发展的历史分析》，《蚕学通讯》2002 年第 3 期。
王广运：《柞蚕业的发展在我国国民经济中的合理性》，《国土与自然资源研究》2002 年第 1 期。
陈志华、姜淑媛：《丹东近现代柞丝绸业的发展变化之启迪》，《四川丝绸》2004 年第 1 期。
梁振中：《清朝南阳的蚕丝业》，《中国蚕业》2004 年第 2 期。
陈锋：《清末民国年间日本对华调查报告中的财政与经济资料》，《近代史研究》2004 年第 3 期。
王庆成：《晚清华北的集市和集市圈》，《近代史研究》2004 年第 4 期。
佟家栋：《比较优势理论与对外贸易战略的选择》，《南开学报》（哲学社会科学版）2004 年第 5 期。

顾书桂：《再论比较优势与中国经济的全球化》，《东南大学学报》（哲学社会科学版）2005 年第 1 期。

李芳：《试论中国近现代蚕丝业的发展》，《中国蚕业》2005 年第 4 期。

吴俊范：《近代中原外向型经济的发展及其影响》，《中国历史地理论丛》2006 年第 1 期。

王世军：《比较优势理论的学术渊源和评述》，《杭州电子科技大学学报》（社会科学版）2006 年第 3 期。

马慧敏：《比较优势思想在中国外贸思想史上的发展及其启示》，《河南师范大学学报》（哲学社会科学版）2006 年第 3 期。

张茂元：《近代珠三角缫丝业技术变革与社会变迁：互构视角》，《社会学研究》2007 年第 1 期。

王玉茹、张玮：《府绸市场变动趋势与商人行业组织：1899—1930》，《山西大学学报》（哲学社会科学版）2007 年第 6 期。

王玉茹、赵劲松：《清代以来经济史研究中的史料、方法和实证分析》，《中国经济史研究》2010 年第 3 期。

梁振忠：《河南省柞蚕业发展史初探》，《中国蚕业》2008 年第 1 期。

张丽：《鸦片战争前的全国生丝产量和近代生丝出口增加对中国近代蚕桑业扩张的影响》，《中国农史》2008 年第 4 期。

金菊花：《基于产业转移理论的"东桑西移"战略》，《丝绸》2008 年第 5 期。

张茂元、邱泽奇：《技术应用为什么失败：以近代长三角和珠三角地区机器缫丝业为例 1860—1936》，《中国社会科学》2009 年第 1 期。

侯鹏：《晚清浙江丝茧厘金与地方丝茧市场》，《史林》2009 年第 5 期。

吴松弟：《中国近代经济地理格局形成的机制与表现》，《史学月刊》2009 年第 8 期。

丁德超：《近代伏牛山区柞蚕市场初探》，《中国社会经济史研究》2010 年第 4 期。

苑朋欣：《清末新政时期柞蚕业的发展及其原因》，《中国社会经济史研究》2011 年第 1 期。

六 国外著述

［俄］A. 恰亚诺夫：《农民经济组织》，萧正洪译，于东林校，中央编译出版社 1996 年版。

［苏］马札亚尔：《中国农村经济研究》，陈代清、彭桂秋译，神州国光社 1934 年版。

［德］马克思：《资本论》第三卷，郭大力、王亚南译，人民出版社 1975 年版。

［英］安格斯·麦迪森：《中国经济的长期表现——公元 960—2030 年》，伍晓鹰、马德斌译，王小鲁校，上海人民出版社 2008 年版。

［英］大卫·李嘉图：《政治经济学及赋税原理》，丰俊功译，光明日报出版社 2009 年版。

［英］科大卫：《近代中国商业的发展》，周琳、李旭佳译，浙江大学出版社 2010 年版。

［美］珀金斯：《中国农业的发展（1368—1968）》，宋海文等译，上海译文出版社 1984 年版。

［美］西奥多·威廉·舒尔茨：《改造传统农业》，梁小民译，商务印书馆 1987 年版。

［美］吉尔伯特·罗兹曼主编：《中国的现代化》，国家社会科学基金"比较现代化"课题组译，江苏人民出版社 1988 年版。

［美］赫延平：《中国近代商业革命》，陈潮、陈任译，陈绛校，上海人民出版社 1991 年版。

［美］李明珠：《中国近代蚕丝业及外销（1842—1937）》，徐秀丽译，上海社会科学院出版社 1996 年版。

［美］施坚雅：《中国农村的市场和社会结构》，史建云、徐秀丽译，中国社会科学出版社 1998 年版。

［美］马若孟：《中国农民经济》，史建云译，江苏人民出版社 1999 年版。

［美］黄宗智：《华北的小农经济与社会变迁》，中华书局 2000 年版。

［美］何炳棣：《明初以降人口及其相关问题》，葛剑雄译，生活·读书·新知三联书店 2000 年版。

[美] 芮玛丽:《同治中兴——中国保守主义的最后抵抗（1862—1874）》, 房德邻等译, 中国社会科学出版社2001年版。

[美] 托马斯·莱昂斯:《中国海关与贸易统计（1859—1948）》, 毛立坤等译, 浙江大学出版社2009年版。

[日] 南满洲铁道株式会社社长室调查课编:《满蒙全书》, 满蒙文化协会1923年版。

[日] 藤冈启:《满蒙经济大观》, 吴自强译, 民智书局1929年版。

[日] 冈村一郎编:《支那工业总览》, 东亚同文会调查编纂部1930年。

[日] 东亚同文会编纂:《中国省别全志·第四卷·山东省》, 1917年版, 南天书局1988年影印。

[日] 滨下武志:《中国近代经济史研究——清末海关财政与通商口岸市场圈》, 江苏人民出版社2006年版。

[日] 顾琳:《中国的经济革命——二十世纪的乡村工业》, 王玉茹等译, 江苏人民出版社2009年版。

[日] 安富步、深尾叶子:《森林的消失与近代"满洲"的成立》, 名古屋大学出版会2009年版。